北京大学网络文学研究丛书————邵燕君 主编

编码新世界
游戏化向度的网络文学

王玉玊 著

中国文联出版社

图书在版编目（CIP）数据

编码新世界：游戏化向度的网络文学 / 王玉玊著. -- 北京：中国文联出版社, 2021.3（2022.10 重印）
（北京大学网络文学研究丛书 / 邵燕君主编）
ISBN 978-7-5190-4475-6

Ⅰ. ①编… Ⅱ. ①王… Ⅲ. ①网络文学－文学研究－中国 Ⅳ. ①I207.999

中国版本图书馆 CIP 数据核字(2021)第 050862 号

著　　者　王玉玊
责任编辑　冯　巍
责任校对　叶栩乔
装帧设计　谭　锴

出版发行　中国文联出版社有限公司
社　　址　北京市朝阳区农展馆南里 10 号　　邮编　100125
电　　话　010-85923025（发行部）　010-85923091（总编室）
经　　销　全国新华书店等
印　　刷　廊坊佰利得印刷有限公司

开　　本　710 毫米×1000 毫米　　1/16
印　　张　22.5
字　　数　316 千字
版　　次　2021 年 3 月第 1 版第 1 次印刷　2022 年 10 月第 2 次印刷
定　　价　76.00 元

版权所有·侵权必究
如有印装质量问题，请与本社发行部联系调换

2019年度教育部重大攻关项目"中国网络文学创作、阅读、传播与资料库建设研究"阶段性成果（项目批准号：19JZD038）

中国作协网络文学理论评论支持计划

总　序
那些偷偷读网文的孩子，他们长大了

邵燕君

> 我是北京大学中文系古典文献方向的大四学生。但我毫不讳言，是网络文学启蒙了我；我更不后悔，让网络文学陪伴我的整个青少年时期。在任何时候任何地方，现在的我都会毫不犹豫地站出来，赞美那些曾经抚慰我、感动我、激励我的网络文学作品，无论有多少前辈、多少权威告诉我，它们是毫无价值的垃圾……
>
> 我们是偷偷读网文长大的孩子，我们要为属于自己的网络文学发声，我们的新文学和新生活也只能由我们亲手打造。神仙和皇帝不一定有，但救世主一定从来没有。
>
> ——吉云飞
> 《北京大学网络文学论坛报》创刊词之一

这套丛书收入的都是北京大学中文系研究网络文学的博士学位论文，作者大都是我所开设的网络文学研究系列选修课程的学生。这个课至今已经连续开设了十年，这些学生基本上是连续选课的。2015年，我们成立了北京大学网络文学研究论坛，形成了一个学术共同体，他们是最核心的成员。

十年前，我凭着"一腔孤勇"闯入网络文学研究领域，当时，一共就读了一部半网文[①]。感谢什么都能包容的北大，让我在这种情况下敢开网络文学研究的选修课；更感谢那些选课的同学们，带着他们多年隐秘的"最爱"，共同搭建起了这个课堂。最初选课时，他们大都是大二、大三的本科生，后来陆续读硕士、博士、拿教职，成为青年学者。我最高兴的，就是听见他们之中有人说，我本来没打算读博士的啊！这些当年偷偷读网文的孩子，他们长大了，写出了博士学位论文，于是，有了这套丛书。

我上大学的时候，听钱理群老师讲鲁迅，一直强调"历史中间物"的概念——"自己背着因袭的重担，肩住了黑暗的闸门，放他们到宽阔光明的地方去；此后幸福的度日，合理的做人"（《我们现在怎样做父亲》）。我的理解是，鲁迅先生认为，自己是"旧文化"养育长大的，虽然"反戈一击"，但骨子里难免是旧的。新文化应该由新人缔造，自己的任务是"清结旧账"，"开辟新路"，甚至不惜与旧文化同归于尽。

我们自然没有鲁迅先生那样的壮怀激烈和牺牲精神，但也应该有同样的自觉意识。今天，学术体制内拥有一定话语权的人，都是印刷文明哺育长大的。即使再锐意更新自己的知识结构，我们的情感结构、伦理结构、价值结构也是旧的，连我们的感官比率和感知模式都是旧的。[②] 所以，研究网络文学，终究是网络一代的事。师长辈的任务，就是好好利用自己手上的资源，搭好平台，把学生们送过去。

[①] 半部是我吃西红柿的《星辰变》，只读了当时出版的纸质书4本；一部是猫腻的《间客》。

[②] 麦克卢汉认为，媒介对人最根本的影响不是发生在意识和观念层面上，"而是要坚定不移、不可抗拒地改变人的感官比率和感知模式"。参见［加］马歇尔·麦克卢汉：《理解媒介：论人的延伸》，何道宽译，译林出版社，2011年，第30页。

我"蛊惑"过学生,"要为自己立法"。但也深知,最早的一批"立法者"要接受非常严峻的挑战:既要对全新的网络生命经验有深切的体悟能力和把握能力,又要在前无古人的情况下具有理论的原创能力和整合能力,同时还要有把生命经验、理论阐释落实进文学史梳理和文本分析的能力。我不敢说这套丛书的作者都过关了,但至少可以肯定,他们的写作是真诚的,都是奔着自己的核心问题去的。因此,他们各开一片天地,后来的写作者应该绕不过去。

丛书的第一辑共计七本书,按论文答辩的时间顺序,依次是崔宰溶《中国网络文学研究的困境与突破——网络文学的土著理论与网络性》(2011,书名改为《网络文学研究的土著理论》)、薛静《脂粉帝国——网络言情小说与女性话语政治》(2018)、高寒凝《罗曼蒂克2.0:"女性向"网文与"女性向"网络亚文化中的爱情》(2018)、王玉玊《编码新世界——游戏化向度的网络文学》(2019)、肖映萱《"她的国"——中国网络文学"女性向"空间的兴起和建构》(2020)、李强《中国网络文学的发生》(2021)、吉云飞《中国网络文学生产机制的生成》(2021)。①

崔宰溶博士是韩国留学生,现为韩国明知大学中文系副教授。需要说明的是,崔宰溶的博士学位论文不能算是我们团队的研究成果,而是我们研究的理论前导。2011年春季学期,他论文答辩的时候,我第一次开设网络文学研究选修课。当时特别有幸成为论文的答辩评委,读来有石破天惊之感。崔宰溶以韩国研究学者的视角沉潜入中国网络文学世界,对当时中国网络研究界存在的精英化、抽象化和过度理论化的困境,提出了直言不讳的批评(其中也包括对我文章的点名批评),并且建设性地提出了"土著理论"和"网络性"的概念作为突破的途径。这部论文的真知灼见,使我们团队的研究从起步阶段就有了一个较高的起点。此后在很多方向的拓展,也都受其影响。我认为,对于这位韩国学者,中国网络文学研究界应该说声"谢谢",我本人及北大研究团队是受益最深的。这次,非常荣幸邀请到崔教授加入丛书。经过十年的思考,他将对

---

① 正式出版时书名有可能变动。其中,李强和吉云飞的论文预计于2021年6月答辩。

论文做出进一步的完善和增补，十分值得期待。

薛静和高寒凝是我们团队最早毕业的两位博士。她们的论文主题都是爱情，探讨这一古老的感情模式在网络时代的转世重生。薛静写的是传统言情小说模式在网文中的转型；高寒凝写的是罗曼蒂克情感模式在虚拟空间的"系统升级"。薛静的论文以文本分析见长，尤其对"渣贱文"模式的分析，深透见底，使那样一种耻于言表的"症候性欲望"显形，这样的文学批评在任何时代都能单独成立。高寒凝的论文以理论见长，她的整部论文压在一个核心概念上——虚拟性性征（virtual sexuality），而这个概念是她自创的。寒凝答辩时，我真是为她捏一把汗，因为在场的评委大都是我的师长辈。没想到，评委老师们对她原创核心理论概念的勇气和能力大为赞赏，虽然"不大看得懂"。这篇论文在当天的答辩中被评为"优秀论文"，老一辈学者的包容和善意极大地鼓舞了后边要做论文的同学，大家都觉得这条路打通了！

此后，肖映萱也把"她的国"建立在自定义的概念"女性向"上。"女性向"是一个基础性概念，肖映萱和高寒凝都是中国最早使用"女性向"概念的研究者，在我们团队撰写的《破壁书：网络文化关键词》（生活·读书·新知三联书店，2018年）一书中，肖映萱即负责"女性向"词条的撰写工作。在博士学位论文中，她进一步完善了这一概念，这是她对网络文学研究的一大贡献。该论文对于网络文学研究的另一重要贡献是，对于"女性向"网络文学发展史进行了系统梳理，将"她的国"的建构过程落实在网络"女性向"空间的兴起、代表性网站的兴替、生产机制的变迁等几条脉络的史实梳理上。

李强和吉云飞的论文也建立在一手史料的挖掘和梳理上。李强致力于研究中国网络文学的发生环境和发生的动态过程，处理网络文学与传统文学及其背后制度环境的关系；吉云飞深入中国网络文学生产机制的内在机理，尤其对中国原创的、堪称中国网络文学高速发展的核心动力机制——VIP付费阅读机制——进行了全面研究，从而揭示其生成原因和底层运行逻辑。近几年来，我们团队一直在进行网络文学史料方面的挖掘和整理，肖映萱、李强和吉云飞是这个研究项目的领头人（leader）。

他们的论文是建立在史料的基础上，也是下一步即将合写的《中国网络文学发展史》的基础。

王玉玊的论文也具有很强的理论原创性。她从电子游戏的角度切入，问题意识的真正指向却既不是电子游戏，也不是网络文学，而是"栖居"于"基于数码的人工环境"的"网络原住民"的生存体验，并且提出"二次元存在主义"这样宏大的命题。我们团队的成员虽然大都是"90后"，但也开始分出了"前浪"和"后浪"。基本上，1995年以前出生的属于"前浪"，1995年以后出生的属于"后浪"。玉玊虽然是1992年出生的，却是"后浪"的领头人。"后浪"同学的论文更多的偏向电子游戏、二次元方向，更呈现出理论建构的欲望，也用到了数字人文的研究方法。如果他们能做出优秀的论文，将收入丛书的第二辑。

另外，需要特别表扬王玉玊同学的是，作为本团队唯一的"拖延症免疫者"，她虽然不是最早答辩的，却是最早完成书稿的。由于是本丛书的"首发"作者，她受大家委托完成了与责编沟通版式、封面设计等各项工作。

在这个"用户生产内容"的课堂上，我一直是一个很弱势的老师。我的课堂长期由次第"继位"的"掌门"师兄、师姐们把持，我甚至在他们的怂恿下开了两次更外行的游戏课[1]。在课上，我一般都很慈祥，只是热衷看他们"撕"。从论文到成书，有一个漫长且痛苦的修改过程，有的简直是脱胎换骨。看着他们的心血之作被撕得体无完肤，也确实感到内疚。我得承认，我有个大大的私心。在我幻想的未来的"豪宅"里，会有一个大大的书架，其中最好的位置是留给这套书的。我煽情地对他们说："我要收集的不仅是你们的博士学位论文，不仅是你们的第一部专著，还有我们共同度过的美好时光、你们各自的成长隐秘和无法重来的青春。"

---

[1] 傅善超：《我怂恿中文系的老师开了一门游戏课》，"触乐"微信公众号，2017年2月10日。

这些年来我们在一起做了很多事，共同主编了不少书①。我们以"粉丝型学者"的身份做过网文史导读（《典文集》），也以"学者型粉丝"的身份卖过网文"安利"（《好文集》）；我们曾遍访网文江湖，与创始者大佬们谈笑风生（《创始者说》），"为我们热爱的事物树碑立传"（薛静）；也曾辛辛苦苦地扒史料，整理录音，"我们的目标是历史！"（李强）；我们一起办了公众号"媒后台"，"为属于自己的网络文学发声"（吉云飞）；一起编了一本网络文化的"黑话词典"（《破壁书》），里面有"女性向·耽美"单元，"'女性向'是不死的！"（肖映萱），"全世界的姑娘们，你们都没有错！"（高寒凝）……很多个周末，我们是一起度过的。我偷了他们的花样年华，他们似乎也很欢乐。"因为，创造了这一切的，是爱啊！"（王玉玊）②

2021年元旦于北京大学
人文学苑平九·燕春园

---

① 我们一起编的书主要有《网络文学经典解读》（邵燕君主编，北京大学出版社，2016年）、《破壁书——网络文化关键词》（邵燕君主编，王玉玊副主编，生活·读书·新知三联书店，2018年）、《网络文学二十年·典文集》（邵燕君、薛静主编，漓江出版社，2019年）、《网络文学二十年·好文集》（邵燕君、高寒凝主编，漓江出版社，2019年）、《中国网络文学双年选2018—2019（男频卷）》（邵燕君、吉云飞主编，漓江出版社，2020年）、《中国网络文学双年选2018—2019（女频卷）》（邵燕君、肖映萱主编，漓江出版社，2020年）、《创始者说：网络文学网站创始人访谈录》（邵燕君、肖映萱主编，北京大学出版社，2020年）、《新中国文学史料与研究·网络文学卷》（邵燕君、李强主编，南京师范大学出版社，预计2021年出版）。

② 我和学生们一起编书时，一般是我写序言，他们写后记。以上薛静的话来自《典文集》后记；王玉玊的话来自《破壁书》后记；肖映萱的话来自其博士学位论文结语；吉云飞和高寒凝的话分别来自他们为《北京大学网络文学论坛周报·男频周报》和《北京大学网络文学论坛周报·女频周报》写的创刊词，发表于《名作欣赏》2015年第19期、第25期；李强的话来自他创建的史料工作微信群名。

本书序

  数码环境与网络空间深刻参与了当代人的生活，形塑着独特的当代经验。相应地，叙事性的文艺作品也开始从现实主义的基于"自然环境"的主导创作模式，转向游戏化的基于（数码）人工环境的主导创作模式。网络文学作为一种诞生于数码环境、网络空间之中的文学样态，对于这种新的主导创作模式有着最充分、最自觉的实践，其典型形式就是我将在本书中讨论的游戏化向度的网络文学。当然，任何文学样态的形成都是过度决定的结果，就如同网络媒介技术并不天然具有民主的或专制的政治基因，而是在无数或偶然或必然的历史条件下获得了今日的面貌。后冷战时代的意识形态状况，从全球化到逆全球化的国际经济动向，中国自20世纪90年代以来的去政治化语境、独生子女政策，日韩欧美流行文化进入中国的时间与方式，等等，都共同影响着（数码）人工环境的生成及其形态。

  基于此，本书的研究势必处在文学理论、文学批评和文化研究的交叉点上，旨在对照网络文学作品的内部特征与外部环境，讨论游戏化向度的网络文学创作与现实主义文学传统间的继承与断裂，讨论这样的创作之中显现出来的后现代生存境况，以及我概括为"二次元存在主义"的新的生存方式。

由于数码技术作为一种时代底色，参与形构了网络文学的底层逻辑，而电子游戏则是"玩游戏长大的""90后""00后"的"数码原住民"们理解、想象数码技术的最直接参照，故而电子游戏的机制、概念与叙事逻辑不可避免地大量进入网络文学的创作中，这也是我使用"游戏化向度的网络文学"这一表述的根本原因。但本书并不是电子游戏研究专著，不致力于电子游戏史、电子游戏叙事学、游戏化等电子游戏的专门研究领域。相比于游戏本身的技术与历史，本书对电子游戏的关注点更在于玩家的游戏经验及其影响，以及经由网络文学中的电子游戏要素显影出来的当代文艺创作的鲜明的数码文明底色。也就是说，本书对于电子游戏相关话题的讨论，主要是文化研究范式的。

对于任何文学现象的考察，都不可避免地需要具有文学史的视野，而网络文学的文学史书写，又不可避免地涉及网络文学的类型划分与类型发展史这一领域。本书的研究是在既有的网文史研究基础上展开的，并提出网络文学的游戏化以2015年前后为界，包含前后两个阶段：第一次游戏化以典型"升级文"为代表，现实主义文学传统的惯性力量依旧强大，网络文学天然具有的游戏化底色在压抑之中逐渐显露；第二次游戏化则是网络文学区别于现实主义的底层逻辑更加充分地自我实现的阶段，诞生了大量高度模组化、设定化的作品。但本书并非网文史或网文类型研究的专著，不对网络文学20余年的发展历程、类型沿革、代表作家作品进行全面系统的梳理，而是在简述其脉络的基础上，着重选取一些21世纪第二个十年以来典型的游戏化向度的网络文学作品及相关作者—读者社群，进行文本分析、理论阐释与社群研究。

概言之，本书最核心的研究对象既不是电子游戏，也不是网络文学，而是人的经验的变迁。相比于那些实际发生的文学事件，或许更加重要的是，人们如何理解自身与世界、如何看待文学与叙事。身为"数码原住民"的"90后"与"00后"们，对于网络社会中的后现代情景有着前代未及的自觉意识。他们对于时间与空间、真实与虚拟、行动与价值的新的感知方式形塑了游戏化向度的网络文学中的新的文学世界。

目 录

绪 论 游戏化向度的网络文学何以存在   001

第一部分 把虚拟现实游戏写进小说   025

第一章 从桌上游戏到电子游戏   027

第二章 在虚拟世界中寻找真实：从《神经漫游者》到   046
        《刀剑神域》

第三章 双重人生的奇幻冒险：从《奇迹》到《蜀山》   052

第四章 系统隐退、异界登场：虚拟网游小说的衰落与   065
        网络小说的游戏化

第二部分 副本、支线与再造世界：以游戏经验结构叙事   089

第五章 电子游戏中的叙事   091

第六章 数值化与数据库   106

第七章 代入感：是谁"代入"了谁   130

第八章 用设定屏蔽现实   149

第九章 生成故事的系统与生成系统的系统：   163
        作为游戏的网络文学创作

第三部分　平行世界狂想曲　203

第十章　操控时间的魔术师　205
第十一章　羁绊：重建想象的共同体　233
第十二章　游戏、文学与二次元存在主义　268

结语　基于（数码）人工环境的网络文学创作趋向　293

参考文献　317

附录一　英文缩略词表　324

附录二　本书涉及文艺作品一览　327

后　记　337

绪 论
游戏化向度的网络文学何以存在

> 在我们的仿真文化里,我们如何看待事物的真实性,就像维多利亚时期的人如何看待性爱一样——是危险的、令人困扰的,是禁忌、也是魅力。
> ——雪莉·特克尔《群体性孤独》[1]

一、虚拟,抑或真实

真实、实在、真实感,以及与之相对的虚拟、虚幻、虚假,这些概念虽然在日常生活中时常使用,但究竟该如何界定却又始终是哲学领域的难题。随着时代变迁,人们认知中真与假的界限也绝非一成不变,雪莉·特克尔用"仿真"来界定一种文化、一个时代,

---

[1] [美]雪莉·特克尔:《群体性孤独》,周逵、刘菁荆译,浙江人民出版社,2014年,第5页。

这并非特例，鲍德里亚所说的"超真实"同样将关于"真实"的结构视作核心概念来指代我们当下身处的社会。这意味着，我们对于"真"与"假"的看法绝非孤立的、偶然的或者自然而然的事实，而是整体社会构造的产物，与我们对于自身身处之世界的认知密切相关。无论是电子游戏还是网络文学，这些诞生于数码空间的文艺创造恰恰身处真假界限变动的最前沿，特别是在电子游戏与玩家经验的深刻影响下产生的游戏化向度的网络文学作品，更以其独有的敏锐时时记录着身为"数码原住民"的"90后""00后"一代，对于真实的感知与理解。

关于真实与真实感的讨论，我们可以从这样一个例子开始。

《纸片恋人》（2018）[①]是连载于晋江文学城的一部网络小说，主人公栗说星突然发现自己的手机里多了一个删不掉的恋爱养成类手游App（Application，手机软件）——《恋爱吧》。和大多数恋爱养成游戏一样，《恋爱吧》要求玩家通过与游戏角色宿鸣谦互动来提升宿鸣谦的好感度，从而解锁更多的玩法与道具。在游戏的过程中，栗说星渐渐爱上了这个住在手机里的虚拟恋人。尽管到了故事中期，栗说星渐渐意识到宿鸣谦很可能并不只是一段程序，而是一个真实存在的人类意识，但在这之前，栗说星已经爱上了宿鸣谦，爱上了那个作为AI与虚拟角色的二头身Q版[②]小人宿鸣谦。"纸片恋人"这个标题，是从"和纸片人谈恋爱"这个说法中衍生出来的。所谓"纸片人"，最初指ACG[③]作品中出现的角色。由于这些角色都是二维的，就像印在纸片上一样没有厚度，所以称为"纸片人"。偶像明星也同样具有这种看得见、摸不着的特征，所以广义上也可以称为"纸片人"。而"和纸片人谈恋爱"就是如恋爱一

[①] 本书中涉及的所有文艺作品的具体信息，均参见附录。

[②] Q版：一种漫画的变形夸张形式，人物造型比例通常在二头身到四头身之间，是有着大头、大眼睛的可爱卡通形象。

[③] ACG：由Anime（动画）、Comic（漫画）和Game（游戏）这三个英文单词的首字母缩写组合而成，是对日本极具代表性的几种文化产品及这些文化产品密切关联形成的产业链的统称，其中的游戏特指以Galgame（美少女游戏）为代表的日式电子游戏。ACG有时也与同样处于这一产业链之中的轻小说（Light Novel）一起构成缩略词ACGN。

般喜欢二次元①的角色，或者以恋爱的心态饭②爱豆③。《纸片恋人》的创作显然受到了2017年年末发行并迅速走红的女性向恋爱养成手游《恋与制作人》④的影响，作者对网文写手、氪金⑤玩家、饭圈⑥女孩的生态和心理也有很到位的把握。因此，《纸片恋人》虽然是一篇幻想类的网文，但却也有着很"真实"的一面。

在这部小说中，最能引起传统读者惊讶或反感的地方大概在于，栗说星与游戏角色宿鸣谦的恋爱挪动了真实与虚拟的界限，并改写了"爱情"一词的适用范围。这当然不是《纸片恋人》的独创，对于《纸片恋人》的作者与读者而言，"与纸片人谈恋爱"早已是一件习以为常的事情，是现实日常生活的组成部分，关于"真实"与"真爱"的定义早已悄然滑动。

这让我想到《群体性孤独》中讲到的事例：美国自然历史博物馆将两只自厄瓜多尔远道而来的巨大海龟视作展览中的镇馆之宝，但前来参观的孩子们却宁愿看到更干净、更活泼的机械假海龟，而不是这两只脏

---

① 二次元（にじげん，nijigen）：在日文中的原意是"二维空间""二维世界"，本是一个几何学领域的术语，但作为一个在网络亚文化社群中获得广泛使用的词语，它既可以指称ACG所创造的二维世界，也可以指称ACG爱好者或者由ACG爱好者构成的亚文化社群，还可以指称ACG及相关产业所形成的文化产业链条。此外，在宽泛的意义上，二次元还可以泛指受到ACG文化影响的各种网络文化。参见邵燕君主编：《破壁书——网络文化关键词》，第12页，"ACGN"词条，生活·读书·新知三联书店，2018年，词条编撰者为林品，引用时略有改动。

② 饭：英文"fan"（粉丝）的音译，此处用作动词，意为喜爱……、是……的粉丝。

③ 爱豆：爱豆是英文"idol"的音译，本意为偶像。该词传入日韩后，转而指形象健康向上，未必在演绎、歌唱等领域有所专长，但在各个领域涉猎广泛、适应性良好的艺人。参见邵燕君主编：《破壁书——网络文化关键词》，第12页，"爱豆"词条，词条编撰者为叶栩乔，引用时略有改动。

④ 《恋与制作人》：芜湖叠纸网络科技有限公司于2017年12月20日发行的女性向恋爱养成类手游，玩家可以与游戏中的四个男性角色许墨、白起、李泽言、周棋洛恋爱，通过完成任务、购买道具、升级卡牌等方式解锁与这些男性角色的约会，收到来自这些男性角色的电话、短信，进行朋友圈互动等。

⑤ 氪金：本应写作"课金"，来自日文的"課金"（かきん，kakin）。"课金"的原意是"征收费用"，在游戏圈是指一种在游戏中使用现金购买游戏追加资源（如游戏内货币、道具、角色等）的游戏盈利模式，同时也指玩家在这种模式下的消费行为。由于《魔兽世界》中存在一种名为"氪金"的稀有材料，国内玩家在拼音输入时往往会将"课金"误写作"氪金"，久而久之"氪金"反而成为常见写法。参见邵燕君主编：《破壁书——网络文化关键词》，第393页，"氪金"词条，词条编撰者为傅善超。

⑥ 饭圈：真人明星或爱豆的粉丝构成的网络亚文化社群。

兮兮的、被监禁的、纹丝不动的真海龟，他们对于海龟的"真实性"无动于衷。"他们认为真实性没有内在价值，只有在实现特殊目的时才有意义"[1]，雪莉·特克尔如此评价道。这一评价是部分正确的，对于网生代的青少年而言，"真实"大概确乎不再"是危险的、令人困扰的，是禁忌、也是魅力"[2]，但"真"仍然是重要的——前提是，如果我们把《纸片恋人》中栗说星对宿鸣谦的爱，把人对纸片人和虚拟世界的爱也视为"真"的。症结或许在于，对于我们这一代人而言，"真"与"实"分离了。或多或少地失去了神秘性、绝对性、内在价值的是"实"而不是"真"。可以说，《纸片恋人》中最"真实"的部分恰恰是记录了"真"与"实"的分道扬镳。实际上无论是"哲学肉身化"运动，还是维多利亚时期的性爱，抑或是更古老的对于天地自然的原始崇拜，都包裹着对"实"（实在、实存、物理世界、肉身）的无限依赖，近代科学体系的建立则更进一步，让"实"成了"真"的唯一尺度。在"真实"的世界里，爱情是一个肉身所包裹的灵魂对另一个肉身及其所包裹的灵魂的爱意。肉身与灵魂是不可分割的，正如实与真是不可分割的，性与爱是不可分割的。而在"与纸片人谈恋爱"的过程中，比如在与《恋与制作人》中的某个角色谈恋爱的过程中，玩家可以用自己的虚拟形象包裹着自己的虚拟人格，与一个同样拥有二维虚拟形象的虚拟角色真情实感地谈恋爱，与此同时玩家清晰地理解虚拟角色给出的所有反馈都是程序预设的结果，而不是来自灵魂的回应。

至于说真情实感地与虚拟角色谈恋爱算不算真实的爱情，不同人大概会有不同的见解。现在，定义"真实"成为一种权力，定义"爱情"也一样。

2016年以来，"虚拟现实"成为一个热门词汇，不管是游戏业界还是玩家，都满怀期待地迎候虚拟现实时代的到来，期待着游戏所构筑的虚拟世界不再被隔绝于屏幕的彼端，而是在虚拟现实设备的帮助下变得可感可触，环绕着我们。与此同时，随着信息技术的发展，不使用虚拟现

---

[1] ［美］雪莉·特克尔：《群体性孤独》，周逵、刘菁荆译，第3页。
[2] ［美］雪莉·特克尔：《群体性孤独》，周逵、刘菁荆译，第5页。

实技术的传统电子游戏中也已出现了许多制作精良的作品，这些游戏作品可以拥有电影级的画质、复杂生动的交互、宏大的世界设定与广阔的虚拟空间。"虚拟世界"近在眼前。似乎就是这些过于逼真的游戏场景与游戏角色才使得玩游戏长大的一代人"错误"地混淆了"虚拟"与"真实"，"错误"地把游戏里的虚假世界认成"真实"。

但在"与纸片人谈恋爱"的故事中我们已经清楚地看到，这种"错认"是不存在的，栗说星明白自己爱上的是一段程序，《恋与制作人》的玩家也知道屏幕里的角色只是"纸片人"。游戏对于"真实"与"虚假"之间界限的动摇从不仰赖于其表现形式的逼真性。

很难说世界上的第一款电子游戏究竟是什么。1947年小托马斯·戈德史密斯（Thomas T. Goldsmith Jr.）和艾斯托·雷·曼（Estle Ray Mann）制作了阴极射线管娱乐装置，并为之申请专利（专利于1948年正式颁布）。这是一个由八颗真空管制作的模拟导弹发射游戏，已经非常接近我们现在所说的在电子设备上运行的电子游戏。但仍有很多人更愿意将1958年威利·希金博萨姆（Willy Higinbotham）制作的《双人网球》（*Tennis for Two*）视作世界上的第一款电子游戏。这款由一个运动的圆点和一条竖线构成的作品与如今画面精美、互动逼真、内容丰富的虚拟现实游戏都可以被无可争议地称为"电子游戏"，这就意味着，电子游戏的本质绝不在于多媒体技术，更不在于网络技术，而在于其他三个方面：程序、互动、世界的构造与运行。程序与互动这两个特征都很好理解，关键在于世界的构造与运行。

让我们再回过头来看看这个鼻祖级的游戏《双人网球》。在这个游戏中，运动的圆点代表网球，竖线代表球网，既不需要使用文字也不需要使用图画，只用最简单的图形符号就将屏幕呈现的区域变成了网球场——这是世界的构造。圆点按照程序预设的规则运动，产生胜负纪录——这是世界的运行。

《游戏性是什么：如何更好地创作与体验游戏》[①]一书也以《太空侵

[①] ［日］渡边修司、中村彰宪：《游戏性是什么：如何更好地创作与体验游戏》，付奇鑫译，人民邮电出版社，2015年。

略者》等游戏为例，讨论了游戏中的世界观。

《太空侵略者》是太东公司于1978年发行的射击类街机游戏，游戏界面非常简洁，在纯黑的背景上，排成方阵的代表外星人的符号逐渐下移，玩家需要操控屏幕下方的炮台（同样是非常简单抽象的像素符号）左右移动消灭外星人。在有限的技术条件之下，抽象的符号仍旧能够让玩家感受到这是一场发生于广阔宇宙中的战争，而玩家则是从侵略者手中保卫地球的宇宙战士。由于人的大脑具有"能将单纯的符号转换成更具故事性的街机版游戏画面，并在对其重构的同时进行游戏"[①]的能力，所以符号"同时展示出了玩游戏和世界观两方面"[②]，游戏屏幕里由像素符号构成的空间，按照独立的规则自洽地运行着，即使简陋至极，也仍旧是一个"虚拟世界"。也就是说，游戏本身就是"虚拟现实"的，这种能力来自电子游戏自身的基础结构，而非先进的多媒体技术，或者高科技的虚拟现实设备。

"虚拟现实"是对英文"virtual reality"的翻译。"virtual"这个词只有在计算机术语中才会被翻译为"虚拟的"，在其他情况下，"virtual"常常包含"实质上的""实际的"等和"真实"相关的含义。所以"virtual reality"很难被简单地看作"reality"（现实）的反面，而应该是另一种可存在的现实，是建立于计算机人工环境中的现实。在汉语中，"虚拟"也是和"虚假"含义不同的词汇。在"虚假"一词中，"虚"与"实"、"假"与"真"互为反义词，"虚假"与"真实"也互为反义词。但在"虚拟"一词中，"虚"与"实"互为反义词，"拟"仍旧与"实"相对应，指的是对现实既存之物的模仿和设想，所以"虚拟"实际上只与"真实"中的"实"相关。"虚拟"的本义是设想、虚构。《红楼梦》第九十五回中用到了"虚拟"这个词的本义："究竟那些人能够回家不能，未知着落，亦难虚拟。"这里所说的"虚拟"，是在设想一种未知的情况，它一定不是"实"的，因为已知的既存事实是无须设想的，但它未必不

[①] ［日］渡边修司、中村彰宪：《游戏性是什么：如何更好地创作与体验游戏》，付奇鑫译，第33页。

[②] ［日］渡边修司、中村彰宪：《游戏性是什么：如何更好地创作与体验游戏》，付奇鑫译，第27页。

能"成真"——设想也许会在未来应验,因为设想本身表达了一种可能性,而这种可能性中又或许包含着合理性。对于虚拟现实来讲也是一样,在虚拟现实中被替换的只是现实世界中的物理实存,而"真"则被悬置了。于是,就在"虚拟"这个词上,"真"与"实"之间出现了裂隙,它们不再被等而视之。

我将雪莉·特克尔所说的"仿真文化"里,那种作为对唯一的物理世界、对一切既存之物之存在的肯定的"真实",命名为"实存性真实"。鲍德里亚的"拟像"与"超真实"理论并未超出这一范畴,在鲍德里亚那里,即使真实已经变得如此暧昧难言,但它仍旧明明白白是一元的。而与之相对的,虚拟现实的想象力则包含着一种对真实的新的理解方式:真实是复数的。"实存性真实"由此变为"或然性真实"。韩思琪以"后真实"这一概念指称鲍德里亚之后的真实观,认为这是一种"以情感锚定的真实"。[①] 我部分认同这一说法,情感上的认同、喜爱、信任确实是"或然性真实"的重要判断依据。但除此以外,"或然性真实"的判断依据还包括可能性、合理性与内部结构自洽等,最重要的一点则是"或然性真实"尽管拒绝承认唯一真实的存在,但却并非一种彻底个人化的情感体验。虽然实际情况异常复杂,但"或然性真实"必然包含对他者之真实的承认(只要这种真实坦陈自身限度并因而不构成一种暴力)。于是,一切应然的、或然的,本该存在的、可能存在的、被信任的、被喜爱的、被珍视的都有权力是真的。

人们对于真实的理解从"实存性真实"转向"或然性真实",这就是游戏,以及与游戏密切相关的整个网络文化,包括我将要讨论的游戏化向度的网络文学的第一个存在基础。

二、"游戏性写实主义"的文学创作

相比于电子游戏,中国的网络文学是一种相当晚近的文艺样式。学

[①] 韩思琪:《"后人类"时代真实死亡了吗?——科幻电影的三种回答》,《文艺论坛》2019年第3期。

界一般将 1998 年的《第一次亲密接触》视作中国的第一部网络文学作品，但近年来这个说法也开始受到诟病。[①] 无论如何，最典型的网络文学，也就是依托于起点中文网和晋江文学城等商业网站的、按字数收费的、类型化的长篇连载网络小说是在 21 世纪初才诞生的。2003 年起点中文网开始采取 VIP 付费模式，网络文学终于找到了适合的生产机制，在网络空间中落地生根，长篇连载类型文也是为适应这一机制而被最终确定下来的。诞生于世纪之交的网络文学从一开始就包含着电子游戏的基因，网络文学受众与同样在世纪之交兴起的网络游戏受众重合度极高，而这一代人同时又是看日本动漫长大的一代。之所以特别提到日本动漫，是因为在日本高度成熟的 ACGN 文化产业之中，动画、漫画、游戏与轻小说四种文艺体裁是紧密联系在一起的，四者之间频繁的改编转化与合作企划使得它们在题材、风格、叙事结构等方面广泛地相互借鉴，最终形成了日本 ACGN 文化独特的审美风格与叙事特征。比如，1999 年开始播出的日本电视动画《数码宝贝》就是根据日本万代公司旗下同名电子游戏改编的 TV 动画，少年八神太一与伙伴们穿越至数码世界，与神奇的数码生物"数码宝贝"一起经历冒险并不断打败更强大的敌人的故事很明显地带有游戏的要素，特别是"数码宝贝"通过进化获得各种战斗技能的设置，显然沿袭了游戏原作战斗型数码宠物养成的基本设定。

在游戏与动漫的滋养下成长起来的网络文学作者，潜移默化地将游戏的元素与叙事结构运用到网络文学的创作中，"升级文"这种网络文学中最为经典的套路就这样产生了。而"升级文"也就是我所讨论的游戏化向度的网络文学中的第一批作品。"升级文"确立了网络文学中最基本的叙事结构——世界系统生成任务，任务的连缀构成故事。随后，越来越多的来自游戏的概念形塑了网络文学的叙事结构：主线、支线、副本、地图……所有这些概念，我都将在接下来的章节中详细说明，此处不再赘述。到了 21 世纪的第二个十年，网络文学迎来了第二次更加深入和全面

[①] 关于网络文学的起点，存在多种说法，参见邵燕君、吉云飞：《为什么说中国网络文学的起点是金庸客栈？》，《文艺报》，2020 年 11 月 6 日；吉云飞：《为什么大神共推〈风姿物语〉为网文开山作》，《文艺报》，2020 年 11 月 30 日。

的游戏化的进程，网络文学的各个类型都被卷入这一进程中，数值化的世界设定与萌要素组合而成的"半自律"角色共同构成了游戏化的网络文学的两大支柱，支撑着游戏化的网络文学持续不断地生成新的任务与冒险。

对游戏经验的借鉴，造成了文学的深刻变革，许多文学领域既有的术语和概念也随之发生了语义的偏移。比如，平衡性不再源于对现实世界和谐之美的模仿，而来自系统赋值的均衡与可持续，甚至"叙事"本身的范畴也扩大了，世界观或者说世界设定本身不再只是叙事的舞台，而是成为叙事的重要组成部分。这都是我在之后的章节中将要详细描述的变化，此处需要额外提及的是人们对于"画面感"这个词的理解。

尽管电子游戏并不必然依赖于图像，文字或符号同样能够独立地构成游戏；尽管电子游戏并不应该被称作视觉艺术，而应该被称作互动艺术，互动而非视觉呈现才是游戏的基本体裁特征——但不容否认，随着多媒体技术的发展，电子游戏确实越来越多地依赖于视觉呈现，并形成了一套区别于影视、动画的独特视觉语言。受能力所限，再加上本书的核心议题不在于游戏本身，所以我不会过多涉及对游戏的视觉特征（视角、视觉风格等）的分析。不过，在游戏化向度的网络文学的批评实践中，"画面感"这个词的含义确实由于受到游戏及其他ACG文化作品的影响而发生了重大变化。

肖映萱在《数据库时代的网络写作：如何重新定义"抄袭"？》[①]一文中提到了以"大作家"为代表的一批写作软件。这类写作软件实质上就是将既有的文学作品（既包括网络文学也包括纸质文学）拆分成语词句段，再按照各种标签分门别类地整理好，构成数据库，供作者检索使用。近几年我们常常能够看到有一些网文作者被指抄袭，动辄就抄袭数十部，乃至上百部文学作品，从网络小说到传统武侠、诗歌散文，乃至于鲁迅、巴金，无所不包，这往往就是使用写作软件或利用搜索引擎进行写作造成的结果。在现有的技术条件下，写作软件远未智能到直接去构思故事大纲、真的生成一部网络文学作品的程度，但是正如肖映萱所说的：

[①] 肖映萱：《数据库时代的网络写作：如何重新定义"抄袭"？》，《文艺理论与批评》2017年第3期。

写作软件的"好词好句摘抄"和"中译中"的功能已十分完善，完全可以充当一部网络版、智能化的"文学描写辞典"。也就是说，至少在风景、场面、制度等描写方面，机器已能很好地充当一个熟练工人。①

实际上，确实有很多涉嫌抄袭的网络文学作者选择了人物对话自己写、风景描写靠电脑的写作模式。我提到抄袭与写作软件，并不是为了在本书中对抄袭进行道德谴责，而是为了说明，描写（特别是景物描写）正在网络文学中变成尴尬的鸡肋。很多网文作者仍旧习惯在两段紧张的情节之间插入一段场景描写，平衡一下节奏，但这段场景描写到底是什么却显得无关紧要，甚至可能会被大部分读者直接略过。还有越来越多的作者直接放弃了景物描写，始终将关注点放在角色的语言、表情、行动上。对于传统读者而言，这样的作品看起来会有点像大纲或者段子集，显得不够生动形象、细腻丰满，不够有画面感。

现在网络文学中真的有一类名叫"大纲文"的小说，主要在微博等社交平台发表，篇幅很短，只包含主角人设和一个足够新颖有趣的关键情节，没有描写，没有细节，人物关系与叙事都保持在极简状态。然而恰恰是在这类作品的读者评论中，我们却常常能看到"太有画面感了""我脑海中已经有画面了"等评价。对于一部分读者而言太过简单、缺乏细节的大纲文，但对于另一些读者而言却每个场景都很有画面感。造成这种差异的关键大概就在于，人们对于"画面感"的理解发生了变化。对于大纲文的读者而言，一篇精彩的大纲文本身就足够了，它不需要被扩充起来，所有细节读者可以自行"脑补"。

"脑补"这个词非常关键，这是动漫领域的日语词"脑内補完"（のうないほかん，nounaihokan）进入中文后的缩写形式，意为在脑海中依据漫画、动画、小说等文艺作品已经提供的材料，将该作品中没有出现

---

① 肖映萱：《数据库时代的网络写作：如何重新定义"抄袭"？》。

但有可能出现或自己主观希望出现的情节、画面补充完整。对于大纲文这种只叙述、不描写的作品而言，所谓"画面感"就是为读者的"脑补"提供充足线索的能力。

　　19世纪西方现实主义小说对于当代的许多年轻读者而言，最难以忍受的地方大概就在于其冗长的描写了。对于19世纪的读者而言，要脑补出某个画面，所需要的线索是"复制"式的，需要用文字精细复现画面中的诸多细节，地毯上的花纹，或者餐具上的污渍。但对于现在的读者而言，脑补所需要的线索则是"索引"式的，每个人的脑海中都有一个数据库，数据库中数据的主体不是文字而是图像和场景，这些图像和场景以一些关键词为标签被整合在一起，一旦读者阅读到某一个关键词，就会索引出相应的图像和场景，构成画面。如果在某一小说的阅读过程中这一索引通路持续顺畅，那么这篇小说就是充满画面感、生动形象的。特别是对于游戏化向度的网络文学作品而言，这个数据库带有极强的公共性，是为所有作者与读者所共享的。比如，当"傲娇"这个关键词出现的时候，读者脑海中首先浮现的肯定不是"口是心非，有着傲慢无礼的大小姐脾气，但内心却娇羞而纯情"这样的文字定义，而是扎着双马尾的远坂凛①双手叉腰、微微抬头皱眉的模样，或者是红发的夏娜"无路赛"十一连发②的场景。作者可以依据自己脑海中的数据库将自己想象到的画面变成关键词，而这些关键词又可以在读者那里成功索引出对应的场景（场景一定会有差异，但只要主导方向一致就不会导致理解困难），游戏化向度的网络文学中的画面感就成立了。比如《异常生物见闻录》（2014）中有这样的段落：

　　　　一把在包装上撕开个不大不小的口子，他瞄准莉莉的方向就把

---

　　① 远坂凛是日本文字冒险游戏《命运之夜》（*Fate/Stay Night*）及其衍生作品中的女性角色，有着典型的"傲娇"萌属性，被评价为"教科书式的傲娇"。
　　② 夏娜是日本轻小说作品《灼眼的夏娜》中的女性角色，同样有着"教科书式的傲娇"，曾经在轻小说改编的同名电视动画中连说十一次"无路赛"，成为傲娇界的代表。"无路赛"即日语"うるさい"（urusai）的音译，在日语中是"讨厌的，烦人的"的意思，具有傲娇属性的女性说出这样的台词则带有娇嗔的意味。

那包辣条使劲扔了过去："张嘴！"

莉莉这时候正被一帮邪教徒烦得心头火起，但听到房东的"张嘴"俩字还是立刻本能地转过头去，然后一跃而起接住了那包辣条。①

在这两段文字中，真正具有画面感的部分绝不是"不大不小的口子""使劲扔了过去"等带有定语、状语修饰描写的部分，而是莉莉接住辣条的那个瞬间。按照《异常生物见闻录》的设定，莉莉是个爱吃辣条的哈士奇精，带有哈士奇的一切特征，比如"撒手没"②、爱"犯二"③、闲不住等。哈士奇与辣条都是近几年网络段子与表情包中的常客，提到哈士奇和辣条，读者的脑海中会出现一系列从段子和表情包中积累起来的印象与画面，所以莉莉"一跃而起接住了那包辣条"才会显得如此生动鲜活，仿佛发生在眼前一般。

对于"画面感"的这种理解，与电子游戏、漫画及有限动画等艺术形式是密切相关的。受人力资源、时间成本、网络传输速度、硬件设备存储和运算能力等条件的限制，电子游戏和有限动画往往会对同一图像素材进行反复调用，比如 Galgame 中往往使用立绘（立ち絵，无背景的单个人物肖像，在游戏中反复出现，某角色立绘出现时，一般代表文字显示的内容是该角色的台词）配合文字的方式表达对话，一张微笑的立绘可能会反复出现在该人物所有心情愉悦的时刻（大部分制作精良的 Galgame 中的角色立绘还会更换服饰，但同一张立绘在不同场景中反复调用以表示相似的情绪仍旧是普遍情况）。而漫画则创造了大量的固定符号表达特定情绪，比如，用额角的三条竖线表示汗颜、尴尬，用井字符表示气愤等。由于 ACG 作品频繁地相互改编、借鉴，所以这些固定的表达符号渐渐成为整个 ACG 领域的公共表意符号。反复出现并表示相同（或相似）含义的图像造成了这样一种印象：特定的图像（特定表情、特定符号、特定服饰、特定背景等）有着特定的精确含义，特定的词汇可以

---

① 远瞳：《异常生物见闻录》，第 1288 章 "轰隆咔擦"。
② 撒手没：主人一撒手就跑没影了。
③ 犯二：犯傻，"二"是北京方言 "二百五" 的简称。

精准地对应于特定的画面。除此之外，游戏、动漫中的人物都是绘制出来的，而且不可能像画人物肖像那样精描慢写，所以这些作品中的人物五官程式化，辨识度相对较低。动漫爱好者常常开玩笑嘲讽的"京都脸"就体现了这一问题。所谓"京都脸"是指日本京都动画公司许多动画中的角色去掉头发、统一瞳色之后都长着一样的脸。为了让长着"京都脸"的动漫游戏人物变得有辨识度，能够让观众分清并记住，就必须给他们添加明确的外貌特征，比如发型发饰、眼镜、虎牙、特殊的发色和瞳色，等等。东浩纪在《动物化的后现代——御宅族如何影响日本社会》[①]一书中，提到了在日本ACG文化中形成的由萌要素构成的庞大数据库。所谓萌要素，实际上就是固定化的角色特征，比如，前文提到的"傲娇"是一个性格方面的萌要素，"双马尾"则是一个外形方面的萌要素。在实际的萌要素数据库中，外形方面的萌要素数量足以与性格方面的萌要素数量分庭抗礼，而且外形萌要素往往与特定的性格萌要素挂钩，比如，十个双马尾九个都傲娇，腹黑[②]男常常戴眼镜，等等。外形与性格萌要素挂钩的原因是多种多样的，比如，双马尾和傲娇挂钩的一个重要原因是这两个词在日语中的读音相近，而粉色头发与病娇[③]挂钩的原因则是粉色头发的病娇角色我妻由乃[④]太过深入人心。无论如何，各种各样的视觉形象最终被固定下来，并与某些非视觉的特质联系在一起，有了特定的名称与内涵。这就是所谓的读图时代。

　　游戏化的网络文学中的画面感就是读图时代特有的画面感，进入公共数据库的那些图像既是画面又是可精确表意的符号，它们可以被某些关键词句索引出来，但却绝不可能在不减损信息的情况下被精准翻译为语言符号，而总是携带着比索引关键词丰富得多的信息。

---

　　① ［日］东浩纪：《动物化的后现代——御宅族如何影响日本社会》，褚炫初译，大鸿艺术，2012年。
　　② 腹黑：表里不一，用天真或温柔的外表掩饰自己工于算计的内心。
　　③ 病娇：狭义上指那些对爱人持有好感而处于娇羞的状态下产生精神疾病的患者所表现出来的性格特征，广义上则指在处于精神疾病的状态下与他人发展出感情的人所表现出来的性格特征。参见萌娘百科"病娇"词条，https://zh.moegirl.org/%E7%97%85%E5%A8%87，引用日期2018年12月11日。
　　④ 我妻由乃：漫画作品《未来日记》中的女主人公，史上最经典的病娇角色。

与游戏化向度的网络文学中的画面感形成机制可相比拟的，应该就是表情包文化了。大概很多年轻人都遭遇过这样的情况：在微信中收到长辈发来的"微笑"表情（一个圆形黄色的嘴角上弯的笑脸），总觉得自己被骂了，却又理智地知道长辈大概只是真的以为这个表情表达的是"微笑、愉悦"的含义。对于了解表情包文化的人而言，"微笑"的表情早已被赋予了与"礼貌微笑"彻底相反的含义。它最初的含义明确等同于一句非常粗俗的脏话，但在实际使用中的含义却更加复杂微妙，包含了"我懒得和你说话""你不值得我浪费口舌""我不骂你，只是因为我有涵养"等含义。虽然"微笑"的含义很难精准地用文字表述出来，但它仍旧有着明确的内涵，是一个可以流通的符号。含义明确的表情包绝不止微信中的"微笑"而已，比如在微博中，最惹人生气、具有引战效果的表情并不是"怒"或者"鄙视"，而是"太开心""鼓掌"等看起来表达积极意义的表情，基本上这些表情现在等同于"微笑"的升级版。再比如微博中有"狗头保命"的说法，就是在发送具有反讽含义的评论后怕引起误会，会在评论末尾加上"doge"或"二哈"等狗头形象的表情符号。这两个表情符号的出现意味着前面的评论皆为反讽（同时包含"滑稽""别打我，我就皮一下"等含义），以防不明真相的网友"误伤友军"。

所谓读图时代，绝不应仅仅指人们越来越爱看图而不爱看字，还应该意味着图像本身有能力构成一套表意清晰的符号系统。与此同时，文字与图像之间的关系也发生了变化，作为索引关键词的文字最终会与图像关联起来，从而被赋予远大于文字本身承载量的信息。无论是表情包还是游戏化向度的网络文学中的画面感，都是按照这样的机制运作的。

当我在微信中输入"/微笑"时，我最终发送的将会是一个"微笑"的图形表情，于是字符"/微笑"就带有了"微笑"表情所包含的一切意义；当作者在小说中写下某个女性角色"一脸傲娇"的时候，读者脑海中就会瞬间浮现出一个标准的傲娇表情，傲慢地皱着眉头却微微脸红，也许攥紧的拳头正显露着她的不安，同时读者还会知道，这个角色即使常常言行粗暴，不肯直率地接受别人的好意，她也一定是一个单纯而善良的好姑娘。或许我们可以说，那些能够妥善正确地运用文字调用图像符号、营造画面感，同时又能够在图像与场景的调用或组合中制造新意、形成自己的独特风格的人就是读图时代的语言艺术家。

在中国网络文学诞生初期，曾有不少学者将"游戏性"这个标签贴在网络文学身上。如《游戏赛博空间的文学——从网络文学的发展看其后现代特征》《网络文学的"游戏性"本质探源》《后现代媒介下的"祛魅"文学——网络文学的游戏性审美观》《网络文学：后现代的审美范式》《论网络文学创作的游戏审美特质》[1]等文章均把"游戏性"当作网络文学的核心特质。与其说这些论文是在描述网络文学的真实发展状况，不如说他们是在网络文学这种新兴的文艺样式身上寄托一种乌托邦理想。具体而言，在这些作品中，网络文学的"游戏性"指向后现代的审美范式、解构、自由、无功利性、匿名性、去深度、拼贴的、谐谑的、超链接的等。

崔宰溶在其博士学位论文《中国网络文学研究的困境与突破》中谈道："何学威、蓝爱国在他们的著作《网络文学的民间视野》里说，'古往今来，任何解构的目标都只有一个：自由'……很显然，他们对解构的理解本身是很局限的，因为作为学术概念的解构并不是什么单纯的'消解'或'自由'，但更大的问题在于：他们错误地认为这种抽象的解构性就是网络文学的基本特征之一……这些问题的根源在于，研究者依靠先入为主的一些观念或常识来进行讨论，而不去面对中国网络文学的现实。"[2] 崔宰溶这一批评是切中肯綮的，以网络之后现代性（作为社会现实的）想象网络文学之后现代性（作为哲学观念和审美思潮的），并对之寄予厚望是毫无道理的。这一对网络文学"后现代"的"游戏性"的想象实际上包含着双重混淆。

一方面，网络媒介的特征（比如超链接）不能简单等同于网络文学

---

[1] 严军：《游戏赛博空间的文学——从网络文学的发展看其后现代特征》，华中师范大学硕士学位论文，2004年；严军：《网络文学的"游戏性"本质探源》，《咸宁学院学报》2008年第5期；严军：《后现代媒介下的"祛魅"文学——网络文学的游戏性审美观》，《社科纵横》2012年第5期；文彦波：《网络文学：后现代的审美范式》，《井冈山学院学报（哲学社会科学）》2008年第9期；王璞：《论网络文学创作的游戏审美特质》，《中国石油大学学报（社会科学版）》2007年第1期。

[2] 崔宰溶：《中国网络文学研究的困境与突破》，北京大学博士学位论文，2011年。

的特征。媒介固然会对文艺形式产生关键性的影响，但归根结底这是两个不同的对象，它们之间的影响关系也必然是复杂多样的。

另一方面，作为一种现实情景的后现代社会不能等同于作为一种美学概念的后现代主义。作为一种对社会现实保持高度敏感性的文艺类型，网络文学确实在面对着中国社会的种种后现代特征（宏大叙事解体、价值体系崩溃、趣缘社群兴起、传统的血缘地缘社群认同遭遇危机是其典型表征），面对着当代中国人特别是年轻一代正在遭遇的后现代困境。但应对一种现实所产生的行动必然是多种多样的，《悟空传》（2000）与"大陆新武侠"[1]时期那种解构一切的冲动是一种应对方式（或许也是最吻合"游戏性"想象的应对方式），近年来，试图于一片道德体系崩解的废墟之上重新以"亲我主义"[2]为基础建立可信价值的努力，以及通过高度设定化的幻想世界再现那些在现实中已不可信的千秋大义、家国情怀、爱情神话也都是一种应对方式。将这一切都概而论之，称为"后现代审美范式"的，称为碎片化、去深度、拼贴、游戏的等，显然是极不贴切的。这也就是我避免沿用"游戏性"这个概念，转而使用"游戏化"来指称我所讨论的这些在内容、形式与精神气质上都深受游戏影响的网络文学作品的原因。

当然，仍旧有不少游戏化向度的网络文学作品闪耀着"后现代主义（作为审美范式的）"的灵光，以后现代主义的形式讨论后现代性的命题，这一点也将在之后的讨论中得到呈现。但如果一定要将游戏化的网络文学纳入某种审美范式的话，东浩纪所说的"游戏性写实主义"或许才是最贴切的。

按照东浩纪的观点，"游戏性写实主义"是为应对"想象力环境"的变化而产生的。所谓"想象力环境"，也可以称作"公共性"，它是人们对话交流的平台，是作者编码的故事能够被读者解码的保证。现实主义

---

[1] "大陆新武侠"是继港台武侠之后在大陆发展起来的新一批武侠创作，兴盛于21世纪初，多受到金庸、古龙、梁羽生等武侠小说作家的影响，但在武侠中融合了玄幻、言情等新元素。凤歌、小椴、沧月、步非烟等都是大陆新武侠的代表性作家。

[2] 孟德才：《猫腻："最文青网络作家"的情怀与力量》，《南方文坛》2015年第5期。

的叙事程式所依附的"想象力环境"就是我们通常所说的宏大叙事，它包含着一套解释世界、讲述现实的话语。东浩纪指出，在宏大叙事运转良好的情况下，现实主义是效率最高的叙事方法，因为人们都在宏大叙事之中理解现实，在作者和读者那里有一个共通的现实，所以选择与这个现实最为相近的世界作为故事展开的舞台是最便于理解的。而"游戏性写实主义"则诞生于宏大叙事崩解、局部小叙事增生的后现代社会，作者与读者不再拥有一个共通的现实，现实主义赖以存在的那种"想象力环境"消失了。当然，宏大叙事的崩解显然不意味着宏大叙事的消失。宏大叙事过于强大，所以过于脆弱，一旦人们普遍意识到了宏大叙事的存在，意识到了宏大叙事有其自身的限度，那么即使人们还勉强共享着某些"常识"，即使所有局部小叙事都在挪用宏大叙事的素材，我们仍然可以说宏大叙事在崩解。

在日本，以 ACG 为核心的流行文化积累形成了庞大的数据库，这一数据库构成的人工环境是日本轻小说新的叙事平台。在中国，游戏化向度的网络文学同样是基于人工环境的写作，在网络文学的数据库中，既包含了日本 ACG 文化及其他世界流行文化的要素，也不断创造着新的内容，而单机 RPG（Roll-Playing Game，角色扮演游戏）、MMORPG（Massive Multiplayer Online Role-Playing Game，大型多人在线角色扮演游戏）提供的叙事程式，以及包含 Galgame（美少女游戏，一种几乎为日本所特有的文字冒险游戏，ACG 中的 G 通常指的就是 Galgame）在内的日本 ACGN 文化提供的角色萌要素数据库，是绝大多数游戏化向度的网络文学人工环境中至关重要的两个组成部分。与人工环境挂钩的，不是宏大叙事，而是不断增生的局部小叙事，这就意味着人工环境的公共性总是有限度的。倘若我们深入游戏化的网络文学真正的创作生态中看，就会发现，在中国数不胜数的泛二次元网络亚文化圈中，无数作为"圈内共识"的人工环境正在诞生与更新，林林总总的趣缘共同体在层出不穷的协商与争执中显现出众声喧哗的勃勃生机。

我在讨论《纸片恋人》的时候曾经提到，这篇幻想类的小说意外地有着很"真实"的一面，而这种"真实"恰恰体现在小说最反"现实"

的部分。设想一下如果我们以现实主义的方式讲述栗说星的生活,那大概是相当枯燥乏味的,每天除了对着电脑写小说就是对着手机玩游戏,一日三餐靠外卖,最刺激的场景也不过是一个人出门吃火锅、喝咖啡的时候把手机切换到游戏界面,对着恋爱养成游戏里的小人自言自语而已。但《纸片恋人》的故事不是这样的。"纸片人"宿鸣谦从一开始就是作为恋爱对象出现的——尽管他只拥有一个Q版二头身的二维卡通形象。宿鸣谦的许多特征都体现出双重状态。比如,宿鸣谦可以使用一个名叫"吸附手套"的道具在手机或电脑里吸附在屏幕上上下移动,看着宿鸣谦一只手吸附在屏幕上,垂下来的身体晃晃悠悠,栗说星一边觉得宿鸣谦辛苦,一边又觉得可爱。宿鸣谦拥有一具晃晃悠悠的无重力的符码化的身体,但同时又实打实地能够让人感受到他的疲惫与肌肉酸痛。又比如,根据栗说星的不同行为,宿鸣谦的头顶会冒出好感度加减的数值,这是作为程序与数据的宿鸣谦的直观呈现。当宿鸣谦的头上冒出一连串"-1+1-1+1-1+1-1+1-1+1-1+1-1+1"时,读者也能和栗说星一样真实地感受到宿鸣谦内心的纠结;当宿鸣谦头上冒出大大的"+50"时,读者和栗说星共享的喜悦绝不仅仅是因为好感度上涨后可以在游戏中解锁更多的功能和道具,更是因为这个"+50"意味着宿鸣谦喜欢栗说星——就像栗说星也喜欢着宿鸣谦一样。

无论是用Q版形象和无重力感来表现角色的可爱,还是为角色增添可以直观表现好感度增减的道具,都是ACG作品与中国网络文艺(特别是同人[①]小说与同人漫画创作)中常见的萌要素设定,也是人工环境的一部分。而由形形色色的萌要素构成的角色本身就具有了大塚英志所说的"身体—符码二义性"(完全由符码化的方式来表现,但却拥有会流血和死亡的身体)。换言之,同为萌要素构成的角色,栗说星与宿鸣谦其实在同等程度上既是"真实"的又是"不真实"的,他们的关系因而也是对等的。角色在叙事结构上的对等,使得栗说星与宿鸣谦在文本内部的恋

[①] 同人:建立在已经成型的文本(一般是流行文化文本)基础上,借用原文本已有的人物形象、人物关系、基本故事情节和世界观设定所做的二次创作。参见邵燕君主编:《破壁书——网络文化关键词》,第74页,"同人"词条,词条编撰者为郑熙青。

爱变得理所当然。对于那些在现实中同样曾对"纸片人"怦然心动,却缺乏话语去表述"与纸片人谈恋爱"之合理性的读者而言,这种文本内的理所当然恰到好处地抚慰了现实中的羞于启齿和自我怀疑。

现在让我们回归现实主义的视角,栗说星无论怎么看也不过重复着包法利夫人或堂吉诃德的荒诞悲剧,但那份真实的心动与喜悦,那声"即使这样也没什么不好"的小小抗议又该如何宣之于口?宏大叙事并未离开我们,作为一架庞大的机器,它仍旧凭借强大的惯性向前行驶。它曾允许一些东西进入,于是就有话语去表述这些东西;它将另一些东西放逐在外,于是那些东西就没有被话语覆盖,被宏大叙事放逐之物无法用现实主义的方式去表述。在话语生产的能力与权力方面,任何新生局部小叙事都无法与饱经沧桑的宏大叙事比肩,于是局部小叙事总是处在话语缺失的痛苦之中——大多数时候,它们只能策略性地挪用宏大叙事,或者保持沉默。东浩纪借用了柄谷行人的说法,认为现实主义的语言是透明的,能够直接反映现实,而"游戏性写实主义"的语言是半透明的,并不直接指向现实。所谓"现实",自然不是赤裸的实在界,而是能够被宏大叙事的话语容纳和表述的东西。半透明的语言就像一层隔离带,将渗透着宏大叙事的现实暂时隔离并悬置起来。"游戏性写实主义"并不与"现实"对抗,但却给了所有局部小叙事讲故事的权力。有能力悬置既有伦理、价值标准的人工环境(尽管往往并非彻底悬置),奉行着"萌即正义""有爱即合理"的原则,走向了宏大叙事未曾抵达(或拒绝抵达)的地方,所以温柔的栗说星才可以勇敢地去爱软萌的宿鸣谦,没有人会觉得他真心错付,也没有人会勒令他回归现实。

不被"现实"容许之物,以及有能力创造人工环境来收容它们的泛二次元网络亚文化社群,这是游戏化向度的网络文学的第二个存在基础。

三、平行世界与"二次元存在主义"

让我们再次回到"虚拟现实"的话题。各式各样的虚拟世界中,有着各种各样的"真实"。无穷无尽的虚拟世界因爱而存在,它们中的一些可以相安无事，另一些却彼此矛盾。

《群体性孤独》的序言中记录了来自美国中西部的大学生道格的生活状态：

> 他在3个不同的网络虚拟世界中拥有4个虚拟化身（avatar）。他总是同时打开这几个虚拟世界的窗口，家庭作业和电子邮件的页面，以及最爱的游戏界面。他很轻松地在不同的虚拟世界中穿越，他告诉我，现实生活"只是多打开一个窗口而已"，并且他补充道："甚至通常不是我最喜欢的那个。"[1]

尽管雪莉·特克尔对于道格式的生活方式怀有一种深切的不安，但这确实是越来越多的人对于世界的认知方式。于是，在游戏化向度的网络小说中，"虚拟世界"变成与现实世界对等的"平行世界"。

2018年年末上映的国产电影《狗十三》中，女主人公李玩发表了一番关于平行世界的见解，大意是说无数的平行世界里有无数个我们，这无数个我们或许会完成此世界的我们未能完成的事情。这一说法基本上就是当下流行的平行世界设定的基本含义，游戏化向度的网络文学中的平行世界就是这样发挥作用的：屏蔽某些现实条件，增加某些新的条件，从而构成一个新的世界，在这个世界中主人公们可以完成在现实世界中无法完成或未能完成的事情。所以平行世界设定下的故事总是关于可能性的叙事。

在泛二次元网络亚文化社群中，最著名的关于平行世界的故事或许就是《命运石之门》（2009）了。这部经典的日本文字冒险游戏让"世界线"这个理论物理的生僻名词进入了千家万户。《命运石之门》将世界线理论与Galgame中的分支叙事结合起来。尽管这样表述并不精准，但大体上，我们可以认为，《命运石之门》的玩家每一次做出选择，都会将游戏导向分支叙事的某一条支脉上，最终迎来不同的命运结局，而这每一条叙事支线就约等于一条世界线，每一次选择都是一次世界线收束，所有未被选择的选项都代表着其他可能的世界线。由于《命运石之门》及

---

[1] [美]雪莉·特克尔：《群体性孤独》，周逵、刘菁荆译，第Ⅻ页。

其他类似作品的存在，整个泛二次元网络亚文化社群对于平行世界或世界线的想象实际上基本等同于游戏中的分支叙事，而分支叙事包含两个关键要素：无数可能性的存在，以及我们最终要在无数可能性中选择一种。而后者意味着我们同时放弃了其他所有的可能性。

平行世界因而既是拥有无限可能的乌托邦，又是个多少有点残酷的设定，它总会在某些时刻要求我们做出选择，舍弃某些东西。对平行世界的这种理解，既来自游戏的经验，也包含着对现实生存状况的感受。

泛二次元的网络亚文化是由无数小亚文化社群构成的，每一个小亚文化社群都有自己的社群共识，形成了内部的人工环境。而游戏化的网络文学，就坐落于这数不尽的人工环境之上。尽管绝大部分泛二次元的网络亚文化社群都共享着 ACG 文化的核心数据库，但分歧永远大于共识，所以每个人都必须不断回答这样一个问题：你选择在哪里生活，你选择与谁站在一起。

无数的平行世界里有着无数的真理与现实，似乎再没有什么是唯一正确的。人们越来越难以天然地相信什么，而为了活下去，人们只能为自己选择去相信什么，我将这种生存状态命名为"二次元存在主义"。这注定是一种不够幸福的生活方式，因为再没有一种道路可以被视作理所当然。作为代偿，在各式各样的泛二次元网络亚文化社群中游牧生存的这一代人（以"90后""00后"为主体，也包括部分"80后"甚至"70后"），总是对于笃信着什么、捍卫着什么的状态有着异样的执迷。微博上每时每刻都在爆发着战争，昨天你还看着一群人为了在你看来无可无不可的话题争得你死我活，今天你就愤然而起、披挂上阵，而你的满腔愤慨或许在别人看来也同样无足轻重。甚至绝大部分这样的争执本就不是为了争取对方的认同，事件将会怎样收场从一开始就差不多看明白了。但能够参与其中，能够相信（或暂时相信）其中的一方是唯一正确的，能够为了唯一正确的事情花费时间、经历，投入情感，甚至付出（有限度的）代价，这本身就令人兴奋。忠诚、信仰、荣耀、传统、牺牲，这些看起来就带着宏大叙事味道的字眼重新流行起来，在一个个亚文化的小圈子里被制作成无害却庄重的仪式，反复操演，慰藉着"宏大叙事稀缺症"患者们无处着落的灵魂。

但麻烦的是，"宏大叙事稀缺症"的患者还往往同时患有"宏大叙事尴尬症"，他们总是忍不住去怀疑那些被要求相信的东西，怀疑过于圆满的故事，怀疑伟大而无私的英雄。他们或许仍会为纯然庄重悲壮的故事而感动，但却会在同时自嘲一句"在虚构的故事当中寻求真实感的人脑袋一定有问题"。

于是，讲故事变成一件有点复杂的事情，作者总需要在庄重与谐谑、深情与自嘲之间找到某种平衡，在不诱发"宏大叙事尴尬症"的前提下代偿读者对严肃故事的需求。于是，吐槽①、玩梗②中混搭着热血的叙事方式，以及高度依赖于设定的故事世界，成了游戏化向度的网络文学中常见的元素，也形塑了游戏化向度的网络文学的典型风格。

"在虚构的故事当中寻求真实感的人脑袋一定有问题"，这句话出自日本著名轻小说《凉宫春日》系列（2003）第二册《凉宫春日的叹息》，日文原句为"フィクションにリアリティを求める奴のほうがどうかしていると思うが"，语气相较于中文翻译显得和缓一些。

在《凉宫春日的叹息》中，主人公凉宫春日带着朋友们拍摄自编自导的电影《朝比奈实玖瑠的冒险》。在朝比奈实玖瑠演戏时佩戴的彩色美瞳失踪后，凉宫春日为了让电影连贯，增加了朝比奈变身的设定，她只有在变身后才会成为身穿女服务生制服、瞳孔变色的形象。为了证明这一改动的合理性，凉宫春日还提出，平时就穿着女服务生制服未免也太不切实际了。全然不顾"平时就穿着女服务生制服"这一设定原本也是她自己设计的。此时，小说中的另一个人物阿虚就吐槽道"在虚构的故事当中寻求真实感的人脑袋一定有问题"。但这段故事还有前情。凉宫春日本身拥有可以让愿望成为现实的能力，在拍摄朝比奈实玖瑠的战斗场

---

① 吐槽："吐槽"是日语"突っ込み"（つっこみ，tsukkomi）的中译，来源于日本的一种艺术形式"漫才"（类似中国的对口相声）。在中文语境中，这是用于描述某种指出别人话里的错误、漏洞的行为，也可以引申为抱怨、挖苦、找碴儿甚至讲段子等。参见邵燕君主编：《破壁书——网络文化关键词》，第57页，"吐槽"词条，词条编撰者为高寒凝。

② 玩梗："梗"在二次元文化中指那些可以被反复引用或演绎的经典桥段、典故。而"玩梗"通常是指以恶搞的方式引用或演绎这些经典桥段与典故，以制造笑料。参见邵燕君主编：《破壁书——网络文化关键词》，第48页，"梗"词条，词条编撰者为高寒凝。

面时，凉宫春日希望朝比奈带着彩色美瞳的眼睛可以射出激光，而这个愿望在接下来的拍摄中成真了，并险些伤害到了阿虚，还好长门有希及时救场，并悄悄没收了朝比奈的美瞳。这才导致了凉宫春日发现美瞳失踪，为了情节连贯而增加变身设定的后续。于是"在虚构的故事当中寻求真实感的人脑袋一定有问题"这句话就变得非常微妙，一方面它作为对凉宫春日的吐槽是成立的，但另一方面凉宫春日又确实把虚构故事变成了现实。就是这样一句有点道理又有点没道理，让人说不好到底是谁"脑子有问题"的微妙吐槽，在二次元圈子里成了经典。每当看过《凉宫春日》系列的人用这句话吐槽的时候，大概语义中多少还包含着那么一点自反，对那些"在虚构的故事当中寻求真实感"的人带着一点说不出的羡慕、认同或者亲近。

与此类似的，还有对于"中二病"经久不息的吐槽与自嘲。"中二病"也可以简称为"中二"，指的是"某种自我意识过剩的精神症状，这里的'中二'是'中学二年级'的简称。日本的'中学二年级'，对应于中国的'初中二年级'。虽然自命不凡、狂妄自大等精神状态的确多见于青春期的少年，但这个词其实更强调特定的精神状态，而非特定的年龄段，因而，只要一个人具有类似的症状，都可以将其称作'中二病患者'"。"由于燃系 ACGN 的世界观设定和角色设定，常常会令其中的主角得以拥有超凡脱俗的能力，作为超能力者在二次元世界中展开酣畅淋漓的冒险和战斗，而且，这种奇异冒险与超能战斗，往往会在故事情节的展开过程中被赋予某种联系着世界危急存亡的宏大意义。因此，宽泛意义上的'中二'，也会被用来形容那些深受燃系 ACG 的精神影响、期望自己的行动能够对世界产生重要作用的人。"① 无须怀疑，吐槽着各种"中二病"搞笑台词的人，与说着"人不中二枉少年""中二病永不毕业"的人往往是同一群人。他们需要令人热血沸腾的冒险、关乎世界存亡的战斗、正直无畏的少年英雄，但同时又在故事外否定所有关乎世界存亡的宏大意义，不相信个人行动会对世界产生影响，并嘲笑那个在故事里被这一切深深打动的自己。出

---

① 邵燕君主编：《破壁书——网络文化关键词》，第 43—46 页，"中二"词条，词条编撰者为林品。

于自我保护的目的，他们把那些打动了自己的故事贬入"中二"的行列，但同时又悄悄地为那个暗自"中二"着的自己感到骄傲。

吐槽与玩梗实际上就是在故事中直接代替读者完成了他们在故事外对自己的"中二"进行的自嘲，稀释了故事中庄重严肃的情节的浓度，从而有效缓解读者的尴尬情绪。

但即使有了吐槽和玩梗，一旦故事试图将自己"伪装"成在现实世界中也被允许、也有可能发生的事件，那么它仍有很大可能瞬间滑向质疑的深渊，变成虚伪的、不可信的、令人厌倦的说教。为了避免这种情况的出现，设定开始发挥作用。

我们可以说，设定就是每一个具体的游戏化向度的网络文学作品中的人工环境，但与宏大叙事为现实主义提供的媒介环境不同，设定作为人工环境总是附带着一条协议：作者与读者皆知其为假，但在故事中我们将之感知为真。对于同时患有"宏大叙事尴尬症"与"宏大叙事稀缺症"的读者而言，这无疑是一颗定心丸，因为"设定"的存在保证了他们可以放心大胆地在故事世界中交付真心、全情投入，重温宏大叙事独有的荡气回肠，同时保留一个故事外的自己超然冷静地默念"这一切都是假的，我就看看，并不真的相信"，从而保全自己作为一个后现代人冷漠而疏离的自尊。

"宏大叙事稀缺症"与"宏大叙事尴尬症"共同造就了一种小心翼翼的别扭叙事，虽然在游戏化向度的网络文学作品中这种叙事已经变得如此自然而然。深谙其道的作者们自可游刃有余，习以为常的读者也看得不亦乐乎。但这确乎是游戏化向度的网络文学的第三个存在基础。

当然，这些关于宏大叙事的安全梦中，还包含着被各个网络亚文化圈私自挪用来讲述自己的小叙事的部分。就像《纸片恋人》，借着爱情神话的陈年旧梦讲了"与纸片人谈恋爱"的新故事。在吐槽、玩梗、设定以及既有的已然程式化了的宏大叙事神话桥段的重重包裹之下，全新的故事已初具精魂，小心翼翼地伸出试探的触手，传递着渴望认同的信号，寻找着其他心怀小小的愤怒与委屈而无可诉说的人，说出那句"原来你也在这里"。

第一部分

把虚拟现实游戏写进小说

第一章
从桌上游戏到电子游戏

电子游戏对网络小说的影响或许远比我们想象的要深刻得多。

电子游戏不仅仅催生了"游戏文"这样一个网络文学类型,把"主线""支线""副本""升级""Boss""任务"等术语带入网络文学,更在整体上更新了网络文学的叙事模式,带来了新的主题与接受方式,甚至在一定程度上颠覆了网络文学既有的分类系统。

从叙事模式的角度讲,无论是情节的组织结构还是人物角色的塑造方式,电子游戏都对网络文学产生了重大的影响。《游戏与文学:网游小说文本范型探微》[①]中以图表的形式展现了"虚拟网游在小说与游戏之间构成的对应关系"(见图1)。

---

① 葛娟:《游戏与文学:网游小说文本范型探微》,《江苏师范大学学报(哲学社会科学版)》2016年第4期。

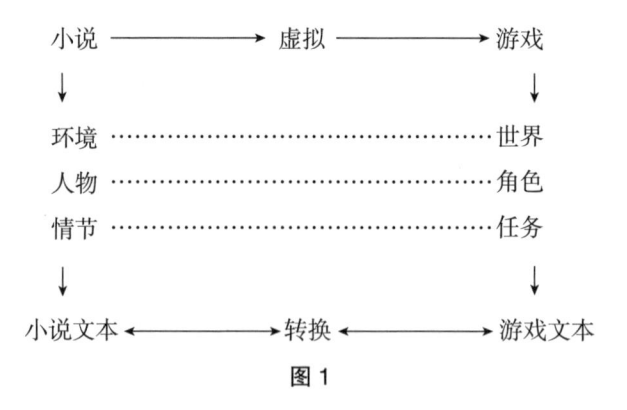

```
小说 ──────→ 虚拟 ──────→ 游戏
 │                              │
 ↓                              ↓
环境 ·············· 世界
人物 ·············· 角色
情节 ·············· 任务
 │                              │
 ↓                              ↓
小说文本 ←──→ 转换 ←──→ 游戏文本
```
图1

图1可以约略说明受到游戏影响的网络文学作品在叙事要素上发生的改变。简言之，任务代替事件成为叙事的基本单位，角色代替人物成为故事的表现对象，由主线、支线、副本精密组织的叙事结构代替了沿开端-发展-高潮-结局顺序推进的叙事线索。于是，网络文学文本首先不再是一个故事，而是一个由世界设定和"半自律"的角色这两大支柱构成的、可以自主运行并不断生成故事的系统。

在主题指向方面，电子游戏所带来的全新经验与时空感受成为网络文学的重要主题，并根本性地改变了理解网络文学的方式：平行世界理论成为网络文学中广泛应用的公共设定，无穷多的平行世界便可能蕴藏着无穷多种价值体系、无穷多套可运行的规则、无穷多的可能性，而任何选择却意味着其他所有可能性的丧失。因而，绝对自主的选择，以及对自己的选择负责任，是印证自身主体性的唯一方式；玩家与NPC、玩家与玩家，在不同的游戏、同一游戏的不同进度中、游戏中与游戏外都经历着不同的世界与不同的时间，这样的经验让人直观地意识到时间不是唯一的、线性的和均质的。于是，种种裂解时空的精致把戏成为许多网络文学作品的趣味性来源。另外，时间的裂解也正在质疑着我们的记忆、历史与认同，（参与/拒绝）历史、（分享/出让）记忆、（寻求/抵抗）认同实际上成为许多作品的重要议题。

电子游戏的影响还对网络文学的分类系统提出了挑战。特别是近几年，"游戏文"早已不能被视作一个界限清晰的独立文类。即使是在一部单一的"游戏文"作品内部，也能以一个特定的游戏设定框架，去容纳修仙、科幻、悬疑、推理等各种叙事要素。如女频小说《快穿之打脸狂魔》，男主人公在主神的胁迫下不得不进入各种副本世界，完成任务，而每个副本世界都是对某种网络文学类型陈旧套路的整合与反讽，宅斗、宫斗、仙侠、奇幻、科幻无所不包。这种"类型拼盘"的创作方式，甚至已经能摆脱那个游戏设定的框架而独立存在。如《重生之国民男神》一书，便将玄幻、军事、爱情、宅斗、科幻等元素熔为一炉，很难界定其具体的文类归属。东浩纪在《游戏性写实主义的诞生——动物化的后现代2》[①]中提到，纯文学（亦包含传统通俗文学）遵从"自然主义的写实主义"（即我们通常所说的现实主义）的创作原则，而轻小说遵从"游戏性写实主义"的创作原则；前者以模拟现实为己任，后者则由于大叙事的解体、现实认知之多样化而不可能再将现实世界当作传达讯息与含义的公共平台，便转而以脱离现实的人工环境作为讲述故事的环境。因此轻小说不是与科幻小说、言情小说等相平行的一种题材类型，而是与"自然主义的写实主义"相对应的创作模式——"自然主义的写实主义"文学包含科幻、言情等各个类型，"游戏性写实主义"同样包含这些类型。网络文学中深受游戏经验影响的作品实际上亦可以被视作"游戏性写实主义"的作品，来自游戏经验的世界架构便是那个脱离了现实的人工环境，这一人工环境提供的接口足以搭载各种既有的题材类型，将它们统一拆解为设定、任务、角色等多个适配模块，再重新组装起来。故而一部深受游戏影响的科幻小说与一部同样深受游戏影响的修仙小说之间的亲缘性，要远大于其与一部传统科幻小说之间的亲缘性。而没有游戏设定框架的"类型拼盘"小说实际上也采取了同样的数据处理原则，唯一的区别只是这类作品隐去了那个处理数据的后台算法。

在上述诸方面受到电子游戏影响的网络文学作品，便是我所界定的游戏化向度的网络文学。具体而言，由狭义到广义，游戏化向度的网络文学可以分为以下三个层次。

首先，是以虚拟现实游戏为题材的网络小说，这也是本书讨论的起

---

① 東浩紀，『ゲームのリアリズムの誕生・動物化するポストモダン2』，講談社現代新書，2007。

点。男频网游文是这类作品的最典型形态,在这些作品中,网游世界本身是主人公的行动动力、冒险舞台、创造情感关系和自我价值的场域。2005年前后,网游文开始出现并迎来了爆发式的发展,主线、支线、副本、升级、地图等电子游戏中的元素也开始成为网络文学叙事中的基本结构单元。一些带有网游元素,但整个故事仍基于(文本中的)现实世界逻辑、叙事动力来自(文本中的)现实世界的作品并不属于这一范畴,如女频言情作品《微微一笑很倾城》(2008)便属于此类。换言之,凡是将所有网游元素都抽提替换之后整个故事仍可以成立的作品,不属于我此处所说的以虚拟现实游戏为题材的网络小说。

其次,是游戏异界类网络小说,以及具有非常明显的游戏元素的修仙小说。起点中文网目前将游戏类网络小说分为虚拟网游(描写未来游戏生活的作品)、游戏异界(游戏世界真实化,或以明显游戏设定为主要世界构架的作品)、游戏生涯、电子竞技(以职业团队或个人征战电子竞技比赛为主线的作品)四类。其中,游戏生涯与电子竞技主要指与现实世界的真实游戏经验相关的作品(但在实际使用中,游戏生涯这一类界定非常含混,基本上没有区分价值),不在本书的讨论范围之中,主要原因在于这类作品与其说是网游文不如说是职场文,电竞选手努力的动因、实现人生价值的方式都存在于(文本中的)现实世界而非游戏世界之中,即依存于(文本中的)现实世界的法则与逻辑,因而这一文类在文体、叙事结构、主题指向等方面的游戏化是间接的。所谓游戏异界,往往是指向那些带着游戏系统进入某个真实异界的作品,如系统文[1]、无限流[2]都是其中的典型子类目。几乎在网游文流行的同期,"升级流"的玄幻、奇

---

[1] 系统文:主人公带着一套系统进入异界(修仙世界、科幻世界、奇幻世界等)的故事类型。这套系统可以是某真实存在的游戏的系统,也可以是虚构的系统。一般而言,这一系统只有主角可以感知,需要提供生命值等数值信息,发布任务,提供完成任务所需的外挂,并根据主角完成任务的情况实施奖励与惩罚。

[2] 无限流:zhttty的《无限恐怖》(2007)所开创的一种网络文学题材类型。主角进入神秘空间,在主神或系统的要求下前往电影、游戏、动漫和小说的副本世界完成任务,由此获得超凡力量。饥饿2006的《无限道武者路》(2009)与爱潜水的乌贼的《一世之尊》(2014)开创了在"无限流"小说中写原创副本的先河,这种题材类型得到进一步发展。到了2018年,女频迎来"无限流"小说热潮,无限流的设定得到了极大丰富。

幻、修仙类作品也发展起来，其游戏化程度与网游文不相上下，基本可以视作网游文简单去除游戏外壳后的产物。因而这类小说与游戏异界文很难区别，可以做同等理解。

最后，是其他所有借鉴了电子游戏叙事元素，或体现了游戏玩家经验的作品。自 21 世纪第二个十年以来，网络文学整体性地经历了一轮二次元化、游戏化的过程，由此产生了一大批更为彻底地显现出游戏化特征的网络文学作品，并更为充分地展现了游戏所能带给网络文学的极端多样的可能性。2015 年被业界称为"二次元资本元年"，以此为标志，网络文学的这一轮二次元化、游戏化转向基本宣告完成，这批新的游戏化向度的网络文学作品与此前占绝对主流的传统网文[①]（包括"升级文"）分庭抗礼的局面得以形成，并且得到了资本的追认。

由简单"升级文"的基础形态过渡到 2015 年以来多样化的游戏化模式，游戏化向度的网络文学作品在整体质量上也有了极大的提升，因而本书所讨论的文本将主要集中在 2013—2020 年的这一时间段内，仅在追述网络文学的游戏化发展进程时提及若干关键性作品。

一、勇者战恶龙：从 TRPG 到 MMORPG

当我们讨论游戏对文学的影响时，首先应该提到的或许便是 TRPG（Table-top Role Playing Game，桌上角色扮演游戏）《龙与地下城》（1974），以及由《龙与地下城》的跑团记录衍生出的奇幻小说《龙枪编年史》（以下简称《龙枪》，1984）——尽管《龙与地下城》甚至不是一部电子游戏作品。

《龙与地下城》与棋牌等同样在桌面上进行的游戏不同，它自 1974 年诞生起便是一个必须依托于玩家想象力的、与叙事密切相关的游戏。进行《龙与地下城》游戏需要使用的最核心道具是一份游戏规则书和一个骰子。玩家分为主持人和扮演者两种身份，主持人既是仲裁者也是说书人，不仅要进行游戏判定，还要设计游戏世界，想象并说明游戏进程

[①] "传统网文"概念，参见邵燕君：《网络文学的"断代史"与"传统网文"的经典化》，《中国现代文学研究丛刊》2019 年第 2 期。

中出现的怪物、陷阱与其他角色。扮演者则扮演自己的角色，这一角色不仅有身份和性格，也具有各项数值化的属性。游戏进程中的所有成败判定，是通过投掷骰子和查阅规则书来决定的，整个游戏过程的纪录则被称为"跑团记录"。

不难看出，"跑团记录"本身就很类似于小说，有人物、有情节。但与小说不同的是，"跑团记录"中的事件不是由作者决定的，而是由掷骰子的结果随机决定的，也没有事前设计的开端、发展、高潮、结局，而是由若干随机事件连缀而成。

《龙枪》则是在《龙与地下城》跑团记录的基础上进行文学加工而形成的小说。这部由玛格丽特·魏丝与崔西·西克曼共同创作的奇幻小说一经面世便引发了轰动，其流行反过来带动了《龙与地下城》的热销，也推动了一批跑团小说的诞生。

对于中国读者而言，《龙枪》的意义不止于此，它还由中国最早的一批网民在网络空间中传播分享，直接影响了中国网络文学奇幻类型的诞生。而《龙枪》中包含的游戏基因——模组化的世界设定、事件单元连缀而成故事的创作思路等——也或多或少地自此留存于中国的网络文学创作理念之中。

《龙与地下城》不仅是世界上第一款商业化的桌上角色扮演游戏，也对电子游戏中RPG（Role Playing Game，角色扮演游戏）类型的产生发挥了至关重要的作用。早在1974年，就有大学生开发了《龙与地下城》的电子版本，可视作电子平台RPG游戏的前身。任天堂家用游戏主机FC搭载的游戏《勇者斗恶龙》（1986），则可以视作RPG游戏的奠基之作。《勇者斗恶龙》延续了《龙与地下城》的诸多游戏方式，但从多人游戏成了单人游戏，设定书被写在系统里，数值判定交由程序完成。《勇者斗恶龙》中的HP[①]/MP[②]设定、经验值设定、可升级的武器道

[①] HP："Health Point"的缩写，意为生命值，生命值归零则角色死亡。在游戏中，HP一般表现为红色长条，通过长短变化来显示玩家当前HP，所以也被称为血条或红条，可简称为"血"或"红"。

[②] MP："Mana Point"的缩写，意为魔法值，释放技能需要消耗魔法值，MP不足则无法释放技能。在游戏中，MP一般表现为蓝色长条，通过长短变化来显示玩家当前MP，所以也被称为蓝条，可简称为"魔"或"蓝"。

具、主线/分支任务设定等基本要素，均被此后的RPG游戏沿用。

网络技术的发展催生了网络游戏，MMORPG（Massive Multiplayer Online Role Playing Game，大型多人在线角色扮演游戏）也应运而生。MMORPG是在单机RPG的基础上发展出来的，沿用了RPG的基本模式，但从单人游戏变成了多人即时在线游戏。玩家可以根据自己的喜好扮演不同的角色，在游戏世界中不仅可以与NPC（Non-Player Character，非玩家角色）交互，还可以与其他玩家进行交互，共同合作完成任务，或者彼此敌对战斗。1999年，世界上第一款有3D图形界面的MMORPG《无尽的任务》在美国上线，其职业设定、副本模式与战斗方式等都成为此后MMORPG游戏的通用模式。2004年起运营至今的经典MMORPG游戏《魔兽世界》发展了《无尽的任务》的模式，正式确立了MMORPG的经典结构，至今尚未有能够突破这一经典结构的MMORPG作品。

玩RPG，特别是MMORPG的经验，几乎是"80后"以降中国青少年共通的人生记忆，我们通常所说的"网游"（网络游戏）实际上在很长的时间内是专指MMORPG的。中国的MMORPG与网络文学几乎是并行发展的：

> 学界通常认为的第一部中国网络小说是诞生于1998年的《第一次亲密接触》，1998年因而也常被称为中国网络文学元年；2000年，第一款真正意义上的中文网络图形MUD①《万王之王》正式进入大陆市场，是为中国网络游戏元年。
>
> 2002年7月，由盛大网络代理的韩国MMORPG游戏《传奇》在大陆的同时在线人数突破50万，成为全世界规模最大的网络游戏，中国的网络游戏市场彰显出了巨大的潜力；2003年，起点中文网开始采取VIP付费模式，网络文学进入付费时代。
>
> 2004年，以游戏为其主要产业的盛大网络收购了起点中文网，也体现出网文与网游之间的密切关系。
>
> 2008年"家电下乡"政策实施之后，中国网民人口激增，网游

---

① MUD："Multi-User Dungeon"的首字母缩写，意为多使用者迷宫，也即多人即时共享的网络虚拟世界，通常以文字描述为基础。

玩家与网文作/读者数量也随之爆炸性增长。

2015年是中国文化产业的IP元年，将网络小说改编为MMORPG，甚至以改编MMORPG为目的创作网络小说都逐渐成为常态。

直到今天，我们仍非常习惯于在网络文学网站上看到各式各样的游戏广告，玩家群体与网文读者群体的重合度可想而知。

因此，大量单机RPG和MMORPG中的术语和理念进入网络文学领域，并成为对网络文学的游戏化影响最大的游戏类型，便不难理解了。这些术语和理念包括以下几个。

1. 角色/主角团

游戏角色与文学人物的差异，体现在如下两方面：第一，游戏角色是由玩家扮演的，文学人物是由作者创造的，这意味着玩家代入游戏角色的方式与读者代入文学人物的方式是不同的。代入感这一概念在网络文学中前所未有地被突出强调与此有着密切关系，这一点将在后续章节中进行更详细的说明。第二，现实主义的文学人物力求模仿真实的人物，力求连贯、立体；游戏角色则是数值化的、可拆解的。比如，常见的RPG角色会拥有力量、智力、反应、体质、幸运、魅力等各种基础属性，这些属性的基础数值与增长率又会影响角色的攻击力、速度、防御力、命中率等次级属性，诸属性有些是关于人物身体素质的，有些则是关于人物性格的。主角团是在游戏中共同战斗的角色团队，对于单机RPG而言，是玩家操纵的若干角色构成的战斗团队；对于MMORPG而言则是为了打副本或完成多人任务而组队的若干玩家（以及他们各自操纵的替身角色）。在一个团队中，不同角色要有各自擅长的战斗领域（职业），讲究分工与配合。最基础的角色职业包括T[①]、DPS[②]和治疗[③]。

[①] T："Tank"的首字母，意为坦克，指高血量高防御低输出，站在战斗的最前方为队友抵挡伤害的职业。

[②] DPS："Damage Per Second"的首字母缩写，意为输出，也指高输出低血量低防御、站在T的后方对敌人造成主要伤害的职业。

[③] 治疗：也叫奶妈，或简称"奶"，指具有治愈自己与队友的能力的职业。

如果进行更具体的划分,则 DPS 还可以分为近程/远程 DPS、单攻/群攻 DPS 等。MMORPG 中还有一个重要的数值叫作仇恨值,游戏内的 Boss[①] 会优先攻击仇恨值最高的玩家。通常来说,输出越高,仇恨越高,但 T 往往会用特殊技能来提升自己的仇恨值。因此,T 拉仇恨、抗伤害,DPS 输出,奶妈治疗队友,这就是 MMORPG 中最基本的战斗模式。这个模式也成为绝大多数网络文学中构建主角团队时必须要考虑的因素。

2. 升级

成长系统是 RPG 中最核心的数值系统,而角色等级则是成长系统中最能概括角色强弱的指标。玩家完成任务、通过关卡都会获得经验值,积累一定的经验值后,角色等级就会提升,这个过程叫作升级。在升级过程中,玩家的各项属性都会提升,可以获得更强大的技能,使用更高级的武器,解锁更多的游戏任务、游戏区域和游戏模式。以《斗破苍穹》(2009)为代表的最早一批游戏化的奇幻、玄幻、修仙小说常常被称为"升级流",因为这些小说的主导叙事结构借鉴了 RPG 中的升级模式。读者常常会用"升级打怪换地图"来总结这类作品的情节,而"升级打怪换地图"实际上也就是 RPG 游戏的基本游戏流程。"怪"就是怪物,也即敌对 NPC;"打怪"就是与敌对 NPC,特别是 Boss 战斗——通过击败这些敌对 NPC,玩家可以获得经验值,这是角色升级的重要途径。"地图"则是游戏中的空间区域。一个游戏的全部游戏空间,往往由多个"地图"共同构成。不同的"地图"适合不同等级的玩家,包含与玩家等级匹配的任务与怪物。因而"升级流"网文的基本套路就是主人公通过修炼与机缘提升自己的能力(等级),打败强大的对手,进入新的环境,进一步提升自己的能力,打败更强大的对手,再进入另一个新环境,如此循环往复直至终章。

[①] Boss:意为老板,游戏中指大反派,通常是在关卡中镇守关底的敌人,是玩家在这个关卡里会面临的最强挑战,也一般是过关之前的最后挑战。参见邵燕君主编:《破壁书——网络文化关键词》,第 366 页,"Boss"词条,词条编撰者为傅善超。

3. 主线／支线

RPG 是电子游戏中与叙事结合最紧密的类型之一，而主线剧情与支线剧情便是谈论游戏叙事时常常会使用的概念。"主线剧情"这一概念在游戏中的含义，与其在文学中的含义差别不大，都是指故事最主要的情节脉络。而"支线剧情"一词则很少在传统的文学理论中出现，它在游戏中指的是主线剧情之外的其他剧情脉络。与主线剧情和支线剧情相对应的是主线任务和支线任务，主线任务是可以推进主线剧情的任务，而支线任务则与推进主线剧情没有必然联系，往往起增加游戏趣味性、丰富角色形象、充实世界观等作用。一般而言，主线任务是玩家想要通关就必须完成的任务，在完成主线任务的过程中，玩家也会经历全部主线剧情，而支线任务则往往是可自愿选择的，完成支线任务就可以了解支线剧情，获得额外奖励，不完成支线任务也通常不会影响主线通关。受电子游戏影响，主线和支线现在也成为网络文学创作与评论中的高频概念。网文作者与读者总是倾向于以主线或支线的概念对故事大纲进行切分，每一段主线或支线情节都有其必须达到的目标，根据这些目标，主线或支线情节又可以再拆分成若干任务，每个任务的完成都会导致主人公状态的相应改变。这种拆分极大降低了动辄数百万字的超长篇网络文学的创作难度。

4. 副本

"副本是英文 Instance Dungeon 的通俗翻译，正式的名称是'独立地下城'。地下城是游戏中的一种特殊关卡，或者说一张特别的地图，玩家组成队伍，在其中完成任务，击败敌人，获取奖励……1996 年开始运营的 MMORPG《网络创世纪》是世界上第一个使用'副本'概念的游戏。上千玩家同时探索同一地下城，会造成极大的混乱，因此《网络创世纪》建立多份内容相同的地下城，将玩家分散到各个地下城镜像中去，以解决玩家间的过度争夺和玩家聚集造成的服务器过载。在游戏中，每一个队伍进入副本时，他们会各自拥有自己队伍的地图，不同的队伍看不到彼此，也无法互相支援。"① 这样的设计被沿用下来，就是我们现在所说的"副本"了。当下修仙文中的"秘境""试炼"等情节要素基本上都已经彻底副本化了。"秘境"往往更像限时副本，总是在特定的时间出现，允许符合标准的修仙者（如年龄在多少岁以下且修为在何种层级以上）进入。完成危机重重的秘境任务，则可获得极具威力的功法（技能）或仙宝（道具）。"门派试炼"则更像是常规副本，修仙者可以随时、反复进入门派试炼之中完成试炼任务，从而提升战斗能力（经验值）。在网络文学中，有时候副本与支线这两个概念是混用的，作为支线的副本与主线相结合，就形成了近年来网络文学中非常常见的叙事结构。我们可以按照传统文学习惯，将其称为彩线串珠式结构，但在本质上，它是由若干个彼此独立的副本前后相连，并在副本中穿插主线线索，主人公在副本中积累经验、财富与道具，直至故事结局处集中推进主线剧情、完成主线任务的情节模式。正是这一情节模式的存在，才为类型拼盘式网文创作的产生提供了土壤。当副本之于整个游戏系统的相对独立性进入网络文学创作中时，便衍生出了在唯一的主线剧情之外叠加多个不同题材、风格的副本的创作方式。

5. 系统

大多数 RPG 游戏呈现给玩家的是一个非常友好的 3D 图形界面，或是奇幻风格的城堡森林，或是仙侠风格的灵山秀水。但在此之外，RPG 游戏一定还会包含多个状态栏，以显示角色的状态，比如，血条、蓝条、技能栏（显示玩家技能及技能状态）、背包（显示玩家携带的物品和道具）等。这些状态栏会以悬浮窗口的方式覆盖在 3D 图形界面上方，这就是玩家对于"系统"的最直接感受。在 3D 游戏的制作过程中，这些 2D 的状态栏和文字提示一般被称为 UI（User's Interface，用户界面），是一个相对独立的制作模块。如果说 3D 界面往往力图以生动鲜活的形象或风格化的画面掩盖其背后的数理逻辑，那么 UI 便是这些数值与算法冲破平

---

① 邵燕君主编：《破壁书——网络文化关键词》，第 371 页，"副本"词条，词条编撰者为傅善超。

滑的拟真图形而显现在玩家眼前的部分。因为状态栏的存在，游戏在玩家眼中就是双层的——一层是平滑的、被精心包裹的，关于图像与叙事的；另一层是坚硬的、严密的，关于数据与算法的。关于系统的经验进入网络文学后，直接催生了系统文、无限流、快穿文[①]、随身空间[②]文等新文类，也使得作/读者在创作/阅读网络文学作品时可以同时关注叙事平滑与数值平衡两个方面，而且不会因此产生撕裂感。

6. 技能／道具

除角色本身的各项基本属性外，技能与道具就是玩家对敌时最大的倚仗。相比于传统武侠小说中的武功，技能与道具的最大特征是有明确的使用条件。比如，释放技能需要消耗 MP，越强力的技能往往会消耗越多 MP，如何在战斗中合理分配 MP 是玩家制胜的关键之一；又如，每个技能都有释放 CD（CoolDown，冷却时间），也就是说，每一个技能在使用之后都会进入冷却，直到预设的冷却时间结束，才能再次释放。选择合理的释放技能的顺序与频率，实现技能循环，防止角色所有技能都处于 CD 之中的无技能可用的情况出现，也是玩家在战斗中必须考虑的问题。道具则往往是消耗性的，每个道具都有固定的使用次数，在何种场合使用何种道具才能最大限度地发挥道具价值，需要玩家的判断与决策。在游戏化的网络文学中，不管是武功武器、魔法道具还是仙法仙宝，实际上都是技能／道具。

职业配置与技能相配合，还产生了一些常见战术，比如经常被提到的"放风筝"，就是远程攻击职业对战近程攻击职业时使用的基本战术，即通过不断走位保证自己处于近程攻击职业者的攻击范围之外，并持续

---

① 快穿文：女频在借鉴无限流的基础上产生了快穿文这一文类，以风流书呆的《快穿之打脸狂魔》（2015）为代表作。"快穿"即快速穿越的意思，指以极简的设定在多个副本世界中快速穿越，完成相应任务。相比于无限流小说，快穿文更热衷于在各个副本中书写反类型的故事，是对僵化类型套路的一种反用。

② 随身空间：指主人公随身携带的异次元空间，可用于收纳财物、种植灵植、养殖灵兽、藏身或修炼等。有些随身空间还会升级，扩大容量或提升产出能力等，实际上是游戏中背包功能在网络文学中的变形。

释放远程攻击技能，从而在有效打击敌人的同时保护自己。这些战斗策略也随着战斗技能配置进入了游戏化的网络文学之中，比如，《我家徒弟又挂了》中，女主角刚刚穿越到一个修仙世界，在功力尚浅的时候与一群水准相仿的师兄弟遭遇了一个强大的敌人，就在整个队伍岌岌可危时，女主角突然意识到这个队伍里有远程DPS，有近程DPS，有奶，完全就是一个网游打怪的标准配置，只要让远程DPS拉着敌人"放风筝"，其他人该输出就输出，该回血就回血，这样就可以磨掉敌人的血条——于是女主临危受命、指挥若定，然后——团灭了。

如果是一个完全没有网游经验的人看到这个部分，大概会觉得面对强敌而惨遭失败是很正常的事，但是对于那些熟悉网游经验的读者而言，这个团灭的结局所造就的震惊感是极为强大的，因为女主角连"放风筝"这种屡试不爽的万能战术都想到了，怎么可能还会失败？

对于游戏玩家而言，战斗的胜负取决于三个方面：一是玩家的经验与策略；二是角色的战斗能力；三是装备与道具的数量和品质。其中，玩家的经验与策略是智力因素，角色的战斗能力、装备与道具则是经济因素。虽然角色的等级、部分装备道具是可以靠游戏时长来获取的，但由于游戏时长也是可以与金钱进行兑换的，所以时间在游戏中也可以被理解为一种经济因素。至于玩家体力、身体素质等，则不是游戏中战斗的决胜因素——无论角色需要做出多么复杂困难的动作，对于玩家而言都不过是手指轻按键盘（电子竞技等极端情况不考虑在内）。

这种经验进入网络文学之后，就在根本上改变了战斗情节的乐趣所在。在金庸、古龙等传统武侠小说作者那里，各类充满想象力的玄妙武功如烟花般绚烂绽放，但在游戏化的修仙、玄幻、奇幻小说中，战斗不仅仅是武力的对抗，而更是一场智力的对决，主人公必须去计算自己与对手的道具数量、技能杀伤力、防御能力，乃至技能CD，寻找此时此刻最合适的技能、道具，以及技能/道具释放方式，再加上出色的临场应变，最终获得胜利。

二、美少女游戏与分支叙事

RPG 是对游戏化的网络文学影响最大的游戏类型,但并非唯一类型。各类电子游戏的特质都或多或少地在网络文学中显现出来。比如,国王陛下的异界小说《盗梦宗师》(2012),其中一个非常重要的虚构的策略竞技运动"夺塔棋",便是根据 MOBA(Multiplayer Online Battle Arena,多人在线战术竞技游戏)类游戏《远古遗迹守卫》(*Defense of the Ancients*,常简称为 *DotA*,2006)改编而来;又如,卷土的无限流小说《王牌进化》(2008),主人公不断穿越到各个经典街机(放在公共娱乐场所的经营性的专用游戏机)游戏世界之中完成任务;尤前的修仙小说《我家徒弟又挂了》甚至将经典的益智策略类游戏《植物大战僵尸》化作了小说中的一个关卡。MOBA、街机、策略游戏这些对抗性强、叙事性相对较弱的游戏,为游戏化的网络小说提供了设计小说内副本、关卡、竞赛机制的丰富素材。在一个 RPG 式的叙事流程中嵌套若干 MOBA、街机、策略游戏副本,也成为游戏化的网络小说的常见结构。

另一个不得不提的游戏类型是以日本 Galgame(美少女游戏)为代表的 TAVG(Text Adventure Game,文字冒险类游戏)。世界上最早的 TAVG 是 1975 年前后由一些美国高校的研究人员业余开发的非营利性游戏《巨大洞穴冒险》(*Colossal Cave Adventure*)和《地下城》(*Dungeon*)。这两款游戏都以文字的方式呈现,并没有对应的画面,因而又被称为"互动小说"(Interactive Fiction)[①],是电子游戏中最接近"文学"的一个类型。

Galgame 是日本特有的一种 TAVG 类型,最早产生于 20 世纪 80 年代并发展至今,在日本的游戏市场,特别是 PC(Personal Computer,个人电脑)端游戏市场中占相当大的比重。Galgame 同样带有角色扮演的性质,往往讲述由玩家扮演的男主人公与若干美少女的冒险、恋爱故事。游戏由大量的文字说明/对话,以及 2D 场景画面、人物立绘构成,玩家通过不断选择分支选项来推进剧情、提升与美少女角色的好感度,不同

[①] 邵燕君主编:《破壁书——网络文化关键词》,第 323 页,"AVG/ADV"词条,词条编撰者为傅善超。

的选择将导向不同的结局。

Galgame 在中国是一个相对小众的游戏类型，玩家数量显然不及 RPG 或 MOBA。但日本 ACGN 产业高度成熟，ACGN 四种文艺类型间改编频繁，在内容、风格、主题、结构等方面也有密切的相互影响，而中国青少年一代又普遍对日本动画有着丰富的观看经验，大量由 Galgame 改编或带有 Galgame 结构特征的动画作品都被中国观众广泛接受，Galgame 便通过这样的途径间接影响了游戏化向度的网络文学创作。Galgame 对游戏化向度的网络文学的影响是多方面的。

其一，时空感知方式的变化。与 RPG 不同，大多数 Galgame 中玩家扮演的男主人公都面目模糊，身份普通、性格平常，甚至常常没有正面立绘，只有一个平平无奇的背影。这样的设置是为了方便玩家将自己代入男主人公身上，产生一种是我（玩家）在与美少女恋爱，而不是男主人公（角色）在与美少女恋爱的感受。与此同时，Galgame 还非常注重营造美少女角色对玩家的陪伴感。虽然游戏内的时间流速往往与现实不同，但在游戏世界中，玩家也会在自己结识的美少女角色的陪伴之下度过朝朝暮暮的平凡的日常生活。玩家打开游戏，进入游戏中的生活，存档关闭游戏，便回到现实世界的生活，游戏世界时间暂停，直到玩家再次开启游戏并读档，游戏世界又一次运转起来。这样的经验，使玩家意识到两个世界、两种时间并存的可能，那些关于平行世界、时间分岔的故事的想象力也就于此萌发。

Galgame 的另一个典型特征是分支叙事，即每一个 Galgame 内置了若干不同的结局，玩家在分支选项中做出不同的选择，最终便会导向不同的结局。这样的设置同样有悖于人们关于单一线性时间的常识，而更吻合于平行世界、高维宇宙或世界线理论所设想的复杂的时间之网。本书的第三部分将进一步讨论游戏化向度的网络文学中的时空感知方式，并以《命运石之门》（2009）等经典 Galgame 作品为例详尽分析 Galgame 对这种时空感知方式的影响。

其二，主题指向的扩展。以分支叙事为叙事结构特征的 Galgame，实际上是将"选择"当作游戏的核心机制，通过玩家的选择来推进剧情，决定诸人物命运与结局。任何选择都必然会带来无法预料的后果，也必然会让玩家获得并丧失某些东西。而这种我的选择决定我的命运，并且只有我能够为我的选择负责的玩家经验，成为诸多游戏化的网络小说的共通主题，并导向了本书称为"二次元存在主义"的生存哲学。本书的第三部分将更详细地探讨这一点。

其三，角色构成方式的变化。东浩纪在《动物化的后现代——御宅族如何影响日本社会》《游戏性写实主义的诞生——动物化的后现代2》中，以很大的篇幅讨论了日本ACGN作品中的最普遍的角色塑造方式。概言之，这是一种将既有的角色形象解离为若干萌要素，所有萌要素共同构成一个庞大的数据库，再从这个数据库中抽取萌要素，组合成新的角色的方式。如此构成的角色，便具有了"半自律"的特征，因为他们不是被假设为从具体作品的具体背景环境中生长出来的，而是被理解为由萌要素组合成型后投入文本世界的。萌要素所规定的不仅是一束静态的性格或外形特征，更是一套角色的行动模式，角色按照自身萌要素规定的行为模式，可以应对各式各样的情景与状况，可以在任意文本世界中自由行动。大多数Galgame都具有典型的"数据库消费"特征，这些作品中常常包含多个可攻略女性角色，这些女性角色分别由各不相同的萌要素组合而成，以迎合不同玩家的口味。

当然，这种新的角色构成方式既不是仅在Galgame中使用，也并非最早在Galgame中使用的，而是电子游戏或者说整个电子媒介的基本构成与运行逻辑所带来的思维方式的结果。这种思维方式，简而言之就是模组化，亦即将一切复杂事物拆分为可实现、可复制的简单模块，再通过拼接组合实现其整体功能。

游戏制作最常用的软件之一Unity3D，其基本逻辑就是模块化。复杂游戏世界在Unity3D中显现为若干场景，每个场景都是一系列物体的组合，每一个物体又都是若干组件的集合体。这些组件规定了物体的外观、位置、物理属性（碰撞盒、质量、体积、速度、运动轨迹等）、交互方式等各项属性，包括光源与摄像机，实际上也都是作为组件之集合的物体。每一个物体都可以被保存为预制件，预制件随时可以被复制（反复调用）。

只不过，这些逻辑都存在于游戏制作领域，玩家看到的常常是更为圆滑、连贯、浑然的游戏世界。或许当游戏出现bug（电脑程序漏洞）时，这种连贯的假象被打破，玩家反而更容易从中感受到游戏世界的模组化特征。Galgame的特殊性在于，这是一种逻辑更简单的游戏，基本上只由有限的文字、图片、声效，以及玩家点击的简单交互构成。普通玩家在游戏过程中就可以直观地看到同样素材的反复出现，而实际上他们只要找到合适的软件并稍加学习，便能够自行制作一个Galgame式的游戏，或者将一个使用特定引擎的Galgame拆包，抽取、更改其中元素，并重新封装。像Galgame这样逻辑简单、不够圆滑、反复使用有限的素材的游戏，仍旧足以讲述复杂精彩的故事，带来连贯深刻的情感体验。这样的经验是非常重要的，它意味着世界和角色的连贯性常常并不取决于其存在的形式本身，而是取决于受众的接受习惯。将Galgame中只有几幅立绘、几个表情和若干文字对白的形象感知为一个可爱的美少女，这必须基于玩家对Galgame本身叙事规则的理解和掌握；将由萌要素组合而成的角色感知为生动立体的人物，这必须依托于受众的"脑补"能力；同样地，将一个现实主义的人物感知为一个生动真实的文学形象，也是特定的文学规则、文学训练的结果，只不过我们对之习以为常，所以视而不见。因而我们无须惊讶于这样的情形：对于很多长期浸淫日本ACG作品而没有接受过系统现实主义文学训练的人而言，那些由萌要素构成的美少女们远比现实主义的文学形象来得更真实，更能调动他们的情绪，唤起他们的怜爱、憧憬、同情、保护欲，以及性满足。

对于普遍具有玩家经验的网生代而言，模组化的、数据库式的思维方式，已经具备了解释全部文艺作品和生活情境的能力。大多数二次元人都可以很明确地说出自己最喜欢的萌要素是什么，自己更倾向于将萌要素以怎样的方式组合起来（比如，反差/黑化①就既是萌要素，也是萌要素的组合方式，而 CP②配对则是将两个各具萌要素的人物组合起来），并按照这些萌要素寻找自己喜欢的角色和作品，进行自己的（原创/同人）创作，乃至对既有的现实主义文学形象，或者历史人物、名人明星等现实生活中真实存在的人物进行解离。他们过于熟练地反复操演着将万事万物解离为要素，并将由要素组合而成的人与物"脑补"为完整连贯的整体的过程，以致失去了从一开始便将事物感知为一个完整连贯的整体的能力，而这是现实主义文艺赖以生存的一种重要想象力。

＊　　　　　　＊　　　　　　＊

综上，从 TRPG 到 MMORPG 的角色扮演类游戏，以及以 Galgame 为代表的 TAVG 游戏，都是对游戏化向度的网络文学产生了重要影响的游戏类型。前者主导了游戏化向度的网络文学的基本叙事学特征，而后者则为游戏化向度的网络文学在 21 世纪第二个十年初期开始的二次元转向提供了重要资源。但游戏对网络文学的最根本影响，或许并不体现在任何具体的游戏类型上，而是体现在电子游戏区别于传统民间游戏及其他艺术形式的主要特征上。这些特征包括：

第一，电子游戏是交互性的（人机交互）。电子游戏的交互性在 RPG 及 Galgame 中主要体现在两个方面：一是玩家（用外接设备）操控游戏中某一个（或多个）游戏角色的行动，这在 RPG 游戏中体现得更为鲜明；二是玩家要在游戏中做出选择，从而决定游戏中角色的命运，这在具有多分支、多结局的游戏中体现得最为鲜明。

第二，电子游戏在与用户直接交互的图形界面（也可能是文字界面）之下，存在着一个程序层。在程序层中，图形界面的一切生动展现实际上都是由数据编码构成的，程序层的数据运算才是保障整个游戏系统稳定运行的关键所在。

---

① 黑化：指人物在性格上或精神状态上的一种剧变，通常是因某种刺激导致精神上的崩溃，人物切换至阴暗人格。

② CP: Coupling（配对）的简写，泛指读者将虚构故事中人物配对的行为。参见邵燕君主编：《破壁书——网络文化关键词》，第 194 页，"CP"词条，词条编撰者为郑熙青。

第三，负载、运行程序的设备是电子游戏世界区隔于现实世界的外在边界。电子游戏在这一边界之内自成世界，有着区别于现实世界的规则。这种规则不是口头约定的，而是由程序先在决定的。

以上三个特征是所有电子游戏共同具备的。前面也已经提到，电子游戏的交互体验和沉浸体验影响了对网络文学"代入感"的理解；电子游戏用户界面与数据层的双层结构影响着网络文学创造文学世界的方法，以及对于世界"真实性"和"平衡性"的理解；电子游戏创造的一个个边界明晰的小世界影响着网络文学关于空间、时间结构的想象力，成为网文作者和读者对于"平行世界"的最直接想象方式。这都是游戏化的网络文学的重要特征，而要理解这些特征，就必须从游戏化的网络文学的源头说起，那就是网游文，以及催生了网游文这一文类的虚拟现实游戏题材文艺作品。

第二章
在虚拟世界中寻找真实：
从《神经漫游者》到《刀剑神域》

关于虚拟现实的想象，最初以"赛博空间"之名出现在《神经漫游者》（1984）等20世纪八九十年代的科幻作品（包含小说、电影、动漫等）中，《电子世界争霸战》（1982）、《安德的游戏》（1985）、《黑客帝国》（1999）等均是其中较有影响力的作品。这类作品关注的核心问题是人与技术的关系，对技术控制之下幽暗未来的灰色想象是其主要基调。

其中，《黑客帝国》最为完整地呈现了一个由电子与网络技术构筑的虚拟世界。这部作品的要旨在于勘破虚假、寻求真实——哪怕那个用"插管"技术搭建起来的虚拟世界是如此的繁荣，哪怕现实是如此的残破、颓败和恐怖。在《黑客帝国》中，真实与虚拟界限分明、二元对立，不仅如此，在这一对立之上还负载了多个同样鲜明的对立：真理与谎言、真诚与虚伪、自由与奴役、反抗与沉沦等。这部有着残酷世界设定的电影实际上却带着一种天真的明朗：既然真实如此明确地与真理、善、正义连接在一起，既然虚拟世界如此明确地只是谎言、暴力与奴役，那么"红药丸""蓝药丸"的选择题中实际上便只剩下了唯一的一个正确答案。

《安德的游戏》更直接地与电子游戏相关。在这部作品中，真实的战争与虚拟的战争游戏之间同样存在明确的真假界限，而在这里，被附加于真假之辨上的对立项是遵循伦理道德的责任与道德真空。安德受到欺骗，将战争当作了一场电子游戏，于是绕过道德的审判，完成了一次残忍的屠杀。真实与虚拟总是如此自然地与各种价值判断相耦合，正面价值被赋予真实，负面价值则被赋予虚拟，因此真实无可辩驳地是好的，是我们应该追逐的，而虚拟无可辩驳地是不好的，是必须被放逐排除的。这一逻辑是20世纪八九十年代大多数相似题材文艺作品的共通内核，并一直延续在好莱坞的叙事传统中。直到2018年，史蒂文·斯皮尔伯格执导的电影《头号玩家》仍试图复制这一价值观念，让主人公们在完成了虚拟世界的寻宝游戏后选择回归现实，以一种道德宣喻式的口吻告诉荧屏外的观众：现实中的情感才是真实的、值得珍惜的。然而这一次，真实与虚拟的二元对立之上却再也难以真正负荷任何其他价值判断，主人公们在虚拟世界中获得了友谊、爱情、生活的勇气与乐趣，他们誓死捍卫那片虚拟的乐土，并因此引起观众强烈的共鸣，至于现实，没人知道它到底在何处值得他们回归。对于虚拟世界，那个真假分明、善恶两立的纯真故事已经无法令人信服地讲下去了，尽管它大概还必须如此僵硬地存续很多年。

在20世纪八九十年代诞生的那一批与虚拟现实相关的作品中，1989年的漫画及1995年改编的同名动画电影《攻壳机动队》显然是个另类。

在《攻壳机动队》中，"红药丸还是蓝药丸"式的明朗清晰，被草薙素子那令人沉醉的迷惘与悲伤所代替。她是如此怀念子宫、生殖、自然繁殖的肉体等生命的"真实"，素子将身体沉浸于水中的那些场景显然是对生命处于子宫之中时的完满状态的一种缅怀。但她又彻彻底底地与自己的电子脑、义体共存着，彻彻底底地同时生活在现实世界与网络空间。

就如同素子的同事巴特在面对被植入虚假记忆的受害者时所说的，无论是虚拟还是梦境，"已存在的事物，既是虚拟也是现实"。在《攻壳机动队》中，真实与虚拟之间没有明确的界限，也无法负载清晰的价值判断，这就是草薙素子的迷惘和悲伤，也是21世纪初诞生于日本的一系列虚拟现实游戏题材文艺作品得以成立的思想基础。与此同时，从控制论的角度理解基因、生命、心灵的思考路径，以及具有自我意识的人工智能否被称为生命的议题，这些在此后虚拟现实游戏题材文艺作品中广泛出现的要素也都在《攻壳机动队》中得到了呈现。

到了2002年，三部不同类型的日本文艺作品不约而同地将虚拟现实游戏化作叙事的核心要素。这三部作品是系列游戏企划《骇客时空》(.hack)、轻小说《刀剑神域》，以及动画电影《名侦探柯南：贝克街的亡灵》。在这些作品中，基于技术控制论的沉重而灰暗的世界想象让位于虚拟世界中的少年冒险。虚拟与现实的那种明确的二元对立消失不见了，关于虚拟与现实之界限的推演成为不断复现的核心主题，而爱情、友情、正义、勇气等正面价值也开始在现实与虚拟之间重新寻找它们各自的位置。

以其中最为著名的作品《刀剑神域》为例。在《刀剑神域》的第一篇《艾恩葛朗特篇》中，男主角桐谷和人（在游戏中的角色名为桐人）登录完全潜行[①]网络游戏《刀剑神域》(Sword Art Online，通常缩写为"SAO")，随后便发现虚拟菜单中的"退出"选项消失，所有玩家都被封闭在这一游戏世界之中，唯有完全攻略悬浮城堡艾恩葛朗特，才能离开游戏。在这一过程中，无论是在游戏中死亡，还是尝试从外部脱下穿戴式设备NERvGear，都会导致玩家在现实中的真正死亡。原本孤僻内向的男主人公桐人在这个无法退出的游戏世界中与挚友亚丝娜（在现实中名

[①] 完全潜行：简称"全潜行"，是轻小说《刀剑神域》中的重要术语，指佩戴游戏头盔后进入游戏世界，完全沉浸在游戏环境之中，由意识支配游戏中角色的行动，现实中的身体处于类似于睡眠的无意识状态，游戏中角色活动时，现实中的身体不会产生同步运动。这种关于虚拟现实游戏的想象虽然与现阶段实际产生的虚拟现实技术并不相同，但却是文艺作品中关于虚拟现实游戏的主流想象，"完全潜行"一词也在VR这一术语普及前成为虚拟现实游戏的代名词。

为结城明日奈）相识，他们在事关生死的战场上并肩战斗，也曾亲眼见证玩家的死亡。在这个残酷而又温暖的世界中，桐人获得的羁绊与成长是真实的，为了继续前行而做出的努力是真实的，那个充满剑与魔法的世界也同样是真实的。

究竟是什么让我们觉得身处的世界是真实的？《刀剑神域》在《艾恩葛朗特篇》中给出的答案是：不可选择、不可退出的唯一世界，以及不可控制、不可复生的绝对死亡。

不可退出的世界，死亡后无可挽回的丧失，这并非独属于《刀剑神域》的答案，而是日本几乎所有以虚拟现实游戏为主题的早期文艺作品中的公设。在目前普遍公认最早的日本虚拟游戏题材作品《骇客时空》中便已经出现类似设计，主人公司无法从游戏中退出，死亡之后会丧失部分记忆（在这类作品中，记忆总是作为生存的标记和主体的确证，具有等同于生命的重要意义）；同样，《名侦探柯南：贝克街的亡灵》中，主角一行也必须通关游戏才能在现实中活下来，在游戏中死亡也就意味着在现实中的死亡。

《刀剑神域》的第二篇《妖精之舞篇》继续丰富细化主人公们游戏虚拟世界中的生活经历，第三篇《幽灵子弹篇》则更进一步，去掉了"不可选择、不可退出的唯一世界"这一限定。在《艾恩葛朗特篇》的结尾，《刀剑神域》已经改写了《黑客帝国》中那个对于大公司宰制的虚拟世界的想象，游戏《刀剑神域》作为"种子"向全人类开放，任何人都可以利用这个种子，制作新的全潜行网络游戏，邀请全世界的玩家进入自己创造的神奇世界。《幽灵子弹篇》便发生在一个依托于"种子"而创造的枪械战斗游戏世界《枪与疾风》（*Gun Gale Online*，通常缩写为"GGO"）中。在这一次的游戏中，被神秘玩家"死枪"杀死的角色也会在现实世界中死亡，桐人因受人之托调查此事而再次进入游戏。虽然可以自由地在现实与游戏的两个世界中切换，但在游戏中那种无时无刻不被真实的死亡所压迫、追逐的紧张感却在提醒着我们：游戏世界与现实同样真实。于是，真实的世界不再必须是唯一的，这是此后平行世界、世界线等理论在文艺作品中能够得到广泛应用的先在条件。

《刀剑神域》的第四篇《圣母圣咏篇》转换了角度，不再着力于探讨实存之真实性，而是转向探讨意义之真实性。本书绪论中讨论过的"真"与"实"的脱钩，在这里正式成为文艺作品的主题。这一篇中的女主人公绀野木绵季（在游戏中的角色名为有纪）是一个出生时因输血而感染了艾滋病的女孩。病床上的绀野木绵季苍白而瘦弱，无力地等待着必死的命运，在医院中度过了她短暂而痛苦的一生。但与此同时，她又是游戏中活泼开朗、充满活力的绝剑有纪，曾创下连胜60人的不败纪录，通过与伙伴们的并肩战斗，首先攻略了艾恩葛朗特（新版《亚尔夫海姆》[*ALfheim Online*，通常缩写为"*ALO*"]游戏中的艾恩葛朗特，而非原《刀剑神域》中的艾恩葛朗特）第二十七层，使得自己的名字永远铭刻在游戏中光荣的剑士之碑上。在游戏之外，饱受病痛折磨的绀野木绵季孤独地死在病床上，而在游戏之中，绝剑有纪微笑着死在最好的朋友怀中，所有在线的玩家都来到她的身边，向这位不败剑神致以崇高的敬意。现实中的死亡打断了有纪在游戏世界中的精彩冒险，现实世界的实存之真实以最残忍的面貌侵入了有纪的游戏生涯。但有纪在游戏中获得的动人友情，以及她永载于剑士之碑的光辉成就，却可以凭借记忆与文字超越死亡。可以说，《圣母圣咏篇》以一个极端而又恰切的例子向我们证明了：即使是在死亡可以重来的、不唯一的游戏世界中，仍旧存在着真实的情感与意义。

翟振明在其哲学著作《有无之间——虚拟实在的哲学探险》中，以大量的思想实验探讨虚拟与现实的关系，并最终推导出"对称性原理"，即"所有支撑着感知的一定程度连贯性和稳定性的可选感知框架对于组织我们的经验具有同等的本体论地位"[①]。而《刀剑神域》实际上以感性的故事，推出了相似的结论。自此后，在日本ACGN作品中，关于现实世界与游戏世界的意义争夺战便拉开了帷幕，大量包含类似主题的作品涌现出来。

比如，轻小说《记录的地平线》（2011）讲述了一群玩家被困在游戏

[①] 翟振明：《有无之间——虚拟实在的哲学探险》，北京大学出版社，2007年，第2页。

世界之中，为了理解世界的真相、重回现实而努力奋斗的故事。在其动画改编版第二期第10话（2014）的原创剧情中，战斗公会"银剑"的会长威廉·麻萨诸塞为鼓励屡战屡败的队友诉说了自己的心路历程。现实世界中的威廉，是一个世人眼中的失败者，除了玩游戏，一无所长，没有体面的工作，也没有现实中的朋友，每天过着颓废而无意义的生活。但在游戏世界里，他是公会会长，有并肩战斗的伙伴，有足以自夸的战绩和领导能力，这一切对他而言就是生活的意义。但他无法说出这些意义究竟是什么，因为对于人生价值的一切话语和解释权都掌握在游戏世界之外的现世成功者手中。威廉愤怒地发现他的意义不是自己发现的，而是被他人先在决定的，而现在，他要拒绝这一切，把决定权夺回来。于是，他以近乎耍赖的方式宣布"我说有意义，就有意义！"他尚无力用华丽的语言为自己的人生选择正名，因为他所发现的意义处于既定的语言系统之外，但是，他采取了行动，在这场游戏世界的战斗中成了一个百折不挠的英雄，以及令人敬佩的领导者。倘若观众可以包容这段长达20分钟的、絮絮叨叨的独白，那一定是因为威廉的话或多或少地引起了他们的认同。

在日本，由于ACGN各文化产业间存在密切的关联，所以为虚拟游戏世界正名，实际上也就是为ACGN文化，为由衷喜爱这些作品的御宅族①们正名。20世纪90年代末泡沫经济破灭后，日本就进入了漫长的经济停滞期，大量青年人生活空间窄化，缺乏上升通路，转而在ACGN营造的二次元世界中寻求一个内在化的、低成本的生存世界。日本御宅族群体的这种特殊生存状态，导致包括《刀剑神域》《记录的地平线》在内的这种争夺在游戏（同时也是动漫、轻小说）中生存之意义的作品的大量出现。而同时期的中国，以虚拟现实游戏为题材的文艺作品则从未将自身的主题推至如此极端的境况。

---

① 御宅族：源自日文词汇"御宅"（おたく，otaku），现多指漫画、动画、电子游戏、轻小说等亚文化的深度爱好者。

第三章
双重人生的奇幻冒险：
从《奇迹》到《蜀山》

一、纸媒期刊发表的虚拟现实游戏题材小说

21世纪初的中国同样产生了虚拟现实游戏题材的文艺作品，主要表现形式为在《大众软件》《电子游戏攻略》等电子游戏杂志上连载的网游小说。1994年，《GAME集中营》创刊，为这类作品的发表提供了最初阵地。据考证，目前可知的中国大陆第一篇与网络游戏有关的文学作品是1996年3月刊登于《科幻世界》的《决斗在网络》。这篇出现在中国的前图形网络游戏时代的"网游文"显然受到了《神经漫游者》等作品的影响，呈现了对于虚拟游戏世界的独特想象。到了20世纪90年代末，《星际争霸》（1998）等游戏的同人

小说出现了小范围的创作热潮，这些以游戏世界观创作的同人故事成为此后网游文的真正先声。①

2000年起在《电子游戏攻略》上连载的小说《奇迹》，是期刊连载的游戏文学中较有代表性的一部。这部小说并非某款真实游戏的同人，而是原创虚构了一个近未来世界的虚拟现实游戏，在结构与内容上，已与此后的网游类网络文学非常相近。与日本的同题材作品相似，《奇迹》也采用了将虚拟现实游戏设置为主角生存的唯一世界，在游戏中的死亡就是真实死亡的设定。男主人公风因犯罪而成为游戏公司的实验品，失去了在现实世界中生存的权力，而他在游戏中的死亡也同样会导致在现实中的死亡。这种中日流行文化中的虚拟现实游戏题材作品在相似时期产生相似设定的情形，应该不是传播影响所致，而是两国作者在相似的文化知识背景和现实处境中出现的创作上的偶合。但《奇迹》并未表现出如《刀剑神域》等作品一样的为虚拟现实世界正名的强烈冲动，甚至恰恰相反，这部作品充斥着一种现实与虚拟世界同样虚幻的虚无主义情绪。

《奇迹》的主题倾向奠定了此后中国虚拟游戏题材文艺作品中关于虚拟与现实关系的主流呈现方式，即强调虚拟与现实两个世界的相互链接，强调虚拟世界本身是现实世界的折射与喻象。

《奇迹》的故事，始终带着点"人生如梦"的虚无主义姿态，面对游戏世界如此，面对现实世界也如此，缘分情谊忽来忽止，荣耀利益转瞬即逝。它不去比较两个世界孰优孰劣，而是认为二者本是一体、互为镜像，连接二者的是不变的人性。

这样的认知本身，仍旧是以承认虚拟世界与现实世界是两个彼此平行、平等但各自独立完整的世界为前提的。因而无论是在日本ACGN作

---

① 参见王恺文：《游戏与网文：一段缠绕的历史》，发表于"触乐"网站，http://www.chuapp.com/article/282089.html，2017年3月7日，引用日期2018年7月25日。此外，还可参见创作于2004年的帖子《游戏文学·1999至2004》。原帖及作者无从考证，目前仅能找到转载版本，内容可见于姚毅捷（老姚）的wordpress博客，https://yaoyj1985.wordpress.com/2007/02/21/%E4%B8%AD%E5%9B%BD%E6%B8%B8%E6%88%8F%E6%96%87%E5%AD%A6%E6%80%BB%E7%BB%93-%E4%B8%80%E5%B9%B4%E5%8F%88%E4%B8%80%E5%B9%B4%E4%B8%80%E5%A4%A9%E5%8F%88%E4%B8%80%E5%A4%A9/，引用日期2018年7月25日。

品中,还是在中国的早期期刊游戏文学中,世纪之交的虚拟现实游戏题材作品均已确立了虚拟与现实两个世界等量齐观的基本法则。

二、游戏化网络文学的真正开端与蝴蝶蓝的网游文创作

2003年7月,《梦幻魔界王》开始在网络上连载。这是第一部真正意义上的虚拟现实游戏题材网络小说,也就是通常所说的网游文。本书讨论的游戏化向度的网络文学的真正起点就在这里。2005年前后,网游文的创作迎来了一个小高潮,《猛龙过江》[①]、《从零开始》[②]、《高手寂寞》、《蜀山》、《独闯天涯》等均是此时诞生的网游文早期代表作。虽然这些作品未必受到了《奇迹》的直接影响,但确实与《奇迹》存在着某些精神气质上的相似性。在这一阶段,进入虚拟世界后不可退出、虚拟世界的死亡即为真实死亡的设定不再作为常设,更体现网游玩家经验的故事——主角在虚拟与现实两个世界间穿梭的双重冒险——成为主流的故事模式,但虚拟世界中的情谊、价值、成就之真实性仍旧是一个受到广泛关注的议题。此外,由对NPC的喜爱而衍生出的某些具有后人类主义特征的思想,也是虚拟现实游戏题材小说中一个引人注目的亮点。

蝴蝶蓝是网游文中最具代表性的作者之一,在2005—2012年间,蝴蝶蓝创作了三部网游文,分别是《独闯天涯》(2005)、《网游之近战法师》(2008),以及在纸媒杂志连载的《网游之江湖任务行》(2012)。[③]

1.《独闯天涯》:早期网游文的典型范本

《独闯天涯》是一篇非常典型的早期网游文,和当时大部分同类作品

---

① 《猛龙过江》(2004)是当年起点中文网唯一能够名列排行榜前十的网游文,对于打开网游文市场起到了至关重要的作用。

② 《从零开始》自2005年一直连载至2016年才终于完结,全文共2019.63万字,应该是截至目前最长的网络小说,是以游戏结构撰写超长篇网络小说的极佳证明。

③ 蝴蝶蓝最知名的代表作《全职高手》(起点中文网,2011)属于电竞文,而非网游文,故此处不予以讨论。

一样，它将网游世界视作一个"江湖"——事实上，《独闯天涯》中虚构的那个虚拟现实网络游戏的名字就叫作"人在江湖"。游戏既是现实的镜像，也是一个乌托邦。这个"江湖"里有真实的利益、恩怨与纷争，但它终归只是个游戏，所以在这里真心更容易换得真心、善意也总有回报。这是几乎所有网游文中都必然存在的矛盾：一方面竭力将游戏世界书写为一个细节生动逼真、内涵丰富的真实世界，将游戏世界中产生的友情、爱情写得真诚动人；另一方面却又将游戏世界中那些似乎比在现实中更易得来的深情厚谊、快意传奇解释为游戏毕竟只是游戏、不是现实，就算为朋友两肋插刀，顶多掉级删号，不会流血也不会死。网游文总是在同时营造这两种相反的幻觉：这一切如此真实；这一切不必当真。因此，相比于《刀剑神域》《传奇》这类与死亡紧密缠绕的虚拟现实游戏题材故事，网游文总是显得"不够厚重"，这或许也是这一类型在经历数年繁荣后便很快衰落的原因之一。承接网游文脉络而发展繁荣的文类大抵可分为两脉：电竞文、玄幻/修仙"升级文"。这两个文类以不同的方式解决了网游文中的矛盾。电竞文是游戏与竞技的结合，竞技的热血与荣耀、玩家的职业生涯为游戏提供了外部意义，从而彻底偏向了现实的一极；玄幻/修仙"升级文"则反其道而行之，将游戏的结构、规则植入一个不可退出的玄幻/修仙异世界，由此彻底把游戏虚拟世界变成与现实同样真实的平行世界。

2.《网游之近战法师》：与游戏规则斗智斗勇

《网游之近战法师》展现了网游文的另一种乐趣——与游戏规则斗智斗勇。主人公顾飞是个出生于武学之家，满身功夫，但在现实中并无用武之地的体育老师。就在顾飞打算在全息网游中大显身手时，却阴差阳错地选择了法师这样一个最文弱、近战能力最差的远程攻击职业。从此，顾飞开始了在"与人斗"的同时"与天（系统规则）斗"的游戏生涯，最终成为游戏中独一份的近战法师。远攻职业近战弱，近战职业缺乏远程技能，这种职业间的平衡本是游戏系统自带的规则，但顾飞利用全息网游可以将个人现实技能部分地代入游戏的特征，找到了武术与法师技能相结合的最佳方式，成功打破了法师这一职业的限制，成为一名具有强悍近战能力的法师。顾飞没有也不可能打破游戏规则，但他在规则间找到了缝隙，绕过规则制约而发现了适合自己的新的游戏玩法。

在此后的游戏文，以及其他游戏化向度的网络文学（特别是无限流/快穿文）中，这种在确定的游戏规则中寻找思维陷阱、逻辑缝隙，从而绕过规则、超越规则，乃至反制规则为己所用的情节设置，越来越成为这类故事中最核心的乐趣所在。比如，男频网游文《网游之倒行逆施》(2013)，主人公因游戏设备异常，进入游戏后一切数据变化都与其他玩家相反（被攻击会加血、完成任务减经验值、攻击NPC增加好感度等），主人公因而必须摸清自己的游戏规则，并在此基础上想办法将游戏继续下去。再如，女频无限流小说《地球上线》(2018)，地球上突然出现神秘黑塔，全人类都必须在黑塔的要求下作为玩家努力攻塔、完成千奇百怪的危险副本，每个副本都包含着被规则精心包裹的陷阱，玩家必须理解游戏规则特性，找出陷阱并正确利用规则，战胜副本怪物，才能在危机重重的世界中生存下来。为了使此类叙事成立，作者必须在最开始就为文内世界设置明确而精准的运转规则，然后在规则的骨架之上填充场景、人物与事件。这就意味着无论故事中的具体场景、情节多么复杂或扑朔迷离，整个故事都始终坚实地在一个既定轨道上运行，并且由于规则无处不在，所以世界（设定）总是大于情节。

所谓"靠设定取胜"，常常指的就是这样的情况：我们对于一部具体的文艺作品的核心关切，不在于它的人物、情节、语言、文学技巧或者主题思想，而在于本应作为故事发生的舞台存在的世界本身。这种关切并不在于这一世界设定是否足够"现实"、足够复杂细腻，是否能够体现广阔的社会现实或者深入社会生活的某一个侧面，而在于这一世界设定是否新颖、精巧（不是生命或艺术具有的那种连贯细腻，而是精密仪器式的准确、巧妙、灵敏）、充满想象力，是否逻辑自洽、运转平稳，是否有能力不断催生新的故事。《网游之倒行逆施》《地球上线》这种先设定世界规则、再与规则斗智斗勇的故事，便往往属于"靠设定取胜"的作品。此外，一些"脑洞①清奇"的科幻、玄幻等幻想类作品也会收到类似的评价。"靠设定取胜"的作品得以成立，是基于以下两个方面的原因。

一方面，世界与人物分离。前文已提到"游戏性写实主义"以及"半自律"的角色等概念，现实主义所要求的那种人物要从其所处环境中生长出来的创作原则，显然不适用于可以在诸世界间自由移动的"半自律"的角色，于是，角色与世界脱钩了。由于人物/角色历来都是人们在阅读小说的过程中重点关注的对象，所以真正从这次"独立运动"中解放出来的，反而是曾经默默作为背景与环境存在着的世界本身。当"环境描写"不再用于渲染气氛、烘托情感或者反衬人物，而是用于呈现世界自身的瑰丽与奇崛时，世界设定本身便成为足以与人物分庭抗礼的审美对象。薄暮冰轮的小说《彩蛋游戏》（2012）便以这样的方式，在故事接近尾声的高潮处，让世界本身成为最耀眼的主角。

《彩蛋游戏》主世界的世界意志残片逃逸到一个被废弃的微型宇宙泡中，化身为一条巨大的金鱼，被熔岩吞噬的世界则在黎明的朝阳中崩解。那条金鱼"就像一个不可估量的观察者，在它'观察'之前，小颗粒们②跨越时空的战斗的结果是混沌的，有无数种可能在这混沌之中孕育着，就好似一片波光粼粼的湖泊，湖面在不断地波动着，无数种可能酝酿在这里。可当它观察的那一刻，它就好似一个手持照相机拍下了照片的旅人，将颤动的水波凝固在了这一刻。在这一刹那，过去与未来同时呈现在了它的眼前，混沌之中的世界被定格，一切结果尘埃落定"③。世界意志虽然化身为金鱼，但却绝非生命，在故事中也不是被当作人物来表现的。薄暮冰轮极好地呈现出了那种超越生命范畴之外的高维度意志，宏大、

---

① 脑洞："脑洞"一词是从"脑补"衍生而来的。脑中有洞才需要补，所以脑洞越大，脑补越多。因而脑洞就是脑补的源头，指人的想象力与创造力。这个词最初同样产生于日本动漫爱好者中，"脑洞大"通常是指作品设定新奇、情节展开出人意料，体现出作者丰富的想象力。后来"脑洞"一词逐渐流行起来，无论是在文艺创作、产品设计还是其他社会生活领域中，只要是富于创造力的人与作品，都可以被称赞为"脑洞大"。参见邵燕君主编：《破壁书——网络文化关键词》，第52—53页，"脑补"词条，词条编撰者为王玉玊。
② 小颗粒指包括主角在内的在这场世界意志操控的游戏中战斗的玩家们。
③ 薄暮冰轮：《彩蛋游戏Ⅲ》，第十六章"最后的黎明（上）"。

疏离、淡漠而神秘。

与世界意志、世界泡相关的章节，无疑是《彩蛋游戏》中最具华彩的篇章，而在这些章节中，真正的主角不是任何人物，而是泡泡宇宙假说之下的多元宇宙，以及非人格的世界意志。这一世界设定被沿用到了薄暮冰轮的下一部作品《欢迎来到噩梦游戏》（2015）中，并得到了进一步的丰富和完善。巨大的金鱼再次从"鱼缸"中逃逸而出，游弋于天边。对于读者而言，探索世界奥秘所能勾起的兴趣，绝不亚于主人公们的爱情与冒险。

另一方面，游戏经验中总是包含着对游戏规则的无限兴趣。与既存规则斗智斗勇的乐趣首先不是文学的乐趣，而是游戏的乐趣。特别是对于大型的电子游戏而言，由于电子媒介的支持，这类游戏可以包含大量的规则与玩法供玩家探索。对于玩家而言，理解游戏最基本的规则与玩法是开始游戏的第一步，在随后的游戏过程中，又会不断地解锁新的规则与玩法。无论是寻找规则的边界，探索隐藏规则，发现、分享规则中的bug，还是在规则的限制之中发掘属于自己的独特的游戏方式，都可以构成玩家进行游戏的乐趣来源。当这种乐趣被移植到游戏化向度的网络文学中时，便形成了具有复杂的世界设定和明确的游戏规则，并由此构成破解世界观的解谜要素的故事。这样的世界设定与规则，实际上给了读者一个玩家的位置，读者可以与主人公们共同解谜，甚至与主人公进行竞赛。像《地球上线》（2018）这样由若干副本构成的小说中，每当某一个副本呈现在读者面前，并讲明这一副本的表面规则后，读者就会在留言区猜测副本中的陷阱与真实规则，而作者则会在接下来章节的"作者有话说"栏目中说明是否有读者（先于主人公）找到了正确答案。阅读的过程由此变为游戏。

3.《网游之江湖任务行》：NPC人权宣言

《网游之江湖任务行》于2012年首发于纸媒杂志《公主志》，它并不是一部网络小说。但这部小说中着重展现的玩家与NPC之间的关系，却是一个深具网文传统的命题。玩家如何看待NPC？是将NPC当成一段数据、一个完成任务的工具，还是当作有感情、有生命的独立的人？这是一个玩家在游戏过程中必须面对的问题。前文曾提到，Galgame 非常重要的一个特征是通过大量日常对话给玩家带来"陪伴感"。而玩家如果能够从 Galgame 中获得这种"陪伴感"，就意味着他至少部分地将游戏中的美少女角色视作了一个独立而真实的人格——当然，他必然同时能够意识到这个美少女角色是虚拟的，是由数据、文字和图像构成的非生命体。在明确理解角色的虚拟性的同时，将角色感知为真实的个人，这有赖于一种类似于人格分裂的能力——用一个人格（玩家）理智冷静，用另一个人格（替身角色）真情实感。这种能力不仅在游戏玩家中，也在热爱 ACGN 的二次元人群中广泛存在，所谓"纸性恋"也因此才得以成立。

"纸性恋"是模仿"异性恋""同性恋"的构词法构造的新词，相似的构词法还产生出"颜性恋"（性别不重要，只喜欢长得好看的人）等词汇。"纸性恋"中的"纸"，指的是"纸片人"，"纸性恋"就是"只与纸片人谈恋爱"。这是一种现实恋爱的替代方案，当然，这种方案仅满足恋爱情感需求，一般不涉及组建家庭等社会关系方面的问题。

"纸性恋"显然是一种极端状况，陷入"纸性恋"的玩家/受众对 NPC/角色投注的情感已经达到了足以替代现实恋爱的强度。但即使在这种极端情况中，也绝不存在无法区分虚拟与现实的问题，玩家/受众必然始终清醒地知道自己热恋的对象是"纸片人"，并明白"纸片人"恰恰因为不"真实"才会如此称心合意。

能够清晰地意识到 NPC/虚构的角色不是真人，并与此同时将这些 NPC/角色当作一个独立、对等的人去喜爱，这或许是年轻一代的新能力。尽管不是唯一的原因，但角色扮演类电子游戏（Galgame 当然也具有角色扮演性质）无疑为这一能力的"觉醒"提供了帮助。由于角色扮演类电子游戏特有的代入感，玩家在游戏时与自己的替身角色合二为一。玩家既是高维度的现实世界中的人，也是低维度的游戏世界中的替身角色，玩家同时用这样两个视角看待游戏世界，既要获得胜利、完成任务、通关游戏，也要沉浸在故事世界里，作为主角，与 NPC 同伴们建立羁绊与信赖。

这种新经验被写入网游文及其他游戏化的网络文学作品时，便形成了围绕人与 NPC 的关系展开的各式各样的设定。这类尝试中较早的有以穿越成为游戏中 NPC 的异界人为主角的《原住民》（2008）、以变为玩家的 NPC 为主角的《独游》（2008）等。《网游之江湖任务行》大概是这类作品中最接近真实玩家经验的一部。故事中的主人公将 NPC 当作无意识、无感情的数据，巧妙利用 NPC 完成困难的任务。但到了故事的最后，主人公却仍旧被 NPC 的同门情谊与江湖侠义感动（尽管他们清楚 NPC 的一切言行都不过是数据运算的结果），并在不影响游戏任务的前提下选择帮助 NPC 完成他们的心愿。

当你在玩 RPG 游戏的过程中按下"Reset"键时，那个被你抛弃的游戏主人公会如何？那个摆脱了你的控制的游戏世界又将如何？日本《骇客时空》系列企划就是从这样一个问题出发，建构其复杂庞大的世界观的。这绝非一个凭空而来的问题，而是角色扮演类游戏的世界观、沉浸体验以及叙事方式必然会促使玩家去思考的问题。在 MMORPG 游戏的贴吧、论坛，常常会看到这样的讨论：在决定卸载游戏前，你会把你的角色停在何处？有人会找一处游戏中风景优美、人迹罕至的地方落脚，就仿佛虽然自己再不会登录游戏，但自己的替身角色仍旧会悠然地安坐于风景之中，玩赏游戏中的大好河山；有人会选择停留在喧嚣都市中的小酒馆，就仿佛自己下线后替身角色也可以自饮自酌，在这繁华之地遇见新的朋友，听到新的故事，触发新的冒险；也有人会把角色停在曾给自己留下了美好回忆的地方，比如，自己第一个角色的出生地、初遇游戏中好友的地方、某个艰巨任务的完成地；还有人会选择将金钱交给飞行管理员，让自己的角色继续环游游戏中的世界。国产 MMORPG 游戏《九阴真经》（2012）甚至使用了一种特别的离线系统，玩家下线一段时间后，其替身角色就会作为 NPC 出现在游戏之中，可能是做酒馆小二、商店掌柜，也可能是在深山老林里砍树挖矿。在线玩家可以与这些离线玩家交互，正如他们可以与 NPC 交互一样。

即使关闭电脑却仍存在于某处的游戏世界，当然是幻想而非现实。所有这些现象都来源于并进一步激发了一种想象力：即使玩家下线，游戏中的世界仍旧在继续，被弃置的替身角色在此时与NPC共同继续着游戏世界中的生活与冒险。而其前提则必然是NPC原本就具有自己的意识、情感与生活，玩家操纵的替身角色作为这一世界的外来者，也因其身体是由与NPC相同的世界素材构成，而具有融入这一世界的能力。游戏经验由此拓宽了网络文学中想象力的疆域，并导致了网游文及此后游戏化向度的网络文学的类型题材与叙事元素的诞生。

对于NPC的关注，最终常常会走向具有后人类主义倾向的讨论：如果NPC/人工智能真的产生了自主意识与情感，它们应该被视作"人"吗？它们应该享有人权吗？比如《惊悚乐园》（2013）中，一些游戏数据意外产生自主意志，成为"衍生者"，它们被游戏管理者视为系统错误而遭到猎杀，主人公封不觉则认为既然它们已经有了意识与情感，就应该拥有活下去的权力，被视作与人类平等的生命。又比如《欢迎来到噩梦游戏》，穿越异界的主人公齐乐人爱上了人与NPC结合生下的后代宁舟，这使他很难再将NPC单纯视作没有情感、没有思想的游戏道具。对于《网游之江湖任务行》《惊悚乐园》《欢迎来到噩梦游戏》这类的作品来说，实际上真正重要的永远不是NPC是什么（这是科幻小说的领域，而游戏文即使以虚拟现实游戏为题材，也从来不是科幻小说），而是主人公如何看待NPC。故事外没有人会傻到认为游戏中的NPC会有思想和意识，人工智能技术距离产生电子心灵也还有很长的路要走。重要的是游戏外的我们动了心，对电子屏幕上虚拟的世界和角色有了认同、怜惜、情爱与欲望。我们需要正视的、需要在故事中分辨的、需要借主人公的身体去体验的、需要获得理解与尊重的，还远远不是遥不可及的人工智能，而是我们的心。

这是一件很难言说的事情。

动了心的人自然能张口说出"纸片人"的千般好：他/她的善良和真诚打动了我，他/她给了我努力向上的动力，他/她的存在使我快乐，他/她让我相信梦想、希望、生命的意义，因为对他/她的爱我结识了人生的挚友，为了更好地爱他/她我学会了更多的技能……这些当然都是真实的、正在发生着的事情，但是倘若我就是爱着一个"纸片人"，除了让我高兴，他/她什么都不曾给予我，我还为他/她花费了金钱和时间，那么这种爱是不是就一定是幼稚、虚假、疯狂、无聊的，就一定不如爱一个现实中的人来得有意义？一定会有人说"不是"，但在说完"不是"之后又会尴尬地沉默，不知如何继续辩驳。

没动心的人也自然有千般理由，证明"和纸片人谈恋爱"的荒唐：这归根结底不是爱人而是自恋（那又怎么样），浪费钱浪费时间（怎么算不浪费），分不清虚拟和现实（这显然是不可能的，否则就不会将他/她叫作"纸片人"了），拒绝现实生活（并没有），拒绝现实恋爱（且不说这两者之间并无必然联系，就算真的有，选择独身也是个人自由）……归根结底一句话，假的没有真的好，一切又回到了《黑客帝国》的逻辑，然而《头号玩家》已经向我们揭示，这套逻辑如今就剩下一张脆弱的皮，只是强撑着不肯破掉罢了。

不动心的人自然可以活得简单坚定，动了心的人却总是会游移摇摆，其实"纸性恋"这个命名也未尝不含着这么一点委屈的小心思，想借了为"同性恋"正名的声势，假装自己也是被打压、被剥夺的天赋人权。然而性向问题已是上个时代的遗留问题（尽管还远未解决），"纸片人"却是下个时代的新问题，"同性恋"关心的是男与女，"纸性恋"挑战的却是真与假，是人类自古及今、代代相传的，对物理世界、对土地、对肉身无限的信任、留恋与依赖。就凭这一点，启蒙精神中的天赋人权，便断断是容不得"纸性恋"的存在的。

这里只有新的问题，却没有新的解答，网络文学也并没有能力在真实与虚拟之间重新标划是非的界限。所以讲故事的时候只好退一步，退到后人类主义的限度内，让NPC也有了心智灵魂，唯有如此才能在故事里爱得坦坦荡荡。绪论中提到的《纸片恋人》最终也让"纸片恋人"宿鸣谦成了一个有心智、有灵魂的人，但在这之前，在很短暂的时间内，栗说星认为自己爱上的是彻彻底底作为一段程序存在的宿鸣谦。在这个意义上，《纸片恋人》要比其他故事走得更远一点。

在从网游文到游戏化向度的各类网络文学的发展过程中，对NPC的关注也发挥了重要作用。游戏世界在我们关闭电脑后仍旧存在，NPC可以是与人不同的智慧生命——这种想象打破了游戏世界与异世界之间的边界，主人公穿越到游戏世界（与某个游戏有着相同世界设定的异世界）之中的冒险故事因而成为可能。日本轻小说《记录的地平线》(*Log Horizon*)、《不死者之王》(*Overload*)，中国网络小说《魔兽剑圣异界纵横》（2007）、《欢迎来到噩梦游戏》等均采用了类似设定。以《记录的地平线》为例，主人公城惠在玩网络游戏《幻境神话》（需要坐在桌前、对着液晶显示屏玩的游戏，而非 VR 游戏）的过程中，忽然以自己替身角色的形象进入了一个与《幻境神话》完全相同的异世界。在这里，如城惠一般的玩家（外来者）被称为"冒险者"，原本的 NPC 则变成了有智慧、可交流的"大地人"，也就是异世界的原住民。大地人们拥有古老的知识与传统，世世代代生活在这片大陆，有自己的国家、文化和经济制度。冒险者为了生存下去，为了寻找回到原来世界的方法，就必须与大地人谈判、合作、和睦相处。但是这个世界仍旧遵循游戏中的规则，冒险者只能使用游戏技能战斗，击杀怪物、完成任务时天上会掉落金币。这种设定无疑是虚拟现实游戏题材的一个变体，无论在日本还是在中国都持续产生着这方面的新作品。

在中国网络小说中，遵循这一设定的小说大多可以归入"游戏异界"和"系统文"这两个类型，但并非这两个类型中的主流。"游戏异界"与"系统文"更常见的模式是去掉"玩某个虚构的具体游戏并进入与那个游戏设定相同的异世界"这个中间过程，直接让主人公穿越到异世界。而这个异世界并不与某个具体的游戏世界相对应，但却明确地带有游戏系统（任务系统、经验系统、副本等），并按照游戏的逻辑（数值化、打怪升级换地图、主线支线、任务链等）被组织起来。很明显，这是类型发展成熟的必然结果。对于网络文学，特别是游戏化向度的网络文学而言，所谓类型实际上就是一套公共设定，而类型发展则是公共设定（世界设定、人物设定等）的层累叠加。任何一个公共设定，当它已经具有了足够的公共性，围绕它所能展开的各种叙事可能都已经被反复书写后，它势必要压缩折叠，成为作者和读者共知的背景，在故事中被简化乃至省略。作者将在这一共识的基础上在新的故事中创造新的设定。而"玩某个虚构的具体游戏并进入与那个游戏设定相同的异世界"就是一个在类型迭代过程中被省略了的设定，这个设定的意义在于为一个异世界——一个真实的却具有游戏系统的异世界的存在提供合理性，同时唤起读者作为游戏玩家的经验，为读者提供代入感，而当这种合理性已经成为所有人的共识，当读者已经可以自觉地调动游戏经验，以玩家的身份去体验故事时，这个设定也就失去了被书写的意义。

以虚拟现实游戏为题材的网游文同样如此，在经历了初期的爆发之后，它所要传达的信息——世界的真实性不在于它与现实世界多么相似，无论这个世界的规则多么天马行空，只要自洽就足以鲜活；世界的意义不在于它与现实世界有多大的关联，意义存在于世界自身，在于身处其间的人——便已足以脱离这一设定独立存在。前文提到的网游文内部存在的矛盾更加速了这一类型的退潮，网游文就这样让位给抛弃了游戏设定但具有游戏化特征的各类网络文学作品，其中最先兴起的便是"升级流"玄幻/修仙小说，也即21世纪第二个十年网络文学游戏化的典型代表。

第四章
系统隐退、异界登场：虚拟网游小说的衰落与网络小说的游戏化

一、"升级文"："打怪升级换地图"模式的确立

在讨论玄幻／修仙"升级文"之前，我必须补充说明另一条网络文学的发展脉络——游戏同人小说。前文中提到过的TRPG代表作《龙与地下城》，以及由TRPG衍生而来的跑团小说，构筑了西方奇幻这一类型的基本设定。而在中国，西方奇幻是网络文学早期发展中产生了巨大影响的文类之一，也是真正开创、奠定了如今超长篇网络文学基本结构的重要文类。毋庸赘言，今天占据网络文学主流的动辄上百万字的超长篇网络文学是不可能按照现代西方长篇小说的结构来创作的，《龙与地下城》跑团小说那种开放的、接近于

游戏流程的写作方案为超长篇网络小说创作提供了基础范例（前文提到过的长达两亿余字的网游文《从零开始》是这种借鉴了游戏结构的超长篇网络小说的极端例证）。虽然中国最早一批西方奇幻类网络文学作者往往并不是《龙与地下城》玩家，甚至可能不知道《龙与地下城》为何物，但他们参照西方奇幻小说创作的西方奇幻类网络文学作品，仍应当被认为是《龙与地下城》的半同人作品。

随着网络游戏在中国的普及，中国的游戏同人小说正式成为始终与中国网游史密切相连的文学创作脉络。比如，《星际争霸》的同人小说《勇往直前》（1999），《网络创世纪》[①]的同人小说《堕天》（1998）、《平静的湖》（2000）等均是早期在期刊发表的游戏同人小说的代表作。这些早期游戏同人小说往往具有一定的精英倾向，故事结构也更接近传统纸媒小说，但为游戏写同人的创作传统却影响了网络文学，比如，网络玄幻小说《佣兵天下》（2007）便借用网游《万王之王》的世界观，写了一个异世界冒险故事。在这一阶段，由于幻想类网络文学刚刚起步，网游中详细复杂但又为作者和读者所熟知的幻想世界设定，无疑为其创作提供了现成的模板。

这里必须被提及的具有游戏同人性质的网络文学作品还有《风姿物语》。这是一部创作于1997—2006年，全文共五百余万字的台湾网络文学巨著。这部作品对于中国大陆的第一波网络文学创作产生了难以估量的影响，也常被认为是最早的玄幻类[②]网络文学代表作。而《风姿物语》实际上最初是日本策略战斗类游戏《鬼畜王兰斯》（1996）的同人作品，虽然后来随着世界观渐渐扩展丰富，逐渐偏离了《鬼畜王兰斯》的故事，但《鬼畜王兰斯》中的日本ACG文化传统始终在《风姿物语》的创作中占据着重要位置。《风姿物语》对中国大陆早期幻想类网络文学创作的巨大

[①] 《网络创世纪》虽然没有正式引入大陆，但在1998年国内出现了私人架设的非官方服务器。

[②] 玄幻：这是一个很难界定的网络文学类型，它以西方奇幻设定为基础，融入武侠等中国本土文化元素，但实际源流中又掺杂了大量日本ACG文化和流行MMORPG游戏的基因。关于玄幻这一网文类型更加详细的解释，可参见邵燕君主编：《破壁书——网络文化关键词》，第250—252页，"玄幻"词条，词条编撰者为吉云飞。

影响，证明日本游戏叙事的基因也被带入了中国大陆的网络文学创作中。

对于中国早期游戏同人作品展开讨论，是为了说明这样一个事实：《龙与地下城》及西方奇幻设定、《网络创世纪》《万王之王》等早期 MMORPG 游戏、日本 ACG 文化产业中具有明显叙事倾向的游戏作品等各国、各类具有叙事要素的游戏作品，是中国幻想类网络小说得以产生的重要源头；中国幻想类网络小说（特别是玄幻、奇幻类网络小说）中的世界设定，一开始就从游戏中汲取了大量资源，游戏特有的叙事元素（明确的种族／职业设定、任务奖惩机制、道具与技能、等级与经验等）也从一开始就存在于中国幻想类网络小说的叙事之中。

此外，游戏同人小说的另一个重要意义在于开创了用游戏的世界设定创造异世界的方法。《风姿物语》《佣兵天下》等便是其中极具代表性的作品，它们是游戏同人，但却不是网游文，而是玄幻、奇幻小说。等到中国的网络文学作者们可以接触更加丰富多样的电子游戏，等到这些作者能够综合自己的游戏经验，综合游戏中的常见设定，借以创造自己的幻想世界，而不再依赖于某一部具体游戏作品的具体世界观的时候，幻想类网络文学便能完成去游戏同人化／综游戏同人化[①]的转型，真正游戏化的玄幻、奇幻、修仙小说便诞生了。

2009 年，小白文中最具代表性的作品《斗破苍穹》开始连载。天蚕土豆在《斗破苍穹》之前创作的小说是《魔兽剑圣异界纵横》，前文中提到过，这部小说的基本情节设定是主人公在玩电子游戏的过程中突然穿越到一个与游戏设定一致的异世界。《魔兽剑圣异界纵横》中"打怪升级换地图"的游戏化叙事结构，以及主人公自带游戏系统进入异世界[②]的叙事元素，都被《斗破苍穹》继承下来。于是，《斗破苍穹》这部完全不带游戏设定的纯粹的玄幻小说便保留了游戏文的诸多特质，而这些特质实

[①] 综游戏同人：指一部同人作品中同时涉及多部游戏作品，也即一部小说同时是多个游戏作品的同人作。幻想类网络文学的去游戏同人化和综游戏同人化实际上是一体两面的，当综游戏同人已经达到了只采用某类／某几类游戏的共有设定，而不使用任何具体游戏的特有设定的程度时，这些共有设定就成为网络文学自身的固有设定，融入网络文学创作的血脉，而不再是作者个人临时从游戏中借鉴出来的。这时，去游戏同人化就完成了。

[②] 主人公自带游戏系统进入异世界，就是后来所说的"系统文"的核心要素。

际上构成了"升级流"小说的基本特征。

《斗破苍穹》中主人公萧炎穿越到被命名为斗气大陆的异世界，这里崇尚修炼一种名为"斗气"的战斗能力。斗气分为天、地、玄、黄四阶，每阶又分初、中、高三级。斗气的修炼和使用，还必须辅以功法和斗技，功法和斗技也分为天、地、玄、黄四阶。修炼斗气的斗者根据斗气水准会被划分为斗之气、斗者、斗师、大斗师、斗灵、斗王、斗皇、斗宗、斗尊、斗圣、斗帝若干等级；斗之气又可划分为一段至九段，从斗者至斗圣的每个等级可划分为一星至九星，星级越高斗气越强，比如萧炎的父亲就是五星大斗师，斗帝则是最高等级。斗气修炼者会按照自己的等级和星级在衣服上绣制对应图案，所以斗气修炼者的等级是一目了然的。萧炎最终成为最高等级的斗帝，离开斗气大陆，前往大千世界。

故事的主线就是萧炎不断修炼斗气，提高自身等级与战斗能力（升级），行遍斗气大陆（换地图），战胜越来越强大的敌人（打怪）。故事开始时，身为五星斗师的父亲已经是萧炎见过的斗气最强的人物，到故事后期，斗皇斗宗满街走，斗尊斗圣寻常见。

这样的故事实际上是可以无限继续下去的，就像《斗破苍穹》最终章的标题所说的，"结束，也是开始"——虽然最后写到萧炎离开斗气大陆而进入更为广阔的大千世界，但如果作者愿意，完全可以延续《斗破苍穹》既有的套路，继续去书写此后的故事。这是"升级文"与很多游戏化的网络文学作品共有的特征：没有传统意义上的开端、发展、高潮、结局，而是可以永远持续下去。因为这类作品首先是基于一个可以平稳连贯运行的世界系统而产生的，既然世界系统可以无始无终地运转下去，也就有能力不断地生成新的任务与故事。"升级文"的世界系统是其中最"简单粗暴"的一种。"升级文"初兴的时代，恰逢韩国MMORPG在国内占据半壁江山的时期，而韩国MMORPG的重要特点就在于以无限的打怪升级为绝对主线。"升级文"中森严明确的等级体系，以及"打怪升级换地图"的情节线索，实际上就是基于对这类韩国MMORPG游戏系统的简单模仿而产生的。基于此种叙事模式的"升级文"大部分都会与《斗破苍穹》一样，将主人公超越了现存世界的限制而实现"飞升"

的时刻设为小说的最终章。但也有例外，比如女频修仙"升级文"《一世倾城》（2014）中的男女主人公便在飞升之后，发现所谓的"仙界"不过是另一个等级更高的弱肉强食的世界，男女主人公重新处在了弱者的位置上，重新开始求生、求强的旅程。这个故事便如此循环往复，主人公每次成为一个世界中的最强者之后便进入另一个新的世界，至今已写了1180余万字[①]，尚未完结。

这种过于简单明确，甚至还要把自己的等级绣在衣服上，明明白白地展示给所有人的"升级文"设定，在近两年受到作者和读者的颇多吐槽——既然等级已经明晃晃地摆在那里了，两人狭路相逢时看一眼彼此等级决定输赢就是了，又何必辛辛苦苦打一场？尽管"越级反杀"的情节套路普遍流行，为这种简单明了的升级体系提供了一定的变数和弹性，但太过死板的升级系统仍使得故事模式单一，缺乏惊喜。当然，不可否认的是，这种"简单粗暴"的"升级文"直到今天仍在网络文学中占据着巨大的市场份额，拥有着庞大的读者群体。它仍旧有效地以最直白的方式，满足着人们最底层的欲望——财富、权力与性。

《斗破苍穹》中的萧炎除天赋异禀外，还有一枚母亲留下的戒指，戒指中寄宿着有"药王"之称的顶级炼药师药尘的灵魂。药尘虽然是个人，但实际上长期担当着"系统"的功能，向萧炎发布修炼任务，提供修炼所需的灵药、秘籍等。这毕竟是纯粹异世界设定中第一次出现"系统"这一功能要素，对其进行适当变形并将其人格化以适应传统的阅读习惯是非常正常的。在后来的系统文中，系统便都坦荡荡地以非生命的模样出现，围绕系统进行的设定也展现出更加丰富多样的想象力。如尤前的两部小说《我家徒弟又挂了》（2014）、《家兄又在作死》（2016）均带有系统元素。前者要求身为程序员的女主在异世界奔波各地，修补异世界的bug；后者则是一个无论如何也无法删除的快递App，给女主发出指令，强迫女主在异世界中送快递（比如给跳崖的武林人士送秘籍）。《女帝直播攻略》（2016）的女主则带了一个直播系统穿越到架空的古代世

[①]《一世倾城》的字数统计截至2020年5月1日。

界，女主的奋斗历程将在各个位面的观众那里直播，女主在直播中获得的支持都可以转换为在这个世界中的能力与财富。带着真实存在的电子游戏系统穿越异世界也是系统文的一种常见形态，如国产武侠 MMORPG《剑侠情缘网络版叁》（以下简称《剑三》）的同人小说《藏剑军火商》（2013）中的主人公叶铭是《剑三》玩家，带着《剑三》游戏系统穿越到了一个未来星际世界。他在那里可以使用技能面板上的技能，可以使用游戏中的背包，也可以查看自己和其他人的血条状态，唯独退出游戏的按钮无法使用。随身空间是系统的另一种常见形态，拥有随身空间的主人公们可以随时进入这个专属于自己的异次元空间，在这个空间中存放财物、种植灵植、饲养灵兽。随身空间往往还能随着主人功力的提升而升级，并且自行产出灵泉、灵石等稀有资源。[①] 系统这一叙事元素的存在方式非常类似于 AR（Augmented Reality，增强现实）技术，它为现实世界附加可视/可感的规则与参数，增加新的与现实世界交互的方式。只不过系统并不依赖于具体的 AR 设备，而是直接以非科学的方式在主人公脑内实现其功能。

　　无限流小说中虽然也包含系统，广义上也可以被称为系统文，但却与一般的系统文存在差别。在一般的系统文中，就主人公所在的世界之内而言，系统只能被主人公感知和使用。但大多数无限流小说却以主人公们组队战斗、敌对的队伍间相互竞争为核心情节元素，因而无限流小说中的系统是全员共享的。在这样的小说中，系统就不再是"增强现实"、提供"金手指"[②] 的小玩意儿，而是凌驾于现实之上的规则，甚至就是世界本身，所有人都必须按照系统的规则生存和战斗，凭借系统规则获取物资与装备。

[①] 随身空间：这一设定最初应来源于西方奇幻设定，实际上是《龙与地下城》等 TRPG 游戏中的背包系统演化而来。这一游戏设定进入跑团小说，形成西方奇幻世界设定，产生一系列成熟的西方奇幻小说，再借由小说辗转进入中国。由于诞生的时间早、存在的时间长，随身空间的设定随着玄幻、修仙小说一同成长，已经成为玄幻、修仙世界设定中一个充分自然化的组成部分。

[②] 金手指：本来指电子游戏的作弊程序，有时也称为"外挂"。在网络小说中，则指主人公独有的、超出世界规则限制的特殊能力。

系统文虽然被认为是网络文学中的一个文类，但实际上并不可能独立存在，系统这一元素总要与某个或多个具体的题材类型相结合才能成立。如果我们再次使用AR的比喻，那么，具体的题材类型就构成了"现实"的世界，而系统则是"增强现实"的道具。前文中曾经提到，游戏化的网络小说具有"游戏性写实主义"的特征，它不属于任何一种具体的网络文学题材类型，而是结构题材要素、组织情节、塑造人物的方式。系统这一叙事元素也必须作如是理解，以系统中任务的发布、完成、结算为一个周期，然后不断循环，这就构成了系统文的叙事线索，而主人公借助系统看待外部世界的方式，则构成了读者代入感的来源。

在（除某些随身空间文外的）系统文中，由数值、窗口、明确精准的规则构成的系统，与作为自然造物的世界是异质性的。系统往往来自更高维度的位面、更高级的文明，或者作为世界意志化身的神之领域。而主人公在探寻世界真相的过程中总会发现，世界是向上统合的——低位面向高位面统合、单一世界向高维宇宙统合。因此系统与世界之间的异质性实际上是真理缺失造成的假象，最终自然造物的世界将向上统合于系统——作为信息洪流与真理法则之显现的系统。当我们将系统文中的世界想象为游戏时，这一切就很好理解了：那个模仿现实的、充斥着剑与魔法的3D图形界面就相当于系统文中自然造物的世界，而技能栏、状态栏、背包栏等UI界面则相当于系统文中的系统；UI界面是游戏后台程序与数据的直接显现，也是连接游戏二维世界与玩家三维世界的接口，3D图形界面在其生动逼真的美术表象下，实际上共享着与UI相同的数据层。而更直接地显现数据层的UI界面，无疑才是玩家在游戏中行动时最重要的依据和凭证，具有统合3D图形界面信息的能力。

在《斗破苍穹》中，作为系统代替者的药尘，显然还不具备这种身处更高位面、向下统合世界的能力。药尘是斗气大陆土生土长的人物，纵然天赋奇才、技艺高超，也不具备超越斗气大陆的知识。在《斗破苍穹》阶段，实际上系统元素在经历着与《龙与地下城》中的背包向"随身空间"设定转化时相似的"自然化"历程——一种努力营造唯一、连贯之世界的假象的进程。在这种努力中，我们能够感受到现实主义传统的强大惯性。

但这一进程很快被终止了，因为在《斗破苍穹》开始连载的两年之前，Zhttty 的无限流小说《无限恐怖》（2007）已经横空出世，这部开无限流之先河的小说大获成功，证明了对这一代读者而言，在现实世界中植入一个游戏系统，或者用游戏系统统辖若干世界，都完全不是一件具有挑战性的事情。《斗破苍穹》这种将系统置换为人的做法必然会损害系统元素本身的叙事潜力，而它的读者实际上已经无须这样的迁就与迎合。

直到今天，玄幻／修仙"升级文"仍旧主导着主流社会对网络文学的认知，比如，打怪升级换地图、逆袭打脸开后宫，强者为尊的丛林法则逻辑，直白的语言，简单的叙事线索，对力量与强权的无限追求，等等。而作为这一类型中极具知名度和商业价值的作品，《斗破苍穹》仍是很多研究者无法绕过的一个研究对象。但无论对"升级文"而言，还是游戏化向度的网络文学而言，《斗破苍穹》都只是一部过渡性的作品。

自《斗破苍穹》以后，玄幻／修仙"升级文"仍作为网络文学中重要的一支持续发展，类型桥段几经迭代，以更准确、更高效地直击读者爽点为目标不断进化。无法直接带来"爽感"的叙事成分被压缩到极致；整个世界更为彻底地数值化，举凡万物皆能用可相互换算的数值来表征，一切欲望都被牵系在数据的变动之上而被累积、被满足。

二、网络文学的第二次游戏化

21 世纪第二个十年初期，在"升级文"持续产出的同时，深受日本 ACGN 文化影响的一批"85 后""90 后"作者开始在网络文学创作中崭露头角，网络文学随之急剧二次元化。日式游戏，以及与游戏有着深厚渊源的 ACGN 文化，推动了网络文学的又一次游戏化进程，而这一进程恰恰是在反"升级文"的僵化升级系统的基础上发生的。

21 世纪第二个十年可以视为网络文学游戏化的第二次高潮，这一次的游戏化更多地吸收了日本 ACGN 文化资源，并蔓延至网络文学的几乎所有类型之中，衍生出了极端多样的游戏化方式，产生了许多充满想象力，兼具可读性、趣味性与文学性的优秀作品。

总体而言，这一波网络文学游戏化进程中产生的作品往往具有如下七个方面的特征。

其一，"副本+主线"的彩线串珠结构。在三天两觉的游戏文《惊悚乐园》中，主人公封不觉作为玩家进入了虚拟现实恐怖游戏《惊悚乐园》。这个游戏的基本模式便是不断将玩家传送至各种各样的恐怖副本中，玩家单打独斗（单人副本）或与其他玩家组队作战（多人副本），在恐怖副本中依靠智慧、经验、技能与道具完成系统发布的任务，即可通关。

在每一次副本的通关结算中，有一项评价标准叫作"破解世界观"。所谓"破解世界观"，就是在重重恐怖事件背后，发现副本世界的真相——一切悲剧究竟来源于何方、副本中的NPC究竟各怀何种秘密，等等。是否破解世界观未必会影响副本任务的完成度，即使不能真的理解副本真相，也可以完成副本任务，所以玩家"破解世界观"是可以获得额外奖励的。

《惊悚乐园》显然是一个标准的"副本+主线"彩线串珠结构的作品，一个个风格各异的精彩副本串联起来，是小说中前期的主要内容。封不觉在完成副本的过程中升级自身技能、获取各类道具、提升自身实力，同时也在副本中获取关于故事主线的各种线索。到了故事的后半部分，诸线索开始收束，原本非常规律的一个副本接一个副本的结构被打破，故事正式进入主线。而惊悚乐园的主线剧情，实际上就是"破解世界观"——不是破解副本中的小世界观，而是破解宏观宇宙生死攸关的真相——并在此基础上拯救地球。封不觉发现，《惊悚乐园》并不仅仅是个游戏，而是诸神魔关乎人类命运的赌约；《惊悚乐园》中的副本也不是计算机创造出来的虚拟世界，而是与人类社会平等的、宏观宇宙中的其他平行世界。

实际上，大部分采取"副本+主线"结构的游戏化的网络文学作品中，真正的"主线"都是破解世界观，即理解系统究竟因何而存在、系统发布的任务究竟有什么意义、主人公穿越进入的异世界与原本生活的现实世界究竟是什么关系、主人公为何被选中穿越而来。因而"副本+

主线"结构实际上也就是大世界嵌套数个副本小世界的结构,所有世界都按照相同的系统规则被组织在一起。

其二,更复杂的系统设定。以《无限恐怖》为代表的无限流小说,将系统这一元素彻底解放了。自此以后,这一元素既无须再被限制在游戏文的范畴之内,也无须如《斗破苍穹》中一般被小心翼翼地披上人皮、隐藏起来。系统正大光明地彰显着自己,也成为作者想象力的重要证明。无限流/快穿文的作者,对于设计逻辑复杂严密、与众不同的世界规则总有着巨大的兴趣。仅以《死亡万花筒》(2018)为例,故事中原创的世界规则包括但不限于:

> 因疾病、事故等原因濒临死亡的人会被选中进入"门"内世界;
> 进入"门"内世界前的面临死亡的危急程度决定了第一次进入的"门"内世界的难度;
> 如果能够成功度过十二道"门",就可以在现实世界中获得新生;
> 除第一扇"门"外,每扇"门"内的世界通关难度递增;
> 被选中的人每隔一段时间便会被强制过"门";
> 每个"门"内世界都是根据一个恐怖传说/歌谣衍化而来的恐怖副本,进入"门"的人必须躲过门内的重重危险,找到钥匙和"门",用钥匙打开"门",离开"门"内世界,而在"门"内死亡的人也会迅速在现实世界中以合理的方式死亡;
> 在"门"内世界第一个开"门"离开的人会获得一张小纸条,上面写着下一扇"门"的线索;
> "门"内不会出现全灭结局,如果一扇"门"内仅剩一人存活,则此人会处于绝对安全的无敌状态,只需找到钥匙,离开"门"内世界即可,并且可以拿到更多关于下一扇"门"的线索;
> 有一些"门"内物品是可以带出"门"的特殊道具,包含特殊技能,能够在接下来过"门"的过程中反复使用;
> 利用某些"门"内道具,可以让两人进入同一个"门",过

"门"经验丰富者可以用这种方式带新手过"门",可以反复刷同一个级别的"门"来获取下一扇"门"的线索。如果跟随过"门"的前辈进入并完成比自己目前所属等级更高的"门",则可直接越级至该等级,两次过"门"的间隔时间因而增加为越过的全部等级的间隔时间之和;

手握线索进"门",则必然进入与该线索对应的"门";

在"门"内受伤后回到现实世界不会有伤口,但会生病,疾病的严重程度与伤重程度成正比;

过"门"会提升人的体质与恢复能力,因疾病进入"门"内世界的人,在过"门"的过程中病情会逐渐好转;

第十一扇"门"没有线索,进入第十一扇"门"的人会被抹去在现实世界中的存在痕迹。

每一条规则都会或多或少地影响故事情节,并保证故事内部的逻辑自洽,文中的"现实世界"与"门"内世界可以维持稳定的并存状态。比如,过"门"与刷"门"的设定使得故事中的副本不再按照由易到难的顺序排列,主人公们可以越级进入更加困难的"门",也可以在相对简单的"门"中谋求过关以外的目标(保护雇主、获取线索、锻炼技能等);关于"门"内受伤、死亡后在现实世界对应表现的设定,则保证了文内"现实世界"中的人不会意识到"门"的存在。但如此复杂的世界设定最核心的意义却并不在此,而是在于将小说变成游戏,以及以游戏的方式亲手创造一个开放世界的快感。

规则明确的世界设定会给读者明确的阅读期待:主人公将经历何种类型的冒险、必须完成怎样的目标、将要得到何种奖励。准确来说,这不是对小说的阅读期待,而是对游戏的体验期待。新颖的规则、明确的目标、适宜的奖励都是游戏体验重要的组成部分。即使一个玩家暂时放弃推进主线任务,转而探索游戏世界,也往往有着其他的潜在目标(提升角色好感度、触发支线任务或情节、提升物品收集度等)。游戏体量大、自由度高、体验丰富往往意味着玩家有更多种目标(玩法)可供选择，却绝不意味着玩家总要漫无目的地在游戏世界中流浪。所以，预先理解游戏规则，获取游戏任务与目标，实际上是游戏经验必然赋予玩家的游戏预期。

这种预期也被带入了游戏化向度的网络文学的创作与阅读之中，读者需要一个新颖有趣的系统、一套包含多种游戏模式的规则，因为他们既是读者也是玩家，主人公既是人物也是替身角色。世界设定因而必须具备一套任务/副本生成机制，而不仅仅规定人文、地理、科技/魔法体系等环境因素。对于作者而言，这种游戏经验将他们变成了"游戏策划人"，他们按照电子游戏的模式，亲手用文字去制定规则、创造世界。正如前文中提到的，这种创造世界的快感，并不取决于这个世界是否充满细节、是否与现实世界足够相似，而是取决于其是否具有如精密仪器一般的灵巧，是否合理自洽、运行顺畅。对于世界设定而言，鲜活、有机、生动、细腻都是加分项，只有它暴露的齿轮与数码、永不停歇的循环运动才会提供一种无机质的美感。

其三，更多解谜推理元素。如果能够理解游戏化向度的网络文学接受者总是兼具读者与玩家的双重身份，作者则同时也是游戏策划人的话，就很好理解游戏化向度的网络文学中何以存在大量的解谜推理元素了。很多小说甚至会直接把现实中存在的解谜推理游戏写进小说。"狼人杀"[①]小说是这其中非常典型的一类，其基本情节是一群人聚集在一起，完成一场真实的"狼人杀"。每个人都隐藏身份加入这场真实的杀戮游戏，封闭环境下的流血、杀戮与死亡提供了紧张恐怖的气氛，极端境况无时无刻不在拷问着每个人的良知与情感。主人公如何在危机四伏的游戏中生存下来、如何推理出每个人的真实身份、如何在道德坚守与求生意志间做出取舍，则是故事的最大看点。

以现实存在的游戏来写小说显然是具备巨大优势的，它可以给有此类游戏经验的读者提供强烈的代入感，跟随主人公一起完成推理。既可以省略交代游戏规则的篇幅，也可以方便读者迅速理解游戏的规则与进

---

① 狼人杀：指一种多人桌上推理策略类游戏，玩家分别扮演狼人、村民、法官、预言家等多种身份，狼人月夜杀人，村民则需找出狼人。

程。原创的游戏规则也并不少见，在《末日乐园》（2014）、《地球上线》（2018）等"无限流"作品中，便经常有"陪副本BOSS玩游戏"类型的副本，一切规则都被副本强制执行，一旦失败便会面临死亡的惩罚。广义上，"破解世界观"也是一种解谜推理元素，绝大多数小说中的副本任务都不是依靠蛮力强行通关的，而是必须找到通关线索，理解世界规则，才能发现通关秘诀。主人公所依凭的道具、技能甚至常常包含解谜推理元素。《子夜鸦》（2018）中的技能名称便稀奇古怪，如＜［防］劝君更尽一杯酒＞＜［幻］探囊取物＞＜［武］曹冲称象＞[①]，而且没有明确的技能说明，主人公们便只能依靠推理和运气来使用这些珍贵的技能。技能的真实效果有时名副其实，有时令人大跌眼镜，而读者也在这种猜谜游戏中获得了许多乐趣。

其四，萌要素组合构成人物，萌要素搭配与技能搭配构成人物组合。 在游戏化向度的网络文学作品中，角色拥有一个或多个标志性萌要素特征是非常普遍的现象，角色的基本塑造方式也更自觉、更彻底地从现实主义的成长性人物转向了由萌要素组合构成的"半自律"角色。以《异常生物见闻录》为例，男主人公郝人的突出萌要素特质是"嘴贱""乌鸦嘴"，刘莉莉是"二""吃货"，薇薇安是"财运糟糕到不可思议""家务技能满点"，王大全是凶恶面相与老好人性格的"反差萌"，南宫五月是"胆小""战五渣"[②]，渡鸦12345是"神经兮兮""日常作死""机械白痴"等。

《异常生物见闻录》中以主人公郝人为首，诸角色组团战斗，因而人物组合也是必须要考虑的要素。人物组合需要考量的因素包括两个。一个是萌要素间的相生相克，比如，刘莉莉与薇薇安、豆豆与滚，都是彼

---

① 标点符号原文如此，《子夜鸦》中统一用"<>"表示技能，用"［］"表示技能类型。在游戏化的网络文学中，出现了一些与传统文学作品不同的表意需求，比如，表达系统提示音、表达技能名称、表达脑内对话等。既有的标点符号使用规范无法标识这些含义，所以作者往往倾向于使用"［］""<>"等符号来标识这些内容。用"［］"来标识系统提示音和技能名已经成为一种相对公认的做法，不需要特别说明（这是电子游戏中常见的用法，被移植到网络文学之中），但其他特殊的标点符号使用方法则常常会在小说开头或简介中进行说明。

② 战五渣："战斗力只有五的渣滓"的缩略语，意为战斗力极差，典出日本经典漫画《七龙珠》（1984）。

此生命中的克星。另一个则是人物战斗技能搭配，大抵网络文学中人物战斗技能搭配都是以 MMORPG 战（战士，T）法（法师，DPS）牧（牧师，治疗，奶）的职业配置为模板的。《异常生物见闻录》也不例外，战斗标配是郝仁指挥，刘莉莉近程物攻、承伤，薇薇安远程法攻；如果再加上不甚靠谱的治疗南宫五月，就是个比较全面的 MMORPG 副本配置了。其他角色也会不时参战，发挥各自的特殊技能。

其五，以吐槽和玩梗为代表的二次元化语言风格。幽默一直是文学创作中一种重要的审美风格，但时代不同、文化语境不同，幽默也有着截然不同的实现方式。比如 20 世纪 80 年代末至 90 年代初，王朔的小说主要是通过讽刺、拆解现实，凸显现实本身的荒诞来达到幽默的效果的，文本与现实之间密切的指涉关系是实现幽默效果的重要条件。而 20 世纪 90 年代以周星驰为代表的香港喜剧片则以"无厘头"为最典型的搞笑方式。"无厘头"，就是无理由、无意义的言行，当这些言行出现在有理性、有逻辑的叙事作品中时，就会成为笑点。无厘头是以无逻辑冲淡逻辑，以无意义冲淡意义，但无厘头之所以大行其道，不是为了将深奥的道理变得浅薄、把沉重的意义变得轻快，而是因为对于宏大叙事的普遍厌倦，使得唯有在搞笑之中零星出现的温情才显得可信，无意义之中偶尔的真诚才能够动人。这种可信与动人不是因为观众相信它是真的，而是因为观众在频出的笑点中看到作者其实和观众一样无可信奉，所以他在作品中最后留下的那一点严肃才是美的、珍贵的。

玩梗和吐槽则是日本 ACG 作品中主要使用的幽默手段，随着网络文学的二次元化、游戏化进程而进入了网络文学的创作实践之中。玩梗是在一部文艺作品中插入其他文艺作品、新闻事件的片段，从而造成喜剧效果。玩梗实际上类似于相声或日本漫才中的包袱和装傻，而点破这些包袱或装傻的行为就是吐槽。一些作品会选择只玩梗，把槽留给观众来吐，更多的作品则选择直接由作品中的人物进行吐槽，机智精准的吐槽会造成良好的喜剧效果。不同于讽刺这种传统的文学技巧，吐槽并不寄寓任何具体的意义指向，而是对建构意义的可能性本身的消解，是彻底反深度模式的。文艺作品间的玩梗和吐槽自不必说，即使是向社会新闻事件借梗的作品，也常常关注的是新闻事件的媒体报道，特别是其修辞层面的特征，而非事件本身，因而以玩梗和吐槽构成的搞笑策略总是在能指之间辗转衍生。国内以玩梗、吐槽见长的文艺作品，往往会祖述日本漫画作品《搞笑漫画日和》与《银魂》。《银魂》中专门设置了一个负责吐槽的人物志村新八。志村新八吐完所有槽点而让观众无槽可吐，也成为《银魂》的一大特点。

《银魂》的世界设定是对日本近代历史的戏仿。故事发生在日本江户时代末期，被称为"天人"的外星人忽然入侵日本，众多武士以"攘夷"为口号与天人战斗，而幕府则与"天人"签订不平等条约，成为傀儡政权，并颁布"废刀令"，禁止武士佩刀。曾是攘夷志士的男主人公坂田银时成为万事屋的老板，与同伴没落武士志村新八、夜兔族女孩神乐一道解决各类委托。这一背景设定显然是对日本幕府末期"黑船事件"、"尊王攘夷"运动等重要历史事件的戏仿，故事中的重要组织真选组也是对新选组（"真"与"新"在日语中同音）的戏仿，重要角色冲田总悟、桂小太郎、高杉晋助、吉田松阳等人的名字也化用自真实历史人物冲田总司、木户孝允（本名桂小五郎）、高杉晋作、吉田松阴。然而，故事越往后讲，戏仿历史的世界设定作用就变得越小。作为一部搞笑热血漫画，《银魂》在热血的部分还试图借助戏仿的历史背景和武士精神去讲述那些在今天看来已经颇为老套的关于爱与正义的王道热血故事，等到了搞笑部分，便完全抛离了这一设定，笑点总是既无历史亦无未来地弥散于空间之中。历史似乎只能用来缅怀那些实际上已然饱受质疑的启蒙理想，它与当下不再构成紧张的关系，因而也就不再成为制造笑点的材料。

趋于极致的玩梗与吐槽，是无所指的词项对立间的精巧游戏，是语词与语词、文本与文本的辗转衍生、自相指涉，是元叙事、元叙事的元叙事以至无穷。可以说，这是"游戏性写实主义"的典型幽默方式。失去了坚实的对社会现实的共识之后，文本的层累堆积既成了叙事的基础，也成了幽默的基础。

与用典一样，玩梗同样具有炫学的意义。具有明显游戏化、二次元化特征的网络文学作品往往能够"旁征博引"，对ACGN经典作品如数家珍，恰到好处地选梗、用梗，不断将玩法推陈出新。于是ACGN与网络文学中的经典作品就被裹挟在无数常用常新的梗里向前流淌，不断将新的作者与受众卷入这一脉络中。

国王陛下可以说是网络文学中玩梗与吐槽的大师了。以他的代表作《从前有座灵剑山》为例，这部作品因高密度、高质量的吐槽与玩梗而得到读者的认可和喜爱。对于"吐槽大师"国王陛下而言，吐槽与玩梗绝非借以调节气氛、制造萌点的无足轻重的小花招，甚至也不仅仅是一种标志性的语言风格，可以说，吐槽与玩梗已经成为他的小说中叙事的最终目的。或者说，将梗与槽点具象化为情节，然后去吐槽它，这就是《从前有座灵剑山》第一卷至第九卷的叙事本身。相比于世界设定、主线剧情，乃至人物塑造而言，吐槽才是《从前有座灵剑山》的"本体"。

《从前有座灵剑山》中的梗与槽点包罗万象，或者是网络流行语，政治历史事件，或者是从纯文学到网文、动漫、游戏、电视剧的各种文学艺术作品，无所不包：从《倚天屠龙记》到《魔法禁书目录》再到《生化危机》，从《范进中举》到《药》再到《多收了三五斗》，从"政治献金"到"先进个人代表发言"，从"发管委"到"管培生"，从"玉林爱狗人士"到"仰望星空派"，从"智商税"到"应试教育"……借由这林林总总的吐槽，无数世界的碎片（现实世界或其他作品中的世界）被带入《从前有座灵剑山》中的九州大陆，构成了世界参差交叠的审美特征。

《从前有座灵剑山》前九卷的情节大抵是依托于吐槽的逻辑，而非主线的逻辑设置的。比如群仙墓开门典礼的情节，前后近万字，核心内容是"万仙盟的领袖河图真君发表讲话""发管委的主任风吟发表讲话"，以及"王陆作为突出贡献奖得主发表讲话"，整个情节安排于主线而言并无必要，其中涉及的所有细节，如"逼人不得不认真听讲的法术"等，最终都是为吐槽动辄开大会、打官腔的官僚主义作风准备的。又如王陆与海云帆双双落选灵剑派的情节，完全是为吐槽网文中的僵化套路"退婚流"设置的，灵剑派的学分制度是对应试教育的戏仿，智教的建立则是为了玩"智商税"的梗，而整个"五灵血冠争霸战"副本都是对《命运》（Fate）系列中"圣杯战争"的戏仿……情节为了吐槽，爽点来自吐槽，这就使得故事主线本身变得无足轻重。或者可以说，吐槽恰恰是以打破故事主线的连续性，戳穿九州大陆的封闭性，阻隔读者对于书中世界的深度卷入的方式存在的。于是，《从前有座灵剑山》就在吐槽中变成了一个由各种极端戏剧化却又极端缺乏意义的槽点拼合而成的庞大杂乱的世界。它既在故事层面完成了一种后现代式的碎片化叙事，又成为当前这个多层媒体折射之下，信息爆棚、多元碎裂的现实世界的一种镜像。

这一镜像凸显为自我消解的二元对立。国王陛下总爱在完美对称的二元结构中进行叙事：有人间仙境"天上人间"，便有聚集一切污秽的"混沌界"；有死寂绝望的"旧魔界"，就有理想家园"新魔界"；有"正道"，就有"邪教"；有"负能量"，就有"正能量"……然而当人间仙境被命名为"天上人间"，当"新魔界"被证明为一个彻底的反乌托邦，当王陆身兼正派首席大弟子和邪教教主二职，当"负能量"被定义为对生的眷恋和对死的恐惧，而"正能量"却被定义为充分满足人的物欲所产生的快感时，我们发现，在极端的二元对立中，实际上并无所谓立场。而这种情形也确实正在现实生活中上演：在网络中，我们可以随时为了豆腐脑应该吃甜的还是咸的，或者一条裙子究竟是蓝黑条纹的还是白金条纹的[①]而划分为壁垒森严的两个阵营，与屏幕彼端的意见相反者贴身肉搏，而上一场"圣战"中的敌人转瞬间就可能变为新斗争中的盟友。在《从前有座灵剑山》中，大量吐槽截断了主线所建构的宏大叙事，而在现实中，立场的含混遮蔽于壁垒分明的表象之下，阻隔着人们真正参与社会进程的可能。

以玩梗、吐槽为核心审美风格的男频网络文学作品，常常面临一个共同的问题："烂尾"。男频网络文学作品始终包含着创造一个宏大、完整的世界观，并讲述一个足以撑满这一世界观的同样宏大、完整的故事的诉求。但吐槽和玩梗本身却是反宏大叙事、反整体性的。这就造成了一个矛盾，就是那些在小说中前期用吐槽和玩梗来结构故事的作品，到

---

① 2015年2月，歌手凯特琳·麦克尼尔（Caitlin McNeill）在英国当地时间26日晚将一条裙子的照片分享到她在汤博乐（Tumblr，博客网站）上为一位名叫萨拉·维切尔（Sarah Weichel）的女士制作的粉丝页面上，询问其颜色是蓝黑还是白金，从而在网络上迅速引发了一场关于该条裙子颜色的大规模争论。这一争论也在中国的网络社交媒体中快速扩散，成为热门话题。

了后期就必须回到宏大叙事的路子上，以全部笔墨努力去写一个足以震荡整个文中世界的壮丽结局，于是吐槽与玩梗的精彩程度便会大打折扣。《从前有座灵剑山》也不例外，小说从第十卷开始集中推进主线，试图在第十一卷至第十三卷中补完这个修仙设定之下的广阔世界与历史进程，并在其中探讨集权政治、宗教信仰等宏大命题，与之相应，玩梗与吐槽渐渐屈居边缘。虽然《从前有座灵剑山》的故事算是首尾完整，但后三卷确实少有华彩篇章，收尾中规中矩。

在小说中追求史诗般的悲壮感、波澜壮阔的高潮与结局、宏大完整的故事脉络，换言之，在小说中营造宏大叙事幻象，这当然是从网文诞生前的文学创作传统中延续而来的创作冲动。在男频网络文学的创作中，这种冲动总是显得特别根深蒂固。它与吐槽/玩梗未必完全无法兼容[1]，但确实极大地提高了男频吐槽/玩梗向小说结尾的写作难度。日本ACG作品与中国女频网络文学则较少遇到相似的问题。就日本ACG作品而言，对悲壮感、宏大叙事幻象的需求往往被直接压缩为名为"燃"或者"热血"的萌要素，与其他萌要素一同被组合进角色、故事的序列之中，因而无须调动整个故事的宏观结构去服务于这种诉求。女频网络文学作品则一方面更加彻底地包容了日本ACG作品数据库叙事的特征，另一方面又往往可以明确地划分出情感线与事件线两条并行的叙事线索，在其中任意一条线索中完成宏大叙事幻象都可以保证作品的完整性。这一点在颜凉雨的创作中体现得最为明显。

颜凉雨是一个以吐槽、玩梗见长的女频作者，不管是写电子游戏，还是写世界末日，都能够以轻松幽默的文字呈现出乐观、积极的人生态度。《鬼服兵团》（2013）是颜凉雨最著名的作品之一，讲的是现实生活中四处碰壁的男主人公方筝在一款网络游戏中找回了自己的乐观与自信，收获了友谊与爱情，也凭借在游戏中获得的勇气与底气，在现实世界中

---

[1] 比如国王陛下最早的作品《崩坏世界的传奇大冒险》成功写出了一个"脑洞"颇大、带有自反性的有趣结尾。主人公王五的个人能量膨胀到极致，以一人之力征服、崩坏了整个宇宙，却在宇宙尽头看到了一切意义尽皆消解之后的空旷与寂静，看到了不再相信宏大叙事的当代人的迷茫与无助。这一结尾中刻骨的虚无主义情绪与前文高密度的吐槽叙事构成相辅相承的连接，或许才是国王陛下"吐槽流"小说的最佳结尾方式。

获得了想要的生活并与家人和解的故事。事件线是方筝与伙伴们在游戏世界中的冒险，情感线则是方筝的爱情。在这部小说中，只有方筝的爱情故事可以称得上连贯完整，两人从相识、相知到相爱，再到互相支持变得勇敢，共同面对挑战，最终获得家庭的认可和祝福。事件线则非常典型地呈现出 MMORPG 结构，由一个个副本、任务连缀而成，无所谓起点或终点。在女频网络文学中，这样的故事是成立的、完整的，因为爱情叙事本身就是宏大叙事幻象的一种——同时也可能是网络文学中最简单的一种，只需要两个人物就能完成，对故事发生的场景没有任何要求，可以适应从轻松愉悦到慷慨悲壮的各种风格。这是言情小说自诞生以来对"爱情神话"的反复书写留下的遗产（亲情、友情、忠诚等其他情感同样有能力创造宏大叙事幻象，但是成本却比爱情高得多，总是有赖于更复杂的情景、更多的事件）。颜凉雨吐槽、玩梗的文字风格因而可以与她本就松散有趣的事件线完美匹配，同时与其情感线明朗温馨的整体风格吻合。

其六，世界设定与人物设定并立，事件线与情感线并行。以游戏式的任务、副本生成机制为核心，以赋值及数值平衡系统为保障，再饰以科幻/玄幻/现实等一个或多个题材元素的世界外观与审美风格，就构成了游戏化的网络文学的世界设定。萌要素的复杂组合，角色自身数值属性成长系统，不同角色间的属性、技能匹配则共同构成了游戏化的网络文学中的角色设定。这两大基础设定分庭抗礼，既具有相对的独立性，又能够嵌合在一起，共同构成作品。

另外，网络文学作品在叙事层面又往往可以区分出事件线和情感线两条线索，彼此交织。不同作品中，这两条线索的偏重各有不同。设定简单的女频言情小说往往重情感线而轻事件线，而设定复杂且带有推理、灵异等题材元素的女频小说则更重事件线。男频小说中的情感线通常没那么重要，仅做调剂之用，无法承担创造宏大叙事幻象的功能。但这并不意味着男频作者没有区分事件线与情感线的意识。以"开后宫"①这种

---

① 开后宫：指男主人公在故事进程中不断俘获众多女性角色的芳心。

男频常见元素为例（早年更为盛行，近些年渐渐式微），男主人公不断凭借个人魅力收获各类优质女性角色的青睐，这在故事中总是单独构成一条叙事线索，甚至间隔多长时间让男主人公收服一个怎样风格的女性角色都有单独的设定。当然，这些女性与其说是服务于情感需求，不如说是服务于更基础的性欲望的满足。女性角色常常也会在事件主线的推进中发挥某种阶段性功能，但服务于性满足的角色设定与服务于主线推进的角色功能之间没有直接和必然的联系。对于网络文学作品进行事件线、情感线的拆分未必是典型的游戏化向度的网络文学兴起后才诞生的特质，但这种将浑然的文学作品"有机体"进行机械式拆解的思路却显然受益于电子媒介、游戏，以及日本ACGN作品。在游戏化向度的网络文学作品（特别是女频）中，事件线与情感线的拆分变得更加明确清晰了，一边拯救世界一边谈恋爱成为女频主人公们的日常生活。

在采用"副本＋主线"的彩线串珠式结构的游戏化向度的网络文学作品中，事件线又可以进一步拆分为主线与副本支线，副本本身又构成一个个小世界，有自己的世界设定、NPC设定，甚至有副本内部的感情线。

因此，典型的游戏化的网络文学作品便可以被拆分为如下要素，对这类作品的评价也往往是从这些方面出发的（见图2）。

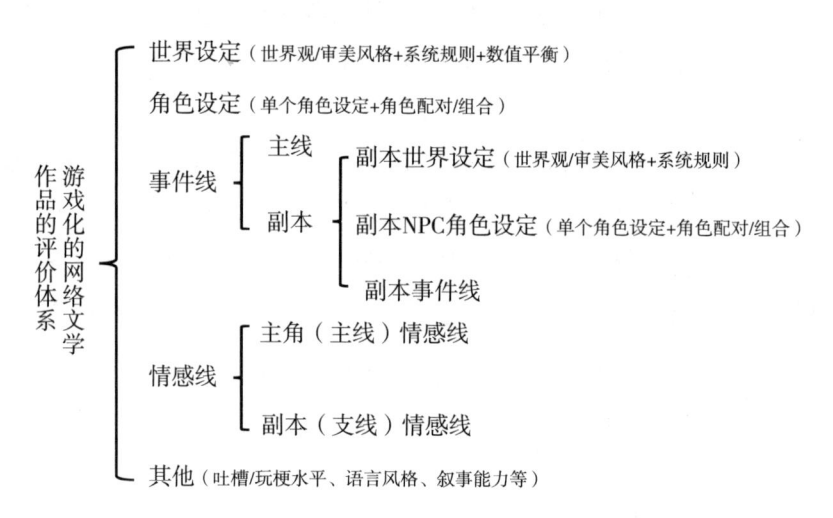

游戏化的网络文学作品的评价体系
- 世界设定（世界观/审美风格＋系统规则＋数值平衡）
- 角色设定（单个角色设定＋角色配对/组合）
- 事件线
  - 主线
  - 副本
    - 副本世界设定（世界观/审美风格＋系统规则）
    - 副本NPC角色设定（单个角色设定＋角色配对/组合）
    - 副本事件线
- 情感线
  - 主角（主线）情感线
  - 副本（支线）情感线
- 其他（吐槽/玩梗水平、语言风格、叙事能力等）

图2

在这一分类中，没有被提及的部分是作品的意义与主旨。作为一种类型通俗小说，网络文学总是具有一个相对简明清晰的深度模式，如上面所列举的世界设定、角色设定等诸方面构成了叙事的主体部分，而意义与主旨则与其中任意一个或多个部件相关联，向上延伸出来。平等、自由、理性、人性、爱情、正义……这些主题仍是这个时代的议题，也仍是网络文学作品常见的主旨（当然，游戏化向度的网络文学中也出现了一些新的议题，比如，来自日本 ACGN 文化的"羁绊"、本书命名为"二次元存在主义"的那种生存信条）。东浩纪所讨论的"数据库消费"是以宏大叙事解体为前提的，因而当东浩纪讨论具有典型的"数据库消费"特征的日本 ACGN 作品时，便没有再对作品中的深度模式进行专门讨论。但实际上，不管是日本的 ACGN 作品，还是中国游戏化的网络文学作品，都仍保留着完整的深度模式，区别在于，意义与主旨不再具有统摄全文的作用。一部作品的不同部分可能包含多种深度模式，比如，事件线与爱情线两立的作品便常常在这两条线索中包含不同的深度模式，副本+主线结构的小说也可能在不同的副本、副本与主线中包含不同的深度模式；意义与主旨也可以不是作者真诚相信并希望在作品中讨论的议题，它可能只是为了完成叙事而使用的权宜之计，比如，在《约会大作战》这样的后宫向作品中，男主人公战胜精灵、拯救世界的方式是"与其约会、使其娇羞"，而为了规避一男多女的道德风险、使男主人公的行动合理化，"拯救世界"的"宏大叙事"绝不能丢，但也没有人会对此信以为真。换言之，深度模式，或者说意义、主旨本身，也变成了一个构成叙事的模块，可以与世界设定、角色设定等组件结合在一起，共同构成叙事。最极端的深度模式组件或许就是"燃"——这是个被反复运用，已经具有了萌要素式的固定程式的"宏大叙事"残骸。所谓"燃"，在事件层面往往表现为弱者为了某种强烈的信念而克服自身的恐惧，不计代价地完成不可能的挑战，或与不义的强者战斗，也可能表现为贯彻不同信念的双方/多方为了各自的信仰而不计代价地相互斗争。它可以指向肯定人的无限可能、歌颂正义、勇气与牺牲精神等意义。"燃"与其他萌要素一样，本质上是一套人物的行为逻辑，但同时又切实地为受众提供着一种关于深度、关于宏大叙事的幻觉。"燃"所能提供的效果是这样的：这个故事似乎在讨论着什么主题，实际上也可能什么都没有讨论，但它所包含的强烈情感，以及审美上的悲壮感却足以感染受众。一旦某种深度模式像"燃"这样被固化为萌要素，就会变成这样的情况：深度模式背后的宏大叙事实际上已经被抽空了（不是不存在了，而是可有可无、无关紧要），留下的只是一种审美印象，以及按照惯性调动情感的能力。

这里仍需补充的是，在深度模式的问题上，游戏化向度的网络小说与传统通俗文艺，或者说"游戏性写实主义"与"自然主义的写实主义"之间，区别并没有那么绝对。游戏化向度的网络小说中的深度模式组件并非不能一以贯之、统御全篇，传统通俗文艺也并不总能完整地贯彻某个或某几个主题思想。在许多情况下，重要的不是实际的作品状况，而是看待作品、创作作品的方式。时至今日，我们不再将文学作品当作有机统一体，不再必须调用复杂的文学理论与文本细读的技巧才能发现作品中的矛盾与裂隙，作者与读者总是有能力自然而然地完成人物、事件、深度模式之间的拆分，这一切显得前所未有地清晰：故事中的哪些部分贯彻了作者的道德思考，哪些部分只是为了展现人物与人物关系的"萌"；作者真正想写的到底是副本还是主线，是拯救世界还是甜蜜恋爱；哪些部分是为了完成叙事而作的设定，可以不必当真，哪些部分真的需要计较与品评，等等。反过来说，将这一切视作连贯的实际上也是一种能力，那是被宏大叙事完美包裹的世界所培养的能力，是一种在异质性中发现统一性、在杂乱中发现逻辑、在差异中发现秩序的能力。从传统定义而言，这其实就是"叙事"的能力。

在我们重新被一种宏大叙事妥帖包裹，或者寻找到新的知识型之前，在"叙事"真正回归或被重新定义之前，游戏化向度的网络文学作品总是或多或少地"伪叙事"——这不仅仅是说游戏化的网络文学具有过渡性，总是在作品中的某些部分保留着传统的叙事学结构，更是在说明构成游戏化的网络文学作品的各个组件（世界设定、角色设定，以及角色的诸萌要素等）并不是像乐高玩具一样直接被插接起来的，它们往往需要一点黏着剂才能被固定在一起，而这些黏着剂则往往是叙事传统的残骸，或者其劣化仿制品。因此，对于深谙叙事传统的人而言，从游戏化的网络文学作品中辨识出所有习见的叙事要素是一件非常正常的事情，甚至所有被指认出来的习见要素被组合在一起之后也足以完整地解释整部作品的叙事。但真正重要的不是这些作品中存在哪些已经被命名了的东西，而是这些被命名了的东西到底是不是还活着，是不是还在按照本来的方式发挥作用，以及除了这些被命名了的东西之外，文本是否真的空无一物。

其七，平行世界/世界线理论成为公共设定，以非线性的时间观构筑精巧的叙事迷宫。小说、影视、戏剧等大多数门类的叙事文艺作品，都默认创造出一种幻觉：作品内的时间流速与作品外现实世界的时间流速是一致的。以电影为例，电影里的人物说一句话的时间，与电影外的观众说一句话的时间是相同的，我们之所以可以在两个小时的电影中看到数天、数月、数年间发生的事情，是因为不重要的事件被略去不演，这些事件对应的时间也就被省略了。但游戏中的时间流速却是多种多样的，很多具有昼夜系统的游戏中一昼夜都不是 24 小时。生存类游戏或许是比较极端的例子，这类游戏的核心玩法是玩家想尽办法在游戏中存活更久，因而理解游戏内的时间流速，并按照游戏内的时间流速安排自己的行动对于玩家而言就显得尤为重要。以《饥荒》为例，替身角色必须在游戏世界中寻找食物、躲避野兽攻击、对抗极端气候，努力活下去。在《饥荒》里，一昼夜是现实中的 8 分钟，动植物的生长速度、人物消化食物的速度、四季交替的速度也都按照同等比例加快。当一个玩家说"我刚玩到第三天"的时候，他说的可能是他在《饥荒》游戏中存活到第三天，那么也就意味着他在现实世界中进行了 24 分钟的游戏，也可能是他在现实世界中连续三天打开了《饥荒》这款游戏。游戏所培养的这种时间意识——不同的世界有不同的时间，时间可以如同空间一般折叠与变形——在游戏化向度的网络文学作品中得到了充分的体现。一方面，高维宇宙、多元宇宙、平行世界、世界线等概念普及开来，成为几乎所有幻想类游戏化向度的网络文学作品中的公共设定，穿越、重生、存档、读档、死亡轮回等打破单一线性时间的叙事元素大量出现；另一方面，时间成为极流行的解谜元素，成为设置副本谜题的常见机关。游戏化向度的网络文学作品中关于时间的多样表达，将是本书第三部分的核心议题之一。

*　　　　　*　　　　　*

至此，本书的第一部分概述了跑团小说与日本 ACGN 文化这两支对中国网络文学的游戏化有巨大影响的文艺传统的基本情况，概述了中国网络文学游戏化的诸阶段的基本特征，这些阶段包括作为前史的纸媒游戏文创作时期、网游文创作热潮发生期、玄幻/修仙"升级文"诞生与发展期，以及 2010 年以来网络文学急剧游戏化、二次元化的时期。21 世纪第二个十年以来的游戏化向度的网络文学作品将是后文讨论的重点，这些作品在游戏化与二次元化方面走得更远，产生了不同以往的叙事方法、题材类型、审美趣味与主题指向，也远比它们的前辈们更成熟、更精彩、更丰富、更有艺术魅力。

第二部分

副本、支线与再造世界：
以游戏经验结构叙事

第五章
电子游戏中的叙事

一、两种规则:"法律"与"规范"

电子游戏除所谓的"成瘾性"之外,最受诟病的大概就是其中的暴力元素了。"因为杀了人所以获得奖励"这种事,对于生活在现实世界中的人而言着实显得过于危险了。但仔细想想,在电子游戏中,玩家操纵的替身角色真的是因为"杀人"这一行为(以及其中包含的对于法律、伦理的僭越意味)而获得奖励吗?实际上,玩家不过是操纵替身角色完成了某个系统规则允许的操作,而系统则根据这一操作结算出了相应奖励罢了。倘若换一个以经营农场、拯救公主或者追捕小偷为目标任务的游戏,相应地被允许的以及能够获得奖励的行动自然也会随之变化。从这一意义上说,游戏鼓励的恰恰不是僭越规则,而是遵守规则,因为按照规则完成任务则获得奖励、任务失败则遭受惩罚是大多数游戏采取的基本模式。

但这样说也不尽然,实际上越是复杂精细的游戏,常常越是倾向于纵容玩家探索规则的边界,寻求规则预设之外的玩法可能,以吸引多类型玩家进行游戏,延长玩家对这一游戏世界的投入时间。比如,经典横版过关游戏《超级马里奥兄弟》(1985),玩家操纵替身角色通过充满障碍物和怪物的地图即为通关,在这一过程中拾取金币会给予相应的奖励。打败(踩死)挡路的怪物、尽可能拾取金币是系统鼓励的常见通关方式,但对于一些高水平玩家而言,尝试全程"不杀生不吃金币"通关则成为一种新的挑战。又如角色扮演类游戏《模拟人生》,顾名思义,在这个游戏中,玩家要操纵游戏中的角色工作、生活、社交,度过一段虚拟人生,但发掘游戏中角色的各式各样的新奇死法却成为玩家们乐此不疲的探险。在这个以模拟人生为目标的游戏中,恰恰是许许多多离奇而又有规律的死法最鲜明地标的出游戏世界与现实世界的区别,标的出精致的用户界面下一刻不停地运转着的数据之流。在模仿"失败"处,游戏世界并未崩塌,恰恰相反,那里反而成为乐趣的来源之一,这意味着游戏世界远非模拟现实、替代现实那样简单,它作为一个世界从容地自足着,按照自身规则运转着,并生成意义与乐趣。对于游戏化向度的网络文学而言,恰恰是对于电子游戏这一特性的继承,使得它无须模仿现实,便能获得其故事世界的可信性。这便是游戏化向度的网络文学在其形式层面的核心特质。

概而言之的"规则",实际上包含着两个部分,亨利·詹金斯在《融合文化:新媒体和旧媒体的冲突地带》中参照劳伦斯·莱西格的研究将这两个部分称为"法律"与"规范":

> 法律是一种社会论断:一个人尽可以去触犯法律,尽管如果这么做的话会受到惩罚。而规范是技术数据:程式设定使得人们不可能违反利用方面的限制规定。[1]

---

[1] [美]亨利·詹金斯:《融合文化:新媒体和旧媒体的冲突地带》,杜永明译,商务印书馆,2012年,第248页。

孙旻在其硕士学位论文《电子游戏与文本游戏性》中，用类似的思路区分了民间游戏与电子游戏：

> 对于传统游戏而言，"规则"是概念性的，条框性的，其营造的空间是虚拟的，也就是说虽然客体玩的是纸牌游戏，但是现实是客体坐在现实环境中面对着现实的朋友，纸牌游戏的世界是建构在想象中的，我们的行为是需要自我约束的。然而对于电子游戏而言，它直接呈现的是和真实世界一样的"现象"，是规则运行的"结果"，不符合规则的行为是被后台拒绝的：这种接受模式我们在生活中早已习惯。①

在这一论述中，传统游戏那种概念性、条框性的规则接近于"法律"，而电子游戏中的规则接近于"规范"。以纸牌游戏而言，在传统游戏中，三四好友围坐桌边，任一玩家都可以在任意出牌阶段随便扔出任意数量的牌——虽然他这样做的话可能要冒着被其他玩家打一顿的风险。但在电子游戏中，若非自己的出牌阶段，则即使用鼠标点击牌面，这张牌也无法打出，正如现实世界受到万有引力的影响，脱手的杯子一定会落地而不会飞上天一样，电子游戏中由后台程序决定的规范呈现为自然而然的现象。孙旻指出，电子游戏的这种区别于传统游戏的、规范式的规则，是玩家可以将游戏世界体验为一个真实存在的世界的重要前提；因为这个世界中的基础规则均不是被宣喻的，也不可能协商，而是先在的"自然条件"，是在玩家借由替身角色探索游戏世界的过程中，在进行一切可能操作的过程中习得的。这一认知过程是通过操作（输入）—（运算）—反馈（输出）的方式进行的。

与此密切相关的一组概念是"作用空间/非作用空间"。乌克威尔最先使用了这组概念，其中，"作用空间"是指"与生物相关联的空间"，

---

① 孙旻：《电子游戏与文本游戏性》，北京大学硕士学位论文，2016年。

"非作用空间"则是指"与生物不相关联,或生物无法意识到其关联的空间"。① 由这样的视角出发,便会看到一个人与物、物与物相互关联、彼此指涉的高度意指化的世界,也就是海德格尔所说的"此在的世界"。"此在的世界"的构成方式,明显受到了现象学的影响,这样的世界不是无穷无尽的均质空间,不是彼此隔离的客体——"现成在手"之物——的集合,而是以"此在"为中心的有意义的整体。"此在的世界"首先囊括了此在,以及此在所使用的工具、设备,而每一件工具、设备都会进而指向一个与之密切相关的更大的世界,最终,整个世界依照此在的目的、需要被组织起来,万物——作为"有待上手"之物——各得其所。"作用空间"与"非作用空间"的二元划分,实际上就是从事物"有待上手的",而非"现成在手"的性质出发对空间与世界进行重组的一种方式。

《游戏性是什么》一书借用了乌克威尔的概念,指出在游戏设计中,同样存在"作用空间"与"非作用空间"的区别。不同的是,对于游戏而言,"作用空间"与"非作用空间"的划分不再是一个现象学层面的、此在的或者认知学的话题,而是游戏世界本身的建构方式。在玩家打开客户端进入游戏之前,"作用空间"与"非作用空间"就已然存在了,它们可以依据游戏规则互相转化,但所有的转化形式都是系统预设的。"正是因为游戏中设定了恰到好处的作用空间,可以根据玩家的操作在适当时机做出适当反应,玩家才能够对游戏世界的探索认知抱有更加强烈的兴致。"② 仍以《超级马里奥兄弟》为例,作为背景的天空与植被属于"非作用空间",不会对玩家的各种操作做出反馈,而前景中的管道、怪物、金币、砖块等则属于"作用空间",玩家操纵替身角色与这些空间以不同的方式接触,就会得到不同的反馈。恰恰是在探索"作用空间"与"非

---

① 转引自[日]渡边修司、中村彰宪:《游戏性是什么:如何更好地创作与体验游戏》,付奇鑫译,人民邮电出版社,2015年,第95页。德国哲学家恩斯特·卡西尔发展了"作用空间"(Funktionskreis)这一概念,其著作《人论》(甘阳译,上海译文出版社,2004年)等被翻译为中文出版,其中,"Funktionskreis"被译为"功能圈"。

② [日]渡边修司、中村彰宪:《游戏性是什么:如何更好地创作与体验游戏》,付奇鑫译,第97页。

作用空间"的界分,探索每一种"作用空间"的作用方式,通过合理利用"作用空间"而实现(游戏预设的或者玩家自己决定的)目标的过程中,玩家充分理解了游戏世界赖以存在的"规范",并领略到游戏的乐趣。所有"作用空间"都存在于"非作用空间"之中,并与"非作用空间"密切相关,从而向玩家提示了虽然无法触及但却必然存在着的历史与远方,那些互动所提示的规则也因而被显示为在这一游戏空间中放之四海而皆准、万世不易的自然法则。游戏建构世界的方式如此契合于此在认知世界的经验,以至于玩家可以轻松地将游戏空间理解为一个合理且实存的世界。①

二、世界的维度差异与人神恋新解

这种关于游戏世界的经验又反身形构了我们对于现实世界的看法。齐泽克曾在访谈中提到这样一则趣事:

> 我是在一个流行的哲学导论中发现这个故事的。写那个导论的家伙试图在电子游戏的基础上解读量子物理学。当然我们浸入游戏的时候,那里面的实在,是并不是充分建构的。比如说,你背景里有一片森林,如果进入森林不是游戏的一部分的话,那么,那些树的细节,是不会被程序编写出来的;你看到的只是树的外表。为什么程序员不把实在充分建构出来呢?因为那耗时间,那没意义。为什么要去编写一个房间的内部呢,既然它不是游戏的一部分?他的想法——难道它不是一个简单到奇妙的想法吗?——是,上帝在创造宇宙时也一样。祂在亚原子的层级上停手了,因为祂认为人类太

---

① 此处述及游戏世界的建构方式与此在的世界的构成方式之间的相似性,是我第一次在本书中讨论游戏经验与存在主义的关联性,在后文中,我还将多次涉及这一问题,以期厘清游戏经验何以不断促使这一代玩游戏长大的年轻人以一种存在主义式的方式面对其后现代处境,而这种来源于游戏经验的存在主义精神又如何与犬儒主义相辅相成,形构了这代人关于人与社会之关系的想象与实践——那是一种使得臣服与抵抗如此暧昧地纠缠在一起的迂回策略。

蠢了,到不了那里,既然如此,为什么要费力去编写那里的速度等等呢?①

类似的思考方式在中国的网络小说中更比比皆是——"神"不是被程序编写出来的终极"Boss",便是编写程序的人,因此,现实世界与游戏世界完全可以等量齐观。最为典型的是在"无限流"这类小说中,"主神"总是被设想为一套程序/世界规则的人格化身,而主人公所经历的世界便是一个巨大而又严密的系统。

在齐泽克引述的故事中,正如程序员会犯错因而导致游戏出现bug一样,上帝也会犯错,即未能预料到人类的探索能力,没有编写亚原子层级上的物理规则。这种控制论式地看待世界的方式,推动游戏化的网络文学作品中产生了新的主题,即一种关于人神恋的新解读。正如程序员既是现实世界中的普通人,也是他编写的游戏世界的造物主一样,神与人的差异也可以不再被想象为个体资质层面的差异,而被理解为世界等级上的差异。

女频无限流小说《角色扮演》(2015)中的"天道不仁"副本,就是一个关于这种新式人神恋的故事。

主人公单子魏在玩一个叫作《角色扮演》的全潜行游戏的过程中进入了一个名为"天道不仁"的修仙副本。按照副本规则,所有进入这一副本的玩家都是天道,每个天道可以自己选择绑定一个修仙世界里的修行者,被绑定的修行者自然就是天骄。单子魏绑定了一个名叫段修远的修士,从此成为段修远的道。

这个故事的特殊之处在于它是从天道而非修行者的角度来写的修仙故事,固然段修远的修行之路与寻常修仙故事一般无二,但因为视角变了,整个故事的结构和主题也随之颠倒。

---

① 原文来自发布于电子杂志《时下哲学》(Philosophy Now)的齐泽克访谈,https://philosophynow.org/issues/122/Slavoj_Zizek,引用日期2017年12月8日。采访为安佳·斯泰因鲍尔(Anja Steinbauer),引用段落节选自译者王立秋于2017年9月30日授权发布于"海螺社区"微信公众号的译文《齐泽克访谈》。

单子魏初遇段修远时，段修远是个被人剜去双眼、弃置于冰天雪地的婴儿，单子魏全心全意爱他护他，为他牵机缘、挡雷劫。被天道单子魏宠着纵着，天骄段修远在修仙一道上的成就远超同侪，从金丹到元婴再到化神，甚至渐渐能够清晰地感知单子魏的存在，听见他说话，看见他的样子。段修远说我这一生只求一道，而单子魏就是他唯一的天道。

然而，单子魏却迟迟没有找到自己通关的方法。直到新的设定出现，副本的恶意图穷匕见：天道不仁以万物为刍狗。所谓修道，便是夺天道为己用，段修远飞升成仙的一天，便是单子魏彻底被段修远融合、失去自我、游戏失败的一天；反过来，段修远若是死了，单子魏便通关了。

单子魏哪里忍心让自己捧在手心里长大的孩子道消身殒，但现实中的他只是个工作室的打工仔，不能放任自己游戏失败，于是单子魏竭尽全力地寻找着两全其美的解决办法。

单子魏找到了：只要段修远选择修散仙而不飞升，单子魏便能活下来通关游戏，段修远也能享数百年安稳荣华。如此一来，单子魏便能结束副本，两人一别两散，再不相见。但仅仅是活下去，对于段修远而言却远远不够，他要的是与单子魏在一起，生也好死也好，任何形式都无所谓。所以段修远一意孤行，宁肯于飞升之前自解，灵魂消散化于天地、不入轮回，他也要永远做单子魏手中的傀儡。

段修远的逻辑很简单：你若是天道，我便为天地，这样你便永远是我的道。甚至段修远很有可能真的考虑过渡劫飞升，将单子魏融入自己的身体灵魂，因为对他而言，单子魏与他融为一体，或者他化为天地永远与单子魏同在，这两种方式并没有本质的区别。但这是单子魏永远无法理解的逻辑，因为他们所处的世界是不同的。

段修远听任单子魏给他系心魔玉、了断他所有的尘世因缘，给他降雷劫、对他施展天人五衰。曾经见不得他受一点委屈的单子魏如今却恨他惧他伤害他，甚至想杀了他。但段修远始终没有向单子魏解释过什么，因为单子魏永远是段修远的道，段修远心甘情愿被单子魏摆布。直到段修远最终决定了自己的命，他不肯死在单子魏降下的雷劫与天人五衰之下，他选择了自解、化为天地，成全了自己的爱与道。那是卑微到尘埃里，反而升起的光芒万丈。

单子魏与段修远之间从来就没有误会，也没有相互理解的可能，因为他们之间的信息不对等并不是个体层面上的，而是世界层面上的。他们都是各自世界里的普通人——段修远或许更优秀一点，但也不足以改变什么——都不具备跨越世界鸿沟的能力。他们各自的世界有着各自的规则，单子魏要通关，段修远要飞升。

乍看起来，一切似乎都对单子魏更有利。他来自上位的世界，是高高在上的天道，知道两个世界的存在，而段修远只是下位世界中肉体凡胎的修士，对上位世界一无所知；段修远对于单子魏而言不过是一场游戏，单子魏却是段修远一生的全部意义。

死的是段修远，输的却是单子魏。从始至终，段修远都是这段关系中的主导者。

这大概是因为，跨越世界而拥有了神格的单子魏其实却是个实实在在的普通人，一个善良平凡又护短的普通人。段修远真正爱上的，也是单子魏这个人，这个在雪地里救了他的人，这个见不得他受一点儿委屈的人，这个会努力去寻找不杀段修远的通关方法的人。这一切都不是游戏设定的要求，而是单子魏自己的决定，不管单子魏承不承认，那都是他自己投入这个世界的情与爱。只不过段修远从来不知道单子魏在天道以外的真实身份，这份爱便错付于一片空洞，注定得不到回应。但也恰恰是因为这个，段修远与单子魏从来不曾形成真正的爱情关系，他爱的是单子魏又不是单子魏，他遵从的是天道又不是天道，所以他的生命中并没有绝对的禁忌与输赢，他的爱毁灭并成就了他自己，从来和单子魏没什么关系。而这样一场无所指的爱情才最纯粹、最广阔、最强大，它足以席卷一切，让故事外的读者亦心有戚戚焉。

对于知晓副本世界全部真相的单子魏而言，却从始至终、明明白白只有一个段修远，他爱也好恨也好，都着落在这么一个有血有肉的人身上，于是就有了得失胜败。单子魏因而心怀畏惧猜疑、进退维谷，棋子未落便已满盘皆输。

《天道不仁》与一般的甜宠文恰巧相反，用尽设定却是为了写一段彻底不平等的爱情。这样的不平等不是地位高下，而是与世界隔绝，是人和纸片人的恋爱、三次元与二次元的恋爱。你大可以随心所欲地打开游戏，或者拖动视频进度条，但正因为你无所不能，所以你注定是输掉的那一个——而如果你觉得输了也没什么不好，这或许也是一种爱情吧！

这种将神与人的关系理解为程序员（或玩家）与NPC的关系的故事，大量存在于无限流及其他类型的游戏化的网络文学作品中。与《角色扮演》"天道不仁"篇的决绝不同，大部分采用类似设定的作品都倾向于让"神"（身为玩家或穿越者的故事主人公）理解"人"，甚至融入"人"的社会，而主人公在两个世界间的抉择、两种世界规则的碰撞与互补则常常是这类作品的重要看点。

三、从游戏中的"核心玩法"到小说中的世界设定

关于游戏叙事的另一组重要概念是世界设定/世界观/世界感。世界设定是一切叙事性作品中必然包含的组件，这一观点的明晰与普及应当归因于电子游戏。虽然在电子游戏出现之前，以科幻为代表的幻想故事已经不可避免地涉及世界设定的问题，但彼时此类作品极力追求"真实感"的努力意味着它们从未试图与唯一的"现实世界"脱离联系。这些故事中呈现的是对唯一的"现实世界"的增改、变形，它们的最高理想是希望可以被视为能够合理地发生于唯一的"现实世界"的未来临的未来、被遗忘的过去，或者尚未被发现的幽暗角落中的故事。

直到身具玩家经验的年青一代开始创作他们自己的故事，世界设定本身才凸显为足以与人物、事件平分秋色的叙事元素，而不再沉默地充当故事发生的环境、背景或舞台。"游戏性写实主义"的故事世界也由此斩断了与现实主义所认定的那个唯一的"现实世界"之间的血缘关系，变得独立起来。这并不是说"游戏性写实主义"的世界设定彻底不同于现实世界，或者完全不借助于作者、读者的现实生活经验——这当然是不可能做到的——而是说相比于通过大量精致的细节填充世界设定，使故事世界凭借其类似于现实世界的丰富度与合理性来获得可行性或真实

感，这类作品更倾向于首先追问这个世界的根本法则是什么，它是如何运行的。法则运行顺畅、逻辑自洽的世界被体验为真实的，细节是否丰富则与此无关，而更多的是一个审美的，或者说修辞层面的问题。对于现实主义的作品而言，无论是科幻、奇幻、推理还是武侠，都有着其自身与现实世界的特定的连接方式，这是各个类型之所以壁垒分明的原因之一。

但对于"游戏性写实主义"作品（无论是日本ACGN作品，还是游戏化向度的网络文学）而言，与现实世界的连接不再是必然的，各个类型归根结底不过是风格的区别，只要它们按照同一种世界法则运行，就可以在同一部作品中和平共处。由此形成的类型拼贴与类型融合有着显著的区别。比如古龙的小说，便常常具有武侠与侦探两种类型融合的特征，在这样的作品中，武侠的求"义"与侦探的求"真"两种核心诉求必须被统一起来，因为这是它们各自指涉现实世界的根本方式。类型拼贴则不然，在这里，科幻可以不包含对现代科学的反思，游戏可以不包含体验别样人生的诉求，修仙也可以没有超凡证道的目标，它们都只是作为风格素材被组织起来，并且最终连这种风格的差异都被超越了，形成了一幅统一和谐而又丰富有趣的拼贴画。

马泰·卡林内斯库在《现代性的五副面孔》中讨论颓废与媚俗艺术时曾经提到生活的过度审美化问题，各式各样的风格元素被并置在同一空间之中，却能够和谐友好地发挥装饰作用。[1]当代人精心制作的手账或许是这一现象的极端案例。"手账"是一个日语词，其本意是日记与日程记录本。"手账"文化自日本传入中国后流行起来，其基本特征是使用印有各式各样图案的胶带与贴纸装饰本页，配以手绘的简单图案，在如此形成的排版基础上书写日程、日记等信息，或粘贴各类票据作为生活记录。翻开一本手账，我们就可以看到各种风格的胶带与贴纸（和风的、中国风的、二次元的、手绘风的、欧风的、抽象的、写实的、油画风的、水墨风的等）极端和谐地并置在一起，共同构成排版。它们乍看起来拥

---

[1]［美］马泰·卡林内斯库:《现代性的五副面孔——现代主义、先锋派、颓废、媚俗艺术、后现代主义》，顾爱彬、李瑞华译，译林出版社，2015年，第170—185、273—280页。

有不同的风格和流派，但实际上已经被高度规制于一种统一的文化风格之下。

对于当代文化而言，排除各种风格中原有的传统与文化，剥离掉它们曾经负载的意义，将它们"格式化"为一种内核统一的"伪多元"风格是一项相当娴熟的技术。游戏化向度的网络文学中的类型拼贴也可以视为这种技艺的一个成果。就其结构而言，这项技艺暗含着计算机的运作原理，就是以一个带着无数个万能接口的新内核连接各式各样的旧材料，同时对旧材料进行适配处理，将所有旧材料按照核的要求，重新编写为统一格式。电子游戏就是运用这样的逻辑进行"换皮"的。所谓电子游戏"换皮"，是指一款游戏核心程序不变，换上新的文案、界面、人物、场景，就可以变成一款全新风格的游戏。不管是《三国》变《西游》，还是星际大战变武侠，都不难实现。只要"皮"能够被转换为统一格式的素材，"换皮"就是一个无须伤筋动骨的小手术，并不会对游戏的内核造成任何影响。

既然风格本身只是无关宏旨的皮肤，那么电子游戏中的世界观/世界设定的根骨血肉又究竟是什么呢？以《剑侠情缘网络版叁》（以下简称《剑三》）为例，这款 MMORPG 以大唐安史之乱前后的历史时段为背景，这是世界设定；包含诸如万花谷、长歌门、藏剑山庄、唐门等江湖门派，这也是世界设定；建构了长安、洛阳、成都等风格各异的城市，城市与郊外都有形形色色的 NPC，每个 NPC 有不同的身份，与其中一些 NPC 对话会触发任务，展现他们各自的经历，等等，这些全部是世界设定。但倘若如此穷举下去，似乎便回到以精致合理的细节凸显世界真实感的现实主义逻辑中去了。归根结底，世界观/世界设定便是那些能够促使受众将游戏空间感知为一个完整连贯的世界的东西。对于像《剑三》这样庞大的网络游戏而言，彼此连贯、极端丰富的细节仍是重要的。但与现实主义小说不同，相比于被玩家阅读、体验到的细节，冗余与空缺对于提供世界感而言反而更加重要。

媒介差异造就了电子游戏与小说的一个巨大不同，那就是电子游戏可以是非线性叙事的。在《剑三》中，一幅以唐朝疆域为蓝本改造而成的地图上标识着众多区域（比如城市和门派领地等），每个区域中都有大量的NPC，与这之中的很多NPC对话都会触发任务，每个任务都包含着不同的信息，可能是这个NPC的经历，也可能是朝堂阴谋、江湖纷争。在做任务的过程中，玩家便会意识到，自己不可能与所有NPC对话、完成所有任务、尝试所有选项，而这就暗示了在《剑三》的大唐世界里，除了玩家所经历的故事外，还有无数别的可能性存在。相比于玩家经历过的故事，那些玩家未曾经历但确实存在的冗余叙事反而更能够令玩家产生世界感：这个世界很大，有很多人生活其中，每个人都有自己的故事，而我所经历的只是其中很少的一部分。

　　叙事空缺也具有相似的性质。玩家经历的任务链，往往都是在帮助某个NPC解决他的某种困境，但这一困境无疑只是他生命中的一个片段，甚至连这一困境的原因和结果都被隐去。这样的空缺暗示玩家，除了这一任务链所呈现的事件外，这个NPC的人生必然还有许多别的东西，他必然还与更多的人联结在一起并经历着更多玩家无法了解的过去与未来。这样的感受同样会加强玩家的世界感。

　　无论是冗余还是空缺，实际上都是一种标识，指向了游戏世界中本应存在的或可能存在的无数事件的洪流。在叙事的表层，恰恰是这些标识共同构成了世界设定。因而世界设定本身绝非某种静止的印象或观念，而是所有（讲述了的和未讲述的）故事的总和，是叙事本身。

　　但除冗余与空缺之外，必然还存在着别的什么东西，使得所有冗余与空缺有效地联结起来，发挥标识的作用，或者说，使冗余成为冗余而非无人知晓的沉默，使空缺成为空缺而非彻底的空洞。这就是位于游戏更底层的结构，是任务触发机制、地图传送机制等似乎处于"娱乐层面"而非"再现层面"[①]的程序规定。任务触发机制保证了玩家如果可以在某一个NPC那里触发一个任务，就一定可以在其他NPC处触发另一个任

---

① "娱乐层面"与"再现层面"是《电脑游戏：文本、叙事与游戏》（[英]戴安娜·卡尔、大卫·白金汉、安德鲁·伯恩、加雷思·肖特著，丛治辰译，北京大学出版社，2015年）中使用的概念，"娱乐层面"，即游戏的玩法层面，与程序、数值密切相关，"再现层面"则关乎故事的叙述、视觉效果、角色的情感吸引力，与游戏的审美风格、叙事元素密切相关。我将在后文中将这两个概念简称为"娱乐层"和"再现层"。

务；地图传送机制保证了玩家可以进入地图中标识的某一个城镇，就一定可以进入在地图中展开的其他所有空间。这些由程序所规定的秩序是游戏世界展开的真正依据，也是世界设定的核心所在。如果再次回到电子游戏"换皮"的话题，那么，被替换的实际上是无数细节，是叙事的冗余与空缺，但留存不变的则是能够将所有的细节、冗余与空缺组织起来，使之顺利运行、产生意义的结构；这一结构，在娱乐层被称为"核心玩法"，在再现层便是世界设定的核心框架了。

游戏化向度的网络小说中的世界设定，便是自游戏中借鉴而来的。这种借鉴未必是自觉为之，而常常是深具游戏经验的作者们将自己在游戏中习以为常的叙事结构代入了小说。更复杂的情况当然也存在，比如，从同样深受游戏影响的动漫、轻小说等文艺作品中间接因袭了游戏的叙事方式等。游戏中的"核心玩法"，便是游戏化向度的网络小说中世界运行的根本规则。在早期的"升级文"中，这种规则相对简单且统一，就是对于RPG游戏核心玩法——打怪升级换地图——的复制。而21世纪第二个十年以来的游戏化向度的网络小说则参考各式各样的资源，创造出了各式各样的世界设定。层出不穷的小世界各自运行着，主人公们如同玩家理解游戏中的"核心玩法"一样探索这些小世界中殊异奇妙的设定，这也成了这些作品中一个无可替代的魅力之源。

四、游戏叙事的文学呈现

至此，我已讨论了电子游戏的规则与世界设定两个方面，前者主要着眼于游戏的娱乐层，而后者主要着眼于游戏的再现层。实际上两者是殊途同归的，即由计算机程序规定的游戏规则，同时在娱乐层与再现层上发挥作用。在娱乐层上，这种先于游戏空间存在的"规范"，相比于民间游戏中的"法律"更类似于自然法则在现实世界中的存在方式。依据这样的程序"规范"显现出来的世界被划分为"作用空间"与"非作用空间"，以符合人类认知模式的方式供玩家探索。在再现层上，程序所规定的游戏规则构成了世界设定的核心框架，在此基础上增添由文案、场景等方式呈现的叙事细节，以叙事的空缺和冗余标识世界的连贯性，以及在时间、空间两个维度上的可延展性。游戏规则在游戏中的所有角落适用，正如世界设定最终为读者带来足以将整个游戏世界各个部分全部统一起来并加以解释的世界观；"作用空间"与"非作用空间"紧密连接，从而将"非作用空间"激活为游戏世界的组成部分——那些玩家无法进入的丛林里也一定有生命在繁衍，那些被传送点折叠的道路上也一定有别样的风景——正如游戏叙事的空缺和冗余提示着游戏世界远比呈现在设备显示器上的部分更大、更丰富。

电子游戏因而呈现了一种不同于现实主义文学的叙事结构方式。首先是确定"核心玩法"，接着在核心玩法的基础上完成世界设定。人物、场景等各个要素都是通过相对独立的模块建构完成，然后再拼合在"核心玩法"的框架之上。同时，整个游戏还要为玩家所操控的替身角色预留出一个可以积极行动的位置，为此，一系列玩家（必须或自愿完成的）任务以及任务成功/失败后的奖惩机制就成了电子游戏叙事的核心环节。当然，所有这一切都是通过电子程序实现的，都必须是可以被赋值和运算的，而运算可以反复进行，这一过程本身没有明确的终点。

网络小说的游戏化，首先便最直观地显现在叙事结构的转变上。在传统意义上的长篇通俗小说中，具备因果联系的事件串构成了文本的主体，以一个（或多个）成长型的主要人物作为故事的主人公，按照开端—发展—高潮—结局的叙事节奏讲述精彩有趣的故事。但在游戏化的网络小说中，"任务"逐渐代替"事件"，成为组成故事的基本单元，主角（主角团）接受任务，付出努力，然后获得成功与相应奖励，或者遭受失败与惩罚。"任务"又可分为"主线"任务和"支线"/"副本"任务。"主线"任务环环相扣，指向主角（主角团）的最终诉求或系统的终极目的，而"支线"任务则可以更为自由地展现文本世界的多样面貌、展现主角（主角团）的行事风格，给予主角（主角团）为最终达成主线任务而应有的磨炼与帮助。与此同时，在故事中行动的主体，也开始从具有现实主义特征（务求生动、真实、立体）的人物，变为在形貌性格上萌要素化、在能力才学上数值化（直接显现在故事之中，或者隐藏在叙事背后）的角色。一部游戏化了的网络小说，实际上就是一个可以不断生成任务的程序，它的表层是一个经过精心设定的、具有独特规则的世界，里层则是一个将一切数值化、注重数据平衡性的运算系统。因而，如何构架一个足够精彩的世界，如何生成并组织各种各样构思精巧的任务，如何设置一个属性合宜的"萌点""有爱"的主角（主角团），并将故事的平衡性和主角（主角团）的"萌点"贯彻始终，便成为决定这些小说优劣的关键所在。

第六章
数值化与数据库

一、为天地万物赋值

【剧本已完成，正在结算奖励】

【获得经验值：8000，游戏币：80000】

【获得物品/装备：反重力弹射器，硬盘2455a1】

【完成/接受任务：1/1】

【特殊、隐藏任务完成：2，破解世界观：无】

【惊吓值激增：0次，最高惊吓值：0%，平均惊吓值：0%】

【您的恐惧评级为浑身是胆，可获得一项额外奖励，请稍后选取】

【获得技巧值：320】

【技巧值加成经验：3200，游戏币：32000】

【剧本通关奖励：30% 当前等级经验值】

【支线任务奖励：随机抽取一张拼图牌】

【隐藏任务奖励：额外经验值 20000 点】

【结算已完成，请继续】①

这是三天两觉的小说《惊悚乐园》第 154 章开头部分的内容。对于传统读者而言，这段文字大概显得生硬无聊、不明所以。但对于有游戏经验的读者而言，却会显得自然而亲切。

《惊悚乐园》是三天两觉创作的虚拟现实游戏题材网络小说，小说的主人公玩家封不觉在名为《惊悚乐园》的虚拟现实网络游戏中建立了一个名为疯不觉的替身角色，并操作这一替身角色在游戏中完成各种各样的副本任务。这是小说《惊悚乐园》前半部的主要情节。方括号在《惊悚乐园》中常被用来表现游戏系统提供的信息或玩家的内心独白，以区别于表现对话的双引号。引文方括号内的内容是封不觉完成上一个游戏副本后得到的奖励结算信息。《惊悚乐园》中每写完一个副本（也即封不觉每通关一个副本），都会进行一次这样的奖励结算。通过这一结算，读者可以了解在《惊悚乐园》这一游戏中，何种行为是受到鼓励的，何种行为是会受到惩罚的。以引文中的这次结算为例，封不觉成功通关了剧本，从而获得 30% 的当前经验值奖励，这是完成一个游戏副本的最基本要求，也是经验值的主要来源。此外，封不觉还完成了支线任务和隐藏任务，前者使封不觉获得了提升角色武力值的重要道具拼图牌，后者则使封不觉获得了额外经验值 20000 点。通关剧本的经验值奖励是按照百分比计算的，而完成隐藏任务的奖励则是具体经验值点数，可见，随着角色等级的提升，经验值基数增大，通关剧本本身能够获得的奖励就越来越重要，而在游戏前期，完成隐藏任务是角色实现快速升级的捷径。通过这样的方式，具有类似游戏经验的读者将会迅速理解《惊悚乐园》这一游戏的基本机制，并在跟随主角封不觉进入下一个副本时对照游戏

---

① 三天两觉:《惊悚乐园》，第 154 章。标点符号原文如此。

机制，对封不觉的每一个行动做出即时反应。比如，封不觉发现了隐藏任务，读者会为之而兴奋，因为隐藏任务完成难度大，但收益可观，可谓风险与收益并存；封不觉迟迟无法完成主线任务的某一环节，读者会为之而焦急，因为通关副本才意味着游戏的最终胜利。

因此，至少对于小说《惊悚乐园》的前半部而言，封不觉在游戏《惊悚乐园》中的数值变化既是叙事的核心线索之一，也是读者阅读乐趣的重要来源。

对于电子游戏而言，游戏世界虽然最终以可视化界面呈现在玩家面前，但其运转实际上依托于数值运算。可以说，电子游戏世界中的一切，最终都可以用数值来衡量。

如《惊悚乐园》这样以游戏为题材的小说，自然可以用文字直接模拟电子游戏的数值系统，但电子游戏对于网络小说的影响还不止于此。可以说，自《星辰变》《斗破苍穹》等玄幻"升级流"小说开始，为天地万物赋值，就始终是游戏化的网络小说的整体倾向。

从2007年的《星辰变》至今，这种数值化的倾向已经在游戏化向度的网络小说中根深蒂固地存在了十余年，其表现形式也在变得日益丰富。特别是对于更加注重世界建构精细程度的男频作品而言，作者们已经发明出一套成熟的技术，将数值系统精心掩盖起来，显现出一个完美、逼真、平滑的幻想世界。但在女频作品（主要是女频修仙类作品）中，由于更加注重展现人物间的情感关系，而相对忽视再现一个高拟真度的世界，所以数值化的框架反而有可能更加直观地显现在文本表层。故而我将以女频修仙小说《一世倾城》为例，展现小说数值化的最极端情景。

《一世倾城》是一部异常简单粗暴的"升级流"作品，在语言与技巧方面都乏善可陈。其基本情节为女主人公苏落与男主人公南宫流云一路打怪、升级、夺宝，积累财富，提升实力，成为世界最强后就飞升进入新世界，在遍地强者的新世界里重复打怪、升级、夺宝的历程。在这个故事中，除了一个修炼等级体系外，还有一套以晶石为基本货币单位的经济系统。晶石本身有不同的色彩和品级，彼此间可以按照固定的比率进行兑换，生活、修炼所需其他物资也可以用晶石购买。但与现实世界的货币不同的是，晶石本身也是修炼所需的必要材料，因而一个人修炼所能达到的高度，固然与他的天赋有一定关系，同时也取决于他获取晶石的能力。换言之，以晶石为基础的经济系统，才是这个修仙世界的根本数值系统。故事中的"爽点"也就依托于此生发出来。

> 北辰影大声笑道："根据刚才清点的数据，南宫流绝……那可是一千五百条紫荆鱼啊！也就是说，你得赔付一千五百颗绿色晶石，哈哈哈——"
>
> 北辰影当场叉腰狂笑，简直得意得不行，太子殿下的脸却在一瞬间绿了，身形晃了晃，几乎站不住。
>
> 不止太子殿下，此时在场的围观群众全都倒吸一口气，简直快要晕倒了。
>
> 一千五百条紫荆鱼？
>
> 一千五百颗绿色晶石？
>
> 太子还真是输的惨啊。
>
> 别说太子，就算整个西陵国都未必能够在短时间内凑出这么多吧？[①]

这是女主苏落与西陵太子比赛钓紫荆鱼，女主大胜后的一段情节。一千五百这一数字被反复强调，成为女主大获全胜的印证。实际上无论是紫荆鱼还是绿色晶石，对于读者而言都是没有什么实感的异界之物，作者不打算也没有能力赋予这些事物足够的真实感（不论是细节翔实的真实感，还是系统运转自足的真实感），真正对读者造成冲击力的，确实就只是"一千五百"这个数字而已。

在《一世倾城》中，千、万、十万、百万级的数值大量出现，随着故事的发展，数值也不断增大。这种对于纯粹的"数"的热烈夸耀，成为《一世倾城》的一大特征，也成为它吸引读者的最重要手段之一。尽

---

① 苏小暖：《一世倾城》，第 336 章 "紫荆岛 17"。

管毫无文学性可言，但《一世倾城》位居"2016福布斯·中国原创文学风云榜"榜首，在商业上的成功是有目共睹的。新人作者苏小暖也凭借此书一战成名，成为腾讯亿万人气作家。如果说巨额的财富会令人垂涎尚好理解，那么巨大而纯粹的数字本身便足以极大地刺激读者的欲望，这或许就是数码一代的独特经验了。对比一下收集类游戏的游戏经验或许可以帮助理解这种情况。对于收集类游戏而言，无论玩家收集的是卡牌、农作物、服装还是其他道具，归根结底都在获得一种数量上的满足。麦克卢汉曾经提到，数字是触觉的，文字是视觉的。印刷文明时代是视觉的时代，视觉总是间离的、反思的；数码时代则是触觉的时代，触觉是卷入的、参与的。这是一个相当抽象的说法，但我们确实能够在这个数码的时代感受到：数字远比文字离身体更近，更擅长挑起欲望。数字在这个时代的表意中扮演着越来越重要的角色，比如"颜值"这个词，就是将人的好看程度变成数字，而当我们夸奖一部动画作品精彩的战斗场面时，一句"经费爆炸"就能胜过千言万语。数码的魅力或许在于，它极端地抽象、神秘、不可理解，但又极端地简明、精确、有序、易于控制。而数码媒介中由1与0构成的数字洪流，则最为清晰地将数字的亲切与神秘同时展现在人们面前。数字可以是财富，可以是时间，可以构成我们可听、可见、可感的一切，但数字也可以什么都不是，仅凭数字本身就足以成为审美对象和欲望对象，比如，《黑客帝国》中的二进制雨和《一世倾城》中随着人物升级而不断向上滚动的数值。

由数值化倾向自然衍生出的网络文学内部的"土著"评判标准就是"平衡性"。这同样是一个源自电子游戏的概念，与这一概念密切相关的"金手指""外挂"等术语也同样成为网络文学评价体系中的重要语汇。相比于《一世倾城》这样的作品，世界感良好、设定复杂完善的作品反而更强调世界的平衡性。网络文学的"平衡性"一般包含两个方面：世界设定自身是否自洽；人物能力与世界任务是否匹配。这两个方面都很好理解。在剑与魔法的世界中，如果没有特殊原因，绝不会出现飞机与坦克，这是世界设定的自洽；主人公的能力（除"无敌流"等特殊设定外）不能弱到永远被困在新手村，也不能强到第一章就秒天秒地，这是人物能力与世界任务的匹配。这种构建世界与人物的思路显然来自游戏：游戏世界要有统一的世界观，游戏中的主人公（替身角色）要有适当的能力值与能力进阶速度，以保证游戏既不太难也不太简单，始终具有可玩性。

需要强调的是，世界设定的自洽无关这一世界是否"现实"或者"拟真"。按照传统的思路来看，强调平衡性，应该源于对拟真感的追求，以使幻想世界能如现实世界一般令人信服，或者源于对理性的彰显，如古典主义一般以和谐、对称、整严的文艺样式体现唯理主义的理念。但实际的情况或许并非如此，因为平衡本身并不服务于让世界看起来更像现实，或者更接近真理，而是服务于维持整套任务生成系统的稳定运行。这一根本性的差异，导致网络小说中幻想世界的建构水准不再依据其是否具有与现实世界相似的真实感，而是依据其世界自身之运行是否流畅自洽来评判，这就使得小说中的世界甩脱现实之束缚自行建构、生成自身的规律与价值在某种程度上成为可能。

以女频网络作家玄色的小说《天外非仙》（2009）与《昊天纪》（2012）系列为例，《天外非仙》与《昊天纪》虽然一个是现代学园背景、一个是古典修仙背景，但都采用了同一个世界观，讲述了发生于同一片大陆的不同时间节点上的故事。这一世界观最鲜明的特点在于四季不是按时间排布的，而是按空间划分的。整片大陆以天外学园为中心，等分出四块区域，分别为春、夏、秋、冬四种季节特征；各区域中的物候各不相同，由不同的门派管辖，门派修习的法术乃至修仙者的性格都与地域气候密切相关。这个设定一点都不"现实"，无论大自然多么鬼斧神工，都无法造就如此神奇的气候环境，春夏秋冬比邻而居，跨越一线就能跨越季节，温度景致焕然一新。但这丝毫不影响文本内部世界的自洽与平衡，作者甚至不需要提出一种理论来说明文中世界为何与现实不同，因为现实世界从来都不是文中世界，两方天地只需互不干扰，各自安好。文中世界的质感来源于人物在这一世界中生存时的生活细节，比如，人物在这样的世界中如何防寒御暑；比如，世界中动植物的地域分布差异极大，主人公为了修炼仙术必须在四大区域间奔走；比如，天外学园地处大陆的中心，同时拥有四季学区，校园用地该如何依照季节特征进行划分；等等。世界规则与人物行为逻辑的自洽构成了文内世界的平衡性，这种平衡并不取决于文内世界与现实世界的相似程度。

要更深入地理解游戏化的网络文学中的平衡性问题，我们就不得不回到游戏的平衡性概念上去。《游戏性是什么》一书中提到了包括"静态平衡设计""动态平衡设计""隐藏反馈型平衡设计"等在内的多种游戏平衡设计模式，而其中最为重要的是"效率预估型的平衡设计"，也即"要求游戏设计者设计出一个机制，能够使玩家自己去进行细节性的调整"，玩家在陷入危机的风险与时间成本之间进行权衡，创造出对自己而言难易度适宜的通关方式，从而使游戏维持合适的挑战，尽可能提升玩家的成就感，延长玩家专注于游戏的时间。《游戏性是什么》一书将"引导玩家进行效率预估的游戏设计机制"称为"Ludo"，而"Ludo"就是电子游戏的"游戏性"本身。①

"Ludo"无疑是游戏的平衡性中最重要的一个部分，但却不是全部。正如我已经提到并将反复提到的，电子游戏的一个重要特性是它的双层性，即它必然同时包含一个位于底部的娱乐层和一个位于表面的再现层。"Ludo"涉及游戏娱乐层的平衡性，而人物逻辑与世界观的统一、画风的协调则关乎再现层的平衡性。

游戏化向度的网络文学与传统小说的一个重要区别就在于前者移植了游戏中的这种双层结构。传统上，我们只将游戏中再现层的内容视作"叙事"，但实际上程序层也同样是游戏叙事的重要组成部分。首先是世界观与世界设定——虽然没有经过正式命名，但我习惯将它称作"零度叙事"——既是叙事的基础，也是叙事的一个部分。世界观必然包含再现层的内容，比如，可视化的场景、器物、人物、服饰，以及关于道具和世界的文字说明、动画表现，等等，但同时也包含娱乐层的内容；比如，角色的行动方式，以及完成怎样的目标，会获得更大的奖赏意味着这一目标对于世界而言具有更大意义等。其次是通常所说的情节。娱乐层同样构成情节，比如，在战斗中某一NPC固定只给某一角色（替身角

---

① ［日］渡边修司、中村彰宪：《游戏性是什么：如何更好地创作与体验游戏》，付奇鑫译，第150—165页。

色或NPC）加buff或debuff，这往往意味着某种爱憎情感[①]。又如，在独立游戏《纪念碑谷》中，玩家必须操纵女主与图腾配合行动，才能让女主顺利抵达终点，有时必须操纵图腾被石锤击打、粉身碎骨，甚至坠入岩浆，才能够帮助女主通关；女主与图腾之间的深厚情感，以及图腾对女主的无私付出，全部都在解谜通关的玩家操作中呈现出来，并不依靠文字、人物表演等传统的叙事手段。当然，在娱乐层理解叙事是一种需要训练的技术，大部分游戏会保证即使完全无法从娱乐层获取叙事的玩家也能够获得基本完整的故事线索或相当程度的游戏体验，但这类玩家对于游戏的情感卷入程度势必比较低。

当游戏中的娱乐层与再现层被移植到网络文学中时，娱乐层所包含的叙事功能就体现得更加清晰了——我在本书中已经梳理过在以无限流为代表的游戏化向度的网络小说中，游戏机制是如何构成故事的核心情节的，此处不再赘述。与此相对，游戏化向度的网络文学的平衡性也同时牵涉娱乐层与再现层两个层面。刚才提到的《天外非仙》与《昊天纪》系列的例子主要考虑的是再现层上的世界平衡，而角色能力与任务难度的匹配则主要是娱乐层上的平衡。对于游戏化向度的网络文学作品而言，"Ludo"不再是创作者（游戏制作者/作者）通过作品（游戏/小说）引导受众（玩家/读者）权衡风险与时间成本，而是作者要在小说中独自完成"Ludo"的设计与实施过程：任务难度与角色能力必须匹配，但又不能总是恰好匹配，否则角色就失去了权衡风险与时间成本的机会；当任务难度高于角色能力时，作者必须采取适当的方式使角色渡过难关，最常见的方法包括为人物安排可以提升能力的艰苦试练、给角色开"金手指"，以及搬救兵等。读者会对作者设计的关卡，以及人物攻克关卡的方

[①] 比如，《仙剑奇侠传五前传》的DLC（Downloadable Content的缩写，意指可下载内容，即游戏的后续追加内容）中，在与欧阳慧的boss战中，如果我方派男性角色姜承上场，那么在姜承死亡之前，欧阳慧只会选择攻击姜承，这显然与欧阳慧因姐姐欧阳倩不顾家人反对嫁给姜承，而对姜承怀有恨意的剧情有关。又如，据说有人查看了《仙剑奇侠传》DOS版的游戏内置数据，发现男主角李逍遥会援护所有的女性角色，但只有女性角色林月如会援护李逍遥，李逍遥战斗死亡后也只有林月如会进入爆发状态，尽管这一机制是否真实存在如今已经很难考证，但至少这则"都市传说"意味着玩家对于游戏机制会反映角色情感关系这一点是有自觉意识的。

式进行评价，如任务是否太过简单缺乏可玩性、作者为角色安排的援助是否过于强大以至于任务丧失了风险、角色过关的方式是否是最优解等。在这一过程中，读者凭借自己的玩家经验，将自己代入了主人公在小说娱乐层的分身，而如果小说有着优秀的平衡性，读者便能借由主人公的身体享受以玩家身份闯荡文本世界的快感。

数值化与平衡性不仅仅构成了游戏化的网络文学的叙事特征，甚至还构成了一些作品的叙事内容。比如，国王陛下的处女作《崩坏世界的传奇大冒险》（2010）结尾处的核心情节，就是因主人公能力与世界能量间的平衡性丧失而导致的世界级灾难。男主王五在故事结尾处获得了远超世界承受范围的能量，于是整个世界崩坏了。所谓"崩坏"，就是数据溢出导致系统崩溃，这是一种在将世界当作游戏程序来理解的想象力环境之中产生的新的世界级灾难。不同于核战争或者丧尸围城，这种世界灾难高度抽象地发生于世界的程序层，并在再现层造成诸多并不连贯的表征（比如，战乱、疾病、自然灾害等），而仅仅消灭这些表征并不足以阻止灾难的发生。类似的故事还出现在女频修仙小说《我家徒弟又挂了》之中，女主程序员祝遥进入异世界修补 bug，一旦修补不及时，bug 积累过多，就会导致世界的毁灭。这样的灾难类型，必须依托于数字在这个时代所特有的那种既极端抽象又切身可感的特征才能被想象和表述，其中对于平衡与稳定的理解，明显区别于对自然统一体的认知，而更像是对数码产品运转规律的比附。与此相关，许多科幻设定也因为人们对于数字的感知变化而变成了常规设定，如在《异常生物见闻录》中反复使用的信息大一统理论就是一例。这种将世界的本源视作信息洪流，将不正常的信息干涉、扰动视作灾难源头的理论，在当下的时代环境中显得非常自然，因为我们早已知晓，屏幕中一切千奇百怪或真假莫辨的物象之下，都是无数 0 与 1 在飞速滚动着。

二、萌要素与数据库

萌要素与数据库的概念源于日本学者东浩纪的著作《动物化的后现

代——御宅族如何影响日本社会》。东浩纪认为，传统的叙事之所以能够成立，是因为表面的小故事总是指向背后的宏大叙事，读者在阅读小故事时，实际上消费的是这些小故事背后的宏大叙事。但在宏大叙事解体的后现代境况下，这种叙事就变得不成立了。

概言之，"数据库消费"就是指在宏大叙事解体之后，使故事得以成立的新模式：无数萌要素构成一个庞大的数据库，萌要素的组合产生（以角色为中心的）故事，人们不再消费故事背后的宏大叙事，而是转向消费这一数据库。在《游戏性写实主义的诞生——动物化的后现代 2》中，东浩纪进一步将萌要素阐释为一系列行为模式的集合，数据库中的萌要素所构成的角色因而成为"半自律"的角色。这样的角色并不依托于特定的环境存在，而是会不断地向其他故事敞开，具有在各式各样不同的世界中行动的能力。

在国内网络文学创作中，女性向同人创作与耽美[①]创作是对萌要素运用得最彻底，也最丰富精彩的。实际上，同人创作本身就是一项从原作中抽离、固定萌要素并加以运用的活动。这里所说的"原作"，可以是文艺作品，也可以是历史人物、偶像明星，乃至无生命的物品器具、国家政体，等等。在较为活跃的同人圈中，往往都有所谓"圈内公设"的说法，也就是圈内已达成共识的对于原作人物的萌要素解离，这些萌要素有些确实是原作作者有意为之而出现在原作之中的，也有一些在原作中偶然出现但并不构成体系的细节被同人作者挖掘、放大成为萌要素，且为圈内广泛认可的，还有一些萌要素最开始就是"私设"（同人作者自己添加的设定），但因为特别有趣，且与原作并不违背而得以传播，最终成为共识。萌要素构成的人物的"半自律"特征在这一过程中得到了充分的展现：这些被解离为萌要素集合体的人物可以在 AU（Alternative Universe，平行世界）同人创作[②]中离开原作中的世界与背景，在无穷无

[①] 耽美这一类型自进入中国大陆读者视野起就与同人创作紧密纠缠在一起，国内耽美创作受到了同人创作极大的影响，成熟的原创耽美创作是相当晚起的现象，这涉及耽美小说在中国大陆的起源与传播问题，本书暂不讨论。

[②] AU 同人创作，指保留人物形象和人物关系，但将人物放置在与原作不同的世界设定之下的同人创作。

尽的平行世界中生存与行动。当代网络社群中的同人创作总是离不开同人社交，而同人社交则必须依托于对原作的共识性理解。这种在身份、立场、理念都不尽相同的成员间达成的共识，又只能依赖于对原作进行萌要素解离（因为萌要素是一种排除了共识系统的共识方式），所以同人创作者大都谙熟萌要素解离与组合的整套操作流程。当他们描述一个人物的时候，说的总是人物身上或显或隐的萌要素，他们总是可以轻车熟路地说出自己的"雷点"（反感的萌要素）与"萌点"（喜欢的萌要素）。他们还常常能够按图索骥，按照自己的"雷点"与"萌点"去寻找自己可能感兴趣的新作品与新圈子。如此彻底决然的萌要素化又使得片段化写作成为同人圈的常态：既然萌要素是一套行为方式，那么极端而言，角色在一个场景中的一个行为就足以勾勒他的"萌属性"，而当人物因此成立自足，一次同人叙事也就完成了。在同人创作中，一篇作品只有一个梗，甚至只有几句对话都是很常见的状态，只要有限的文字成功调用了一个或多个萌要素，与这一萌要素相关的所有既有叙事元素都会在受众的脑海中被调取和应用，共同构成完整的角色形象。

　　萌要素是多种多样的，并且仍在创作中被不断地更新和丰富着。一旦有作者成功地创造出了一种新的人物属性，并得到受众的广泛认可，这种人物属性便有可能作为萌要素被固定下来，成为萌要素数据库中的一员，并在其他创作者那里得到应用。比如，女频作者非天夜翔在小说《国家一级注册驱魔师上岗培训通知》（2014）中创造了"翻车鱼受"这样一个萌属性，其特征是像翻车鱼一样胆小无害、单纯、脑洞大、敏感脆弱想得多，有时显得有些蠢萌。由于被赋予了"翻车鱼受"这一属性的男主迟小多是一个相当成功的人物，受到了很多读者的喜爱，所以这个萌要素也在耽美网络文学创作中被保留了下来。

　　萌要素数据库中数量最多的两类是人物形象萌要素和人物性格萌要素。人物形象萌要素指人物外形上的特征，包括双马尾、兽耳、呆毛、异色瞳等；人物性格萌要素指人物在性格与行为方式上的特征，包括腹黑、傲娇、天然呆、三无、健气等。乍看起来，人物形象萌要素似乎很难被理解为一系列行为模式的集合，但实际上它从来都不是单独使用的，而总是与特定的一种或几种人物性格萌要素搭配使用。比如，双马尾是傲娇的标配，虽然具有傲娇属性的人物未必都扎双马尾，但扎双马尾的人物几乎都傲娇。又比如，呆毛总是出现在某些方面天然呆、迟钝、单纯，或者具有搞笑天赋的人物身上，彻底腹黑、高冷、严肃、高智商的人物一般都不会配置呆毛。所以人物形象萌要素实际上是人物性格与行为特征在身体、服饰、造型方面的外化。

那么，萌要素是如何组合构成角色的呢？角色绝不等于若干萌要素的简单相加，一个角色的构成还需要有一个逻辑把所有的萌要素整合起来。因为每一个萌要素都是一系列行为方式的合集，从理论上，一个成熟的萌要素足以规定一个角色面对所有情况时的所思所想、言行举止，但这必然面临一个问题：当若干个萌要素同时集中到一个角色身上，这个角色在面对某一具体事件时，究竟该遵从哪个萌要素的指令来行动呢？这个时候，逻辑就必须发挥作用，在诸种行动指令之间进行选择和协调。

最常见的萌要素组合方式为"反差萌"，也就是将两个或两组相反的萌要素集中在一个人物身上，比如，高智商却偶尔天然呆就是一个比较经典的"反差萌"设置。"反差萌"带来张力，带来一个复杂矛盾的人物内心世界的幻象，因而往往比单一萌要素主导的人物更具魅力。"傲娇"和"腹黑"这两个萌要素之所以极具人气且长盛不衰（几乎每个后宫向作品中都有一个傲娇的女性角色，每个乙女[①]向作品中都有一个腹黑的男性角色），便是因为这两个萌要素自带"反差萌"属性。"傲娇"就是既"傲"且"娇"，有着傲慢无礼的大小姐脾气，但内心却娇羞而纯情；"腹黑"则是表里不一，用天真或温柔的外表掩饰自己工于算计的内心。"傲娇"与"腹黑"这两个自带"反差萌"的萌要素，不仅携带了两组相反的性格属性，而且内置了协调这两组相反性格属性的人物逻辑。以"傲娇"为例，"傲娇"的逻辑是因为娇羞所以用傲慢来掩饰纯情，直到他/

[①] 乙女：源自日文词"乙女"（おとめ，otome），本意是指少女。日本有专门以少女为目标受众的ACGN作品，就被称为乙女向作品。乙女向作品常常与后宫向作品相反，采取一女多男的角色配置，写一个普通少女在多个各具魅力且喜爱她的男性角色间进行恋爱抉择的故事。

她对所爱的人达成彻底的信任，且人生或爱情遭遇巨大危机，才会鼓起勇气、敞开心扉、坦陈爱意，而一旦回归平凡安全的日常生活，就会重新回到"傲"的状态。

人物逻辑就是这样一种为诸萌要素在一个角色身上并存的状态提供合理性，尤其是为角色的反差与分裂提供合理性的零件。一种非常常见的人物逻辑就是童年阴影造成性格扭曲，扭曲之前的光明人格与扭曲之后的黑暗人格糅杂在角色身上。比如，日本漫画《四月一日灵异事件簿》（*xxxHolic*）中的男主四月一日君寻平时善良、温柔、充满活力，体现出了一个在幸福家庭中诞生的孩子应有的阳光与温暖，但双亲因事故去世，以及自幼能看到妖怪且会被妖怪纠缠的体质，却让君寻的人格中产生了一种自我毁灭的倾向，他会不由自主地被具有厄运体质的女性角色九轩葵吸引，会在朋友遇到危险时毫不犹豫地牺牲自己。在正常状态下，君寻的光明人格处于意识层面，黑暗人格处于潜意识层面，而一旦出现与双亲去世这一重大心理创伤相关的事件（比如挚友受伤），黑暗人格就会占据主导地位。由此，君寻的傲娇、吐槽、元气、老好人等属于光明人格的萌要素与孤僻、自我毁灭倾向等属于黑暗人格的萌要素就有了明确的分工，君寻作为一个复杂的"半自律"人物也就成立了。而《四月一日灵异事件簿》的整个故事，实际上就是以女主壹原侑子帮助君寻"与人结缘"，慢慢消除黑暗人格的影响，让君寻产生活下去的意念为主线的。所以萌要素的分工配比，也会随着故事的进程逐渐发生改变，这是君寻人物逻辑的另一个侧面。

乍看起来，这种为角色寻求合理性的人物逻辑是一种特别现实主义的人物塑造方式，特定的环境与现实形塑了特定的人物。但所谓"寻求合理性"，本身就意味着一种颠倒，不是环境自然而然地形塑了人物，而是先有了诸萌要素的简单集合，也即一个角色的雏形（在角色的雏形中，除了诸萌要素以外空无一物），再反过来为这些萌要素的集合推求其合理性，使诸萌要素可以兼容并有序运行，使角色得以成立。诸如童年阴影这样的人物逻辑当然继承自现实主义的叙事传统，但它本身不再构成真正的深度结构，其作用只是使人物自身"自律"，而不是将人物与环境连接起来,也不是借由人物指涉现实。君寻的童年阴影来自莫测的命运而非具体的社会环境,即使是那些童年阴影来自父母虐待的经典角色,他们的父母也往往不过是身负暴力、控制狂、反社会人格等萌要素(尽管这些属性在这些情景里可能并不服务于"萌",也即并不令人喜爱,但其基本特质、组合构成人物的方式都与萌要素是一致的)的角色而已,而且作者与受众也并不会进一步去深究这些无足轻重的配角自身的人物逻辑,因而主角的人物逻辑也就至此戛然而止,不会再向现实与社会层面展开。人物逻辑的一端是萌要素构成的人物,另一端则空无一物。这一逻辑链条封闭但并不完整,因而会借助于现实主义的叙事惯例将自己伪装为完整的。当然这种伪装并不总是必要的,因为归根结底这无非是惯性使然。

正如东浩纪所说,萌要素构成人物,或者说"数据库消费"的诞生,是为了应对媒介环境的改变,因为随着社会共识体系的瓦解,趣缘部落的局部小叙事增生,每个人所面临的现实都可能是不同的。那种由社会环境形塑人物、再通过人物呈现社会现实的闭合回路,实际上变成了一种非常私人化的东西,难以在群体中被理解和传播。而萌要素构成的人物则将私人欲望高度提纯、彻底隔离并审美化,从而变成了具有公共性的机械心灵。每一种欲望都不是依赖其本性,而是依赖其强度、纯度、内在统一性与独特性达到了审美的范畴,从而得到认可的:这种欲望如此强大而自洽,在其自身内部完全合理地运行着,那么无论这是不是我的欲望,我都必须承认它的存在,并因其于我而言如此陌生/熟悉而感受到审美的欣悦。

这或许可以解释为何在"数据库"中存在着相当数量的从现实主义角度来看实属负面的萌要素,比如,病娇[1]、腹黑、毒舌[2]、黑化、恶德[3]、

---

[1] 病娇:因为恋爱与娇羞而变得偏执、狂热、具有强烈占有欲,呈现出一种病态人格的人物特征。

[2] 毒舌:源自日语词"毒舌"(どくぜつ,dokuzetsu),指说话恶毒不好听,习惯于讽刺他人,即使心怀善意也无法直率表达的性格特征。

[3] 恶德:指不良品德。

病切[①]等。这些负面特质属于萌要素，也就意味着它们具有让人觉得"萌"、让人喜爱的能力。这是由于，在萌要素的领域内，只存在审美判断，不存在道德判断。道德判断总要依托于一定的社会共识，萌要素却是为了规避叙事中的社会共识体系而诞生的。因而萌要素是一个无善恶的领域，所谓"萌即正义"说的大抵就是这个意思。

　　萌要素的审美原则或许可以概括为"因纯粹而崇高"。在娱乐层，它体现为角色在逻辑的协调下严格按照萌要素提供的指令行动，没有丝毫违反萌要素的杂质；在再现层，它体现为角色坚定地贯彻自己的人格与理念，不为外物所动摇，不从众，不以他人是非为是非。萌要素角色在被受众接受的过程中，当然有可能重新进入道德判断的领域，但每一个受众群体、每个个人都可以有自己的道德判断，理论上萌要素角色本身既不内置道德判断标准，也不包含善恶倾向，而大部分深谙萌要素创作原则的受众也有能力在悬置道德的状态之下接受作为纯粹审美对象的萌要素与萌要素角色。萌要素构成的角色使其受众在价值体系动摇瓦解的后现代社会中重归一种字面意义上的"存在即合理"的状态，无须愧疚地直视并拣选自己真正喜爱、向往的东西，这其中的一些是作为对现实欠缺的补偿而存在的，被充分满足后就不再是必要的了，另一些则化作审美偏好、人生观、生存信念一类的东西，成为自我认同与内在价值体系的一部分。

三、世界设定与"半自律"角色二支柱

　　"数值化"与"平衡性"主要作用于游戏化网络小说的世界设定，处理的是世界搭建、运行，以及"半自律"角色进入这一特定世界后与世界适配、进行一定的"本土化"改造等方面的问题；萌要素与数据库则是制造"半自律"人物的元件与程序。世界设定与"半自律"人物是游戏化的网络文学的两大支柱，一旦这两部分都建造完成、运转正常，叙事便可以连绵无尽地被创造出来。

[①] 病切：源自日语词"病ん切れ"（やんぎれ，yangire），指对世界绝望，想要毁灭一切，而且非常执迷于进行与之相关的活动的人物特征。

以下，我将以颜凉雨的小说《鬼服兵团》(2013) 为例，进一步说明世界设定与"半自律"人物两大支柱在游戏化的网络小说中的具体运作方式，说明萌要素构成的"半自律"人物与现实主义的成长性人物之间的差异，以及世界设定造就的人工环境所具有的书写现实的可能性。

《鬼服兵团》是颜凉雨的代表作，也是颜凉雨唯一一部真正意义上的网游文。故事的主人公胖子方筝（在游戏中使用的替身角色名为"有奶就是娘"，简称"奶娘"）在一款名为《华夏》的网络游戏中做职业代练。他所在的服务器镜花水月却成了个打副本都凑不齐人的鬼服（毫无人气的服务器），于是，方筝与坚守鬼服的小伙伴们建立了深厚的友谊，组建军团"鬼服兵团"。此时，鬼服镜花水月却意外与人气最盛的神服（指人气最高的服务器）华夏之巅合并，于是，在团长奶娘与副团长 Polly（在现实中名为孟初冬）的带领下，鬼服兵团开始了在华夏之巅的欢乐旅程。在游戏外，方筝是个自卑的胖子，被赶出家门后，又遭遇暗恋失败。方筝以自嘲掩盖自卑，表面乐观，背后却是因为害怕受伤而小心隐藏的敏感真心。游戏里的奶娘则是卖萌耍贱无下限的欢脱团长，不仅职业角色是个奶妈，在游戏互动中也是团员们的心灵奶妈，永远可以三言两语扫去阴霾，带给队友无限的欢乐与斗志。

> 每个人心底都会有一株花，有些人的柔弱，风一吹，便折了，有些人的坚韧，即便倾盆大雨，也顶多落下花瓣，然后在某个明媚的天气，依然挺立的茎上便长出新的花苞，还有些人的，跳脱出了柔弱和坚韧的范畴，进入了新的境界，别说风吹雨打，你就是拿钉子鞋用力碾，人家照样绚烂盛开，永不凋零，因为那是一株塑料花。①

游戏里的奶娘就是这么一朵塑料花，或许并不昂贵珍稀，但却永远昂扬灿烂。

在游戏中，奶娘与 Polly 成了恋人，这段爱情也发展到线下。与此同

---

① 颜凉雨:《鬼服兵团》，第 113 章 "神的转折"。

时，奶娘在游戏中的性格也渗入现实中的方筝身上。于是，失恋的胖子方筝变成了快乐的"球球公主"（孟初冬与朋友对方筝的爱称），他的乐观精神也少了几分强颜欢笑，多了些真心实意。方筝与奶娘终于合二为一——并不是现实中的方筝在游戏中投入了真情实感，而是游戏中的奶娘进入现实，拯救了那个把所有孤独和悲伤都化作自嘲的方筝。

方筝和孟初冬把现实生活过成了游戏的延长线，不仅与鬼服中的朋友合伙开了游戏工作室，还把两人面见方筝父母、争取方筝父母理解的过程当成了一个副本（相关章节的标题就直接用了"副本"二字），以游戏中的打本状态、团队配合出色完成了这个现实中的副本任务：由于家庭矛盾，方筝早已与父亲反目成仇，到了父亲要拿着菜刀追杀他的程度，倒是恰好在家中一起过年的亲戚朋友们自小就喜欢方筝这个晚辈，处处维护他。于是，拿着菜刀追杀亲子的方筝爸就成了副本 Boss，七大姑八大姨则是友好 NPC，在爱情 buff 的加持下，方、孟二人并肩战斗。奶娘死皮赖脸、永不放弃的乐观精神赋予了方筝无穷的能量，而方筝的父母也终于看到了恋爱中的自家儿子身上那种前所未有的快乐与自信：

> 两年的光景，儿子变了，这种变化不如胖瘦来得那么一目了然，却更为巨大。那个用笑容包裹自卑的孩子不见了，那个只敢在夜里偷偷哭的软蛋不见了，他变得敢于把自卑晒出来，随你笑，还跟着你笑，而且是真的没受伤，不光没受伤，还时不时贼头贼脑地给你一下，让你受伤，这种内里的坚韧往往比外表的凶悍更为强大。①

这样的方筝，可不就是游戏里那朵任他风吹雨打、我自笑傲江湖的塑料花吗？方筝的改变与现实无关，因为他这两年天天宅在家里，基本上没有什么现实生活经历。他只是在游戏的世界里找到了安身立命之处，找到了爱情与友谊，找到了最令自己满意的自己。于是，"女婿副本"中，大 Boss 缴械投降，这段爱情得到了家人的理解和祝福。

---

① 颜凉雨：《鬼服兵团》，第 132 章 "女婿副本（下）"。

方筝显然是个典型的萌要素构成的角色，游戏里的元气、贱萌、戏精、治愈与游戏外的弱气、孤僻构成"反差萌"，这种两个人格（两套对立的萌要素组合）争夺一个身体的故事一直是日本 ACGN 作品中的常见元素。只不过在方筝这里，人格分裂不再是一种离奇的病症或者超现实设定，而是现实人格与游戏人格之间的区隔。方筝现实人格的转变并不是自身萌要素组合的改变造成的，而是游戏人格替换现实人格造成的。游戏中的奶娘或者说方筝的游戏人格同样不曾成长或者改变，这与网游所具有的角色扮演性质密切相关。奶娘作为玩家的替身角色，其基本性格属性与游戏系统并不存在有机关联。比如说，我在一款以唐代的"安史之乱"为背景的网络游戏中建立了一个人类少女体型的替身角色，这一角色在游戏中的大唐乱世里行动，但如果我愿意，她就可以以成熟的声线说着唐代没有的网络用语，她沉默寡言还是开朗活泼、善良温柔还是冷血残忍都由我决定，与她在游戏世界中的经历并不相关。

当然，既然游戏中替身角色的性格属性是由玩家决定的，那就必然与玩家本身存在某种关联，也许是玩家人格某一侧面的放大，也许是玩家自身的复制；有可能是玩家憧憬的理想型，也有可能是玩家的反面；等等。但这种联系是非常随机的。在现实世界中，我们一般假设人的性格的形成与其成长环境有着密切的关联，这其中包含着一种趋利避害，以实现个人或群体的自我保存、自我发展的功利性为前提。现实主义成长小说继承了这一逻辑，因而这类作品中主人公的成长总是包含着改造世界的最终诉求。而游戏中性格属性的核心诉求则是"有趣"，这是游戏本身特性所决定的。这并不意味着游戏中替身角色性格属性的设置是非功利的，而是一方面，这一性格属性可以在无关现实肉身的虚拟世界中，在程序与符码的范畴内充分运行，即使失败，也可以最大限度地避免切身伤害，成本很低；另一方面，现实主义成长小说将现实世界看作唯一的世界，但游戏世界却必然是复数的，在各个游戏世界间转换同样是一种低成本的行动，寻找乃至建立最优世界远比改造世界来得容易。因而替身角色本身无须肩负生活压力或者改造世界的责任，玩家对替身角色性格属性的设置也就更具有偶然性，并可以以低成本校验这种性格属性的可行性。

《鬼服兵团》的故事，同时包含了游戏世界与现实世界两个维度，其主题又涉及了两个世界间的差异和对比。在两个世界的比较中，游戏虚拟世界那种作为成本低廉而又丰富多彩的价值试验场的作用便凸显出来，奶娘便类似于一个经过游戏世界检验的"方筝人格最优解"，并以"人格替换"的方式实现了另一种意义上的"改造现实"——无论奶娘是被方筝以何种心态创造出来的，无论方筝在奶娘之前是否还创造出过多少个失败的替身角色属性，都无关紧要。

　　我们可以将方筝与路遥《人生》中的高加林做个对比。《人生》中高加林对于故乡土地的逃离，与20世纪80年代城乡差异的凸显密不可分，而在满怀绝望时刘巧珍及家人的温暖情谊则令他坚定了回归土地的信念。回村成为小学教师却被顶替，凭借黄亚萍的关系进城工作又被告发，高加林在充满荆棘的人生之路上前行，每一次机遇与挫折都促成了他立场与情感的转变。因而，高加林从逃离土地到回归土地的整个成长过程都以现实的社会背景、事件与人际关系作为依据。方筝却并非如此。如果以现实主义的原则来看，方筝的人生转变是缺乏理由的。从故事开头那个自卑的胖子变为见到孟初冬后乐观开朗的微胖界男神的过程，没有任何发生在现实世界中的事件作为依托。方筝没有成长，只是方筝的现实人格逐渐被名为奶娘的虚拟人格替换掉了，而孟初冬则是这场替换的一个通道：当游戏中的polly化作了现实中的孟初冬，并无条件地接受了胖子方筝时，奶娘便找到了一个进入现实的便捷通道。

　　不仅仅是奶娘，《鬼服兵团》中的每一个人物都有着先在于游戏系统的鲜明萌要素：polly腹黑、血牛是学霸、疯子是土豪、你大爷"衰神"（运气极差）属性满点……这些萌要素作为生成叙事的两大核心动力之一的能力在《鬼服兵团》中得到了极大的凸显。游戏《华夏》就如同一个使得各种"半自律"的角色相遇的场域，这些人物携带着各自不同的行为模式，在这一场域中交互、碰撞，产生各式各样有趣又温暖的故事。颜凉雨甚至会专门依据人物的"萌"属性来设置任务。最典型的例子是《华夏》情人节活动中推出的临时服务器"情人星座"。"情人星座"包含七个大型多人副本："迷藏乐园""天空竞技场""拉斯维加斯""香草森林""学霸书屋""领航船""伊甸园",每个副本的设定、规则各不相同,鬼服兵团成员各自进入了不同的副本之中。读者可以很明显看出,这些副本就是为了最大化地凸显鬼服兵团成员各自的"萌"属性所具有的戏剧潜能而设置的。比如,温厚的学霸血牛进入了"学霸书屋",帮助几个差生读书、考试,获得积分;比如,"天空竞技场"成了土豪疯子炫富的舞台,各种人民币道具(用人民币购买的游戏道具)大显神通;比如,"拉斯维加斯"是为了彰显你大爷的"衰神"体质而存在的,在这个巨大的赌场之中,"无往而不输"的你大爷真的成了神一般的存在。在实际的网络游戏中,实际上是不太可能存在如"学霸书屋""拉斯维加斯"这样脱离游戏核心机制的副本的。但在这两个副本中,血牛与你大爷的角色魅力确实得到了异常绚烂的展现。可以说,这两个副本将"半自律"的角色当作了建构故事的核心支柱,甚至在一定程度上甩脱了游戏系统本身的规定性(并非完全甩脱,因为世界观设定、奖惩机制、职业构成等关键要素仍旧吻合于《华夏》的基本设定)。这种"任性"之所以能够成立,固然与女频游戏文缺乏构建严谨精细的游戏世界的企图心、更注重展现人物和人际关系的特征有关,也证明了"半自律"的角色本身确实具有成为叙事生发点的能力。

当然,现实主义的作品同样存在"因人生事"的创作方式,像《欧也妮·葛朗台》这样的作品中,许多事件便都是由葛朗台吝啬的特征衍生出来的(临死前的另类"遗言"是最经典的例子)。但即使在这样的作品中,我们仍旧假定人物与其所处的世界是一个不可分割的整体,现实环境决定(至少是影响)了人物,事件体现了人物的性格,人物只有在参与事件之中时才能影响事件的走向,否则事件便会按照自然规律发生和发展。对比一下"衰神"你大爷和葛朗台,我们就能够清楚地看到这之间的区别。葛朗台的吝啬与他作为一个19世纪初法国外省商人的身份密切相关,他的吝啬是符合现实逻辑的;你大爷的"衰"却几乎是一个超自然现象,无论是现实逻辑还是游戏系统,都无法对此做出合理的解释,作为一个"萌"属性,"衰"是独立于世界规则而存在的,因而成为与世界规则并行的、生成故事的另一个支柱。葛朗台所生活的世界(19

世纪初法国外省）是先于葛朗台而存在、不以葛朗台的意志为转移的；《鬼服兵团》中的"拉斯维加斯"却是专为你大爷而设置的，在你大爷进入"拉斯维加斯"之前，他就已经在逻辑上成为"拉斯维加斯"的存在之因，并决定了这个副本中故事的走向。当然，倘若我们再多问一句：为什么偏偏是老葛朗台的女儿欧也妮将全部积蓄拱手送人，为什么偏偏是欧也妮如此善良以至于对比凸显了老葛朗台的吝啬与残忍，我们或许就不得不承认，实际上现实主义文学中的"典型人物"也总是必然在某种程度上成为生成叙事的逻辑动因。《鬼服兵团》及其他游戏文在这一意义上并不真的与现实主义叙事判然两别，它只是坦然地展现出了那些在现实主义叙事中被小心掩藏了行迹、假装不存在的真相罢了。

*　　　　　*　　　　　*

从人物角度看，《鬼服兵团》的重心放在游戏中的奶娘身上，奶娘坚守鬼服、奶娘结识伙伴、奶娘带领军团闻名《华夏》、奶娘和polly相知相爱，奶娘的人格走出游戏拯救了自卑的方筝……从故事线索来看，《鬼服兵团》的重心也同样放在游戏上。《鬼服兵团》中涉及的与现实相关的事件包括：方筝对苟小年的失败暗恋（以及由此引发的方筝与徐迪、苟小年分道扬镳）、方筝与江洋"见光死"①、方筝与孟初冬见父母并得到父母的理解、方筝与钻石卖家等职业玩家合伙开代练工作室、《华夏》玩家线下聚会。乍看起来，这些事件似乎涉及感情与事业这两个现实人生的重要组成部分。但实际上，方筝、徐迪、苟小年三人间的孽缘被用于展现现实中的方筝的初始性格，并推动方筝沉浸于游戏世界；而方筝与江洋、polly的情感，《华夏》玩家聚会，则是奶娘与方筝合二为一的几个关键节点，其意义在于校验奶娘这一虚拟人格在现实中的可行性。建立工作室的过程从现实角度来看着实有头没尾，甚至不能称为一个完整的事件——工作室刚刚起步，尚未有过任何挫折或成就，小说就结束了。而整个建立工作室的过程中，最生动有趣、叙述详尽的部分，则是奶娘用工作室员工账号在游戏里"祸害"玩家千山鸟飞绝。也就是说，这个如

---

① 见光死：网恋对象见面后因对对方现实形象不满而立即分手。

同被腰斩了一般的创业故事，其亮点和落脚点仍是游戏中妙趣横生的人际互动。一言以蔽之，在《鬼服兵团》中，每一个现实世界中的事件最终都是为游戏世界服务的。

相应的，《鬼服兵团》的叙事结构也贴合于游戏自身的运行逻辑，故事的核心线索是在《华夏》游戏的运算框架（这一框架包含职业与技能分配、任务模式、PvP与PvE的核心玩法、奖惩机制等）之下不断生成的野图Boss、副本和玩家对抗机制。鬼服兵团的伙伴们打Boss、下副本、与其他玩家PK（Player Killing，对决）的过程就构成了主要事件单元。这种如同游戏后台程序一般运行的世界设定，自然就是游戏化向度的网络小说生成叙事的另一个核心动力来源。由于可反复进行的系统运算本身并没有一个固定的终点，所以从理论上讲这个故事也可以无限延伸、永不结束。小说的结局——《华夏》玩家的线下聚会，只是"无尽的任务"中的一环而已。聚会结束后，玩家们仍将继续自己的游戏生活，如果作者愿意，大可以继续写下去。

如果是一篇纯粹讲述游戏内故事的作品，叙事结构将会呈现出一种规则而又连绵不断的彩线串珠结构。虽然整部小说并不会具有传统现实主义写作所要求的起承转合、因果联结，但每一个故事单元都可以看作一个相对自足完整的叙事链：接受任务（开端）—战前准备（发展）—任务战斗（高潮）—结算奖励/惩罚（结局）。这些相对独立的叙事单元之所以能够比较自然地转译进现实主义的叙事逻辑之中，是因为游戏的程序设计本身（生成叙事的机制）包含着使每一个具体的叙事和交互环节模拟现实（实际上是模拟现实主义的叙述程式）以方便玩家理解的诉求。由此，表层故事之下的那个用以生成叙事的（游戏）系统便被遮蔽。

但《鬼服兵团》恰恰同时包含了游戏与现实两个世界中的故事，并将现实世界的事件组织为游戏生涯的一部分。由此，我们便可以清晰地看到两种叙事生成系统之间的对立：一个是以模仿现实为目标，讲述因果相连、首尾完整的故事的现实主义叙事原则；另一个是以一套依托于数值运算程序的世界设定为基础，按照这一世界的（区别于现实的）运行规则不断衍生出任务、目标，从而构成主人公与世界的交互关系，同时生成诸多小叙事的（拟）游戏系统。这里仍以建立游戏工作室的事件为例，如前所述，按照现实主义的叙事原则，这个叙述是不完整、不合格的，只有开端、发展（结识合作伙伴、创立工作室），没有高潮、结局（工作室创立不久，全文就结束了，工作室到底能否步入正轨、创业是否成功都未可知）。经典叙事学理论认为，任何叙事一定要包含由确定的因果关系连接起来的至少两个事件。而确定的因果关系，实际上常常要依托于某种意义指向才能成立。比如，"A 杀死了 B 的父亲"与"B 恨 A"这两个事件要建立起因果联系，就要依托于"杀父之仇，不共戴天"这一意义指向。在《鬼服兵团》的创业故事中，因为没有一个结尾，建立工作室的意义就被悬置起来（这次创业究竟是成功了还是失败了，直接关系到它的意义究竟是彼此信任、共同努力就会获得成功，还是沉迷游戏、不面对现实生活就注定遭遇失败）。与之相关的所有行为、事件也就无法按照因果链条被合理地组织起来，构成有效的现实主义叙事。但如果我们从游戏系统的角度来看待这段故事、把游戏世界作为故事的落脚点，就会发现，建立工作室可以作为奶娘与 polly、钻石等人线上好感度提高的证明与奖励，作为奶娘借员工账号戏耍千山、刷新千山"仇恨值"这一叙事单元的前置任务[①]而被充分、自然地组织到整个叙述之中。在这里，不仅仅是奶娘的人格渗入了现实，那个模拟电子游戏的叙事生成系统也渗入了现实。对于现实主义叙事而言，"现实"作为一种共识基础，无须出现在叙事之中。但在《鬼服兵团》这样的游戏文中，每一个游戏世界都是原生的、独特的，因而这个游戏世界中的规则就会直接出现在叙事之中。换言之，叙事生成系统本身，成为游戏文叙事的一部分，并在与现实主义的阅读期待视野的对抗中充分显现了它自身，显现了它与现实主义叙事相区别的规则、程序，同时也返照出已然被充分自然化了的现实主义叙事本身的建构性。

《鬼服兵团》作为一部典型的游戏化向度的网络文学作品，带有鲜明的"游戏性写实主义"特征。自主运行的游戏系统，以及由萌要素构

[①] 前置任务：在游戏中为开启某一任务就必须首先完成的任务。前置任务与后续任务之间的承接关系是由后台程序规定的，两者间不存在因果关系，但也并非偶然事件。

建的"半自律"角色便是其人工环境的两大组成部分。《鬼服兵团》中的游戏系统,不仅仅生成了游戏内的小叙事,也决定着游戏外的"现实世界"。换言之,《鬼服兵团》中虽然同时书写了游戏内部的世界和现实世界,但现实世界不是根据现实主义原则书写的,而是与游戏世界一样根据"游戏性写实主义"的原则书写而成。

《鬼服兵团》中现实世界与游戏世界的无缝对接,证明了人工环境对于书写现实世界同样有效。在这里,被改变的不是小说的题材,而是小说的作者与读者看待世界、讲述世界的方式。

第七章
代入感：是谁"代入"了谁

一、文学的代入感与游戏的代入感

在网络文学进入文学研究的视野之前，"代入感"就已经是文学评论中的一个常见术语了。一般而言，我们认为"代入感"是与心理学上的移情、共情等概念密切相关的一种阅读状态，也即读者与故事中的人物（通常为故事中的主人公）共情，以人物的悲欢为悲欢，仿佛自己亲身经历了人物所经历的故事。

网络文学出现后，"代入感"成为网络文学评论中的高频词汇，似乎读者在阅读网络文学作品时，会比阅读其他种类的文学作品更加注重代入感，注重作品中的主人公是否是可理解的、可共情的，以及当读者将自己"代入"人物之后，能否获得相应的快感与欲望满足。学术界很多关于网络文学"代入感"问题的讨论，都沿用了心理学的共情理论，或其他心理学相关理论，讨论读者面对一个虚构的文学人物时所能产生的心理状态。比如，《消费寂寞：网络文学的游戏化趋势》尝试用弗洛伊德的白日梦理论解释"代入感"的来源[1]；《梦想的延伸与背叛：新媒介时代网络游戏与文学的关系》将代入感解释为现代性个人在网络文学的故事中对于自我主体性与身份认同的再确认[2]；《网络文学中的愿望 - 情感共同体——读者接受反应研究之一》则以诺曼·N.霍兰德的"摄入"理论解释代入感的成因[3]。这些分析都有其合理性，各种分析路径也都有着进一步挖掘的可能。但归根结底，这些研究都殊途同归地将"代入感"归因于读者（基本）欲望（财富、权力、性）的想象性满足。这一讨论的局限性是非常明显的：一方面，这样的逻辑只能够处理男频小白文和女频重度玛丽苏文中的代入感问题，面对其他作品（如部分文青文、虐文、女频耽美文）就失去了解释力；另一方面，也是更为重要的一点，这些讨论实际上处理的是"代入"这一行为发生之后的问题，也即读者成功"代入"主角之后，如何让读者通过主角的身体获得更大的快感的问题。

《对网络小说代入感的叙事分析》[4]一文在寻找"代入"的动因方面做出了努力。这是一篇应用心理学方向的论文，采用了访谈、问卷调查、定量分析等方式讨论"网络文学作品撰写过程中，何种因素在影响着读者的代入感"这一问题。这篇论文借用了费肖尔父子的三个移情阶段的理论，指出读者在"代入"主角之时，同样要经历第一次情感分离—情感暗合—第二次情感分离这三个阶段，其对于"代入"过程中第一次情感分离状态的讨论是前人的研究中未曾提到的。但这篇论文同样存在明显的问题，对于"代入感"这一概念本身的界定过于含混，以至于在进行访谈、调查问卷、定量分析时选定的变量过多，得出了故事结构、文

---

[1] 黄发有：《消费寂寞：网络文学的游戏化趋势》，《南方文坛》2011年第6期。
[2] 刘剑：《梦想的延伸与背叛：新媒介时代网络游戏与文学的关系》，《名作欣赏》2015年第4期。
[3] 康桥：《网络文学中的愿望—情感共同体——读者接受反应研究之一》，《南方文坛》2013年第4期。
[4] 王宇景：《对网络小说代入感的叙事分析》，华东师范大学硕士学位论文，2012年。

笔、幽默感、心理描写等因素全都会对代入感造成影响的结论。最终，整个论文变成了"写得好的小说容易使人产生代入感，因而使人产生代入感的小说写得好"的循环论证。

《论玄幻小说的游戏特征》[①]与《网络小说的快感生产："爽点""代入感"与文学的新变》[②]两篇文章提出了关于网络文学代入感的一些新的看法。这两篇文章都认为，网络文学前所未有地强调"代入感"，与二次元文化所带来的沉浸体验和"角色扮演"密不可分，而游戏恰是沉浸体验与"角色扮演"的最直接范本。这一观点的创新之处在于，从电子游戏及其他二次元文艺形式中寻找网络文学"代入感"的来源与结构，而非简单沿袭传统文学中对"代入感"的讨论。

当然，这并不意味着网络文学中的"代入感"与纸媒小说中的"代入感"完全是两种东西——它们当然都是审美移情的形式。无论是在纸媒小说还是网络文学中，"代入"之可能性都源于读者所经验到的自身与世界之关系在作品中的主角与其所处世界之关系中的复现。但如果我们的讨论仅到此为止，"代入感"作为一种创作理论实际上就是无效的，因为无穷多的个人经验必然导致无穷多的代入可能性，"代入感"终究会沦为一种无所不包却又毫无解释力的空洞概念。

我们可以认为，传统纸媒小说（主要指追求"代入感"的那些具有现实主义特征的小说）之所以能够造成代入感，造成读者与人物的想象性重合，是因为传统纸媒小说的作者与读者都被包裹在一个相对完善的宏大叙事之中，读者在复数的故事中读取着相同的宏大叙事，因而读者所想象的自己与世界的关系，自然就能够和故事中的主人公与世界的关系相重合，由此产生代入感。早期一部分具有纸媒传统、纯文学基因的网络文学作品也可以作如是理解。

游戏的代入感则首先在人机互动的层面上实现，玩家通过外接设备（按键、鼠标、摇杆等）操纵替身角色行动，角色与玩家在身体上是同步

[①] 王馨：《论玄幻小说的游戏特征》，《文学教育》2010年第12期。
[②] 黎杨全、李璐：《网络小说的快感生产："爽点""代入感"与文学的新变》，《海南大学学报（人文社会科学版）》2016年第3期。

的，玩家按下表示"向前"指令的按键，角色就会前进，反之亦然。我们常常可以发现这样一种现象：当一个玩家在操纵替身角色玩一个比较惊险的动作类游戏时，玩家常常会和角色一起行动，比如，角色需要下蹲以躲过头顶上的某个障碍时，玩家也会不自觉地低头。这种现象非常直观地展现出玩家与其替身角色之间的身体联结，身体先于思想和情感被"代入"到替身角色身上，与替身角色一起冒险、同生共死。当然，电子游戏常常同时包含叙事元素，亦即包含玩家在接受游戏叙事的过程中与角色共情这一层面的"代入感"。安德鲁·伯恩指出，当游戏玩家描述自己所操纵的角色时，会交替性地使用第一人称与第三人称，这标志着玩家对于游戏娱乐层与再现层的不同沉浸方式。① 换言之，玩家对于游戏角色的代入从来都是双层的，既在娱乐层代入身体，也在再现层代入思想与情感。

那么，游戏化向度的网络文学呢？在宏大叙事瓦解的后现代处境之中，当作者希望通过自己的故事让他的读者获得代入感时，他又该去何处寻找共通的经验与可信的行动原则呢？

答案并不难猜，就是游戏与玩家经验。

"代入感"这个词如此广泛地出现在网络文学的评论与创作理论中，与"穿越文"这一类型的出现密不可分。虽然在网络文学诞生之前，就已经出现了偶发的穿越设定，如《寻秦记》《交错时光的爱恋》等，但"穿越"作为一个特定的题材类型，是在网络文学的创作实践中才出现的。所谓"穿越"，一般是指主人公离开自己生活的现实世界，回到古代，或者进入异世界，可以分为"身穿"和"魂穿"两种形式。"身穿"即自己的身体和灵魂都回到古代或进入异世界；"魂穿"则是自己的灵魂回到古代或进入异世界，借一个古人或异世界居民的身体还魂。我们常常能够听见网站编辑对自己的作者说类似这样的话："你写一个穿越的人物吧，别写土著，这样比较容易提升'代入感'"，或者看到一些网络文学写作指导中写着"穿越主人公更能带来'代入感'"。

---

① ［英］戴安娜·卡尔、大卫·白金汉、安德鲁·伯恩、加雷思·肖特：《电脑游戏：文本、叙事与游戏》，丛治辰译，第97—116页。

"穿越"与"代入感"为何如此密切地被联系在一起了呢？

一种看起来非常自然的解释是：穿越主人公是一个现代人，他有着和读者相似的经历和观念，所以容易产生"代入感"。这个说法并不完全是错误的，但或许还有更重要的原因。

桐华的《步步惊心》（2005）被誉为"清穿三座大山"之一，是早期女频穿越小说的代表作品。这部小说中关于女主的前世身份和穿越过程是这样写的：

楔子

2005年，深圳

华灯初上的街道，比白天多了几分妩媚温柔，张小文身着浅蓝套装，在昏黄的灯光下显得有些疲惫。刚进楼门却想起浴室的灯泡坏了，忙转身向楼旁的便利店走去。

开门，打灯，踢鞋，扔包，一气呵成。张小文从阳台上把沉重的梯子一点点挪到浴室，试了试平衡，小心翼翼上了梯子，突然脚一滑，"啊"的一声惊叫，身子后仰重重摔倒在瓷砖地上，一动不动。

……

第一章

……已是在古代的第十个日子，可我还是觉得这是一场梦，只等我醒来就仍然有一堆的财务报告等着自己，而不是在康熙四十三年；仍然是芳龄25的单身白领，而不是这个还未满十四岁的满族少女。

十天前，我换灯泡时从梯子上摔下来，醒时已经是在这具身体前主人的床上了。[1]

---

[1] 桐华的《步步惊心》于2005年起在晋江文学城连载，2006年由民族出版社出版（即06版），在这两个版本中，女主人公穿越前名为张小文，穿越原因是换灯泡触电。本书所引片段即来自晋江文学城的连载版。2009年，《步步惊心》卖出影视版权，同时推出修订版，由花山文艺出版社出版（即09版），这一版本中女主人公穿越前的名字改为张晓，穿越原因改为车祸。此后诸版本均沿用09版设定（包括2011年起点女生网电子连载版、2020年江苏凤凰文艺出版社全新经典修订版及其发布在QQ阅读上的电子版）。2011年，《步步惊心》的电子连载权转移到起点。此后，作者离开晋江，删文并注销作者账号（具体时间待考），晋江原版《步步惊心》现已不可见。

这部长达二十万字的小说中，女主人公的前世经历与穿越过程只用这不到 300 个字就交代完了。这还是在穿越小说刚刚成熟的 2005 年，等到了 2010 年前后，大部分穿越小说中可能连这 300 个字都不会交代。不知姓名、年龄、身份的主人公眼睛一闭一睁，就到了异世界绝对不是一件新鲜事，而且这些主人公基本上一点都不好奇自己为什么会穿越，一点都不想回到原本的世界，一门心思在异世界里活得风生水起。

这只能说明一件事：穿越主人公在穿越之前是谁、有怎样的经历、生活在怎样的世界一点都不重要——对于整个故事的发展不重要，对于给读者造成"代入感"也不重要。那么，读者又如何能够与这一个个面目模糊的主人公拥有相似的经验和观念，从而产生"代入感"呢？

穿越类网络文学中穿越主人公的初始状态实际上和 galgame 中的主人公非常类似。大多数 galgame 中的男主都没有正脸，从设定上来看，长相普通、成绩普通、家庭普通，没有任何特别的履历。这样的男主实际上就是一个空壳，等着玩家把自己套进去，准确来讲，此时的玩家不是"代入"/共情了男主，而是替换掉了男主。穿越文主人公也是如此，他/她是一个空洞的替身角色，等待读者用自己的经历与意志去填满它。

但对于 galgame 而言，这种替换不是"代入"的完成，而是"代入"的开始，接下来，玩家会作为故事中的男主推进情节、与美少女恋爱，在遇到分支选项时做出选择。实际上，是玩家而非面目模糊的男主与游戏世界中的美少女们建立了关联、产生了羁绊。玩家借由男主的空壳，把自己"上传"到游戏世界中，凭借自己的经验与意志在游戏世界中活动，按照自己的喜好进行选择，与不同的美少女恋爱，最终融入游戏中的世界，这才是一款 galgame 游戏中玩家获得"代入感"的全过程。恰恰因为 galgame 中的男主是一个不可共情的空壳，玩家的"代入"才成为可能，这是具有互动能力的游戏媒介提供的一种特殊的"代入"方式。

相对于 galgame 的游戏世界而言，玩家实际上就是"魂穿"者，借着男主的身体在异世界复活，活出自己的一片天地。

而网络文学与电子游戏毕竟不同，在网络文学中，读者既不能通过操纵替身角色来获得与替身角色身体上的联结，也不能进行自主选择以透过 galgame 男主的空壳直接与游戏异世界中的美少女们交往。此时，网络文学的作者只能选择诉诸读者共有的玩家经验。这当然会排斥一部分缺乏游戏经验的读者，但随着时代的发展、电子游戏的普及，具有游戏经验的读者已经在网络文学读者中占据了很高的比例。

现在，我们来重新想象一下一个读者阅读穿越文并获得代入感的过程：我打开小说第一章，看到一个人 A 穿越到了异世界（古代实际上也是异世界，两个世界在时间上的先后顺序并没有什么意义），这个人是谁、为什么穿越了都不重要，就如同我某天登录了一个游戏、进入游戏异世界一样，重要的是眼前的世界和我将面对的冒险。现在我知道，A 和我一样是一个玩家，他已经在异世界中拥有了一个替身角色（在异世界的身体与身份）。就像我玩游戏时一样，现在 A 要与 NPC（异世界中的人）交谈、获取异世界的信息、保证自己的生存、接受各种任务、努力完成任务、获得奖励、提升 NPC 好感度——正如我在游戏中所做的那样。A 既不会思念原本的世界，也不会努力寻找回家的方法，就如玩游戏的我不会为如何退出游戏而感到焦虑。我理解 A，所以当 A 因为完成了一个任务而开心的时候我也会觉得开心，当 A 变强的时候我也会觉得爽，甚至有时候我会觉得我就是 A，或者说 A 就是玩游戏时的我。

至此，玩家"代入"穿越文的第一步就完成了。这是很基础但也很关键的一步，它保证了读者与角色对异世界有着相同的理解，保证了读者与角色有着相同的目标，会为了相同的成就而喜悦。

可以看到，网络文学中的"穿越"设定从一开始就有很强的游戏特征（正如奇幻设定从一开始就有很强的游戏特征一样），纵然主人公穿越回古代，也不是在单一纵向的时间之轴上跳跃，而是进入了另一个世界。随着网络文学的游戏化，"穿越"设定的这一特征变得更加明显与自觉。与此同时，读者"代入"游戏化的网络文学作品的第二步也变得清晰起来。

二、从"异乡客"到"主人翁"

《从前有座灵剑山》(2013)最为鲜明地呈现了这种营造"代入感"的方式。男主人公王陆只记得自己从一个有高楼大厦和电脑网络的世界穿越到古代仙侠设定的九州大陆,其他具体的记忆一概没有。这个只有经验没有记忆的主人公就这样开始了他的九州冒险。王陆自诩"专业冒险者",刚一开场,就以一套"一波流"操作高分通过了灵剑派的资格考试。熟悉MMORPG的人应该对"冒险者""一波流"这样的说法毫不陌生。很多MMORPG,或者包含游戏设定的文艺作品都将玩家的替身角色称为"冒险者",而将游戏中的NPC称为"土著""原住民"或者"大地人"。"一波流"则是一种游戏战术,是指避开自己的劣势期,在自己的优势期以最高的效率一次性快速战胜对手或者完成任务。显而易见,王陆的"专业冒险者"素养实际上就是游戏玩家素养,初入九州的王陆遵循这种读者非常熟悉的玩家经验,将九州世界当作游戏,把九州居民视作NPC。对他而言,一切挑战都是游戏任务,一切敌人都是能掉落经验和金币的boss。王陆在这个世界里无可动心、无可牵绊,所以杀伐果断、心性通达,自然无往而不利,活得风生水起。这是许多穿越主人公在穿越之初都会经历的阶段,他们仿佛隔着屏幕在看他们身处的这个世界,不动情、不关心,他们做的一切决定都和这个世界没有关系,只取决于他们想怎样玩这场真实的游戏。正是因为读者与主人公都隔着同一块屏幕看待书中世界,也都明白身为一个"专业冒险者"该怎样操纵鼠标、键盘度过游戏人生;正是因为他们对待故事中的人物的态度(面对一群陌生的、虚构的角色的态度)与主人公面对这些人物的态度是一致的,他们与主人公是可以相互理解的,所以他们可以顺利"代入"主人公。

但这一切并没有就此结束。

在《从前有座灵剑山》的第十卷,王陆忽然发现,原来自己的前世竟是灵剑派百年前黄金一代的大弟子欧阳商,这个才惊绝艳而又宽容靠谱的师兄死于保卫世界的战争,并与心爱的师妹王舞约定,一定会回到她的身边。于是,欧阳商的一缕幽魂托生于那个有着高楼大厦、电脑网络的世界中，并最终重生于九州，也就成了今日的王陆。

在仙梦之境中，王陆与欧阳商并肩战斗、惺惺相惜，并亲眼见证了欧阳商与王舞的话别，见证了欧阳商与堕仙同归于尽。接受了欧阳商的身份，王陆也就同时接受了自己与王舞之间剪不断的牵绊，接受了自己身为灵剑首席大弟子、守护门派与同门的责任，接受了自己作为一个九州修士所应该承担的捍卫世界和平的重担。

当王陆带着欧阳商（师兄）与王陆（徒弟）的双重身份与王舞重逢的时候，虽然这两人都属于深情不过三分钟的类型，虽然这不过是一个情定三生的古老桥段，但读者还是被打动了，因为横亘在王陆与九州世界之间的玻璃幕墙终于在那一瞬间碎裂跌落，壮丽而温暖。

由于责任和羁绊，王陆终归扛起了这些甜蜜的负担，与九州世界共命运。

于是，对王陆而言，九州不再是游戏，身边的伙伴不再是可以利用而无须关怀的 NPC。读者也跟着王陆一起，对书中的九州世界，对王舞、欧阳商等人物动了情，为他们的努力而感动，为他们的胜利而开心。最终，王陆牺牲自己，为九州赢得最终之战。

很久很久以后，王陆孤身一人苏醒于早已沧海桑田的世界，缓缓说起了那句"从前有座灵剑山"。王陆只是重新变为孤身一人，却引得多少读者怅然泪下。

就如游戏化向度的网络文学的世界设定复制了电子游戏娱乐层与再现层的双层结构一样，游戏化向度的网络文学的"代入感"也是双层的：读者首先凭借自己的玩家经验"代入"了作为"专业冒险者"的主人公，这是娱乐层的代入；紧接着，随着主人公展开冒险，读者再次对主角结识的异界人、身处的异世界产生移情、共情或者投射，这是再现层的代入。

以王陆为代表的游戏人间的穿越客是游戏化向度的网络文学中非常典型的一类主人公，而这些主人公们最终也大多成为异世界的一分子，在这个世界中获得了牵绊与责任感，从"异乡客"变成了"主人公"。

或许读者们在这类主人公身上看到的，不仅仅是共通的游戏经验，还有孤独的后现代个人之间的惺惺相惜。网络化生存使当代人前所未有地意识到自己与自己所身处的世界无时无刻不被中介着，我们隔着屏幕玩游戏，又何尝不是隔着屏幕旁观着我们生活的世界，是非对错常常变得太过灵活，参与感也突然变成了某种奢侈品。就像那个自称"专业冒险者"、仿佛万事不挂心，却终究成为九州一分子的王陆一样，当代人一边在各式各样的网络空间、网络趣缘社群中游刃有余地穿梭流浪，一边也极度渴望着融入一个集体，渴望具有仪式感的集体认同与集体参与。所以《从前有座灵剑山》的前九卷写的是现实——唯一的、稳定的、坚实的、连贯的现实世界早已不存在，现实世界与游戏世界同样不真实；后四卷写的是欲望——在无穷多的世界中找到一个、认同一个、融入一个，为之牵肠挂肚、为之奋力而战的欲望。

从女频的"穿越"小说的变化，我们可以更明显地看到相比于更传统的网络文学，游戏化向度的网络文学的"穿越"设定营造代入感方式的变化。

让我们再一次回到《步步惊心》的故事，女主人公张小文骤然穿越到清朝康熙年间，成了贵族少女马尔泰·若曦，徘徊于八爷、四爷等一众皇子之间。若曦最开始对八爷一见倾心，但当她意识到历史终究不可改变，便转而对必然成为夺嫡战争胜利者的四爷渐生情愫。无论若曦的选择到底是遵从于本心还是服膺于权力，无论若曦的感情中掺杂着多少杂质，这仍旧是个彻头彻尾的爱情故事，整部作品都围绕着若曦的恋爱展开。若曦与两个恋爱对象（四爷、八爷）之间的关系决定了若曦对身处这个世界的自己的一生的全部留恋，所以当她终于对四爷也彻底失望，她就失去了与这个世界的全部联系，她的人生也失去了意义。对于若曦而言，这个清朝康熙年间的世界是情场也是战场，但从来不是家乡，她始终不曾在这里获得过归属感，直到最终伤心绝望、心力交瘁而死，也仍旧是一缕孤魂、漂泊无依。《步步惊心》通过张小文这个面目模糊，连名字都像假名的女主的穿越，成功地让它的读者完成了"代入"的第一步，但却止步于此。《步步惊心》的故事生长于爱情神话行将破灭之时，在此之前，爱情曾经是言情小说中为女主带来安全感、带来幸福、带来全部人生价值的唯一希望，也是启蒙价值中最后一个可信的神话。若曦已经不是爱情神话的信奉者，她考量的太多，恐惧的太多，没有不顾一切的勇气，也不相信爱情高于生命。但她还没来得及找到除爱情以外的其他能量，就开始了她的穿越生涯。对于若曦而言，她的痛苦或许是求而不得，但对于作者与读者而言，《步步惊心》中弥漫的那种绝望与无力则不仅仅是求而不得，更是不知所求为何。我们想要的究竟是什么？当我们孤身一人降生于世，我们想要与什么建立怎样的联系？

正是游戏先一步让我们体验到了这样一种可能性：我爱这个世界，不是我偶然降生的世界，而是我自己选择的世界；不是爱这个世界中的某个人，而是与世界本身建立联系；不是抽象地去爱，而是在这个世界中行动，承担属于我的责任。

这就是此后游戏化向度的网络文学中所呈现的"代入感"的第二步。

《我家徒弟又挂了》是我反复提到过的一部游戏化向度的女频网络文学作品，女主祝遥原本是个平凡的程序员（与张小文一样面目模糊，工作与家庭情况都不明确），突然穿越到了修仙异世界，在系统的指示之下奔赴各地修复 bug，遇到了真心相爱的恋人玉言，最终成为这个修仙世界的立法者，带着自己对这个世界的责任与玉言共度余生。

《我家徒弟又挂了》是一部事件线与爱情线区分得非常清楚的小说，特别是到了故事后期，祝遥常常要独自一人去解决 bug，留玉言在原地等待。在解决 bug 的过程中，祝遥也结识了各种各样的伙伴，虽然缘分终有尽时，但却都是祝遥心中实实在在的牵挂。爱情对于祝遥而言是重要的，但却不是生命中唯一重要的事情。在这个陌生的异乡，祝遥逐渐由在系统的驱使下被迫完成任务，变成了一个更加积极主动的救世者。这绝不仅仅是因为对玉言的爱，还因为祝遥与这个世界、与这个世界中形形色色的人建立了深切的联系，她已经成为这个世界的一部分。

祝遥比若曦要幸运得多，这不仅仅是因为有一个玉言自始至终不离不弃，更因为祝遥不再是个异乡客、外来者，她在世界中找到了自己的地位与责任，她成了无可取代的自己。祝遥带着她的读者完成了"代入"的第二步，就像王陆所做的那样。

无论是王陆还是祝遥，这些游戏化向度的网络文学作品中的穿越主人公实际上都有着双重身份：第一重身份是外来者、异乡客，是带着游戏经验进入异世界的玩家；第二重则是他们在异世界中所扮演的那个替身角色。在小说开始，身为玩家的主人公很明确地意识到自己与自己扮演的那个替身角色是分割开的，但随着主人公越来越深地卷入异世界的冒险之中，他／她逐渐认同了自己替身角色的身份，逐渐与替身角色合二为一。与此同时，读者也将在阅读的过程中经历两层代入，首先代入身为玩家的主人公，然后跟随主人公一起代入主人公的替身角色。

三、"代入感"的双层化与身体—符码二义性

李洋在《中国电影的硬核现实主义及其三种变形》中提出，20 世纪 90 年代的中国电影以"硬核现实主义"为其主要特征，21 世纪资本大量涌入电影行业后，这种"硬核现实主义"就变成了"软核现实主义""粉红色现实主义"和"二次元现实主义"三种形式。李洋认为，"二次元现实主义"就是"沉湎于对虚幻世界和未来世界的幻想，相信商业与技术的进步能带来更美好的生活，相信网络、人工智能和科幻小说的世界，或者像《大鱼海棠》(2016)、《滚蛋吧！肿瘤君》(2015)那样沉浸于动漫游戏的二次元，安全地释放自己的欲望，享受没有负担的幸福"。李洋同样借用了东浩纪"游戏性写实主义"的概念，将"二次元现实主义"描述为一种"故事的复数化、角色生命的复数化，并将死亡转化成重新设定新故事的开始，故事世界不断变化甚至平行，但作品始终遵循的是人物角色最基本的性格设定"的作品形态。[①]

我们有理由相信，李洋所说的"安全地释放自己的欲望，享受没有负担的幸福"与"角色生命复数化，并将死亡转化成重新设定新故事的开始"这一特征是密切相关的。也就是说，李洋认为东浩纪所说的"游戏性写实主义"是以取消死亡为其重要特征的。

---

① 李洋：《中国电影的硬核现实主义及其三种变形》，《文艺研究》2017 年第 10 期。

这乍看起来是一件非常有逻辑的事情，毕竟电子游戏就是可以在替身角色死亡、游戏失败后重新开始挑战的，只要玩家没有厌倦，替身角色就可以不断复活、拥有无限生命。但是，这种乐观的"二次元乌托邦主义"看法对于游戏玩家而言大概多少会有一些冒犯，也未必是对东浩纪的"游戏性写实主义"的最佳解读。

东浩纪的"游戏性写实主义"实际上建基于大塚英志所说的"漫画、动画写实主义"，而"漫画、动画写实主义"则以"身体—符码二义性"这一概念为其核心，那些由萌要素构成的角色既是符码化的，又实实在在地具有会流血与死亡的身体。那么对于具有双层"代入"结构的游戏化向度的网络文学而言，那具可以感知流血与死亡的痛苦与恐惧的"身体"究竟坐落于何处呢？是在作为玩家的主角身上，还是在那个融入了异世界的作为替身角色的主角身上？读者在双层"代入"结构之中又是如何感知流血与死亡的呢？

在回答这些问题之前，我们有必要来讨论一个特别的题材类型：死亡轮回（Timeleap）。时至今日，死亡轮回早已不是个陌生的题材。1967年的日本小说《穿越时空的少女》及其多个动画/电影/电视剧改编版本、1998年的德国电影《劳拉快跑》、2002年的日本Galgame《寒蝉鸣泣之时》、2004年的日本轻小说《杀戮轮回》（*All You Need Is Kill*）及其2014年的美国改编电影《明日边缘》、2009年的美国电影《恐怖游轮》、2014年的日本轻小说《RE：从零开始的异世界生活》、2018年的日本电视剧《致命之吻》，等等，都属于这个类型。在日本，这类作品比较固定地被称作Timeleap，在中国没有固定的名称，一般称作死亡轮回或时间轮回题材。为方便讨论，此处，我统一将之称为死亡轮回类作品。

日本的死亡轮回类作品特别丰富且自成一派，在这些作品中，或唯美哀婉或悲壮惨烈的死亡意象总是令人印象深刻。无论是《劳拉快跑》中那个永远充满生命力与行动力的劳拉，还是《明日边缘》里那个经典的好莱坞式大团圆结局，都与日式死亡轮回类作品的风格背道而驰。而当我们讨论"二次元现实主义""游戏性写实主义"或者"身体-符码二义性"等话题时，显然，来自日本的影响应该是我们首要关注的。

所谓死亡轮回，顾名思义，就是主人公死亡（或经历某一失败）后重生于过去的某个时间点，重新度过死亡（失败）之前的这段人生，想方设法改写未来，如果再次死亡，则再次重生，如此反复轮回，直到找到正确的方法活下来（取得成功）、走向未来。

这样的故事灵感显然来自游戏的存档/读档机制：玩家可以在游戏的某个时间节点进行存档，保存此时间节点的游戏进度，如果在接下来的游戏中遭遇失败，角色死亡，或者没有取得预期的战果，则可以通过读档，重新进入存档处的游戏进度，如此反复，直到成功通过这一关卡，留下新的存档为止。

狭义的死亡轮回类作品（在设定上严格得只有死亡之后才会轮回，而非如《穿越时空的少女》那样无须死亡即可穿越回过去），如《RE：从零开始的异世界生活》（以下简称《RE：0》）、《杀戮轮回》最符合李洋所说的"复数的死亡"，但在这些作品中，死亡不是被淡化、抹除了，反而是被空前地强化了。

以《RE：0》的同名改编TV动画为例，宅男菜月昴在一个普通的夜晚去便利店买东西，眼睛一闭一睁，就莫名其妙地穿越到了异世界，提着便利店里买的薯片站在一个水果摊面前。随后，昴结识了女主艾米莉亚，却又与艾米莉亚一起惨死在"猎肠者"艾尔莎·葛兰西尔特手中。本以为一切就此结束的昴竟又一次睁开了眼睛，发现自己又一次站在了水果摊面前，时间回到了刚刚穿越到异世界的那一刻。接下来，昴便为了拯救艾米莉亚而经历了一次又一次的死亡轮回，直到终于化解了这一危机。昴与艾米莉亚动身前往罗兹瓦尔宅邸，邂逅了双胞胎女仆拉姆与蕾姆，然而死亡如影随形，再次笼罩了这座宅邸，为了和艾米莉亚、拉姆、蕾姆一起活下去，昴又经历了一次次惨烈的死亡与轮回。故事就这样发展下去，一个难关过去后，还有下一个。

每一次惨烈的死亡，鲜活而美好的生命逐渐失去温度，鲜血、残肢、疼痛、绝望的哀号都被刻画得触目惊心，但这个故事对于死亡的强调却不止于此。在TV动画的第七集，昴在大精灵碧翠丝的保护下成功存活，但蕾姆却不幸死去了。昴在此时选择从悬崖上跳下，以自己的死亡开启新一次轮回，再次尝试拯救蕾姆的生命。这是《RE:0》中最为人称道的一集，分镜表现、配乐、台词、声优演绎都相当优秀，而昴的奋力一跃更是给观众留下深深的震撼。

蕾姆是《RE:0》中人气最高的女性角色，没有观众愿意看到蕾姆永远死去。所以在昴跳下悬崖之前，弹幕里也有不少观众表示希望昴再死一次，拯救蕾姆。但在昴跳下去的那一刻，他的勇气仍感动了所有人。

"哪怕你会重生，但疼痛是有的，你能忍受那样的痛苦吗？"
"不管能不能重生，都真的痛啊！"
"他不知道还能不能重生。"
"心理要多么强大才能做到啊！"
"正常人都做不到吧！"

这都是弹幕里反复出现的句子。即使能够重来，昴的死亡仍是如此真实。首先是因为流血与疼痛都是真实的，这也是动画中始终致力刻画的内容，那种致死的疼痛淋漓尽致地传达给了观众，而昴却为了蕾姆选择再经历一遍；其次是昴并不知道自己为什么会陷入死亡轮回，不知道自己下一次死亡后是否真的还能睁开眼睛，即使昴在跳崖之后真的再次醒来，在决定跳崖的那一刻，他也仍在用自己只有一次的宝贵人生做赌注，拼尽全力想要拯救另一个人的生命，这份意志的重量是等同于死亡的；最后，或许也是最重要的一条，即使死后可以重来，昴的每一次死亡仍是真实的，他在无数次轮回中经历的一切都将死去。只有他自己记得，那无数次失败轮回中曾经表白的爱意、许下的约定，对于整个世界而言都已烟消云散。就像他曾经不得不无数次向陌生的、一脸警惕的艾米莉亚介绍自己一样，下一次睁开眼睛，他将重新遇见陌生的拉姆与蕾姆。在后面的故事中，昴曾一度崩溃，不仅仅因为在反反复复惨烈的死亡中找不到出路，也因为那些他深爱着、也爱他至深的人看着他痛苦绝望，为他担忧难过，却根本无法理解他。他独自怀抱着那些无人知晓的记忆，他生命中太多弥足珍贵的时刻对于其他人而言都从未存在过，无法言说、无法共享、无法证明，如死亡一般沉默而孤独。

如果说昂的死亡是复数的，那么昂也是复数的，复数的昂各自接受着自己唯一的死亡，没有哪一种死亡比另一种更加无足轻重。

《杀戮轮回》讲述的是另一种死亡。死于对抗"拟态"的战场上的新兵桐谷启二回到了出征前的清晨，由此进入了死亡轮回，在这一过程中，启二爱上了曾经经历过死亡轮回的女主丽塔·布拉塔斯基。于是，就和昂一样，在此后的无数次轮回中，启二必须不断地向丽塔重新介绍自己，原本丰满的回忆在争分夺秒的简述中变得干瘪而苍白。但启二的痛苦不止于此，在无数次的努力、失败之后，他发现根本不存在完美的结局，即使自己活下来，也总会有自己的战友在战争中死去，他可以进行无数次选择，但每一次选择都必然意味着丧失某些东西，总有什么东西永久地死去了。

《杀戮轮回》是东浩纪在《游戏性写实主义》一书中用专章分析的作品，当东浩纪以沉重的笔调申明启二的绝望时，我们显然无法将《杀戮轮回》理解为一部明朗欢快的、取消了死亡的故事，无法将启二的人生理解为可以不断重来的完美人生。

陷入死亡轮回的主人公的无力感、孤独、绝望、悲伤、恐惧，这些指向死亡的情绪不断出现在日本死亡轮回类作品中，成为这个题材类型的共有特征。

所谓"角色生命复数化"绝不应该理解为取消死亡，恰恰相反，它是"死亡"的复数化，它反映的是人们对于"死亡"这一概念的理解的变化。一个角色可以有复数的生命，甚至复数的生命形态，每一个生命形态都有着不同的死亡形态，但对于每一个生命而言，死亡仍是唯一的和绝对的。死亡不再必然地与肉身的毁灭联结在一起，死亡是一道界限，一切不可复归、不可挽回之物（如毁灭的肉体、丧失的记忆、折叠的时间、清除的数据、斩断的羁绊）都处于界限的彼端，都是某种形式的死亡。

《记录的地平线》同样是一个人拥有复数生命的故事，虽然不是死亡轮回，但进入了游戏异世界的主人公如果死亡，便会在神庙中复生，代价是失去一部分记忆。其中有一个相当哀婉的片段，是经历了一次死亡的主人公城惠与晓相偎站在夜空之下，看着夜空中晶莹璀璨的记忆碎片逐个破碎消失。他们一起向那永远逝去的一切道别，在他们各自的生命中，都有一段时光"死"去了。

这就是"游戏性写实主义"下的死亡，按照传统文学修辞的说法，可以说死亡变成了某种隐喻或者象征，但又不仅如此，这种与肉体脱钩的死亡，确实贯彻着当代人对于现实生活的理解。

每个人都是复数的，我们有生物学意义上的身体，也有数码的身体，我们的每一个社交账号、每一个游戏替身角色都是我们的一个分身，我们是这复数的分身的集合体。不同的分身有不同的死亡方式，每一个永远不再亮起的 ID 都是一种死亡，每一个删档卸载的游戏中都有一个替身角色的尸骸，每一次退坑、出圈都是向某一个自我告别，所有那些迷失于茫茫网络不知所踪的数据都带着死亡的讯息。互联网不仅仅是人声鼎沸的虚拟社群，也是一片广阔而沉默的坟场，那些关停的论坛、注销的账号，甚至来不及告别就猝不及防地消失在浩瀚的数据洪流之中。

当然，肉体的死亡仍有着无法忽视的重量，流血、疼痛、窒息、寒冷……都是每个人与生俱来的梦魇，是我们关于终结的最直观想象。所以在日式死亡轮回作品，以及深受其影响的中国游戏化向度的网络文学作品中，我们总是倾向于将肉体死亡的形式——疼痛与流血——赋予每一种死亡。这就是《RE：0》所做的事，它以最直观的方式告诉每一个观众，每一次死亡都不曾被拯救，每一种死亡都重若千钧。

*　　　　　　*　　　　　　*

现在，让我们回到本章开头的问题：对于游戏化向度的网络文学而言，读者在双层"代入"结构之中又是如何感知死亡的呢？

由于连载方式与文艺体裁的差异，中国的网络小说很少有死亡轮回题材的作品，但复数生命的情况却同样广泛存在，比如，《我家徒弟又挂了》中的女主祝遥每次进入新的副本解决 bug 时都会获得新的身体，此前的身体即使死亡，名为"祝遥"的意识也不会消失。祝遥有时会获得女性的身体，有时会获得男性的身体，有时变成动物，有时甚至附身于无生命的仙宝之上。为方便起见，我们将那个一以贯之的具有现代记忆和现代意识的无身体的"祝遥"称为"玩家祝遥"，将处于具体的情景与身体之中的、"玩家祝遥"为解决 bug 而扮演的角色称为"替身角色祝遥"。在《我家徒弟又挂了》中，"玩家祝遥"是唯一一个拥有"复数的生命"的祝遥，受到系统的保护，所以既不会流血，也不会死亡。在"玩家祝遥"这里，我们可以说"死亡"被"取消"了，"玩家祝遥"是一个彻底符码化的角色。而"替身角色祝遥"们则都有着会流血和死亡的唯一生命。如果读者仅仅代入"玩家祝遥"（这是我们对于代入感的一般理解），那么这个故事中便不存在可供读者感知与共情的会流血与死亡的身体。但在《我家徒弟又挂了》中，每一个"替身角色祝遥"都是在某一历史节点上真实存在的人/物，"玩家祝遥"通过这些替身，穿越至每一个重大的历史节点，目睹甚至参与了所有隐秘而悲壮的历史，经历了那些深刻的羁绊与伟大的抉择，也曾目送"替身角色祝遥"们所深爱的人走向死亡，并明白了自己存在于此的意义与使命。《我家徒弟又挂了》总是游刃有余地徘徊于两层"代入"之间，当读者处于第一层"代入"状态时，会相对抽离于替身角色的具体情境之外，更容易获得轻松愉快的阅读感受，而随着替身角色的故事逐渐深入，到了关节紧要处，读者就会进入第二层"代入"状态，与"玩家祝遥"一起共情于"替身角色祝遥"的命运。渐渐地，"玩家祝遥"与"替身角色祝遥"变得难解难分，读者也总是既抽离又投入。"玩家祝遥"有了骨血肉身，她仍有着超然于世界之上的意识与能力，却再也做不成旁观者，当她决定守护这个世界的时候，也就注定了她与这个世界共生死。两层"代入"结构使"玩家祝遥"从无数死去的"替身角色祝遥"那里继承了记忆、情感与肉身，化作了兼具身体与符码双重特征的角色，也使读者同时感知、接受了祝遥的双重属性。

归根结底，双重代入结构也好，身体-符码二义性也好，最终指向的都是读者的情感状态，那是一种在同一时刻，"不必当真"与"真情实感"，"抽离旁观"与"全情投入"等诸如此类的对立的情感，在同一个读者身上和谐共处的状态。如此曲折的表达绝非为了取消死亡而设立，恰恰相反，这是为了回溯死亡、感知死亡，感知与死亡相关的一切深刻情感而存在的叙事。当前的文化环境养成了这样的认知习惯，所有一本正经的都值得怀疑，相信"爱与正义"的都是"中二病"。但我们又如此迷恋死亡的肃穆与悲壮，如此渴望见证真正的伟大，如此盼望着全心全意地去相信些什么，如此自嘲而又羞愧地"中二永不毕业"着。

只有当我们首先是个超然旁观的"冒险者"，才能坦坦荡荡地为了故事中的悲欢离合牵肠挂肚；只有在那些首先声明了"不必当真"的叙事里，"真情实感"才是安全的，因为哭过、笑过之后，我们似乎还有能力把自己清清白白地摘出来。这是犬儒主义的另一格式，这是同时患有"宏大叙事尴尬症"与"宏大叙事稀缺症"的一代人发明出来的最别扭的叙事。所有声称自己是最坚定的无神论者的人们正在万圣节的狂欢中乐此不疲地扮演着最虔诚的信徒，然而没有人知道终点在何方：我们终将坦然地生存于无神的赤裸世界，还是创造出新的神圣文明？

而此刻，在具有双层代入结构的游戏化向度的网络文学作品中，我们同时排演着这两出未来剧目。

第八章
用设定屏蔽现实

在上一章中，我以双层代入结构和身体—符码二义性概念描述了阅读游戏化向度的网络文学时的一种情感状态——正因为"不必当真"，才能安心地"真情实感"。而在游戏化向度的网络文学中，这些"不必当真"的东西，实际上我们都可以称为"设定"。

"设定"同样是一个基于游戏思维，并从游戏、动画、漫画等领域进入网络文学创作、阅读实践的概念。我在前文曾借助"规范"与"法律"这两个概念讨论过电子游戏规则与民间游戏规则的差异：如果说民间游戏的规则是"法律"——完全可以违反，只不过要受到惩罚——的话，那么电子游戏的规则就是"规范"——事先写入程序，依照严格的逻辑与算法来执行，不可能被违反。因此，在电子游戏中，规则是先在的，只能作为现象接受之物。

电子游戏的规则，以及对规则的接受方式进入游戏化向度的网络文学中,就变为设定。所谓设定,在文本之外,实际上是一种协商——作者与读者皆知其为假,但彼此已达成共识,在文本内部将其感知为真;在文本之内,则是故事世界建立之初便已存在的法则,无须讨论而只需接受,所有故事皆在世界设定的基础上发生,就如同现实世界一切物体的运动皆依据于万有引力定律。规则在游戏开始之前就被写入了游戏程序,设定同样在逻辑上先于小说文本本身;规则在游戏的进行过程中是不能被玩家违背或修改的,设定同样是在阅读小说时必须被视为真理的。

"设定"作为一种基础性的创作方式在游戏化向度的网络文学中的普及,提供了一种新的创作可能,即用文字探索一切既有之物"应然""或然"的而非"已然"的模样,作者与读者开始以这样的方式创造属于自己的乌托邦。特别是在女频网络文学中,因为现实世界的主流规范仍带有男性主导的特征,所以女性作者与读者更热衷于在设定之中寻找最理想的自我、最理想的情感关系(爱情、亲情、友情等)与最理想的世界。再加上女频相比于男频有更强的社群属性,女频的作者、读者对于公共设定的认同度也就更高,使用设定因而成为一种更有效率、表意更明确、爽点更集中的创作方式。

2015年,"甜宠"化潮流几乎席卷了女性向网络文学的所有文类:修仙文与现代言情文分别从"虐恋文"和"霸道总裁文"转向了"甜宠文",耽美文在只"撒糖"(指恋爱主人公的甜蜜互动)不"插刀"(指虐身或者虐心的情节)的温柔恋曲中甜出了新高度,古代言情文则从"宅斗文""种田文"中重新发掘爱情的踪迹。乍看起来,"甜宠文"似乎是"霸道总裁爱上我"的言情模式的延续,实际上却是一种逆转——原本高冷、霸道的"面瘫"男主,变成了外表强大、内心却或"忠犬"(指对待爱人如犬一般忠诚、温柔的人物特质)或"人妻"(指如妻子一般很会照顾人的人物特质)的"护妻狂魔"——这一变化,使得故事中的男女主彻底背离了那种男强女弱、男性占绝对主导的爱情模式,而转向一种男女平等的"互宠"关系。与此同时,女性向网络文学中的"丛林法则"世界观也开始"触底反弹",反抗强者逻辑、重建道德体系成为"甜宠文"潮流之中的另一重要尝试。"甜宠文"是用设定写小说的极典型例证。阅读甜宠文的读者总是同时拥有"我喜欢/想要成为这样的女主、我向往/想要拥有这样的爱情",以及"我知道这些都是假的,但我就是想看男女主发糖"这两种矛盾的感受。所谓"这些都是假的",严格来讲应表述为"这些都是现实世界中不存在的、受质疑的或无法实现的",因为"设定"的意义就在于创造现实世界中不存在的东西(虽然有时是以看似强化现实世界自身逻辑的方式运行的)。"甜宠文"以前所未有的温柔世界和甜蜜爱情获得了读者的青睐,在高度依赖于设定的架空世界之中,重新构筑了爱与正义的理想乌托邦。

以下,我将以女性向甜宠修仙文为例,说明设定在游戏化网络小说中的使用方式及效果。

一、"甜宠":基于设定的完美世界

2015年的热播电视剧《花千骨》,使得以其原著小说《仙侠情缘之花千骨》(2008,以下简称《花千骨》)为代表的师徒虐恋文一度回到了大众的视野之中。在《花千骨》的故事中,师父白子画是仙界之首,法力高强、一心卫道,机缘巧合之下收得懵懂无知的小女徒花千骨抚养教导,二人在相处之中渐生情愫,却又因人伦禁忌而不能表明心迹。

花千骨对于白子画的感情与其说是爱,不如说是信仰、敬畏与崇拜。花千骨终其一生仰望着白子画而活,无条件地信任、维护白子画,不计回报地牺牲自我、付出一切。在2008—2010年间,这种不平等的爱情关系尚可假师徒之名在女性向修仙文中畅行无阻:花千骨的卑微与顺从因她徒弟的身份而显得合情合理,白子画的冷漠与高傲则在师徒之间的人伦禁忌中被合法化。但到了2015年,女性向修仙文已然彻底走上了"甜宠"道路,如《我家徒弟又挂了》(以下简称《徒弟》)一文中的男女主人公同样是师徒关系,却可以光明正大、毫无阻碍地相恋相守,日日"撒糖""秀恩爱"。

在《徒弟》中,从现实世界穿越而来的女程序员祝遥成了玉言上神的亲传弟子。玉言看起来是个"禁欲系"（外貌清淡高雅，个性沉默内敛，情感克制）"男神"，但实际上却是个"人妻"属性满点的家务小能手，丝毫不会伪饰、掩藏自己的心意。因而玉言与祝遥的爱情诸事顺遂，没有重重顾虑，没有欲言又止，没有误会冲突，没有彼此伤害……玉言与祝遥坦诚相对，彼此信赖，互为依靠。这不仅仅是一个师父（男人）宠徒弟（女人）的故事，它同时也必然是一个徒弟（女人）宠师父（男人）的故事。

"甜宠"之"宠"，总是指向"互相宠爱"，尤为强调爱情双方的人格平等。对于《花千骨》而言无法跨越的师徒尊卑，却在《徒弟》中轻而易举地瓦解了，这种转变是通过设定实现的。在《徒弟》中，师徒关系不再包含伦理内涵，而是彻底扁平化为一个设定，拜师与收徒就如同一个强制生效的契约，保证了玉言与祝遥永恒的、排他的、不可解除的亲近关系，保证了二人可以且必须在日日相处中教学相长、互相扶持、共同前进，从而成就了一段从一开始就注定了一生一世一双人的"神仙爱情"。对于在现实生活的爱情、婚姻之中极度缺乏安全感的女性读者而言，甜宠修仙文以设定架空现实，营造了一方理想爱情的异度空间，让她们得以浸润其中，在男女主的甜蜜日常中自我宠爱，在抚慰现实焦虑的同时重新熟习于平等、坦诚的爱情关系。

甜宠修仙文的另一特征是对"丛林法则"世界观的质问与反叛。《花千骨》的写作时期，恰恰是女性向修仙文中"丛林法则"世界观开始形成的时期。在《花千骨》中，所谓天下苍生，不过是包裹在强者为尊逻辑之外的一层糖衣。白子画满口天下苍生、礼仪道德，但归根结底，他之所以可以永远高高在上、主宰花千骨的生死命运，也不过是因为他拥有花千骨望尘莫及的法力。直到花千骨获得洪荒之力，拥有了与白子画比肩的力量，白子画才开始顾及花千骨的所思所想，开始被迫正视那一份有违人伦的爱情。到了《以舞入仙》（2010）、《一世倾城》（2013）等小说中，则连天下大义的借口也褪得干净，赤裸裸的"丛林法则"成为女性向修仙小说中唯一可信的世界观。但《徒弟》却反其道而行之，成为一篇旗帜鲜明的反"丛林法则"小说。

祝遥曾对玉言说：

> 大家都说修仙……这是所有人都梦寐以求的。仙之一字，不应该是所有修者心中最美好的梦想吗？那理应是人性中最完美和柔软的部分。可是……大家都说修仙之路是一条血路……从血路里走出来的仙道，会完美吗？……弱肉强食，排除异己，真的是唯一成仙之道吗？①

祝遥所批判的"弱肉强食，排除异己"，恰恰就是此前修仙文中默认的基本规则；祝遥所声讨的是她所身处的世界，同时也是此前所有女性向修仙文共同尊奉的生存法则。在此后的故事中，祝遥也践行了自己的信念，常怀善念，尊重生命，赏罚分明，而这便是祝遥可以重建诸界秩序，将一方天地从灭亡的命运中拯救出来的根本原因。祝遥之所行，恰恰构成了对于女性向修仙文道德绝境及其转向的一种隐喻。《徒弟》试图通过祝遥这样一个穿越者重新划分修仙世界中的善恶界限，让道德与正义照亮仙途。

《徒弟》中的反"丛林法则"同样是通过设定实现的：在故事中，现实世界的程序员祝遥自带系统穿越到了修仙世界，以副本的方式修补修仙世界中的漏洞。一方面，所有漏洞都被设定为是因为人心的自私与阴暗而造成的，这就先在地规定了反"丛林法则"的合理性与必要性；另一方面，祝遥每次死亡都可以重生，既没有求生压力，也没有利益煎熬，自然不必在种种生死抉择之间向暴力俯首称臣。通过这样的设定，祝遥成为一个令人信服的"三观正"的好姑娘。

"甜宠文"这种高度依赖于设定、注重平等化与日常性、反对"丛林法则"世界观的新型爱情叙事，在女性向各个文类之中同时产生绝非偶然——在关于两性、婚姻关系的主流社会话语趋向于保守的同时，一些具有女性主义特征的声明和主张开始在网络空间中传播、分享。甚至

---

① 尤前：《我家徒弟又挂了》，第一百一十六章"师父再见"。

可以说，恰恰是现实生活中男权强化所造成的挤压刺激了网络空间中女权文化的建构与发展。当现实试图去限定"女性应该如何""婚姻只能如何"时，"甜宠文"却以"屏蔽"现实为代价，书写自尊并自由的女性、平等且理想的婚姻，以及人生本该拥有的无限可能。

二、藤蔓双生：爱情神话与"丛林法则"

对于女性向网络文学而言，爱情观的发展过程总是与世界观、价值评判体系、道德诉求的整体性变动紧密缠绕。在2008—2010年间，在对启蒙精神的普遍怀疑中，爱情作为最后一个可信的启蒙神话获得了无与伦比的神圣力量。《花千骨》等"虐恋文"中的爱情充满了禁忌、误解与阻碍，而一切困顿苦痛、磨难纠葛最终都是为了证明爱情具有超越一切、永不磨灭的力量。无论是生死轮回还是天下苍生，都不及一段惊天动地的爱情来得感人和重要，整个世界坍缩为两个人、一场爱。爱情力量的无限膨胀实际上是其他价值普遍失效的后果，看似无往而不利的爱情背后，有的只是价值的虚无。爱情本身的合法性并不能脱离整个启蒙框架而成立，因而恰恰是在对爱情神话的渲染达到顶峰之时，"丛林法则"逐渐凸显为唯一可信的世界观，爱情本身则从其内部土崩瓦解。

2011年之后，新的平等爱情以"丛林法则"中的等价交换原则为依托，从利益联盟关系中重新生长出来①，并在2015年开启的"甜宠文"浪潮中反哺整体性价值体系，并且超越"丛林法则"，以尊重生命和个体自

---

① 自2011年前后起，女主长于炼丹、炼器或符箓等技能，男主长于修炼成为女性向修仙小说中的流行设定（代表作品如《极品女仙》《娥媚》）。炼丹、炼器与符箓是修仙小说中比较特别的职业，获得这些职业能力往往需要特别的天赋或者传承，且职业能力升级往往不与战斗能力挂钩。也就是说，一个高等级的炼药/炼器/符箓师有可能并不具备足以自保的武力，反之，他所炼制的丹药/法器/符箓却是修仙世界中必不可少的稀缺资源。这就使得长于炼药/炼器/符箓的女主与长于战斗的男主之间建立稳定的互利关系成为可能——女主辅助男主修炼，男主保护女主安全。长期稳定的互利联盟关系为男女主之间培养互相信任、互相依赖的爱情关系提供了新的可能，女性向修仙文中对于爱情平等性的强调最初便是在这一设定的基础上开始的。这种爱情平等观衍生于一种无用即见逐的危机意识，衍生于"丛林法则"之下赤裸裸的利益等价交换关系，它不基于任何崇高价值，而是从道德的最低端生长出来，这是一个依据现实生存理据重建道德的过程。

由为中心，重新为作品内部世界立法。在女性向修仙文中，这种爱情观与价值体系的缠绕表现得最为清晰。

一方面，目前女性向修仙文所普遍采取的世界设定包含一套严格的修炼升级体系，这是一套为天地万物赋值的系统，个人能力与外物价值全部可以兑换为数值进行比对。这就使得"丛林法则"世界观在修仙世界中以最直白、最彻底、最极端的方式展现出来。在2008—2010年间，这一套赋值系统被逐渐引入女性向修仙文中[①]。"丛林法则"世界观也就在此时伴随这一套赋值系统逐步主宰了女性向修仙文。因而在《花千骨》等文中，爱情关系对于绝对力量的推崇，是与整个世界的运行逻辑相辅相成的。同一时期，现代言情类网络小说中正值"霸道总裁文"流行未艾，"霸道总裁文"与修仙"师徒虐恋文"遵从极为相似的爱情模式——有钱有权的强势男主忽然君临一个平庸懦弱的女主的整个生活，以霸道之爱俘获女主芳心。但由于"霸道总裁文"所展现的世界图景往往过于狭小，很难从中窥见某一种特定价值体系的运转，故而在这类小说中，我们只能从爱情关系逆推其强者逻辑，而无法直接看到两者之间的渗透和参照关系。

另一方面，女性向修仙文相对于现代言情、古代言情等文类而言具有更高的幻想性，更容易脱离现实主义逻辑，在架空世界中以更为抽象的方式贯彻关于世界及道德、情感、法律、命运等诸要素关系的理念。因而，当更具现实主义色彩的古代言情小说中爱情已经穷途末路，不得已转向不要爱情的"宫斗""宅斗""种田文"时，修仙文仍能够将只在并尚在理想中存在的伟大爱情讲述成动人心弦的神话，直到爱情的无功利性在文本的内部与"丛林法则"世界观发生逻辑冲突，爱情叙事才终究宣告破产。对于"宫斗""宅斗""种田文"而言，爱情神话的破灭是对女性现实生存境遇的折射；而对于修仙文来说，爱情的消亡则意味着即使在纯粹的理念和逻辑的层面上，爱情所具有的超越性力量也无法再在当代人的价值、信仰体系中存身。2015年，爱情叙事在"甜宠文"浪

[①] 在《仙侠奇缘之花千骨》(2008)、《囧囧圣女修仙记》(2008)、《喵喵喵》(2009)、《重紫》(2010)等作品中均可以鲜明地看到赋值系统从无到有的过渡性特征。

潮中甜蜜回归，但这时的爱情已经永远褪去了神圣的光环，失去了救赎的力量，而成了一种生活情态，以及日常性的温馨点缀。

三、润物无声：后浪漫史的爱情符码

《花千骨》中的爱情是波澜壮阔的，艰难困苦，玉汝于成。故事从花千骨降生，成为白子画生死劫的一刻开始讲起，到男女主终于超越重重阻隔而相伴飘然江湖的一刻结束。这是一个典型的浪漫史式爱情叙事。安吉拉·麦克卢比在《〈杰姬〉：一种未成年少女的意识形态》[①]一文中以《杰姬》杂志中的爱情小说为例，详细阐述了这种浪漫史爱情符码：浪漫史"更多地等同于一些伟大的时刻，而不是一个漫长的过程"[②]，它一方面许诺永恒，另一方面却又以激动人心的伟大瞬间为核心；浪漫史总是专注于"对狭窄且有限的情感的世界的关注"，"从不尝试去填充社会事件或背景"[③]；浪漫史中的爱情是无欲望、无身体的，浪漫史符码总是"整齐地取代了性代码"，在浪漫史叙事中男性"并不是性的对象而是浪漫的对象"[④]。这些特征使得浪漫史式的爱情故事更像是一种来自男性的"训诫"，而非女性对于自身的讲述：它以神圣、伟大、纯洁、耀眼的爱情压抑了女性的其他一切可能性，将爱上一个男性塑造为女性的唯一价值，在爱情达到顶点的伟大时刻标记终结，以关于永恒的虚假许诺遮掩了爱情修得正果之后的复杂生活场景。在《花千骨》中，当这种男权话语被转移为女性自我书写的方式，"虐"便成为故事中的核心爽点，白子画以爱之名施加在花千骨身上的种种折磨，或许恰恰映射出男权逻辑之下女性作者、读者幽隐的受虐心态。

---

① ［英］安吉拉·麦克卢比：《〈杰姬〉：一种未成年少女的意识形态》，陶东风、胡疆锋主编：《亚文化读本》，北京大学出版社，2011年，第219—265页。

② ［英］安吉拉·麦克卢比：《〈杰姬〉：一种未成年少女的意识形态》，陶东风、胡疆锋主编：《亚文化读本》，第232页。

③ ［英］安吉拉·麦克卢比：《〈杰姬〉：一种未成年少女的意识形态》，陶东风、胡疆锋主编：《亚文化读本》，第232页。

④ ［英］安吉拉·麦克卢比：《〈杰姬〉：一种未成年少女的意识形态》，陶东风、胡疆锋主编：《亚文化读本》，第237页。

在当代中国的语境之下，浪漫史符码又有其特殊性。自新时期伊始，爱情叙事便在伤痕文学中被组织为一种"反叛的话语"，代表着"个人的天空、人性的领地"①。在《爱，是不能忘记的》②等作品中，爱情被刻画为无欲望的纯洁之爱，成为重新高扬的启蒙精神的代表与象征。在这里，爱情不是面向未来的生活期许，而是面对历史的控诉与抚慰，它以一种弃绝自身的献祭姿态获得了合法性，也成就了那个时代的悲情政治想象。随后，当对于启蒙精神的普遍质疑接踵而至，爱情神话却以"虐"的形式在网络文学中得以继承，这与网络文学发展早期接续"文青"传统的理想不无关系。于是，在这个启蒙价值普遍失效的时代，爱情在女性向网络文学中便成了最后的理想与救赎之地。无论是在修仙"虐恋文"中，还是在现代言情"霸道总裁文"中，我们总是可以看到一个单纯而平凡的姑娘执着地仰望爱情，百死不悔，虽败犹荣，并将这当作她生命中最闪耀的丰碑。这样的故事反反复复地传递着这样的信念：无论是多么平凡的姑娘，都有资格表达爱与追求爱，都有资格获得爱的回馈。当一切价值信仰都变得可疑，而唯有爱情仍旧高洁；当日益原子化的社会迅速解离了原本复杂的人际互动，而唯有爱情尚可以超越孤独；当高度分工的碎片化社会剥夺了人们的历史感与社会参与感，而唯有爱情尚可以成就一段传奇——这种关于爱与被爱的许诺无疑就成了一种巨大的安慰与奖赏：每个人平凡的生命中至少都还能够期许一次超离庸常的机会，那便是一次伟大的爱情。

然而，正如前文所述，当启蒙价值普遍失效，当"丛林法则"成为主宰一切的价值准则，这种爱情神话实际上已如沙筑之塔，摇摇欲坠。在网络文学中，对爱情神话的质疑最早出现在古代言情小说中，这或许是由于这些作品以未经自由爱情观念洗礼的古代社会为背景，当古代言情小说的作者和读者在封建大家族制度和婚姻观念中窥见了当代女性似曾相识的人生困境，她们便会发现那些关于平等爱情的说辞远未真正实

---

① 戴锦华：《涉渡之舟：新时期中国女性写作与女性文化》，北京大学出版社，2010年，第43页。
② 张洁：《爱，是不能忘记的》，《北京文学》1979年第11期。

现，而爱情神话其实从来也只是个神话。在2006—2009年间，流潋紫创作了"宫斗"小说《后宫·甄嬛传》，残酷的宫廷斗争代替爱情成为故事中的核心要素。自此以后，"宫斗""宅斗""种田文"兴起，不相信爱情的女主们或者在宫廷之中殊死搏斗，或者于家族大宅之中精打细算，在与公婆妯娌的周旋之中过上了把老公当老板、不要浪漫爱情只要现世安稳的小日子。

在女性向修仙文中，爱情叙事并未断绝，但浪漫史的符码却彻底失效，在2008—2010年间的修仙虐恋文，便是以浪漫史符码写就的爱情神话的最后一次恣意狂欢。

在一段浪漫史之中，唯有爱情遭遇困境的惊心动魄之处，才能够为叙事所捕捉，而后铺陈成文。而当最后一个伟大时刻来临——困难终被克服，男女主在一片广阔天地之中相约百年，浪漫史也就迎来了终结。没有任何一个故事会回答这样一个问题：这之后怎样？男女主真的可以永远相爱吗？"甜宠"修仙故事恰恰是从"王子与公主从此过上了幸福的生活"那一刻开始讲起。在这样的故事中，不再超然的爱情变为一种生活方式——美好但并不伟大。如果说此前修仙文中的爱情叙事是在以爱情填补宏大叙事崩解的巨大空洞，抚慰价值危机的焦虑，那么在"甜宠"修仙文中，爱情叙事便多多少少回归了对于爱情本身的关注，女主享受爱情日常中的"互宠"，而不是时刻准备着单方面地做一个不求回报的牺牲者。"甜宠文"往往从恋爱讲起，但将大部分篇幅放置在婚后生活上，甚至"生包子"①也成为这类故事中一个重要萌点。这就意味着在文本内部连续地呈现了一个女性从单身到成婚、从妻子到母亲的多重身份转换过程。在经典的浪漫史爱情叙事中，这种连续性的文本经验是不可想象的，女性的人生轨迹总是被撕裂为追求爱情的少女与母亲这两个相互隔离的形象片段，在颂扬前一个的同时压抑并遮蔽后一个。这种僵化的经验图式阻碍了女性感知和书写自身的生命体验，而"甜宠文"或许正从文本内部重新召唤女性读者完整的主体性与自我感知。

---

① 生包子：指女主生育孩子，并与男主共同抚养萌娃的情节。

与此同时，原本被爱情所压抑的广阔世界与多种可能也在"甜宠文"中重新打开。在"甜宠"修仙文中，实现爱情与守护爱情不再是女主唯一的生活目标，居于她们人生中核心位置的是修炼得道、理解并掌握世界真理的雄心，或者拯救世界于危难之中的重任，对广阔世界的求知欲与对世界众生的责任感重新回到了她们的视野之中。如《徒弟》便以包含仙界、人界、冥界的修仙世界为舞台，讲述纵跨万年时光的复杂故事，并涉及平行世界等宇宙设想。祝遥以副本的形式经历世界中不同的时空碎片，以拯救世界为目标不懈努力，而玉言则在大部分时间里并不能与祝遥并肩作战，他在仙界等待祝遥归来，并给予祝遥无限的信任与支持。在"甜宠"设定之下，女主重新找到了爱情与事业、爱情与其他情感之间的平衡点，并现身说法地告诉故事外的读者：除了做爱情中的小女人与不要爱情的女强人，女性其实本该有更多、更好的选择。

当然，对于"甜宠"修仙文而言，无论是完美爱情的实现，还是正面价值的确立，都不服从于任何现实逻辑，甚至恰恰相反，爱情与正义的理想乌托邦总是建立在架空现实的设定基础之上。设定能够实现其功能的最基本条件是人人皆知设定为假，一旦读者对设定信以为真，以现实主义的视角讨论其合理性，那么建基于设定之上的幻想国度便会瞬间倾覆。爱情也好，价值体系也好，凡是必须依托设定才能实现的，必然是在现实生活中存在缺憾、面临困境的。故而依托于设定完成的"甜宠"修仙文，恰恰体现出对现实生活之中启蒙价值有效性的彻底怀疑。这种拒绝对现实发言的姿态显然带有犬儒主义的特征，并会在一定程度上阻隔现实经验与文本经验之间的交流，但同时也提供了一个尝试、书写爱情与道德理想的乌托邦空间，并让沉浸于故事之中的读者以一种自我宠溺的方式熟习于对更好世界的渴望。

四、从设定屏蔽现实到设定反哺现实

邵燕君在《从乌托邦到异托邦——网络文学"爽文学观"对精英文

学观的"他者化"》①中将这种依赖设定创造出来的文本虚拟世界比喻为"培养皿",认为这样的虚拟世界能够达成"心理养成"的功能:

> ……而当新的生命生长出来以后,又需要一个"培养皿"。这一次是女人——准确地说,是"网络独生女一代"——自己立法。她们中间的很多人从小被当作花木兰一般养大,待到"壮士十年归时",却被污名化为"女汉子",被打回"剩女"原型。多亏还有一个"二次元"的空间,在那里,她们自己设定世界规则,自己做自己的父母,自己富养自己——从来就没有什么救世主,要幸福地度日,合理地做人,需要自己去肩住黑暗的闸门。②

换言之,通过设定来屏蔽现实所建立的小说世界,以及这些小说世界所呈现的理想、价值观念并未彻底停留于文本内部,而是曲折地通过"心理养成"的方式回馈于现实空间。

肖映萱、高寒凝也曾多次在相关文章中讨论过近年来的"网络女性主义"这一网络思潮,及其与女性向网络文学之间的对应关系和相互影响。根据高寒凝的定义,"网络女性主义"是指:

> 近年来在网络空间中萌发并以网络为平台,或针对具体的性别歧视事件和女性生存困境(如婚姻问题、女性财产权问题等)迅速发表看法、形成一定规模的深度讨论及舆论影响力,或通过文艺创作传递女性主义价值观,但通常并不重视理论建构的一种女性主义实践。③

高寒凝在《女性向网络文学与"网络独生女一代"——以祈祷君〈木

---

① 邵燕君:《从乌托邦到异托邦——网络文学"爽文学观"对精英文学观的"他者化"》,《中国现代文学研究丛刊》2016 年第 8 期。
② 邵燕君:《从乌托邦到异托邦——网络文学"爽文学观"对精英文学观的"他者化"》。
③ 高寒凝:《女性向网络文学与"网络独生女一代"——以祈祷君〈木兰无长兄〉为例》,《中国现代文学研究丛刊》2016 年第 8 期。

兰无长兄〉为例》一文中讨论了"独生女一代"的"网络女性主义"实践与女性向网络文学创作实践之间的关系。高寒凝认为,"'网络女性主义'不仅与'女性向'网文处在一个共同的网络空间之中,其主要参与者也和'女性向'网文读者一样,是35岁以下对互联网有一定依赖性的女性,与"独生女一代"重合度很高"①。文章讨论的核心文本是祈祷君的《木兰无长兄》,这部重述木兰故事的小说同样具有很鲜明的游戏化特征。女主贺穆兰穿越为解甲归田的大龄"剩女"花木兰,经历过数次糟糕的相亲仍无人问津,境况窘迫。于是,就像游戏一样,故事的设定给了贺穆兰从头再来的机会。贺穆兰重新穿越到木兰替父从军、征战沙场的时刻。待到"归来见天子、天子坐明堂",贺穆兰做出了不同的选择:木兰要做尚书郎。《木兰无长兄》还有另一重设定:北魏正处于巨大的危机之中,穿越而来的贺穆兰则是拯救这个时代的唯一希望,是维系北魏国运的关键人物,可以说,天下气运系于木兰一身。只有贺穆兰有能力保护北魏的百姓免于战乱、饥馑与死亡,于是贺穆兰承担起了守护国家的使命。贺穆兰拥有这一使命并非因为她的能力,而是"冥冥之中自有定数",这种"缘不知所起"的强制性规约是设定的典型形态。于是,两重设定给了"剩女"木兰崭新的人生,让她成为历史的参与者、守护者,征战沙场、建功立业,同时也收获了一份平等而真诚的爱情。

《木兰无长兄》创作于2014—2015年间,恰好是"女性回归家庭"的舆论开始甚嚣尘上之时,可以说其中塑造的那个要做尚书郎、建功立业、参与大历史的自强木兰,恰恰是与"网络女性主义"对"女性回归家庭"的反驳相辅相成的。

  恰好在《木兰无长兄》连载之中和之后,网络空间中也悄然兴起了一场挖掘被埋没在历史中的杰出女性的运动。如2015年陆陆续续出现的对辛亥革命前后妇女运动领导人史料的罗列,及2016年初对二战时期后方女程序员们卓越成就的挖掘与复现。这些"网络女

---

① 高寒凝:《女性向网络文学与"网络独生女一代"——以祈祷君〈木兰无长兄〉为例》。

性主义"的热帖与女性向网文中反思女性历史主体性的创作脉络相呼应，同时也为独生女一代探索婚姻之外的自我价值实现提供了有力的事实支撑。①

2017年以后，性别议题仍不断成为热点话题，甚至愈演愈烈：对"女德"讲座与不良PUA的声讨、由滴滴司机奸杀女性乘客案件引发的关于女性安全的议题、《天朝渣男图鉴》被删事件与反家庭暴力的呼声、生育基金与女性生育权问题、同性婚姻合法化的呼吁……在所有话题中，"网络独生女一代"或者说"网络女性主义者"们都在积极发出她们的声音。即使在某些时候会略显激进或者偏激，但我们所看到的，是敢于反抗的女性、自己养活自己的女性、有平等诉求的女性、要求自主选择自己人生的女性、与性少数群体站在一起的女性、有历史责任感的女性。她们在用设定屏蔽现实的女性向网络文学作品中看到了应然的世界与理想的自己。因为见识过了更好的，因为习惯了更合理的，所以她们最直接地感受到了理想与现实的落差，看到了现实中的不平等与不自由。

她们学会了愤怒，并开始思考如何改变这一切。

---

① 高寒凝：《女性向网络文学与"网络独生女一代"——以祈祷君〈木兰无长兄〉为例》。

第九章
生成故事的系统与生成系统的系统：
作为游戏的网络文学创作

让我们来想象这样两个场景。

第一个场景。我和我的朋友们完成了一次《龙与地下城》的跑团，我将跑团记录整理成小说发表在网上。在这个场景里实际上存在两个《龙与地下城》的游戏系统，系统 A1 是我们跑团的过程中所遵循的游戏系统，系统 A2 则是在我的跑团小说中呈现的系统——当然，我不会直接在小说里说出这个系统，但实际上小说中的所有人物都是遵循这一系统在行动，所有的事件都是在这一系统之下触发的。跑团小说中暗含的系统 A2 就是我在本书第五章到第八章所描述的那种由数值、设定、半自律人物等关键要素构成的系统；而跑团过程中我们使用的游戏系统 A1，以及我们运用 A1 的方式，最终生成了 A2。A2 是生成故事的系统，A1 及我们理解、使用 A1 的方式则是生成系统的系统。

第二个场景。我是一个MMORPG《剑侠情缘网络版叁》(以下简称《剑三》)的玩家，我使用的替身角色所属门派是天策。现在，我正向我的朋友介绍天策这个门派的特征，我会说："长枪独守大唐魂，一筐马草就嫁人"。这十四个字实际上同时包含了娱乐层与再现层两个层面。前七个字是再现层，在《剑三》设定中，门派天策就是大唐天策军，也即唐太宗李世民建立的府军，手持长枪、策马出征，在安史之乱中英勇抗敌，守卫大唐河山，所以叫作"长枪独守大唐魂"。后七个字是娱乐层，因为《剑三》中天策这一门派的特色是可以在马上释放战斗技能，再加上轻功非常难用，所以天策玩家常常以马代步。而《剑三》中的马属于坐骑系统，是需要喂食马草的，一旦马处于饥饿状态，速度就会下降，这就决定了天策这个门派非常消耗马草，以至于有了天策玩家会为了一筐马草与其他玩家结情缘的说法，这就是"一筐马草就嫁人"。在这个场景中，如果我是"长枪独守大唐魂，一筐马草就嫁人"这句话的创造者（当然我不是，这句话是《剑三》玩家中流传很广的一个段子，最初的创造者已无从考证），那么我就已经完成了一次广义上的同人创作，为《剑三》天策门派创作了一首打油诗。在这首打油诗里，既有《剑三》本身的叙事元素，也有我的游戏经验；天策对我而言既是英勇捍卫大唐的军人，也是我实际操纵的那个日常缺马草的替身角色。

以上两个场景指向了一个共同的关键词：同人创作。场景一中的跑团小说显然是同人小说的一种形态（尽管不是最典型的形态）。我用这个场景试图说明的是，对于同人小说而言，原作本身的系统（A1），以及同人圈与作者个人对A1的理解和使用，最终构成了同人小说的故事生成系统。场景二则更像是同人社交及同人创作的一个中间环节，《剑三》玩家首先在游戏过程中发现了天策玩家总是缺马草这一现象，随后在《剑三》玩家圈子里分享这一经验，渐渐形成了"一筐马草就嫁人"这样的习用说法，而天策这一门派的人设中也就多了"缺马草"这样一个萌要素。这个萌要素足够有趣、足够深入人心，于是成为圈内共识，也即天策门派的一个公共设定。随后，在《剑三》的同人小说中，作者写到出身天策的人物时，便常常会为这个人物添加"缺马草"的萌点，甚至直接以

"一筐马草就嫁人"作为故事中的一个情节。"缺马草"这个公共设定的形成过程实际上就是同人圈对《剑三》游戏系统（A1）的理解与使用过程，最终，"缺马草"成为许多同人小说中天策门派角色的一个萌要素，成为小说中生成故事的系统（A2）的一个组成部分。此外，第二个场景还涉及了同人圈与同人作者理解、使用《剑三》游戏系统（A1）的两种方式："长枪独守大唐魂"是第一种，这是将游戏官方给出的门派设定直接运用在同人创作之中（官设）；"一筐马草就嫁人"则是第二种，这是将玩家对游戏娱乐层的游戏体验转化为一种再现层的叙事，是基于对A1的创造性误读而产生的私人设定（私设），这种私人设定由于在同人圈内部引起广泛共鸣而最终演变为圈内公共设定（公设）。

网络小说的游戏化，实际上意味着一部网络小说的文本首先要作为一个生成故事的系统而存在，而在文本外部，这个生成故事的系统必须依赖于作者与读者或者说整个亚文化圈的内部共识才能成立。换言之，为保证文本内的系统在作者和读者那里皆能顺畅运行，就需要一个在文本之外的亚文化圈内顺畅运行的协商与共识系统，亦即生成（文本内的）系统的（文本外的）系统。

在所有网络文学的创作中，同人创作无疑是圈子化程度最高、社交功能最强、共识系统最复杂完整的一种，更为普遍的网络文学创作则必然处于现代性个人孤独的写作与后现代交互媒介情境下的游戏化创作这两极之间的某个位置。为了充分呈现这种生成系统的系统，我将以《剑三》同人圈的生态与文本生产为样本，分析网络小说生产过程本身之为一种游戏的主要特征——同人小说的生产本身首先是同人亚文化圈交流、互动的中间环节而非其结果。

之所以选择《剑三》同人圈，有两个同样重要的原因：其一，《剑三》同人圈曾一度是国内最热的同人圈之一，产生了丰富而优秀的同人作品；其二，《剑三》同人圈的原作《剑三》是一款游戏，而其他能达到或超过《剑三》同人创作体量的同人圈，如《全职高手》同人圈、《盗墓笔记》同人圈、《魔道祖师》同人圈等的原作都是网络小说。相比于小说，游戏（特别是《剑三》这种MMORPG游戏）是更为开放的文本，玩家（同人作者）理解、使用原作的方式也就更为丰富和有趣。除小说外，我也会使用漫画、同人歌等其他同人创作类型作为素材进行讨论，因为无论是游戏还是游戏化向度的网络小说，都深刻卷入全媒体的创作过程之中，并非所有同人设定都是在小说创作中诞生的，甚至并非所有同人设定都能够通过文字的形式得到最佳呈现。

一、游戏同人：将娱乐层机制转化为故事

《剑三》同人小说（或其他体裁的同人作品）有多种写法。

第一种，完全将《剑三》世界视作一个唐代安史之乱前后的武侠世界，去除一切明显不符合唐代江湖状态的游戏机制，如日常任务、大战、重伤复活等，以《剑三》中的知名NPC（或原创人物）为主人公，写这些NPC（或原创人物）在盛唐末期及"安史之乱"中守卫大唐河山的英勇壮举，或者其无关家国的情感纠葛。如苟夜羽《晴雪夜》写纯阳宫道士清彦与天策将军秦城这两个原创人物的情与义；龙虾糖《冲斗》《不胜簪》写《剑三》著名NPC李承恩与叶英的爱情故事等，皆属此类。

第二种，完全将《剑三》世界视作一个游戏世界，写玩家的游戏经历，刷任务、下副本、做日常、打大战、插旗（玩家决斗）、结情缘、jjc（竞技场，指《剑三》中的一种PVP玩法）等玩家游戏内容是这类作品中的常见情节。在这样的故事中，替身角色就是一堆数据，NPC也只是虚构的游戏角色。这类写法中有偏于非虚构的创作，如层出不穷的"《剑三》八一八"[①]类直播贴；也有虚构故事，如"鬼网三"类恐怖怪谈故事。所谓"鬼网三"就是在玩《剑三》（《剑三》也可称为《剑网三》）过程中遭遇灵异恐怖事件的故事，常常以玩家第一人称讲述自身真实经历的口吻进行叙事，是《剑三》同人中很重要的一类。如十宴的《【鬼网三】那天我突然听说死去的情缘上线了》、什围是小措的《【鬼网三】我做忆红颜任务的时候，遇到一个丐帮》等，都是很精彩的"鬼网三"故事。

---

① 《剑三》八一八：《剑三》玩家间的八卦。

除以上两种极端形态外，《剑三》同人还有更多的中间状态。比如，《【剑三】【唐毒】如果对象一不小心深井冰了，怎么办！求破！》（以下简称《深井冰》）是一篇唐门（《剑三》门派）原创角色唐无德与五毒（《剑三》门派）原创角色桑罗的爱情故事。《深井冰》基本上是将《剑三》世界当作一个真实的唐代武侠世界来写，但却保留了阵营与大战、生活技能等级、日常任务、副本等许多游戏机制。既要保留游戏机制，又要让笔下角色真的在生活，而不是玩游戏，这就需要把本来属于娱乐层的游戏机制包裹上叙事层的皮肤，混进叙事层。这里仍以《深井冰》为例进行说明：生活技能系统是《剑三》中的一个游戏系统，包含神农、缝纫、烹饪、铸造等多个生活技能体系。其中，玩家可以通过采集草药提升神农技能等级，而神农技能等级越高，就能成功采集等级越高的草药。缝纫、烹饪等生活技能也以此类推。玩家可以随意选择自己主修的生活技能，但是不同门派在生活技能上有所偏重，这与门派设定密切相关。比如，五毒在门派设定上就是西南地区的教派，善驱使虫蛇，善用药用毒，所以五毒玩家首先被推荐修炼神农类生活技能；而藏剑门派在设定上是指西湖附近的江湖名门藏剑山庄，以剑法和兵器铸造闻名于世，所以藏剑玩家首先被推荐修炼铸造类生活技能。《深井冰》中的主人公桑罗就是一个采集技能满级的五毒弟子。一日，桑罗偶遇一位同属五毒教的师伯阿朔，师伯穷困潦倒，想要采集草药换钱：

只有在这个人（阿朔—引注）低头满头疑惑的满地找甘草大黄的时候，桑罗才能感受到一种名为"老子当年买鸡蛋还是用刀币"的历史沧桑感。

幸好桑罗还是很有同门爱的，简单地讲解了一下如今这个世道的茶馆价值观，阿朔师伯醍醐灌顶。天色尚早，估摸着唐无德没那么早回来，桑罗又本着无私伟大的同门爱跟着二呆的阿朔师伯去挖彼岸花。

半个时辰后，桑罗整理着阿朔梨花绒绢包里一扎堆的枯草，忍无可忍地问："师伯，我有个问题要问你。"

……

"……我只是想问问，师伯，你的神农几级？"

阿朔掰着指头算了一下，十分怀念地道："三十五吧，我记得当年我还在洛道挖过防风。"

忍无可忍，无须再忍。

桑罗一把抽过阿朔手中的天工＊索野，把手里的梨花绒绢包丢到阿朔怀里，手指一边的枯树权。

"师伯，麻烦那边去玩一下枯草。"①

这段情节涉及了多个《剑三》游戏机制。首先是"如今这个世道的茶馆价值观"。所谓"茶馆"，就是开设在《剑三》各个主城（长安、洛阳、扬州等）外的茶馆，是玩家接受和完成日常任务的地点。玩家完成日常任务可以获得一定的金钱等奖励，所以阿朔才会有做茶馆任务赚钱的打算。而"如今这个世道"对应的，则是《剑三》的版本迭代。《剑三》"安史之乱"资料片公测后，出现了新地图"长安·战乱"和"洛阳·战乱"，相应的，在这两个地图上也就出现了战乱茶馆。老茶馆的茶馆任务所需的任务物品包括甘草和大黄，因而甘草和大黄在市场上有着长期稳定的需求，而新出现的战乱茶馆所需的任务物品则是彼岸花，彼岸花的价格随之水涨船高。游戏版本迭代在《深井冰》中被转化为随着时间推移，桑罗身处的显然是"安史之乱"（既是资料片，也是真实历史事件）发生后的"世道"，而阿朔上次完成茶馆任务的时候战乱茶馆还没出现，也就是说那是"安史之乱"之前的事情了，因而桑罗才生出隔世之感。

"梨花绒绢包""天工＊索野"都是《剑三》游戏中存在的道具，"梨花绒绢包"是通过缝纫技能制作的背包，"天工＊索野"是一种多功能生活道具，可以替代神农所需的铲子、缝纫所需的针等工具。"梨花绒绢包""天工＊索野"等游戏道具在《深井冰》中被转化为江湖侠客的日常生活用品。"枯草"是指当玩家神农等级低于采集某种草药所需等级

---

① 北堂很宅B:《【剑三】【唐毒】如果对象一不小心深井冰了，怎么办！求破！》，第14章"白眼蛇郎"。

时，采集的草药将有很大概率变为没有价值的枯草，阿朔神农等级只有三十五级，而一般情况下采集彼岸花所需等级则为八十级至九十级，故而阿朔的梨花绒绢包里填满了枯草。

通过这样的方式，《深井冰》将《剑三》娱乐层的游戏机制转化成了相对平滑的唐代故事。在像《剑三》这样的MMORPG中，娱乐层与叙事层采用的是两套不同的符码，在叙事层，数据与程序被图像、文字、音响包裹起来，形成与小说、电影相类似的叙事形式，每一个人物都是独一无二的，时间流淌向前，任何发生过的事件都无法重来。而娱乐层则由规则固定的行为模式、指示性的图标、数据与图表构成，一切都是可量化和可重复（有限的玩法要支持玩家持续游戏必然需要重复）的：同一个副本可以打很多次（每一个副本中的副本故事可以反复呈现在玩家眼前，死去的副本BOSS也可以反复复活），接受任务帮天策府退敌，并不是要打到敌人败走为止（在这个地图上敌人永远不会消失），而是只需杀死固定数量的敌人即可完成任务；死去的敌人（NPC）会不断刷新，方便下一个玩家来完成任务。所以，娱乐层恰恰是打破叙事层故事连贯性的存在。但《剑三》同人作品（无论是小说、漫画、歌曲还是其他形式），都必然是以一套符码来同时兼容娱乐层、叙事层两个部分，这也是游戏同人区别于其他同人的一大特征。如《冲斗》《不胜簪》《晴雪夜》这样的作品，基本上完全放弃了游戏的娱乐层，仅从叙事层的素材出发构成叙事，"鬼网三"与八卦直播帖则侧重于游戏的娱乐层，真正的"故事"实际上是在玩家游戏社交（游戏社交也是娱乐层重要的游戏机制之一）的层面上展开的。而如《深井冰》这样的作品则力图将娱乐层的游戏机制转化为故事，也即以叙事层的符码写娱乐层的内容。

当然，这一转换并不彻底，仍旧有超出一般唐代江湖世界常识的部分，比如，用梨花绒绢包装成捆的枯草看起来就颇不自然，神农作为一种技能可以像武功一样区分层级倒还勉强可以接受，但是细分出数十级就显得有点难以操作了。但这些同人故事的一大魅力或许恰恰在于这些略显"不自然"的地方，因为兼具玩家与读者双重身份的人会在这样的地方同时看到两层叙事，触发两种经验。在如《深井冰》这样的《剑三》

同人作品中，双层的代入并没有先后顺序，因为读者作为《剑三》的玩家在阅读作品以前就已经熟悉并融入了《剑三》的游戏世界：在叙事层上，他们看到的是熟悉的门派与著名的 NPC 身上发生的故事；在娱乐层上，他们看到这些 NPC 或者同属《剑三》江湖的原创人物做着他们也曾在游戏中进行的活动（比如，做茶馆任务、修炼神农等级）。一个《剑三》玩家总是同时具有两个身份：他既是游戏外的一个玩家，操控着替身角色进行游戏，也是《剑三》江湖中的一个侠客，有自己所属的门派、自己的亲传师父、自己的任务与使命，也见证了许许多多江湖纷争、天下变局。而同人创作将娱乐层机制转化为基本吻合叙事层符码，却仍旧略带"违和感"的故事，则给了玩家（读者）得以将这两重身份联结起来的位置。玩家（读者）在这两重身份中分别体会到的情感，就会在这两种身份之间传递——江湖天下、侠客豪情成为玩家游戏记忆的一部分，玩家间的聚散爱恨也为游戏江湖增添了亲切感与烟火气。

就这样，《深井冰》这样的同人作品一方面是玩家游戏体验的写照，另一方面也加强了玩家对《剑三》江湖的身份认同，从而成为《剑三》玩家社交中的一个环节。

在一段同人叙事中同时安置、联结玩家在游戏中的两种身份（玩家/侠客）或许是游戏同人所独有的特征，而在这一点上，同人歌实际上往往比同人小说体现得更为充分。因为相比于小说，一首剧情歌中的文字数量是非常有限的，因此为了在有限的文字中最大限度地调动听众的情绪，就更有必要充分利用玩家的双重游戏经验。如《剑三》门派剧情歌《自难忘》[①]中有这样两段对白：

　　　　天策（受伤）：叛贼不死……（咬牙）何以——为家！【马匹嘶鸣】

---

① 《自难忘》，原曲为《前尘如梦》，清彦作词，佑可猫演唱，分为剧情版和纯歌版两个版本。纯歌版首发于 5sing 原创音乐基地，http://5sing.kugou.com/fc/13674952.html，2014 年 12 月 17 日，引用日期 2018 年 11 月 16 日；剧情版首发于 5sing 原创音乐基地，http://5sing.kugou.com/fc/13674497.html，2014 年 12 月 17 日，现已删除。

【藏剑轻功飞来　风来吴山①音效】

藏剑（邪魅一笑）：本少爷说过，你若有难，我定拼死相救！

天策（复杂）：好兄弟！

藏剑：（相当热血地说）你我联手，战个痛快！

天策：等等……回个蓝先（撼如雷②音效）

七秀：念念相续不可说

少林（屏息凝神加快语速）：无量行门不可说

七秀：念念不忘……

少林：往复思量……（低语）

七秀：今日怕是过不了这一关了（向敌方掠去）佛说普度众生，你也……渡我一次吧……（冰心③技能）

少林（舍身诀④音效……救下秀姑娘）：还是让小僧以舍身换姑娘一个风袖⑤吧

七秀：好！我先切回云裳⑥啊！（蝶弄足⑦音效）⑧

很明显，这两段故事都发生在"安史之乱"中对抗安禄山叛军的战场上。第一段故事发生在一个天策府将军和一个藏剑山庄弟子之间，前半部分还是一本正经的战场兄弟情，最后一句却是只有玩家才会用的说法——"回个蓝先"。所谓"回蓝"，是指通过技能或打坐等方式快速回复替身角色的内力值（在游戏界面中显示为蓝条），之所以这里特地强调天策府将军要回蓝，是因为藏剑是个没有蓝条的门派，所以很容易忘记

---

① 风来吴山：是《剑三》藏剑技能名。
② 撼如雷：是《剑三》天策技能名。
③ 冰心：指《剑三》七秀的心法冰心诀，主输出。
④ 舍身诀：是《剑三》少林技能名。
⑤ 风袖：指风袖低昂，是《剑三》七秀技能名。
⑥ 云裳：指《剑三》七秀的心法云裳心经，主治疗。
⑦ 蝶弄足：《剑三》七秀技能名。
⑧ 这里的对白引自纯歌版 5sing 原创音乐基地，http://5sing.kugou.com/fc/13674952.html，2014 年 12 月 17 日，引用日期 2018 年 11 月 16 日。

其他门派需要时间回蓝这件事。尽管这段对话发生在两个生于大唐、投身于"安史之乱"战场的角色之间，但结尾这句略带吐槽性质的"回个蓝先"，以及前面穿插于对话间的技能释放音效都会使玩家回忆起自己在游戏中的战斗状态。那种"你我联手，战个痛快"的豪情绝不仅仅来自这两个人物身上发生的故事，反而更多地来自玩家自身在游戏中与其他玩家携手合作进行PVP或PVE战斗时热血沸腾的感受。就这样，娱乐层的游戏体验被移植为叙事层的人物情感。

第二段故事同样有效地调动了玩家在娱乐层的游戏体验。这段故事发生在一位七秀坊女弟子和一位少林寺大师之间，一对有情人共赴战场，形势却到了最危急的关头。"以舍身换风袖"这句词可做双重理解。一方面，从字面上来讲，"舍身"是佛教术语，凸显少林僧人特征，"风袖"典出白居易《霓裳羽衣歌》中的"风袖低昂如有情"一句，符合七秀坊善舞的特质，"舍身换风袖"就是一个无畏牺牲，一个尽情尽性，方不负彼此，不负江山。另一方面，从游戏角度来讲，"舍身"是少林技能舍身诀，这是一个代替队友承受伤害的技能，"风袖"是七秀技能风袖低昂，这是一个治疗技能，少林开舍身承伤，七秀放风袖回血，是游戏中常见的玩家配合。如果只到此为止，这个相当感人的情缘故事也算是完满了，但七秀弟子还有一句台词："我先切回云裳啊！"包括七秀在内的绝大部分《剑三》门派是无法在战斗状态切换心法的，这对《剑三》玩家而言是一个常识。所以七秀弟子想要从冰心（主输出）切换为云裳（主治疗），从而获得风袖技能，就必须先逃走脱战（脱离战斗），所以，此时背景配了一个蝶弄足的音效，这是七秀的一个提高自身移动速度的技能，意味着七秀已经开始准备脱战切换心法了。于是，整个故事画风突变，从一对舍生赴死的情缘，变成一个舍身的大师和一个发足狂奔以求脱战的七秀，悲壮严肃的气氛一扫而空，变得有些滑稽。况且，从释放蝶弄足到跑出足够远的距离脱战、到切换心法，再到跑回战场，是需要相当长的时间的，而以《剑三》游戏里的战斗节奏来看，一个本就血量堪忧、还开了舍身的少林弟子，基本上很难活着等到七秀切完心法回来用风袖。所以，这其实是一个少林七秀搭档打怪，少林开了舍身才发现带的七秀是冰心不是云裳的悲剧故事，有点蠢又有点萌，与故事的前半段构成了鲜明的反差，听众再也没法把这两个角色想象成一对大唐江湖中的有缘人，只能想象为两个配合不够默契的玩家的替身角色，从而减淡情感浓度，保持整首歌轻松的基调。其实第一个故事中的"回个蓝先"也并非完全没有这种效果，毕竟天策在这里说的"回蓝"，是指在非战斗状态下快速回复蓝条，也就是把那个已经斗志满满、下一秒就要冲入敌阵的藏剑生生拉了回来，打断了藏剑的豪情壮志，也多多少少解构了此前的豪言壮语。只不过"回个蓝先"的这种效果不如"切云裳"来得鲜明。

实际上，《自难忘》的主创团队在创作这首剧情歌之前还创作了一首《剑三》同人剧情歌《不可说》[1]。《不可说》与《自难忘》格式相似，也是一段剧情一段歌，写了《剑三》各个门派弟子间的故事，但《不可说》写的总是生离死别求不得，风格悲情低婉。恰恰是因为《不可说》太"虐"，《自难忘》才以"甜"为追求，以"一本正经胡说八道傻白甜"[2]的谐谑甜宠风格为宗旨。《自难忘》中天策与藏剑的故事豪迈而不悲壮，并不违背"发糖"的目的，所以无须太大的反转，但少林与七秀的故事就显得太过伤感了，所以就必须配上"切云裳"这个令人捧腹的结尾。

相比于《自难忘》，《不可说》实际上很少会写到《剑三》娱乐层的机制（仅提到了几个技能名，且基本上都只保留了这些技能名在叙事层的意义，不涉及技能在战斗中的具体功效）。纵观《剑三》的同人创作，这一规律是普遍的：当作者追求一种庄重、悲壮的叙事风格时，往往会专注于《剑三》叙事层的素材，而当作者试图营造一种轻松幽默的氛围时，则常常求助于娱乐层的机制。虽然娱乐层的游戏机制被压入叙事层的叙事符码，但却永远不可能彻底驯服，它总能将读者"一键还原"为玩家，忆起游戏时的种种趣事：自己犯过的傻、玩过的梗、并不智能的

---

[1]《不可说》，原曲为《三月雨》，清彦作词，佑可猫演唱，分为剧情版和纯歌版两个版本。纯歌版首发于5sing原创音乐基地，http://5sing.kugou.com/fc/13326229.html，2014年8月26日；剧情版首发于5sing原创音乐基地，http://5sing.kugou.com/fc/13318841.html，2014年8月24日，引用日期2018年11月16日。

[2] 引自《自难忘》纯歌版5sing原创音乐基地，http://5sing.kugou.com/fc/13674952.html，2014年12月17日，引用日期2018年11月16日。

NPC，以及一些游戏任务中体现出的游戏制作组的恶趣味。

不管是《深井冰》还是《自难忘》，实际上都包含着用娱乐层之于叙事层的"违和感"来中断故事、打破严肃的叙事氛围、创造幽默效果的叙事手法。而这样的手法之所以成为可能，直接得益于《剑三》玩家的游戏经验：如果说《剑三》叙事层的国破家亡、艰难苦恨、爱恨情仇是我们想要"真情实感"的投入之处，那么娱乐层机制则不断提醒着我们"不必当真"。

我在前文中已经提到过，将娱乐层机制转化为故事后，玩家的两种身份（玩家／侠客）被联结起来，两种身份下各自的情感状态就会在这两种身份间流动。《深井冰》与《自难忘》是用玩家身份的情感状态冲淡侠客身份的情感状态，理所当然，反过来也是可行的，《剑三》江湖故事中的深挚情感也会渗透到玩家的游戏状态之中。以《【鬼网三】我做忆红颜任务的时候，遇到一个丐帮》（以下简称《忆红颜》）中的一个段落为例：

> 系统提示：咩萝①要和缘决抱抱，是否同意？
> 缘决念了句阿弥陀佛，点了拒绝。
> 咩萝又发来邀请。缘决又拒绝。如是数次，缘决终于点了同意。
> 电脑屏幕上，两堆数据抱在一起。

虽然《忆红颜》是一个虚构的灵异恐怖故事，但这段话却多少有点现实主义的感觉，记录着大概每个玩家都或多或少有过的把游戏"当真"的时刻。这一段中最妙的句子莫过于"两堆数据抱在一起"。缘决在现实中是个恪守清规的和尚，在《剑三》里也选择了少林这个门派。缘决的替身角色拥抱了咩萝的替身角色，这只是"两堆数据抱在一起"，缘决只是独自坐在屏幕前点了一下鼠标，他甚至从来没见过操纵咩萝的玩家本人。但这仍然值得缘决反复拒绝多次，因为就算只是两堆数据的拥抱，对于缘决而言也同样是动了心、破了戒。

---

① 咩萝：指纯阳门派萝莉体型的替身角色。

在《剑三》相关的贴吧里，经常会见到这样一段回复，原作是谁已不可考：

> 这只是个游戏，
> 永结同心①只是一件装备，
> 生死不离②只是一堆数据，
> 海誓山盟③只是一些特效。
> 三生树花海映雪湖④，
> 只是一个神行⑤的距离。
> 亲爱的么么哒举高高，
> 只是随意的几个按键。
> 我不明白我们为什么要那么认真，
> 毕竟，这只是个游戏。

这段话的流行大概因为"我不明白我们为什么要那么认真"这句自问戳中了很多玩家的心。数据、装备、特效、游戏，所有人都心知肚明，这一切"不必当真"，但"两堆数据的拥抱"仍旧不仅仅是一个随意的按键。《剑三》曾因为"奔现"（线上情缘线下见面后成为恋人、夫妻）率极高而被戏称为"世纪佳缘三"，因为玩《剑三》而结识、成为朋友的情况就更是数不胜数。原本"不必当真"的东西实打实地变成了真的。《剑三》本身提供的玩家社交功能当然在这些情感联结中扮演了重要的角色，它与其他社交媒体一样具有远距离社交的功能。另外，《剑三》和"世纪佳缘网"不同的地方在于，在《剑三》里，玩家不仅仅是玩家，同时还

---

① 永结同心：是指《剑三》七夕任务中可以获得的挂件，任务需两人共同完成，挂件上会写着"A（第一个玩家的ID）与B（第二个玩家的ID）永结同心"。
② 生死不离：是《剑三》好感度系统中玩家好感度的第六个等级。
③ 海誓山盟：是《剑三》中一个非常昂贵的特效道具。对一个玩家使用海誓山盟，基本等同于告白或者"秀恩爱"。
④ 三生树、花海、映雪湖都是《剑三》中风景优美的表白圣地。
⑤ 神行：指《剑三》中的技能神行千里，玩家使用神行千里可以从所在位置瞬移至其他区域。

是替身角色，《剑三》所提供的情景、叙事、情感、环境会影响替身角色的行为、选择乃至于性格特质和道德判断，就像我在分析颜凉雨的《鬼服兵团》时曾经提到过的，游戏中的替身角色意味着玩家在游戏世界中的一个虚拟人格（许多剑三玩家"奔现"后会选择一人一台电脑，一起登录《剑三》，作为约会的方式，这样的状态是不是意味着两个玩家的虚拟人格要比他们的现实人格更加相爱），对于这个虚拟人格而言，永结同心不是装备而是信物，生死不离不是数据而是情感，海誓山盟不是特效而是爱的宣言——只要不删号卸载游戏，这一切就永远都在，而那些在《剑三》世界里认认真真生活着的NPC们也就不再只是一段段并不智能的程序，他们是《剑三》江湖的一部分，也是《剑三》社交的一部分，是玩家的虚拟角色在游戏中身处的"现实"。

故事与社交于是变得密不可分。

就像藏剑玩家总喜欢与"庄花"[①]合影（虽然"庄花"只是自顾自打着坐，美得像幅画），五毒玩家也习惯了跟着五毒NPC一起喊"愚蠢的中原人"[②]（虽然他们在现实中可能就是地地道道的中原人），萝莉、正太体型的玩家不少偏爱卖萌（哪怕萝莉背后的操纵者是个抠脚大汉），每个玩家一旦有了自己的门派和身份，就总会不自觉地染上那么点在《剑三》中独有的习惯和情绪。比如，《忆红颜》中就写了这样一个玩家，他喜欢主城长安中的繁华西市：

> 如果有人问我，剑三里最喜欢哪个地方，我一定会说长安城内。而长安城内，我最爱西市。
>
> 长安西市是最让我感到真实的地方。
>
> 那重重的街道上，鳞次栉比的楼宇里，每个人都像是活生生的。他们过着自己的生活。巡街的恶兵，行色匆匆的客商，心怀明月的少年，情窦初开的少女，耽于醉乡的老人，蹦蹦跳跳的皮实孩子，

[①] 藏剑山庄著名NPC叶英，因长得极美而被玩家戏称为"庄花"。

[②] 五毒教地处边陲，不属于中原门派之列，五毒教的每个NPC在任务对话中都一定会加一句"愚蠢的中原人"，这成为五毒教的一个标志性特征。

卖水果的大娘……

……

我喜欢在阿伦请来胡姬跳舞的地方站着，吹凤翼云箫。

阿伦和雨婕是长安西市一个任务链中的男女主，整个任务链的核心情节就是帮助阿伦与雨婕这对苦命鸳鸯终成眷属，而任务的最终奖励就是腰部挂件凤翼云箫。在这个任务链中，玩家会在长安看一场歌舞，得一支箫，成全一对有缘人，阿伦和雨婕会对玩家说："你的大媒，我们永生不忘"。《忆红颜》中的玩家之所以喜欢主城长安，是因为：

在这里，我看不到角色背后操纵键盘鼠标的手，我只能看到一个个真正的江湖人，少侠少女们，愿你们能像阿伦和雨婕，不顾一切拉着手向前奔跑。

就像缘决郑重地点选"同意"，接受了咩萝的拥抱一样，这里同样记录着一个玩家在游戏中"认真"的瞬间。包括他自己在内，在那个时刻，《剑三》世界中不再有玩家，有的只是少侠少女，他的替身角色所代表的虚拟人格，向其他所有替身角色所代表的虚拟人格发出了祝愿，而这祝愿却并不仅仅是虚构的故事或者简单的角色扮演，它无时无刻不在《剑三》的游戏社交中成为现实。

如果仅以《忆红颜》这样的作品为例，似乎仍有将讨论局限于文本之内的嫌疑，因而作为参照，我将引入一个玩家社群对于同人作品的接受视角。2014年下半年，一首名叫《眉间雪》[①]的《剑三》同人剧情歌火遍了《剑三》玩家社群。这首歌诞生于2014年9月，到了11月，《剑三》官方用这首歌做了纯阳正太的宣传视频，使得这首填词翻唱同人歌获得了更大范围的推广。《眉间雪》讲的是《剑三》中的师徒故事，师父无微不至地关怀小

[①] 《眉间雪》由三个糙汉一个软妹组出品，文案：碗了个碗，编剧：忌廉、碗了个碗，原曲：《生命树》，填词：陆菱纱，演唱：晴愔，发表于5sing原创音乐基地，http://5sing.kugou.com/fc/13378281.html，2014年9月10日，引用日期2018年11月29日。

徒弟，待到徒弟长大成人，独自闯荡江湖、名扬天下，留师父独自一人等在原地。直到有一天徒弟也成了师父，才理解了当年师父的心境。

整首歌写的都是《剑三》江湖中的师徒故事，没有一句提到游戏或游戏外的世界。但所有听歌的人都知道歌里唱的是《剑三》师徒系统，是在师徒系统中结为师徒的玩家之间无关爱情的缘聚缘散，是一茬又一茬玩家在《剑三》江湖中来了又走——徒弟成了师父，而他曾经的师父或许已经离开了游戏，又或许只是在游戏中渐行渐远。

无数玩家在《眉间雪》中看到了他们自己，在他们的记忆中，自己与游戏中的师父/徒弟之间的交集更多的是按照《眉间雪》的方式被记录和表述的——是一个道姑遇到了一个道长，道长做了道姑的师父，师父带徒弟闯荡江湖；而不是一个玩家在游戏里遇到了另一个玩家，两个人完成师徒系统的拜师任务成为师徒关系，身为师父的玩家帮助身为徒弟的玩家打怪升级。

因此，我们便不难理解，b站[①]《眉间雪》官方视频的弹幕中，满满的全是徒弟对师父/师父对徒弟的告白：

"好想师父父"

"师父父，徒弟最喜欢你了"

"师徒一心，同去同归"

"我的蠢师父，我陪你一辈子"

"师父，你什么时候回来啊，等你快一年了呢"

"徒弟弟，你明明说等你厉害了要保护我，可是你却a[②]了"

"师父，江湖的尽头你还有我"

"师父就是个二货道姑……然而我总是和她各种互损"

"师父你不要我了"

"徒弟对不起，师傅最后可能还是要A了"

[①] b站：哔哩哔哩视频弹幕网的简称。

[②] "a"与下文的"A"都是AFK（Away From Keyboard）的简写，意为长期或永久离开一款游戏。

"师父要 a 了……以后啊就我一个人了"

"师傅傅，说好我没长大你不会走的，不要骗我哦。突然不想变强想永远跟在师傅后面有师傅保护我"

"感觉收了好多徒弟没时间带，真有点对不起他们"[①]

他们在非游戏的空间中说着游戏里的话，他们在师徒这样一种现实空间中实际上并不存在的人际关系里承担着情感与责任。这样的师徒关系，是在《剑三》特定的空间与叙事情景中产生的，它既是故事和角色扮演，同时也是真实的社交生活。对于《眉间雪》中的师徒而言，一场师徒、一场等待，或许就是一生，而在《剑三》玩家的实际情况中，师徒关系可能维持数月、一年，至多数年——如果只计算上线时间的话，这个时间会更短。但《剑三》中快速迭代的师徒关系（师父、徒弟、外加师祖乃至徒孙同时在线，或共同线下见面的情况在《剑三》中并不罕见），却因为与《剑三》江湖故事的融合而混杂了《眉间雪》式的一生一诺、师徒同心、同去同归的深情厚谊，实际上相比于现实社交，在更短的时间内体验了更大的情感浓度。

故事与社交密不可分，玩家的现实人格与游戏虚拟人格同时并存，这是《剑三》游戏中的玩家状态，实际上也构成了《剑三》同人创作的内部结构和外部系统。一方面，《剑三》同人的作者与读者在进行同人故事的创作和阅读时，总会同时具有双重身份（玩家/侠客）、两种视角（旁观者/参与者），而这双重身份和两种视角又总是内置于《剑三》同人作品之中，作为一种叙事结构而存在；另一方面，《剑三》同人（故事）是《剑三》玩家交流（社交）的中间环节，玩家社交为同人创作提供素材和灵感，同人创作固定并丰富了玩家社交中形成的共识，为玩家社交提供话题、话语方式和对话空间。

[①] 引自 b 站视频剑网 3 纯阳少侠微电影《眉间雪》（高清）https://www.bilibili.com/video/av1720612 弹幕，视频发布日期 2014 年 11 月 17 日，引用日期 2018 年 11 月 29 日。

二、设定与OOC

如《深井冰》这样的作品，我们可以很明显地在其中看到角色的双重身份、叙述的两种视角。首先是一个非常常规的第三人称全知视角叙事，讲述的是一群生活在盛唐、中唐之交的江湖人的江湖故事。除此以外，大量《剑三》娱乐层的游戏机制被压入叙事层，并时刻彰显着自己的存在，于是读者总是被提示以一种玩家的视角看待故事，将故事中的角色视为游戏中的NPC，或者其他玩家扮演的替身角色，角色的行动与玩家（读者）的游戏记忆混杂在一起，于是玩家（读者）也成了故事的参与者。

在前文中，我也阐释了如《忆红颜》这样的第一人称玩家视角故事何以同样具有产生角色的双重身份、叙事的两种视角的可能性。那么如《冲斗》《不胜簪》这样的纯然使用叙事层素材进行创作的同人作品又是怎样的呢？

首先需要明确的是，《剑三》同人作品几乎全都是非常典型的"数据库消费"式的作品。也就是说，几乎所有《剑三》同人中塑造的角色都是萌要素构成的角色。《剑三》同人中的萌要素以两种方式富集在角色身上：每一个游戏中的知名NPC都有一套萌要素合集；每一个游戏中的门派都有一套经典的萌要素合集，与NPC或门派相连接的萌要素合集就是"设定"。如前所述，同人创作中的设定分为三类：官设（官方设定）、私设（作者个人设定）、公设（同人圈公用设定）。官设与私设是一组对立的概念。官设指原作中确实存在的设定，对于《剑三》同人而言，就是指《剑三》游戏中给出的设定。私设则是同人作者个人添加在角色/门派之上的设定：这些设定有些是作者从原作中解读、推测出来的（但未必得到公认的）；有些是作者根据自己的创作需要添加的；有些是原作中并未提到，但作者认为符合角色逻辑和角色关系，理应存在的。公设则是一个相对复杂的概念，它是指在同人圈中获得广泛认可、所有同人作者在创作中都可以使用，并且在一定程度上应该被同人作者遵守的设定。并非所有官设都能成为公设，一些著名的私设受到广泛认可后也可以成为公设。在一些较大的同人圈中甚至会存在圈内"设定书"。"设定书"会尽可能多地罗列圈内公设,这是同人写作的一种重要辅助工具,其重要程度甚至可能超过原作,以至于会存在并未看过原作、仅根据"设定书"创作同人故事的同人作者。

由于官设本身并不是一个明确、稳固、全面的实际存在物,不同的同人作者对于游戏原作有着不同的理解,心中认定的官设也会有微妙的区别,因而像《剑三》同人这样的在网络中创作和生产的同人作品真正依赖的既不是原作也不是官设,而是在同人社群中得到反复讨论,并达成共识的圈内公设。这是网络同人创作的游戏性所在,也是其必须依托于同人社交的原因所在。当代网络同人因此区别于《金瓶梅》《荡寇志》《续红楼梦》等古已有之的续写和二次创作。

《冲斗》与《不胜簪》都是以李承恩和叶英这两个《剑三》著名NPC为主人公,写了李、叶二人的爱情故事。李叶是一对非常有名的《剑三》同人CP,这两个人在《剑三》游戏中的交集少得可怜,基本上只在烛龙殿副本中有过一面之缘,在《剑三》五十年代[①],李、叶的对话和交集比现在略多,但也绝无爱情关系,况且李承恩先与年长女佣相恋,得子李无衣,后得七秀坊七姑娘十年痴恋、无怨无悔。女佣固然无名无姓,但被同门及玩家亲切地称为"小七"的七秀坊七姑娘却可算得李承恩的官配CP了。而李、叶之所以成为一对著名CP,则纯靠玩家的脑补和同人创作,这是私设升级为公设的一个典型例子。

《冲斗》是李叶CP的早期经典同人名作,也是奠定了李叶CP地位的重要作品之一。《冲斗》中的李承恩与叶英,基本上都沿用了《剑三》中对这两个人物的官方设定:叶英是藏剑山庄大庄主,长相俊美,稳重寡言,有君子之风,于剑道极有天赋,虽双目已眇,但心境澄然,固有"心开天籁、抱剑观花"之说;李承恩是天策府有史以来最强的统领,精于谋略,工于心计,善兵法,善用枪,胆大心细,忠于大唐。这种尽量贴合原作人设的做法获得了读者的认可,也是这一对私设CP能被广泛

---

① 《剑三》最初上线,游戏内角色等级上限为五十级的时期被玩家称为五十年代,相应的还有七十年代、八十年代、九十年代和九五年代等。

接受的重要原因。作者龙虾糖还是个细腻的"剧情党",对于《剑三》中的各种剧情、任务非常熟悉,能够在《冲斗》中将与李、叶二人相关的各种游戏剧情串联起来,构成故事主线,也为读者重新梳理了这一段游戏中的故事线索。所以,《冲斗》中的大部分情节都直接源自游戏剧情,经过作者的解读、整理之后却形成了原本在游戏中并不存在的李、叶的爱情故事,这种情节处处"有本可依"的写作方式也让整个故事显得格外"可信"。但仍有一些非官设的人物设定被加入了故事之中:李承恩擅长针线活,藏剑山庄富甲天下。李承恩擅长针线活是一个从官设中推演出来的私设,根据官设,李承恩幼年生活艰苦,曾在服装店打工,作者据此为李承恩添加了"善做针线"这个略带"人妻"属性的萌点,与叶英的不食人间烟火相匹配。藏剑山庄富甲天下则是个非官设的公设。按照官方设定,藏剑山庄起于贫寒,创业不过两代,主要收入来源是铸造、出售兵器。藏剑山庄铸造技艺精良,名剑大会举世闻名,想来确实并不缺钱,但若说富甲天下,却并非凭借两代人就能积蓄起来的。藏剑山庄之所以有了"土豪""有钱"这样的公设,主要有三方面原因:其一,藏剑门派服饰的主色调是金黄色,看起来很有钱(这个看起来没什么逻辑的原因或许反而是最重要的);其二,藏剑门派招式需要玩家同时携带两把武器(一把重剑和一把轻剑),武器的购买、修理等费用都是其他门派的两倍,所以被玩家吐槽为非土豪玩家玩不起的门派;其三,《剑三》游戏世界中可供玩家购买使用的武器中,品质和造价最高的那些大都标明为藏剑山庄出品,这让玩家产生出藏剑山庄卖着全游戏最贵的武器,所以肯定是游戏中最有钱的门派的感觉。

如前所说,《冲斗》中李叶CP的一切设定都由来有据,但这并非使得这个其实并无多少原作支持的CP固定下来,并且持续不断地产生新作品的唯一理由。另一个不应忽视的理由是在李叶大热之前,策藏CP就已经存在了。

大部分同人写作会在作品名前标注作品中的主CP,比如,《冲斗》实际上可以标注为《【李叶】冲斗》,而《剑三》中的常见CP除了一些知名 NPC 的官配、拉郎 CP[①]外，还有一些门派 CP，如策藏[②]（天策 × 藏剑）、佛秀（少林 × 七秀）、唐毒（唐门 × 五毒）、明丐（明教 × 丐帮）、花策（万花 × 天策）、花羊（万花 × 纯阳）等。

　　大部分高热度的门派 CP 都不是凭空产生的。比如，佛秀是因为少林是《剑三》中唯一一个只收男弟子的门派，七秀则是唯一一个只收女弟子的门派，于是被凑成了 CP；策藏则是因为这两个门派的 PVP 技能匹配度极高，在苍云等新门派还未出现时，曾经有过"策藏秀国家队"的说法，也就是天策、藏剑再加一个主治疗的七秀，是打三人竞技场（PVP）的最佳阵容，因而在游戏中策藏组合非常常见；唐门与五毒都在西南，与中原武林略有隔阂，唐门善暗杀、善用暗器，五毒善驱虫蛇、善用毒，都有点"旁门左道"的感觉，所以常被凑在一起；明教和丐帮是相对晚出的门派，前面若干门派都已凑完了 CP，于是只好把这两个后来的门派凑到一起，就有了明丐 CP。毫无疑问，门派 CP 没有官设，而这些 CP 的真正来源也是千奇百怪，有根据技能匹配划分的，有根据设定划分的，有根据画风划分的，甚至还有根据推出门派的先后顺序划分的，等等。这些门派 CP 首先在玩家的游戏过程中被发现和讨论，进而在大量的同人创作中被固定下来，又反过来影响玩家游戏时对自身门派的认同、对其他门派的态度、对情缘的选择等游戏状态和游戏行为。

　　策藏也是《剑三》门派热门 CP 之一，在大量的玩家讨论与同人创作中已经形成了一系列相对稳定的设定。在 CP 关系方面，策藏 CP 大多时候写的是天策府成年男性（一般被玩家简称为"军爷"）与藏剑山庄成年男性（一般被玩家简称为"二少"）之间的爱情故事，军爷攻，二少受[③]。在人物设定方面，军爷往往是精忠报国的热血军人，性格偏于豪放，文化素养较低，由于天策府在游戏官方设定中被称为"东都之狼"，后被玩

[①] 拉郎：将两个在原作中（或现实中）不存在亲密关系的角色或人凑成 CP 的行为。

[②] 策藏：天策与藏剑的 CP。在 CP 双方名字中各取一字连在一起构成 CP 名，是网络文化中通行的做法。

[③] 策藏的攻受关系以策攻藏受为多，也有藏攻策受的情况。一般写为藏策，如果在百度搜索策藏，共有约 565000 条结果，搜索藏策只有约 101000 条结果，可见策藏才是这两个门派同人文中的主流，搜索日期为 2018 年 11 月 28 日。

家萌化戏称为"东都哈士奇",所以军爷还可能带有某些犬系人设;二少则是富贵公子,解风情、有文化,可能"人傻钱多总犯二",也可能精明聪慧善经商。有一段时间,《剑三》"八一八"中出现了不少关于"渣军爷"的帖子,以至于玩家对使用军爷替身角色的玩家产生了一种不信任感,甚至有了"十个军爷九个渣,还有一个欠仇杀"的说法,再加上李承恩与小七的故事在游戏中得到完整呈现后,李承恩被很多玩家视为"渣男"代表,而李承恩又是天策的代表NPC,所以这个"渣男"人设也被赋予了一部分军爷,于是也出现了一些军爷为"军痞渣攻"人设的策藏同人变体。

显而易见,李叶CP是在策藏CP的基础上产生的,共享了策攻藏受的CP关系,以及军爷、二少的大部分人设(《冲斗》中有李承恩风流多情的传闻,这和"渣军爷"人设也有一定的渊源关系)。但李叶CP又与一般的策藏CP有着明显的区别,特别是叶英沉默寡言这一特征,是绝大部分策藏文中的二少都不具备的。概言之,《冲斗》《梅花印》《晚婚》等一系列经典李叶同人作品在继承策藏同人基本特征的基础上,融合了李承恩与叶英这两个NPC的部分官设,从而发展出了一套李叶CP设定、李叶同人风格。但这个过程并非一帆风顺,李叶同人是在激烈的争论之中产生的,在诞生之后仍长期处于争论的风口浪尖。这种争论,或许直到李叶同人创作衰退,甚至《剑三》同人圈转冷,才会真正平息。

李叶CP最初产生,是因为在《剑三》体验服的烛龙殿副本中,叶英对李承恩说了一句"少不得叶某心剑相随"。"心剑相随"四个字激发了许多玩家的同人想象力,由此产生了对李叶感情的最初讨论。但很快这类讨论引发了另外一些玩家的不满,他们认为写这句台词的策划恶意"卖腐",导致叶英人设OOC[①]。很快就有玩家在官网中对这句台词发出了抗议,这一事件的最终结果是,在《剑三》的正式服烛龙殿副本中,这句台词被删除了。这一事件的出现与《剑三》玩家群体的特殊性有关,

---

[①] OOC是"Out Of Character"的缩写,意思是角色性格走形,"人物的个性与他们在原作中(或在之前的情节中)展现出来的性格不符合"。参见邵燕君主编:《破壁书——网络文化关键词》,第87页,"OOC"词条,词条编撰者为郑熙青。

由于《剑三》的美术风格特别符合女性玩家的审美，所以《剑三》中的女性玩家比例要远高于许多同期 MMORPG 游戏[①]，女性话题、女性同人创作、耽美文化等也随之被带入了《剑三》的游戏世界和玩家社群。而对"少不得叶某心剑相随"这句台词不满的人，很可能来自两个不同的群体：一种是反感耽美文化的玩家，他们反对的是官方"卖腐"；另一种是叶英的"唯饭"，他们反对的是叶英角色 OOC。"唯饭"与"CP 饭"是产生于真人偶像粉丝圈的用语，"唯饭"只喜欢一个组合或一对 CP 中的一个人，而"CP 饭"则同时喜欢某个 CP 双方及其相处模式。"唯饭"这个说法虽然新近才有，但其实只是在粉丝消费的领域内描述、固定并强化了某种人类固有的情感模式——这种情感模式与"谁家的姑娘都配不上我家儿子"的想法同出一源。对于喜欢叶英的玩家而言，无论是认为"心剑相随"这句过分情感外露的台词违背叶英一贯沉默寡言的性格，还是认为在感情上有"前科"的李承恩不堪为叶英良配，都是很自然的事情。只不过在《剑三》粉丝社群这样一个不大不小的网络社群中，这样的情绪便足以带来争端，并使其成为公共议题。

尽管烛龙殿副本中的叶英再也不会说出"少不得叶某心剑相随"这句台词，但这并不妨碍"心剑相随"一词在《剑三》玩家社群中持续传播，也不妨碍李叶 CP 粉继续想象、相信李叶的爱情故事，以各种方式论证李叶 CP 确有其事，并为之创作同人作品。李叶同人创作已经成型之后，关于这对 CP 的争论仍在继续。现在，反对李叶 CP 的原因又增加了三条：一是策藏门派 CP 粉认为，李叶并不符合策藏 CP 的基本人设，是对策藏 CP 的 OOC；二是原著党及喜欢李承恩、小七官配 CP 的玩家认为，李七才是官配，李叶党把拉郎配当作官配过于高调，李叶党甚至对小七恶语相向，令人反感；三是策藏 CP 大热，甚至出现"策藏官配论"，导致一些玩家反感策藏 CP 或策藏 CP 粉，连带反感李叶 CP 或李叶 CP 粉。

我在前文两次提到了"OOC"这个词：第一次是有玩家认为"少不得叶某心剑相随"这句话有违叶英角色形象，属于 OOC；第二次则是有

[①] 根据《剑三》官方 2015 年在游戏内发放的 40 万份调查问卷的结果显示，《剑三》中女性玩家的比例为 54%。

玩家认为李叶CP的人设不符合策藏CP的基本人设，属于OOC。OOC在所有同人圈中都是经久不衰的话题，总能引发旷日持久的争执。关于OOC最常见的解释，是说同人作品中塑造的角色形象相较于原作中的角色形象而言OOC。但在实际用例中其实往往不是这么回事。比如以"心剑相随"为例，实际上无论是沉默寡言的叶英，还是说出"心剑相随"的叶英，都是官方塑造的叶英，两者本该有同等机会成为官设，但最终沉默寡言战胜了"心剑相随"，这不是官方/原作给出的信息，而是玩家选择的结果。也就是说，实际上沉默寡言和"心剑相随"原本都可以称为"官设"，但沉默寡言被粉丝选中成为"公设"，随后反过来影响官方，导致"官设"发生变更，不得不与"公设"保持一致。至于李叶CP相对于策藏CP而言OOC，这里面就更不存在原作或者官设了。本身策藏就是同人CP，这对CP的绝大多数属性都来自粉丝共识而非官方声明。这个案例实际上是一群粉丝心中的公设与另一群粉丝心中的公设相冲突，是《剑三》同人圈中两个次级小圈子间的矛盾。

　　无论哪种情况，归根结底，在同人圈中，所谓"OOC"，实际上大都是以公设为依据进行判断的。这很好解释，因为原作呈现出来的角色，都是已经成型的萌要素构成的角色，这些角色经过了复杂的萌要素组合过程，还不可避免地在创作中掺杂了许多超出萌要素限制的"杂质"。受众在接受这些人物的时候，会根据自己的经验和偏好对人物进行萌要素解离，而每个受众对角色的每个行为的性质的理解不尽相同，每个受众判定为"杂质"并从萌要素解离过程中排除出去的信息也不尽相同，故而最终解离出来的萌要素自然也就千差万别。因此，倘若以原作为标准去判定同人作品是否OOC了，实际上每个人都会得出不同的结果，或者极端而言，实际上每部同人作品都是OOC的，甚至充满"杂质"的原作自身也不断地背离于自己原初的设想（"新批评"中所强调的含混与矛盾，似乎在萌要素构成的角色身上得到了最明确的呈现，任何肉体凡胎的作者都不可能在作品中的每一处角落彻底地贯彻原初设定的萌要素中所包含的一切规约）。公设则是一套为大多数圈内人认可的公共的解离程序，这套程序虽然必定仍存在暧昧的地方，但是和原作相比还是要明确得多，更适合作为同人创作的基础，以及OOC的判定标准。而任何萌要素的解离都一定建立在排除杂质、重新排列原作素材的重要程度的基础上，所有萌要素在被拆解出来的瞬间都同时被加强，或者说被绝对化了。由此形成的公设永远不可能成为对原作的最优解，也不可能得到所有人的认可。所以公设永远不等于原作，也绝不可能万世不易。所有关于设定、关于OOC的争论，都涉及对公设的挑战，都可能导致公设的更新。特别是《剑三》这样开放的作品，原作自身都处于不断生成、更新的过程中，关于设定的讨论就更是频繁了。

与此同时，任何同人圈都还具有不断向下细分的趋势。所谓《剑三》同人圈，实际上是无数个绝对称不上睦邻友好的小同人圈组合在一起的产物（如策藏同人圈、花羊同人圈、李叶同人圈），每一个小同人圈又可以划分出更多更小的圈子（如策藏CP粉中有喜欢军痞渣攻的，也有喜欢纯情暖男攻的）。每个玩家都对《剑三》中的门派、NPC有自己的偏好，不同的偏好导致了对原作角色的不同解离方式，偏好相近的玩家（暂时）聚合在一起，（暂时）共享一套公设（这套公设一定包含一些基本上为整个《剑三》同人圈认同的主流设定，也一定包含一些仅在这个小同人圈中通行的小范围公设），与偏好不同的玩家针锋相对。同人圈的无限向下细分，就意味着数不尽的圈内争端。对于如今的大部分同人圈而言，争端是常态，和平才是怪事。而同人创作则从来不可能把自己从这连绵不绝的争端中摘除，那种孤独的个人创作是不存在的，因为正如我已经强调过的，同人创作的基础正是那处在争论风暴中心的、总在变动之中的公共设定。反过来说，无论是新设定催生的新同人，还是新同人带来的新设定，也都不断在为同人社交提供着最新鲜的话题。

再回到李叶与《冲斗》。在李叶CP的形成过程与围绕这对CP展开的论争中，我们可以看到，实际上《剑三》同人中的任何设定都不是直接由官方给出的，而是玩家在游戏中择选或创造的。并非所有官方设定都能够自然地成为同人圈公设，只有被玩家选中并认可的官设才能成为公设。一切设定的合理性都来源于玩家的游戏经验和游戏社交，也就是说，在《剑三》同人作品中，每一个经典设定的出现都提示着某种游戏/

游戏社交的经验，都自带着一个独属于玩家的理解角度，都在一定程度上将角色还原为游戏中的 NPC 或玩家替身角色。这也就是如《冲斗》《不胜簪》这样的纯然使用叙事层素材进行创作的同人作品也具有角色的双重身份与叙述的两种视角的原因所在了。

关于 CP 的争论历来也说不上谁对谁错，无非是喜欢或不喜欢而已。重要的是在事关李叶的旷日持久的争论中，各式各样的《剑三》玩家都被牵扯进来，他们有着不同的观点和立场，有时暂时结为同盟，有时又反目成仇，而繁盛的同人创作则是每一个 CP 兴衰史的注脚，从每一次兴致勃勃的游戏新发现中汲取营养，在每一次争取同好的社交行为中充当武器，体现着论争的成果，并成为新的论争的导火索。

进而言之，对于《剑三》这样的大型游戏而言，千奇百怪的同人设定影响的绝不仅仅是玩家的同人社交，还有玩家的游戏行为。玩家使用替身角色在游戏中行动时，总会或多或少地进入角色扮演状态（这也是角色扮演游戏的本义所在），找到自己在游戏再现层中所处的位置，共享游戏再现层提供的叙事与情绪。玩家在娱乐层与再现层的游戏经验相互转换、逐渐融合，最终形成玩家的虚拟人格。而同人设定，特别是关于门派的同人设定总在参与着玩家的角色扮演过程，甚至参与了虚拟人格的生成。

以玩家的门派和体型选择为例，一个玩家进入游戏后首先要为自己创造一个替身角色，而玩家为这个角色选择的门派和体型一经确定便无法更改，所以是玩家经过多重考量之后决定的。除去一些技术层面的考量（如更想玩何种战斗职业的门派、想要尝试新推出的门派、想选择上手难度比较低或比较高的门派）外，玩家社交中对于各个门派的印象，或者说各个门派的同人设定，也一定在发挥着作用。万花和藏剑这两个门派的门派印象都因与官方初始设定相差极大而显得格外有趣。万花谷的官方初始门派风格设定更接近风流狂士、魏晋风骨，心法名为"离经易道"，也多少有些叛逆的意味，甚至还曾有过万花刺客设定（当然这个设定早已被官方彻底放弃）。但是万花谷的成男形象（简称"花哥"）在一众成男门派角色中美得出挑，黑色长发披散下来直至腰际，是《剑三》最初的五个门派中"发质"最好的一个，服饰以墨色为主，兼带淡紫，武器是一支毛笔，万花谷内有大片紫色花田，万花还一度是《剑三》中治疗量最大的门派。可以说，花哥的形象完美符合了女性心中对于谦谦君子、温润如玉的想象，于是在同人社交中，花哥日益向着文质彬彬、温柔无害的形象转化，最终，"人妻"成为花哥最常见的萌属性——与最初的风流狂士风马牛不相及。著名画手伊吹五月绘制的花哥同人图（见图3）①，展现了《剑三》玩家对于花哥的经典印象。在"人妻"的外表下，玩家们也在积极发现（创造）花哥的丰富"内面"，比如腹黑花哥、蠢萌花哥等。

图3

游戏外，围绕着温婉、典雅、保守、端庄的花哥形象产生了大量同人作品；游戏内，花哥也成了极受女性玩家喜爱的替身角色，甚至不少玩家在游戏中看到花哥的时候，都会默认这一角色的操纵者是一名女性玩家。无论是操纵花哥角色的女玩家，还是看待花哥角色的其他玩家，都受到花哥同人设定的影响，将花哥视为温润君子。渐渐地，花哥们也

---

① 伊吹五月绘制的花哥同人图，太丑大王题字，图源伊吹五月微博 @伊吹鸡腿子，发布日期2014年6月21日，引用日期2018年11月29日。

就真的或多或少地成为玩家想象中的样子。

而原本在《剑三》诸门派中负责温润如玉的本该是藏剑山庄。藏剑山庄坐落于西湖畔，庄主叶英极尽秀美更胜女子，额角一朵梅花更添风雅，就连技能名也都取了"山居""醉月""探梅"这样诗情画意的名字。但这一切都被"校服"（门派专属套装）毁了。金灿灿的"校服"总是不可避免地让玩家联想起"土豪"，而"土豪"这个词又总是和"没文化""蠢萌"等萌要素联系在一起，再加上藏剑山庄的重剑实在太大，任谁也很难将温润君子与一个扛着重剑冲上去抢的近战角色联系在一起。于是，藏剑就在"二"的道路上一去不返。藏剑山庄被叫作"土豪山庄"，藏剑角色会被叫作"小黄鸡""黄金脆皮鸡"，藏剑成男被叫作"二少"，挥舞重剑旋转的技能"风来吴山"被叫作"大风车"。在玩家心里，欢脱蠢萌会犯二的才是好黄鸡，西子湖畔、君子如风什么的，大概只在庄花叶英身上还能见到点影子了。伊吹五月也画过一个小二少（藏剑正太体型）与丐萝（丐帮萝莉体型）的故事（见图4）[①]，原微博还配了一段文字：

图4

[①] 伊吹五月绘制的小黄鸡与丐萝（丐帮萝莉体型角色）同人图，图源伊吹五月微博@伊吹鸡腿子，发布日期2015年8月2日，引用日期2018年11月29日。

天气好热……吃西瓜吧……小二少："诶，爹说会挣钱才可以乱花钱，我现在还不会挣钱，好不容易攒的零花，都给你买吃的啦……""哦，那你以后会挣钱给我买更多好吃的吗？""嗯！"小二少奋发图强终于跟着丐萝学会了在扬州城门口讨饭，高兴地回到藏剑，被爹和琦菲姑姑乱棍打出……①

在这样的同人作品中，小二少有多蠢就有多可爱。根据《蓝精灵之歌》填词翻唱的《小黄鸡之歌》②，或许最鲜明地体现了藏剑门派在玩家中的门派印象：

在那山滴那边西湖旁边有一群小黄鸡~

他们活泼又聪明~

他们卖萌又搞基~

他们人傻钱多霸占了杭州最贵的一块地~

他们善良勇敢努力卖兵器~~

噢二货小黄鸡~

噢门神小黄鸡~

他们勾引唐门掰弯霸刀见人就西皮~

他们一个探菊风车转不停~③

无论是端庄人妻花哥，还是开朗二货小黄鸡，这些形象都绝不止于同人，而是得到了本门派玩家的广泛认同。他们喜欢自己选择的门派，也喜欢自己门派的同人形象设定，并且或多或少地按照这样的门派印象

① 歌词引自百度剑网3吧主题帖《【发歌／剑三藏剑】小黄鸡之歌（词：苏伊吹；曲：蓝精灵之歌）》，发帖者为狐狸·手套，发帖日期2011年8月9日，引用日期2018年11月29日。

② 《小黄鸡之歌》发布于伊吹五月微博@伊吹鸡腿子，发布日期2015年8月2日，引用日期2018年11月29日。

③ 《小黄鸡之歌》：2011年6月24日伊吹五月在微博（@伊吹鸡腿子）上发布了这个版本的填词，但当时并没有被正式演唱，直到2011年8月9日，狐狸·手套担任演唱和后期，最终制作完成了这首歌，并发布于5sing原创音乐基地，http://fc.5sing.com.cn/4061357.html。原网页已删。

塑造了自己的虚拟角色。于是，在《剑三》江湖里，出现了越来越多温柔有文化的花哥、越来越多活泼开朗会卖萌的小黄鸡。"门派气质"这种原本止于设定的东西渐渐在游戏里、在玩家心里活了起来，而这就意味着同出一门的玩家具有了某种精神上的共性，他们夸耀或调侃着自己的门派，并悄然拥有了一种名为"门派归属感"的温柔情愫。

三、同人创作体例——碎片化创作

绝大多数的同人创作都不是完整的小说、歌曲、视频或漫画，而是即兴小段子、顺口溜、打油诗、粗糙的简笔画示意图、表情包，甚至 QQ 聊天记录、游戏截屏，乃至于一个游戏 ID 或者游戏捏脸数据[1]——这其中的大部分甚至无法被称为作品，但它们与那些完整独立的同人小说、同人歌、同人视频剪辑或者同人图、同人漫画并没有本质的不同。从同人社交中的闲谈到完整独立的同人作品，这之间连贯地分布着各种形态的同人创作，并不能清晰地划出一条界线。

"鬼网三"的由来与创作脉络很好地体现了这种同人社交与同人创作之间界限的模糊性。

我在本章第一部分已经提到，成熟的"鬼网三"小说是指那些关于《剑三》游戏中发生的恐怖灵异事件的虚构故事，大多数以第一人称亲历者的口吻进行叙述，类似于游戏里的"都市传说"。

但"鬼网三"最初并非虚构故事，而是玩家的真实经历。最著名的"鬼网三"莫过于"十六夜红月"事件与"大红脸"事件。

"十六夜红月"事件最初是指多位玩家分别先后发现自己操纵的替身角色忽然变成一个等级为 70 级、ID 为"十六夜红月"的角色（状态如图 5 所示[2]）的真实事件。

---

[1] 捏脸数据：《剑三》玩家可以通过捏脸系统调整替身角色的容貌，调整后的容貌可以以捏脸数据的形式保存到本地，并分享给其他玩家。

[2] 图片转引自百度剑网 3 吧主题帖《【50—90 年代】带你走进灵异的剑三 到底是鬼网三还是剑网三？》，发帖者为有大西瓜吗，发帖日期 2014 年 10 月 3 日，引用日期 2018 年 12 月 1 日。图片为遭遇"十六夜红月"事件的玩家的游戏截图。

"大红脸"事件则是多位玩家分别先后在法王窟副本中看到一张布满整个屏幕的血红色的人脸（状态如图 6 所示[①]）的事件。

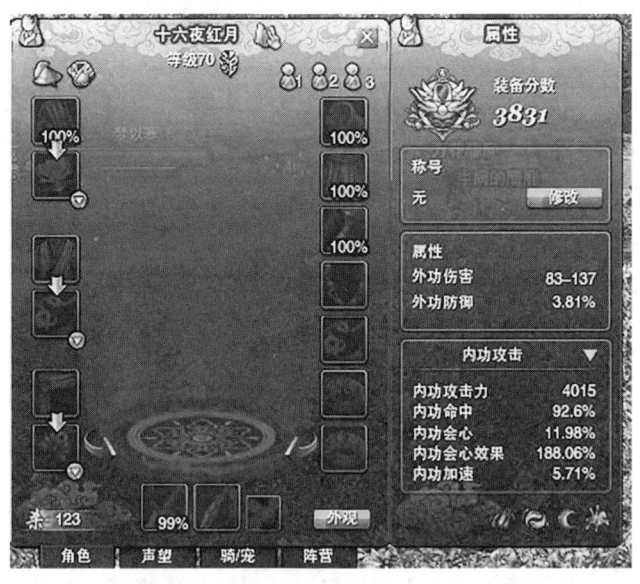

图 5

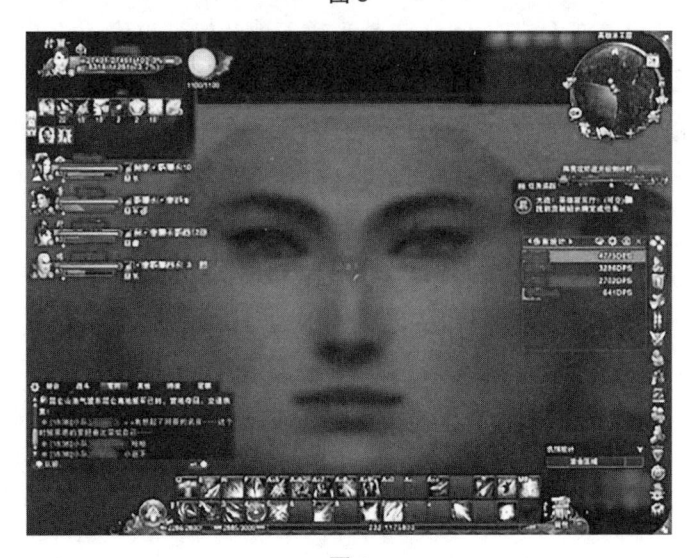

图 6

① 图片转引自百度剑网 3 吧主题帖《【50—90 年代】带你走进灵异的剑三 到底是鬼网三还是剑网三？》，发帖者为有大西瓜吗，发帖日期 2014 年 10 月 3 日，引用日期 2018 年 12 月 1 日。图片为遭遇"大红脸"事件的玩家的游戏截图。

实际上这两个事件从技术角度都能够得到很好的解释。"十六夜红月"事件的出现应该是由于游戏服务器获取玩家信息受阻，只能暂时显示默认数据，而当时开发这一模块的程序员恰好有一颗文艺的心，把默认角色命名为了"十六夜红月"。"大红脸"事件则是纹理错乱导致的，天空或者地面的纹理没能正常显示，变成了红色的标准人脸。换言之，这两个看起来颇为灵异的事件都是程序 bug 的结果。在游戏中常常出现、难以避免的 bug（特别是显示错误）是各类"鬼网三"事件的最主要来源，但这些事件一旦成为玩家社群的讨论话题，就不可避免地朝着文学与虚构的方向发展了。

特别是"十六夜红月"，由于这个名字实在太富于文学性，太适合成为灵异故事或者爱情故事中的主人公，所以关于"十六夜红月"的各种猜测层出不穷。有人说"十六夜红月"是猝死的 GM[①]或玩家，还有人说"十六夜红月"会帮助玩家完成日常任务，等等，真真假假的信息越滚越多，"十六夜红月"也就越来越神秘、越来越有名。

2012 年前后，关于"十六夜红月"的讨论就出现了，其他各式各样的《剑三》灵异事件（游戏 bug）也越来越多地开始被讨论。到了 2013 年，那种已经约略可以被归类为小说的、包含起承转合的《剑三》灵异故事，开始以主题帖的形式出现于百度贴吧等社交平台。如贴吧吧友金樽对月。于 2013 年 4 月 10 日起开始在百度剑网 3 吧连载的主题帖《【这不是 818】吓粗翔了，我情缘她……到底是什么？》，就是一个首尾完整、脑洞颇大的《剑三》灵异故事。虽然发帖者使用第一人称讲述了这个故事，但在留言中并未掩饰这只是一个原创的虚构故事的事实，这与早期《剑三》灵异事件大都是亲历者讲述自己的真实经历（或将虚构故事伪装为真实经历，力图使人信以为真）的情形已经有了很大差别。到了 2013 年下半年，"鬼网三"这个说法便正式出现了。2014 年是"鬼网三"虚构写作真正开始兴盛起来的一年。在晋江文学城这样的文学网站上出现了"鬼网三"题材的小说，如《鬼网三实录》《十六夜红月》，这意味着"鬼网三"不再只是《剑三》都市传说，而是正式发展成了一个虚构写作类型题材。更加繁盛的"鬼网三"

---

① GM："Game Master"的缩写，意为游戏管理员。

创作仍旧发生于百度贴吧，百度鬼网三吧正式成立。在鬼网三吧和剑网3吧等《剑三》相关贴吧中，标题带有"鬼网三"前缀的长篇《剑三》虚构灵异故事开始大量出现，也产生了如《【鬼网三合集】各种鬼网三合集，你确认都看过么？》这样的"鬼网三"故事汇总帖。

恰恰是由于围绕《剑三》灵异事件产生了大量的虚构故事创作，"鬼网三"这样一个命名才应运而生。"鬼网三"这种简洁、固定而明确的专有名词，特别适合成为小说的题材标签，就像《剑三》经典CP同人文会被加上【策藏】【李叶】【佛秀】这样的前缀作为题材标签一样，【鬼网三】也是一个可以做小说标题前缀的题材标签。这种题材标签是不需要与【剑三】这个标签同时使用的，也就是说，一旦读者看到【鬼网三】或【策藏】这样的标签，就会知道这是《剑三》同人文，而不需要再另外单独加入【剑三】这个标签。

与"鬼网三"形成鲜明对比的，是《剑三》的另一个讨论量巨大且长盛不衰的话题"剑三八一八"（也写作"剑三818"或"剑网三818"），也即各类《剑三》玩家的游戏八卦。"剑三八一八"与"鬼网三"的区别主要存在于两个方面：一方面，"剑三八一八"的标写方式是不固定的，"八一八"可以写成汉字也可以写成阿拉伯数字，而"鬼网三"是不会被写成"鬼网3"的；另一方面，"剑三八一八"是由"剑三"和"八一八"这两个词组合而成的，在《剑三》相关贴吧内，由于大家都默认吧内讨论的是《剑三》相关话题，所以往往会把"剑三"二字去掉，直接写作"八一八"，但"鬼网三"是一个"鬼"与"剑网三"相结合产生的新词汇，是不可拆分的。"鬼网三"与"剑三八一八"这两大话题的命名方式之所以有这样的区别，原因之一就在于"鬼网三"包含了大量的虚构故事，而"剑三八一八"基本上是对玩家真实经历的记录和讨论，所以"鬼网三"话题与《剑三》同人创作自然有着更加密切的关系，受到了同人创作加题材标签这一习惯的影响。而作为同人小说的"鬼网三"作品也更需要脱离其所在的小型玩家社群（比如，一个贴吧中的玩家社群），相对独立地被检索、阅读和传播（比如，在晋江文学城这样的文学网站中发表后，可以被同好顺利地通过关键词检索出来），"鬼网三"这一固定化的标签为此提供了方便。反过来说，"鬼网三"这一标签还可以帮助那些爱看《剑三》同人，但不喜欢灵异恐怖类故事的读者"排雷"——这和坚定策藏（策攻藏受）CP不可逆的读者看到【藏策】（藏攻策受）标签后就可以直接点击右上角关闭页面是一个道理。

在现有技术条件下，任何MMORPG游戏都不可避免地会出现由于程序bug造成的"灵异事件"，出现关于这类"灵异事件"的讨论，但唯独在《剑三》中，这类"灵异事件"获得了"鬼网三"这样一个命名。《剑三》最初上线于2009年，在其最繁荣的几年间，恰好也是中国网络空间中同人文化迅速发展的时期，再加上《剑三》的女玩家比例远高于绝大部分同期流行的MMORPG游戏，而女性的同人生产意愿和生产力远高于男性，这些因素最终促成了《剑三》同人圈的繁荣盛景。《剑三》中的"灵异事件"也就顺着这股潮流，成为《剑三》同人创作中一个门类，产生出数目繁多、精彩纷呈的灵异恐怖小说，最终形成了"鬼网三"这样一个《剑三》独有的话题类目。

虽然"鬼网三"这个专有名词的出现与围绕《剑三》"灵异事件"出现的虚构写作密不可分，但"鬼网三"从未排斥过与《剑三》"灵异事件"相关的其他话题，比如，在《剑三》中真实遭遇"灵异事件"的经验分享，或者对《剑三》中诸多"灵异事件"的汇总说明与成因分析，等等。不仅如此，"鬼网三"这个固定的命名还有效地推动了相关话题的聚集，持续不断地刺激玩家发言表达自己遭遇的《剑三》灵异事件。这些发言大多以"我好像遇到鬼网三了""我是遇见鬼网三了吗？""遇到鬼网三了怎么办"等句式为开头，讲述自己的游戏经历，并常常配有相关游戏截图，也会有玩家热衷于发现《剑三》中气氛恐怖诡异的场景、NPC或任务链，而这些都为"鬼网三"同人小说的创作源源不断地提供着素材。"鬼网三"同人小说则将大量本应快速迭代的《剑三》灵异事件以小说的方式记录下来、传播出去，这些小说成为玩家间的热门话题，从而让更多有相似经历的玩家知道了彼此的存在，也让《剑三》成为一个充满了都市传说的"神秘"游戏。在这样的过程中，形成了大量形态复杂的，介乎于纪实与虚构之间、文学与非文学之间的文本。比如，我已经提到过的"鬼网三"著名事件"十六夜红月",就是从一个游戏中的bug变成一个玩家社群中的话题,在无数次的讨论中衍生出"西山居猝死员工的幽灵化为十六夜红月""红月姐姐帮你做日常任务"等都市传说。这些都市传说被一遍遍地讲述,越来越多的细节与表述方式被裹挟进来,渐渐积累出了足以创作小说的素材体量,标准形态小说终于出现了。但仅仅将这些形式最标准的小说(发表于文学网站的、作者明确的、叙事完整的虚构故事)算作"鬼网三"同人创作显然是不合理的,因为最大规模的同人创作就发生在那些碎片化的讨论中。

更何况,"鬼网三"最主要的创作阵地不是晋江之类的文学网站,甚至不是微博这样的自媒体,而是百度贴吧等论坛。论坛与文学网站的最大区别就是一个主题帖中楼主(主题帖的发帖人)发布的"鬼网三"故事、楼主对故事的解释说明、其他网友的留言,以及楼主对留言的回复都混杂在一起。有时候楼主根据读者留言更改了叙述方式,但已经发表出来的部分仍保持原样(比如,《忆红颜》在最开始的部分,楼主使用的第一人称不是"我",而是"lz"①,随后有网友留言表示自称"lz"看起来很别扭,建议楼主把"lz"改成"我",于是在接下来的叙事中,楼主就改用"我"作为第一人称称谓了。如果只将楼主发布故事的楼层整理出来,就会发现从故事的某个部分开始第一人称突然毫无征兆地从"lz"变成了"我"。那个提出建议的网友留言,实际上也成为这部同人小说中的一部分);有时候楼主在回复读者留言、解释读者疑问的过程中推进了叙事,提供了新的故事信息,这些复杂情况的存在意味着很难干干净净地把一部完整的小说从帖子中拆出来。这样的一个主题帖既是同人社交现场,同时也是一部同人小说。对于同人小说而言,这也是一种常见的创作体例。

以上,我通过梳理"鬼网三"的产生过程与作品形态,呈现了包括《剑三》同人在内的同人创作在体例上的一个典型特征,那就是同人创作不仅在其创作方式上,而且在其最终的文体形态上也往往与同人社交混杂在一起,绝大多数的同人创作以碎片的形式掺杂在同人社交过程中,

---

① lz:"楼主"的拼音首字母缩写,是贴吧中常见的对主题帖发帖者的称呼,也可用作主题帖发帖者的自称。

是无法被"提纯"出来的。

而与此密切相关的，同人创作的另一体例特征是：如果以小说，或者其他叙事体裁标准衡量，同人创作常常是"不完整的"，或者说，是省略了太多的前提和预设，以至于圈外人看不懂的。以小说或电影等封闭的叙事文本为原作的同人作品，或许更便于体现这一特点。比如，我决定写某一部电视剧的同人，我认为这部电视剧的前期剧情都令我满意，但唯独结局不合我心意，我决定在我的同人小说中改写结局。由于我写的是一部同人小说，我默认所有阅读我的同人小说的人都看过原作电视剧，所以我不需要交代人物和前情，只需要告诉读者我的小说前情与电视剧从第几集到第几集的情节一致，或者我改动了其中的哪些关键情节，然后就可以接着讲述我真正想写的那个理想结局了。作为一部同人小说，这就足够了；但作为一部小说，它明显是不完整的。

对于《剑三》同人这样的游戏同人而言，想要说明同人创作的不完整性就比较复杂了，但同时这种说明也能够让我们更清楚地看到同人创作的不完整性究竟意味着什么。

> 丐哥在河边的草丛里撸，忽然旁边一条蛇游过，丐哥眼疾手快立马探手抓住想做蛇肉羹，但被那条蛇泪眼摩挲地看了半天动了恻隐之心，最后还是放生了。过了两天，一个红着脸的毒哥抱着一窝蛇蛋找上门来了……①

上述引文是《剑三》系列同人段子《丐哥在河边的草丛里》中的第一段。这部同人作品全长不到两千字，共分十二段，几乎每一段都以"丐哥在河边的草丛里撸"为开头，撸的过程中遇到某种动物／植物，随后以《剑三》中某个门派的成男抱着蛋／卵／幼崽／幼苗找上门来为结尾。

---

① 这段文字引自《丐哥在河边的草丛里》，火之颛顼（又名天降吃货）于 2014 年 7 月 28 日在微博 @火之颛顼发表的《剑三》同人段子。全文可见火之颛顼在博客网站乐乎（LOFTER）发布的同名文章《#丐哥在河边的草丛里#系列【丐ALL】全门派》http://huozhizhuanxu.lofter.com/post/1d226bf8_695d5a9 LOFTER，发布日期 2015 年 4 月 12 日，引用日期 2018 年 12 月 3 日。

《剑三》同人圈每天都在大量地生产着类似这样让圈外人摸不着头脑的同人段子，往往以文字、条漫或四格漫画的形式呈现。之所以说这些段子会让圈外人摸不着头脑，是因为这些段子省略了太多《剑三》玩家人所共知，而圈外人却毫不了解的前提。比如，《丐哥在河边的草丛里》就使用了《剑三》同人中约定俗成的门派拟动物（植物）设定。《丐哥在河边的草丛里》一共出现了五毒（蛇）、天策（狗）、万花（花）、明教（波斯猫）、纯阳（羊）、七秀（鱼）、藏剑（鸡）、唐门（熊猫）、少林（章鱼）、丐帮（老鼠）、苍云（螃蟹）十一个门派（也即截至苍云门派出现的全门派）的拟动物（植物）设定。所以引文中出现的蛇就是毒哥的化身。读者并不需要知道所有门派的动物（植物）设定，只需要知道其中最著名的几个，并对其他门派的门派服饰等基础设定和同人人设有着基本的了解，就足以推理出文中涉及的其他门派何以与某种动物（植物）相对应，进而理解《丐哥在河边的草丛里》的内容。

《剑三》门派动物（植物）设定是《剑三》同人门派设定的重要组成部分。我在前文中已经提到，藏剑会被称为"小黄鸡"，这就是《剑三》的第一个门派拟动物设定。这个称呼最初的来源已不可考，但真正发扬光大是因为伊吹五月填词的那首《小黄鸡之歌》。继藏剑之后，《剑三》门派拟动物设定逐渐丰富起来，较早、较经典的包括天策（哈士奇）、万花（花）、五毒（蛇）等。天策被叫作哈士奇也是从2011年下半年开始的。2011年10月30日，江宁公安在线微博发布了警犬传说系列文章之二《警犬传说之不靠谱警犬小分队》，使得哈士奇这种"横竖都是二"的"井犬"忽然火遍全网。而天策按照官方设定是守卫大唐的军队，多少有点像警察的角色，玩家便开始跟风玩梗，将"东都之狼"天策称为"东都哈士奇"了。《剑三》中其他门派玩家也不甘落后，纷纷搞起了门派拟动物（植物）设定：五毒可以操纵双头蛇宠物，所以就是蛇（五毒宠物中还有蟾蜍，所以五毒正太体型角色有时也会被称为呱太）；唐门地处四川，门派里有很多熊猫，所以唐门就是熊猫；万花谷满山满谷都是花，再加上花哥貌美如花，所以万花就是花；明教的专属门派宠物是波斯猫，所以明教动物化就是波斯猫，等等。门派动物设定或多或少强化或更新了各个门派的萌要素集合，天策成了"哈士奇"才有的蠢萌画风，五毒动物化为蛇之后更加妖娆神秘，身为波斯猫的明教免不了傲娇，化身小黄鸡的藏剑则总会给人蹦蹦跳跳的开朗印象。一些经典的门派拟动物化同人设定甚至被官方吸收认可，比如，《剑三》，官方就曾经出过小黄鸡玩偶作为藏剑门派的官方周边。

当然也不是所有门派都有特别明确固定的动物化形象，所以《丐哥在河边的草丛里》中有一些动物设定实际上仍属于私设。比如，苍云门派的动物设定就并不统一，有人认为应该是阿拉斯加犬，既方便与同为军人的天策配对，又与驻扎于寒冷的雁门关的官方设定相呼应；也有人认为应该是苍鹰，和天策凑成"朝廷鹰犬"组合，也吻合苍云门派所在地常有雄鹰飞过的特点。而《丐哥在河边的草丛里》为苍云选定的动物则是螃蟹。这是因为苍云门派当时正是强势门派，在游戏中可以如螃蟹一般"横着走"，而且身穿黑色盔甲，与螃蟹身上的青黑色硬壳有相似之处。这一私设虽然最终并未变为公设（2014年《丐哥在河边的草丛里》创作完成之时，关于门派拟动物设定的讨论热度已经过去，能够明确地与某种动/植物联系起来的门派基本都确定了动物设定，玩家的讨论量与热情已经很难再支持既有门派出现新的动物设定公设了），但在这篇作品中是可以成立的（按照同人圈中的说法，就是没有OOC）。

《丐哥在河边的草丛里》中被省略的设定不止门派动物设定这一项。这部作品还默认读者理解耽美男男生子设定，所以略去了对男性同性生子（这里实际上或许还应该包含解决生殖隔离问题的设定）的一切技术设定的解释；默认读者接受角色在人形与动物形象之间的自由转换，所以略去了对人何以变为动物、动物何以变成人的设定的解释等。总之，在省略了一切可以省略的设定之后，《丐哥在河边的草丛里》就作为一篇同人段子出现在读者面前了。对于圈内人而言，它语意连贯、表达充分，对于圈外人而言，它只是一堆不完整的、含义不明的碎片。

实际上无论是萌要素，还是网络文学中共用的世界设定，归根结底也不过是一套圈内公设。只不过这个"圈"比较大，涵盖了整个泛二次元青年网络亚文化，为深受电子游戏与日本ACGN文化影响的青少年一代所共享。而我们一般所讨论的同人圈，比如，《剑三》同人圈、《全职高手》同人圈，等等，都是这个泛二次元亚文化圈中包含的次级圈子。正如我们在分析《剑三》同人圈与其下属的次级同人圈策藏CP同人圈关系时提到的那样，次级同人圈中的公设总是同时包括两个组成部分：为所有次级同人圈共享的大同人圈公设；次级同人圈内部通行的特殊公设。所以《剑三》同人仍旧会广泛使用腹黑、傲娇等整个泛二次元亚文化圈共享的名为萌要素的公设，就是一件非常自然的事情。

尽管《剑三》同人圈只是一个局部的网络趣缘社群，但《剑三》同人社群中的同人社交及同人创作行为、圈内公设的形成过程，最终都折射出整个游戏化向度的网络文学所处的网络社群结构，以及游戏化向度的网络文学中的人工环境的形成过程。正如《剑三》同人圈内公设是在一次次的讨论、争执与协商中，在同人创作与评论的不断实践中逐步累积生成的，游戏化向度的网络文学中的人工环境也并非凭空产生，而是深刻地参与着整个泛二次元青年网络亚文化社群的社群交往与共同创造。任何趣缘社群都包含着创造社群价值、社群审美风格与社群规范的冲动。公共设定是社群文化中的重要组成部分，既是社群审美风格的表达，也部分显现了趣缘社群的价值倾向。这与设定本身"悬置现实"的功能并不矛盾，因为设定之所以是设定，首先源于它拒绝成为真理，公开宣布自己不过是权且暂代真理行事。设定没有解释一切的野心，也必须看到其他与自身相冲突的设定的存在。设定可以包含价值倾向，但它也必须同时具有对于这种价值倾向的自我怀疑和自我否定。

为了更充分地理解游戏化向度的网络文学中的公共设定，我们就必须绕到这些设定的背后，考察催生了这些设定的网络趣缘社群，看一看它们如何进行共同体想象、如何解释自我、如何触碰他者、如何生产着自己的局部小叙事。在这些趣缘社群的共同体建构过程中，我们可以看到几乎所有现代性的"想象的共同体"的结构方式，趣缘社群中局部小叙事的增生似乎正在填补宏大叙事解体带来的巨大空缺，每一个小圈子都仍在寻找着解释世界的话语，以及可信的价值。但与此同时，设定又无时无刻不消解着这种努力。"宏大叙事尴尬症"与"宏大叙事稀缺症"总是同时并存、"相爱相杀"，趣缘社群的共同体想象总是在解构与建构间维持着微妙的平衡。

第三部分

平行世界狂想曲

第十章
操控时间的魔术师

综合性ACGN百科站点萌娘百科将自己的建站宗旨确定为"万物皆可萌",亦即世间万物都可以萌化。"万物皆可萌"对于二次元人而言当然首先是一种现实,将一切浑然之物拆解为萌要素是二次元人理解现实的新技术,但同时它又是一句宣言,有效地召唤着社群认同与自豪感。"万物"即"世间万物",这个词的出现意味着局部小叙事仍包含着对整个世界发言、解释全部存在之物的诉求;但"可"字又不像"是"字那样肯定,它在承认自身的合理性的同时并不排除其他可能性;"萌"是泛二次元社群中最核心的设定之一,是所有对于二次元人而言值得喜爱的、有价值的特质的集合,但同时"萌"又是反对严肃、消解深度的。作为一句宣言,"万物皆可萌"所呈现的那种介乎有意义与无意义之间、郑重其事与游戏谐谑之间、包容万物与圈地自萌之间的荒诞感,大概可以视为泛二次元趣缘社群中产生的局部小叙事的最佳注解。

对于游戏化向度的网络文学而言，这些趣缘社群中的局部小叙事既影响着文学的形式与叙事结构，也影响着文学的内容与主题指向。

概言之，本书的第二部分是将关注的重心放在了文学的形式层面，第三部分则将重心转向文学的内容与主题指向层面。当然，这个说法是不准确的。自形式主义文学理论诞生起，形式与内容的二分法便已饱受质疑，对于游戏化向度的网络文学而言，这个二分法所面临的问题或许还要更严重一些。正如我已经提到过的，游戏化向度的网络文学中的宏大叙事（宏大叙事幻象）或者说主题指向，实际上在很大程度上已经模块化了。这些主题模块被拼接在角色、世界设定等其他叙事模块之上，虽然有时确实呈现了作者真正想表达的思想，但更多的时候只是为了召唤某种面对宏大叙事的激情或者满足读者对于深度模式的阅读习惯而姑且存在着。在这样的前提下，不加分辨地讨论游戏化向度的网络文学中的主题指向，甚至认为这些主题指向直接反映了作者与读者的思想观念或文化心理就是非常危险的事情。

相比之下，那些既在结构上发挥作用，又同时成为叙事的内容与主题的元素，在呈现作者、读者的观念或文化心理方面就显得更有说服力一些。因而我接下来将要讨论的话题——作为公共设定的平行世界/世界线理论、时间的空间化以及多重时间想象——就都在网络文学中同时承担着结构与内容上的双重功能。在这些讨论中，我们将会看到游戏状态、玩家经验如何深刻地渗入网络文学与网络亚文化社群中，不仅带来了文学的改变，更影响着人们感知、理解世界的模式。

一、平行世界与世界线设定的流行

2016年年末b站的新年视频《哔哩哔哩2017拜年祭》整体上都是以"平行世界"概念为主题的，整个视频实际上有三个版本，用户只能随机刷新出其中一个版本。每个版本在细节上都会有微妙的不同，比如，在各类视频节目的间隙，会反复出现b站站娘22娘与33娘吃年夜饭的场景,而不同版本中年夜饭的菜色是不同的。视频接近结尾的地方也借22娘与33娘之口告诉读者:无数的平行世界中有无数的22娘和33娘,无数的22娘和33娘都吃着不同的美食,她们可以通过这样的方式吃遍天下美食。这场拜年祭中最精彩的节目莫过于有声漫画《再一次》了。男女主海阅和木琳误入被诅咒的古堡,这座古堡中的时间呈现为莫比乌斯环的封闭结构,无数平行时空的海阅与木琳都在这一古堡中交汇,被困在封闭的莫比乌斯环中。每一个海阅或木琳作为独立的观测者都会观测到不同的时空,导致古堡空间发生不可测的扭曲,不断造成无数海阅与木琳的死亡。时空扭曲,轮回上演。某一个时空的海阅与另一个时空的木琳在这里相遇了,他们遇到了许多"自己"的尸骨,看到了许多"自己"留下的讯息,挣扎求生。《再一次》同样有三个版本,不仅许多细节有差异,结局也大相径庭,烤鸭线(也即这个版本22娘和33娘吃的年夜饭是烤鸭,下文以此类推)男死女活,鱼线女死男活,东坡肉线两个主角都活了下来。有趣的是,虽然不同观众随机刷新观看的是不同版本的拜年祭,但是所有观众发出的弹幕却会同时出现在所有版本的弹幕上,于是"平行时空"确实在此交汇了,观众会有意识地在弹幕中记录自己看到的细节,各种细节差异都在弹幕中呈现出来。

在平行世界/世界线设定已经在网络文学,乃至整个泛二次元网络亚文化中成为公设,在各类文艺作品中被普遍使用的前提下,《再一次》仍显得相当优秀。因为它充分利用了弹幕视频网的功能,在形式与内容的双重层面同时呈现了平行世界与世界线两种世界设定中最具叙事张力的部分,并成为通过将时间线索空间化来构造叙事迷宫的经典案例。

平行世界以及世界线理论最初都产生于科学领域,并经由科幻进入了文学艺术创作。但这一理论真正在大众文化领域普及,成为一个得到广泛认可和应用的设定,却始于日本Galgame《命运石之门》(2009)。《命运石之门》所使用的基本世界设定就是一个世界线理论[1]的通俗版本,亦即每一个事件都有无数种可能性,这无数种可能性就是无数条世界线

---

① 世界线理论:阿尔伯特·爱因斯坦于其1905年的论文《论动体的电动力学》中提及的概念。

沿时间轴向过去和未来的延伸，而因为在观测者/助手的观测点上，所有世界线收束为一，成为一个确定的结局，所以世界线总是处于生成—坍缩—生成的过程之中。《命运石之门》巧妙地将世界线的理论通俗化，并使其与游戏本身的分支叙事融合在一起。玩家的不同选择会影响世界线变动率，而世界线变动率则决定了故事最终将收束于哪一条世界线（分支叙事中的某一支线），还有主人公以及故事中的世界将走向怎样的命运。《命运石之门》及其改编的同名电视动画在二次元亚文化圈中被奉为经典名作，流传度极广。世界线设定及与之相似的平行世界设定也以《命运石之门》所建立的通俗版本为蓝本流传开来，在泛二次元作品中得到了广泛应用。

虽然世界线与平行世界设定有时会混用，但严格来讲，这两个设定是存在差异的。日本漫画《橘色奇迹》（*Orange*，2012）是采用了平行世界设定的青春题材漫画，并在作品中解释了平行世界与世界线理论的基本差异，这一解释基本上代表了二次元亚文化圈使用这两个设定时的主流方式。《橘色奇迹》中的女主人公高宫菜穗始终因没能在高中时代挽救自己的同学、恋人成濑翔的生命而悲伤。长大成人后的高宫给16岁的自己写了一封信，讲述拯救成濑的方式。另一个平行世界中16岁的高宫真的收到了这封信，于是与伙伴们一起开始了拯救成濑的行动。最终，在这个世界中，16岁的高宫成功拯救了成濑。但在另一个世界中，已经发生的事情并不会改变，那个长大成人的高宫仍旧必须怀抱着对已经死去的成濑的怀念与愧疚继续生活下去。这是平行世界设定的经典用例，平行世界意味着多个世界同时存在，故事从多个世界交汇的那一点（高宫的信穿越到了平行世界）开始发生，但各个平行世界仍旧平行发展，无论在哪一个世界，已经发生过的事情都是确定的、不可更改的。而世界线理论则在本质上是一种单一宇宙论，所有世界线都是同一宇宙中的不同可能性，如果跳转世界线（事件收束于另一条世界线），那么这个唯一宇宙的过去和未来就会发生改变，并再度走向另一个唯一的结局。

《再一次》中同样使用了经典的平行时空设定，并给出了一个相当具体的比喻：时空就像一条纸带，纸带的正面和背面是两个不同的平行时空，这两个平行时空永远不会相遇。然而在古堡中，一段纸带被扭曲成了莫比乌斯环的形状，于是，正面和背面的平行时空相遇了。但与此同时，《再一次》还使用了世界线设定中"观测"的概念，"一双眼睛，一个世界"。古堡本身是一个不稳定的空间，每一个人都作为观测者将古堡固定下来（也即世界线收束），但由于多个平行时空的交错，以及每个人都成了观测者，所以每个人所见的世界都是不同的，而且不同的世界间相互干扰，造成超越常识的危险境况，所以只有当其他观测者都死亡时，最后存活的唯一一个观测者才能够顺利逃离古堡。《再一次》的三个视频版本中一共出现了五对平行时空中的男/女主（关键标志是不同时空的男主手持的打火机上的图案不同），每个男/女主都在与同伴走散后遇到了另一时空的女/男主，并相伴走向不同的结局（见表1）。

表1

世界编号	打火机图案	人物	出场视频版本	结局
1	龙	海阅（1）	烤鸭线	未知
		木琳（1）	烤鸭线	因被海阅（2）拯救而幸存
2	六芒星	海阅（2）	烤鸭线、鱼线	为救木琳（1）而死
		木琳（2）	鱼线	为救海阅（3）而死
3	十字架	海阅（3）	鱼线	因被木琳（2）拯救而幸存
		木琳（3）	无	未知
4	翅膀	海阅（4）	东坡肉线	未知
		木琳（4）	东坡肉线	与海阅（5）一起幸存
5	无限符号	海阅（5）	东坡肉线	与木琳（4）一起幸存
		木琳（5）	无	未知

经典的世界线与平行世界设定在日本的ACG及影视作品中得到了最广泛的应用，特别是在死亡轮回题材作品中有着精彩的展现。

比如，2018年春季的日剧《致命之吻》，就是一个平行世界设定下的死亡轮回故事。男主堂岛旺太郎意外发现神秘女子佐藤宰子具有"死亡轮回"的能力，只要与宰子亲吻，两人就会双双死亡，并穿越回七天之前。堂岛于是与宰子签订契约，利用宰子的能力追求身价百亿的豪门小姐并树美尊。在这个过程中，堂岛发现了年少时导致弟弟死亡、父亲获罪的海难的真相，被卷入豪门商战的阴谋之中，也逐渐从宰子身上重新学会了爱的能力。

堂岛与宰子每次通过接吻穿越时空，实际上都是进入了一个新的平行世界，原本的世界并没有因此消失或被改变，而是在堂岛与宰子死亡的前提下继续向前发展。《致命之吻》同步推出的联动网剧《致命平行》（2018）讲述的，就是每一个被堂岛舍弃了的世界中的后续故事。这一设定，以及衍生网络剧的形式，将以下事实用最感性的方式呈现在观众面前：堂岛在每一次轮回中犯下的过错，他伤害了的人、有心或无意导致的死亡与不幸都不会因为他的轮回而被抹除，所有的痛苦都在那些被堂岛抛弃了的平行世界中延续着。

由此，堂岛的自私便不仅在人设的层面呈现，也在世界设定的层面呈现出来——他为了追求自己的幸福一次次亲吻宰子、一次次"死亡轮回"，因此伤害了很多人，在许许多多的平行世界中给不同的人留下了永久的创痛。在故事的最后，堂岛得知了"死亡轮回"的真相，并终于决定要为了他人的幸福而非一己私欲使用这种能力。当他尽自己最大的努力为身边的人带来快乐时，他自己也收获了真正的幸福。整个故事的主题就这样被凸显出来。

另一个著名的死亡轮回作品《RE: 0》（2014）则采用了世界线设定。菜月昴在每一次死亡轮回后都会做出不同的选择，这些选择确实造成了菜月昴自己与其他人物命运的改变，过去被重写了，新的未来被创造出来。

与此同时，《RE: 0》中实际上还包括了一重平行世界设定。当代日本的宅男菜月昴眼睛一闭一睁，就穿越到了剑与魔法的奇幻异世界，当代社会与奇幻异世界之间构成了平行世界的关系。这两个世界无论是在文化、语言、政治制度还是更根本的物种、物理法则方面都有着巨大的差异，而这样的平行世界设定，实际上才是在中国游戏化向度的网络文学作品中最普遍的平行世界设定。

中日主流的平行世界/世界线设定出现这样的差异，主要原因在于主导文艺体裁不同。无论是依托于世界线设定的死亡轮回，还是在互为镜像、极为相似的平行世界间穿梭，都必然涉及对相同或相似的场景/事件的反复多次呈现。毕竟，在多次轮回与不断的失败中寻找通向成功的道路，才是这类作品的核心快感来源。影像/图像的叙事（日本ACG文艺产品），以及日本轻小说分卷发行的出版机制，都显然更适合于表现这类重复发生的事件。而对于中国网络小说主流的按章连载、每日更新1~2章、每章通常为3000~6000字的创作发表模式来说，这样的故事就有很大的处理难度。稍有不慎，作者可能就不得不在每日宝贵的一章更新中花费大量篇幅描述已经讲过一遍的故事。对于满怀期待点开更新的读者而言，这多少显得有些缺乏诚意。

因此，在中国游戏化的网络小说中，平行世界设定往往与副本化的叙事结合在一起，每一个副本发生的空间就是一个平行世界。典型作品如三天两觉的《惊悚乐园》(2013)，主人公封不觉以ID疯不觉登录了VR游戏《惊悚乐园》，《惊悚乐园》中的每一个副本都不是程序搭建的场景，而是一个个真实存在的千奇百怪的平行世界。在这些平行世界中，玩家被称为"异界来客"，各个平行世界中的土著居民往往知道异界来客的存在，也知道异界来客有着与本地居民不同的知识、能力和任务，只是不知道游戏系统的存在。在诸平行世界间，居于主导地位的是"四柱神"管理下的"主宇宙"。

千奇百怪、画风各异的平行世界的存在绝非三天两觉首创的设定，大量游戏化向度的网络文学作品都在不同程度上使用了这种设定。

一般而言，游戏化的网络文学作者/读者习惯于用"科技树"这一概念去描述不同平行宇宙间的差异。"科技树"是策略类游戏中的常见玩法，有时也被称作"技能树"或"天赋树"。在策略类游戏中，玩家会通过某些方式获取一定数量的"技能点"/"天赋点"，利用这些天赋点，可以点亮技能/天赋系统中的某些技能，而当某个技能被点亮后，与它相关的更高阶技能也随之变为可被点亮的状态。比如，在策略类游戏《文明6》(2016)中，点亮"采矿"技能后，与采矿相关的"石工""轮子""青铜树"三个技能就随之解锁。最终，所有点亮的技能会形成树状结构，若干基础技能延伸出更多、更高阶的技能，这就是"科技树"。由于技能点总是稀缺资源，玩家基本上不可能在一局游戏中点亮"科技树"上的所有技能，所以如何合理分配技能点、点亮哪些技能就成为玩家策略的重要体现，也是决定胜负的关键因素。对于《文明》系列这样以人类文明发展为蓝本的策略类游戏而言，"科技树"实际上决定了人类文明的发展方向。"科技树"的概念进入网络文学领域后，就出现了如"如果章鱼发展了一种文明，它们的科技树会是什么样子"[①]之类的设想——作为一种水生生物，章鱼的"科技树"肯定与人类有很大不同，比如，对于火的使用肯定不会出现在章鱼文明的早期阶段，等等。同理，与人类科技文明截然不同的魔法文明，实际上有着与人类世界大相径庭的"科技树"，他们点亮的核心技能不是"科学"，而是"魔法"，对于各类魔素的利用方法会是他们的"科技树"中的主脉。

策略类游戏中错误分配技能点会导致游戏的失败，由此就衍生出了"科技树点歪了"的说法。对应到网络文学中，如果一个文明走到了绝境，未必是天灾的结果，也有可能是"科技树点歪了"，即使技术文明朝着"科技树"的方向突飞猛进地发展，也无法适应种族存续的需求，最终导致文明的困境。有人甚至也会用这样的思路评判人类文明的发展，于是，出现了诸如《人类点歪了哪些科技树》[②]、《大家有没有觉得最近30年人类的科技树点歪了？》[③]等网络讨论。

电子游戏所带来的想象力之所以重要，就在于它不仅进入了文艺作品，也成为人们理解和解释现实的一种方式。在这一过程中，游戏化向度的网络文学所参与的环节就是用文学的方式将电子游戏中种种非语言

[①] 超自然科学局：《如果章鱼发展了一种文明，它们的科技树会是什么样子？》，百家号，https://baijiahao.baidu.com/s?id=1607670103574979374&wfr=spider&for=pc，发布日期2018年8月2日，引用日期2018年12月25日。

[②] 预谋邂逅ing：《人类点歪了哪些科技树》，简书，https://www.jianshu.com/p/d3c6ef08f87b，发布日期2018年7月25日，引用日期2018年12月26日。

[③] 海角天涯30：《大家有没有觉得最近30年人类的科技树点歪了？》，世界电影票房吧，发布日期2017年10月18日，引用日期2018年12月26日。原帖已删。

的玩法、机制转化为叙事,而当这些叙事被用来解释网络文学中的平行世界的时候,它们就自然而然地也可以用来解释现实世界。

平行世界的设想如此大规模地出现在文艺作品之中是前所未有的。这一变化意味着大批网络文学的作者与读者不再以"同一个世界,同一个梦想"的观念来感知这个世界。空间是多元复杂的,时间则如小径分岔的花园,在无数个世界有无数种现实、无数种规则、无数种命运、无数种选择,并成就了无数个我。

如前所述,游戏化向度的网络文学是以一个与游戏近似的生成系统为基础衍生故事的,无论是世界设定还是"自律"的角色,都具备产生复数故事的能力。因此,关于平行世界与多重命运的设想,实际上从一开始便蕴含于这种创作模式之中。

二、"S/L 大法"与多重时间想象

所谓"S/L 大法"是游戏玩家对于电子游戏中存档(save)和读档(load)功能的戏称。"S/L 大法"的存在,意味着玩家可以在游戏进行的过程中自主选择回到过去的某一个时间点,重新开始游戏,做出不同的选择。这就鲜明地标识了游戏玩家与游戏中的 NPC 实际上处于不同的时间轨迹之上,相比于 NPC,玩家处于更高的维度,可以随意折叠游戏中的时间进程。

日本 Galgame《君与彼女与彼女的恋爱》(以下简称《君彼》,2013)出色地运用了"S/L 大法"、分支叙事等游戏机制,构造了一个具有自反性的精彩叙事。《君彼》中有两个可攻略的女性角色,分别为曾根美雪和向日葵。在游戏的一周目(从无存档历史资料的初始状态开始玩游戏到第一次通关打出结局为止),玩家操控的男主须须木心一(一个典型的Galgame 男主,无个性、无爱好,方便玩家代入)只能攻略曾根美雪这一女性角色,如若顺利达成完美结局,则会与美雪互诉天长地久的爱情誓言。在游戏的二周目(玩家第一次通关打出结局后从头开始游戏直至再次打出结局即为二周目,三周目依次类推),玩家则可以选择攻略向日葵,在

二周目完成最后一个分支选项后，游戏会进入被称为"无限轮回"的三周目。从这个周目开始，游戏就无法存档和读档了，所有的选择都是一次性的，三周目有可能触发的一个结局就是当心一与向日葵进展良好时，美雪会突然黑化，拿着球棒打死心一和向日葵，对着屏幕外的玩家控诉玩家背叛了曾经对美雪许下的永远相爱的誓言：既然你当初选择了我，为什么又要去攻略别的路线？由于游戏中的心一是没有关于一周目的记忆的，所以二周目中的心一从一开始就一心一意爱着向日葵，既不曾与美雪相爱，更没有与美雪许下永恒的誓言。所以美雪的控诉只能是面对玩家发出的。接着，系统会自动删除文件，使得玩家无法再开始游戏，只能看到CG动画。美雪知道了玩家世界的存在，知道了周目、存档等游戏机制的存在，于是，游戏世界的时间与现实世界的时间强行统一在一起，玩家失去了自由操纵、选取游戏时间的权力。只有这样，美雪的复仇才是针对玩家的复仇，才不会随着玩家一次轻描淡写的读档或开启新周目而被抹除。这个结局以一种令人震惊的方式展现了Galgame内容（唯一、美好爱情）与形式（在不同周目中不断攻略不同女性角色或通过存档读档变更选项、体验女性角色面对不同选择的不同反应）之间的根本矛盾，也显影了一种新的权力结构：玩家与NPC（神与人）生活在不同的时间之中，高维时间（玩家时间）对低维时间（NPC时间）的碾压构成了一种暴力。

游戏化向度的网络文学中少有直接使用"S/L大法"或死亡轮回设定结构叙事的作品，但也并非完全没有。比如，连载于长佩论坛的《一银币一磅的恶魔》（以下简称《177》，2016），便借助论坛分层的格式，模拟了类似Galgame分支叙事的结构，是一部精彩而颇具先锋性的女性向网络文学作品。

以诺救了雷米尔的命，雷米尔赎回了以诺的心。他们让彼此都活得更像个人。这就是《177》书写的故事。

故事的具体情节是这样的：深受爱戴的神父花费177银币，从超市买回了一只价值一银币一磅的恶魔。

但恶魔并非从来都是恶魔，他叫雷米尔，他也曾是人类，作战于对抗恶魔的前线，却因体内含有恶魔的基因而在濒死的刺激下变成了恶魔。

于是同伴变成了敌人,雷米尔成了人类的俘虏,经历了所有最恶毒的对待,终于成为超市里无人问津的商品,被神父买回了家。

神父也并非寻常的圣职者,他曾是教廷的圣子以诺,这个看似光鲜的身份带给他的,只有冷漠而残忍的成长环境,以及随时代替教皇去死的责任。他被培养成无心无欲的精致木偶,亦步亦趋地按照教规行动,除此之外,既不懂好恶也不懂是非。

游戏化向度的网络文学中往往使用第三人称"他"进行叙事,为读者提供一个类似网游第三人称视点镜头的代入位置,但《177》却是用第二人称进行叙事的。在故事中,以诺始终被称为"你",简洁有力、干脆利落的叙述文字仿佛一道道命令,而以诺就是一个被操纵的、按部就班的傀儡。如果说游戏化向度的网络文学中的第三人称叙事拉近了读者与主人公的关系,那么《177》中看起来更亲昵的第二人称,却刻意造成了陌生化的效果,拒绝着读者对以诺的认同。读者必须无时无刻不意识到以诺只是一个屏幕里的替身角色,被看不见的鼠标和键盘操纵,没有自己的意志与灵魂。书中的以诺也确实是个傀儡,他医治病患、救助动物、温和礼貌,并非因为他仁慈善良、与人为善,他只是严格地执行着教廷律法、典章所要求的一切,不做教廷律法、典章禁止的一切。身为圣子,以诺活着的唯一使命是在教皇生命垂危时回到教皇身边,通过自杀献祭的方式救活教皇,而他也确实打算这样做了。动身之前,以诺想起了隔壁房间的雷米尔,于是就有了第三十二章末尾的两个选项:

你决定——
A:跟雷米尔道别
B:给雷米尔留信

B选项对应于故事的第三十三章,以诺连夜离开,回归教廷,以死献祭,教皇恢复健康,而雷米尔蛰伏数年,穿越重重荆棘,炸毁教廷,带走了以诺的遗骸。这是故事的第五个悲剧结局"bad ending 5 灰烬"。

A选项对应于故事的第三十四章,雷米尔阻止了以诺,故事继续,直到下一个选项带来命运的再次分岔，或者躲过全部的悲剧结局，迎来最终的"happy ending"（团圆结局）。

《177》中出现的所有选项都很难说有绝对的对与错，也几乎不涉及道德判断（毕竟以诺本身就是一个只遵教典、没有自己的道德判断与是非观的人）。我引文中的这两个选项读者大概还能猜测一下，直接与雷米尔道别更容易被雷米尔挽留，更可能是通向团圆结局的选项。其他更多的分支选项往往要比这个还难以抉择，比如第八章的两个选项：

A：你觉得这是因为天气变冷
B：你觉得这是因为它太无聊

怎样才能从以诺这两个都没什么可靠根据的猜测中选出更正确的一个呢？大概只能靠运气了。而事实证明，以诺的两个猜测都是错误的，只不过不同的猜测导致了不同的行动，不同的行动造成了不同的结局罢了，没有什么理据可寻。好在"S/L 大法"仍可以发挥作用，当某个选择错误地通向了悲剧结局时，读者可以跳到下一章，阅读正确选项带来的后续故事。

《177》设置了许多难以抉择的选项，却只有唯一一条通向团圆结局的道路。它让我们看到，主人公们最终获得的幸福是如此难能可贵。通向幸福的道路是一座狭窄而漫长的独木桥，桥两边全都是不见底的深渊，潜藏着伺机而动的猛兽。主人公们要面对的，不仅仅是前进道路上的危险与挑战，更有无穷随机选择导致的无法捉摸的命运歧途。

他们行走在命运的狰狞迷宫里，也从未被神明许诺过光明，爱情给了他们勇气，却无法指出前进的道路。无数平行时空中无数的以诺和雷米尔终将死在黎明的前夜，或者永远作为没有交集的圣子与恶魔各自麻木而绝望地活着。

在大多数的小说中，当主人公去赴一场九死一生之约，读者最终能看到的不过是"一死"或者"一生"。但《177》却在小说的线性叙事中套用了电子游戏的分支叙事结构，把一切"小径分叉的花园"摊平了给你看，有了"九死"的无常与绝望，方显出"一生"的难得与珍贵。毕竟雷米尔想要的"活着"，不仅仅是呼吸、体温与跳动的心脏，甚至不仅仅是与以诺一起活下去，而是作为人，自由而有尊严地相爱，并且坦坦荡荡地行走在这世上。对于圣子与恶魔而言，这样的愿望何其卑微，却又何其庄严，值得赌上第一千次的死亡去追寻。

在游戏化向度的网络文学中，《177》算是一个特例，独特的女性向小众论坛空间给了《177》更多的叙事可能，而在网络文学的主流商业网站中，是很难实现这样的写作的。但即使是在主流网站连载的典型长篇网络文学作品中，由"S/L 大法"所带来的多重时间感仍构成了全新的想象力之一环。我在讨论代入感这一概念时曾提到近年来游戏化的网络小说中代入感的双层结构，这一双层结构也同时对应于玩家时间与 NPC 时间的双重时间结构，主人公既是在选择他所生存的世界，也是在选择他所存在的时间。对于同时存在的多重时间轴的意识，带来了按照空间结构理解时间维度的独特叙事。

三、时间的空间化

行走在钟表上的时间是与大工业生产密切相关的，它刻度精准、坐拥当下、回顾历史、迈向未来。诚如赫尔嘉·诺沃特尼所说的："时间是人类在深层次上集体形塑和刻画的符号产品，服务于人类的协调与意义赋予的需要。"[①] 而现代社会中那个独一无二、一往无前的时间轴，就是现代性宏大叙事的根基，现代性所许诺的无限进步，就意味着人类将在这条没有终点的时间轴上向着永远不可能达到的完美乌托邦永不停息地迈进。

在现实主义小说艺术中，时间曾如此自然而沉默地流淌着，不动声色、缺乏存在感，却又因其无所不在，而将一切事件纳入它的序列，纳入宏大叙事的怀抱。

---

① ［奥］赫尔嘉·诺沃特尼：《时间：现代与后现代经验》，金梦兰、张网成译，北京师范大学出版社，2011 年，第 3 页。

但平行时空意味着多条时间轴并行延伸，许许多多文艺作品正向我们演示这多个世界、多种时间交叉碰撞产生的故事。在游戏里，分支叙事将时间线化作了枝杈漫展的树状结构；对于视频文件而言，我们可以肆意拖动进度条，暂停，或倍速播放。时间似乎不再是一个纯然抽象、匀速前进、无法把控的东西——至少在屏幕里，在那些由游戏、动画、影视所呈现出来的世界里，我们总能够用鼠标、键盘轻松地拣选、逆转、更改时间。

刘慈欣的《三体》系列能够如此流行，或许也多少得益于他对于高维世界的想象性呈现。在这里，时间变成了一个维度，就如同空间也是一个维度一样，高维宇宙的居民可以在时间中自由跳跃，就如同人类可以在空间中任意迁徙。这像极了我们在拖动进度条时对屏幕中的二维世界所做的事情，也像极了我们想象时间的新方式。也就是，作为一种维度，时间可以与空间具有相似的性质，时间于是变得具象，有了实质，可以被形塑、折叠、扭曲，可以在其上行走、跳跃，可以从一片/一条时间转移到另一片/一条时间上去。

这样的想象构成了无数的故事，时间代替空间成为叙事的舞台，甚至直接登台唱戏，这就是我所说的时间的空间化。

我在前文提到过有声漫画《再一次》，这就是一部典型的用时间的空间化来构造故事的作品。在屏幕正中央不停旋转的莫比乌斯环为时间赋予了形状，主人公海阔与木琳看似是在古堡中逃亡，实际上是为了逃出扭曲的时间闭环。他们最终逃出生天的法门也不是找到古堡中隐藏的道路，而是削减相互纠缠的时间线，直到最后只剩下唯一一种时间，无法再构成莫比乌斯环，也无法再造成时空扰动。当喧嚣躁动的时间复归于坚硬与沉默，平稳的日常便回归了。

在游戏化的网络文学中，以类似的方式呈现时间陷阱的故事也非常常见，比如《末日乐园》中的黑暗童话副本（第132~144章）。这是《末日乐园》中最精彩的副本之一，小红帽、灰姑娘、蓝胡子三个经典童话各自占据副本中的一条时间线，就像三条并行的管道。主人公林三酒在这三条管道中来回穿越，寻找三条管道的交错之处，破解谜题，完成副本。副本流程如表2所示，每个横行是一条时间线中林三酒经历的所有事件，每个格子中的阿拉伯数字代表林三酒在所有时间线中经历各个事件的先后顺序。

小红帽、灰姑娘、蓝胡子，这三个故事本身是各自平行发展的，相当于三个平行世界，且每个平行世界的时间流速是不一样的。

蓝胡子的世界时间流速最快，时间跨度也最大。蓝胡子七岁时第一次遇见有仙女翅膀的老者，近四十岁时娶了莱拉，中间有将近三十年。

其次是小红帽的世界。从爱玛带着女儿加入歌舞团，直到小红帽遇见林三酒，中间有将近二十年。

灰姑娘的世界时间流速最慢。蓝胡子七岁遇见老者时，灰姑娘去参加舞会，而蓝胡子迎娶莱拉后，灰姑娘才刚刚试穿了水晶鞋，中间不过数月。

而老者通过交易，在这三个平行世界之间穿了几个洞，于是，不同时间流速的平行世界间发生了交融：狼人遇到了王子，镜子被蓝胡子献给国王后转赠给了爱玛，林三酒在灰姑娘的宫殿中先后听说了年轻时和杀死莱拉后的两个蓝胡子的事情（由于灰姑娘世界流速过慢，在灰姑娘的时间线上前后相隔很近的位置上穿两个洞，就会交融到蓝胡子世界中时间间隔很长的两个事件）。每一个交融点只能洞穿联结两个平行世界，所以理论上林三酒在任何一个交融点上所做的事情都不能同时拯救三个主人公。但实际上蓝胡子故事的主人公不是莱拉，而是蓝胡子，所以林三酒只要拯救将被狼人吃掉的小红帽和将被毒死殉葬的灰姑娘，并且不杀死蓝胡子，也即不干扰蓝胡子的世界，就可以完成副本的要求了。

在这个副本里，时间保留了它向前流动的特质，但却被增加了如管道一般的空间特质，由此构成了一个极为复杂的叙事舞台。与《再一次》一样，《末日乐园》中的这个副本也利用了比喻的方式去讲解故事中的时空模型。在《再一次》中，时间是一条被连接为莫比乌斯环的纸带；在《末日乐园》中，三个平行世界则被比喻为三张叠放的卫生纸，以及一条可以穿过纸上小洞的柔软发丝。

表 2 林三酒经历的事件

时间线			
小红帽线	1 在森林里遇到小红帽	4 借住在小红帽的外婆爱玛家，得知外婆曾是舞女，赏赐过国王赐的镜子	7 猎人出现在外婆的小木屋外，说屋中有狼人	9 被当作狼人走出屋子，猎人心理查德被狼人杀死，猎人林克重伤
灰姑娘线	2 在森林里遇到灰姑娘	5 借宿在灰姑娘家，得知灰姑娘已经接济了水晶鞋，被接入宫中，却发现走她的人才是跳舞的王子	8 灰姑娘成功穿上了水晶鞋，被接入宫中，却发现走她的人才是跳舞的王子	11 有着仙女翅膀的奇怪老者向灰姑娘保证，一定会让灰姑娘和王子在一起。因为这是他们当初交易时的约定。老者来到皇宫是为了和蓝胡子进行交易（这场交易使得蓝胡子成为富豪，并迎娶了莱拉）	12 跟踪王宫总管，得知大王在寻找灰姑娘的过程中遭到狼人袭击而已重伤的林克而死。灰姑娘将镜子献给大王陪葬。即将继承王位的二王子拥有蓝胡子进贡的镜子中同时存在一个未来的蓝胡子（也即王宫中的蓝胡子和一个未来的蓝胡子）
蓝胡子线	3 在蓝胡子的城堡里遇见独自在家的莱拉（蓝胡子的妻子）	6 进入莱拉的卧室，与莱拉同睡	10 代替莱拉打开了城堡顶层最后一个房间，发现未呈现未投影的房间，这是一个会呈现未投影的房间，这是一个会呈现未投影的房间，莱拉拥有一个与小红帽外婆的镜子一样的镜子。是蓝胡子的第一个妻子而非最后一个，蓝胡子回来了
三线合一	13 看到小红帽的祖母爱玛年轻时蓝胡子的老者，与长着仙女翅膀的老者约定25岁时进行交易	14 撞上七八岁的蓝胡子无意中念出咒语，召唤出长着仙女翅膀的老者，与老者进行交易	15 跟随着看到了灰姑娘与十六七岁的灰姑娘家，老者进行交易，前往王宫的舞会	16 蓝胡子所在的马戏团、爱玛所在的歌舞团、灰姑娘的马车都向王宫进发，交汇于路上	17 毁掉通往王宫的必经之路，蓝胡子、爱玛和灰姑娘都去不了王宫，三个故事都不会再按照原定路线展开，通过一个举动同时满足了三条时间线上的通关要求，副本通关

类似这样的以空间化的时间模型创造解谜故事的副本，还能在很多游戏化的网络文学作品中看到。《地球上线》中"帮狼外婆抓金毛地鼠"的副本（第28～33章）也是一例。主人公唐陌接受了副本任务，即替狼外婆在七天之内抓住金毛地鼠，但每过一天，副本中都会刷新出一个新的唐陌，与前一个唐陌同时存在。新的唐陌就像前一个唐陌的复制体，重复着前一个唐陌的全部行为（见表3）。

表3

	第一天	第二天	第三天	第四天	第五天	第六天	第七天
唐陌1	行动A	行动B	行动C	行动D	行动E	行动F	行动G
唐陌2	未出现	行动A	行动B	行动C	行动D	行动E	行动F
唐陌3	未出现		行动A	行动B	行动C	行动D	行动E
唐陌4	未出现			行动A	行动B	行动C	行动D
唐陌5	未出现				行动A	行动B	行动C
唐陌6	未出现					行动A	行动B
唐陌7	未出现						行动A

所有的唐陌都以为自己是唯一的唐陌，都会将自己出现的第一天（也即进行行动A的那一天）视作自己进入副本的第一天，所有的唐陌都无法看到或感知到其他唐陌的存在，但他们的行为会在抓金毛地鼠这件事上互相叠加。比如，在唐陌1经历的第三天，虽然唐陌1只进行了行动C，但实际上行动A、行动B、行动C同时发挥作用，共同影响了唐陌1、唐陌2、唐陌3抓金毛地鼠的结果。唐陌必须意识到其他的自己的存在，并在无法沟通的情况下想办法让其他唐陌也意识到这一点，所有唐陌合作行动，才能完成副本任务。这个时间模型与《再一次》和《末日乐园》又有不同，它类似于轮唱，是将同一段时间规律性地复制粘贴。

我在解释这些副本的构造时，往往不得不使用到图表，这是因为这些副本相比于一个故事，其实更像是在一个空间化的时间模型的基础上所进行的数据推演，带有一种数理逻辑般的规律感，更适合用图表来说明。在这些模型和推演的基础上，作者还必须在具体故事的叙述中，恰当生动地营造情境、抛出谜题、设置伏笔悬念，并在结局处合情合理地破解谜题，展现主人公的聪明才智，这就是文字表现力方面的话题了。

这种创制时间模型、在多个时间的交错与干扰中构造谜题的故事类型，并非时间空间化的唯一路径。尤前的两部小说《我家徒弟又挂了》和《家兄又在作死》展示了时间空间化的另一种模式。

这两部作品都讲述了女主从现代社会穿越到修仙异世界，在系统的要求下穿越到各种副本之中完成任务、拯救世界的故事。与一般设置多副本任务的修仙文不同，尤前小说中的副本位置是由时间和空间两个坐标参数共同标定的，而且这些副本时空是因果相连的。以《我家徒弟又挂了》为例，女主祝遥在时间跨度可达数万年的多个副本中穿梭，寻找拯救世界危机的方法。每个副本都是世界历史的关键节点，祝遥在某个时间点靠前的副本中所做的事将可能成为时间点靠后的副本之因，也有可能先经历某个时间点靠后的副本之果，然后反过来追溯前因。最终，各个时间点上的人物、事件交织起来，构成复杂的因果网络，成了这本书中相当有魅力的一个看点。

相比于前面提及的《地球上线》《末日乐园》等文本，《我家徒弟又挂了》中的时间模型是非常简单的，它就是一条笔直延伸的线，主人公在线上各点之间来回跳跃。但考虑到主人公在各个副本中的行动按照因果规律互相干涉影响，最终决定着世界将向着哪个方向发展，我们就不得不承认，这里实际上仍暗含着世界线设定，也即主人公的行动影响世界线变动。主人公实际上在无穷多条世界线间进行选择，最终所有世界线收束为一，就是故事的结局。

时间的空间化当然并不仅仅出现在中国的叙事作品中，无论是美国电影《彗星来的那一夜》《恐怖游轮》、法国电影《无姓之人》、Netflix 的交互电影《黑镜：潘达斯奈基》，还是日本轻小说《明日的我与昨日的你约会》等都带有相似的特征。但即使在世界流行文艺的范围内来看，中国游戏化向度的网络小说中以时间的空间化方式构造的复杂的时空模型也仍是丰富精彩而充满想象力的。

四、刻在时间轴上的爱与自由

在游戏化向度的网络文学作品中，由平行世界/世界线设定、多重时间并置与时间的空间化所带来的各式各样的叙事可能，已经被操演到了极为复杂精细的程度，对于传统读者而言，这一整套关于时空的设定或许都是相当陌生的。五花八门的时空设定造成的后果之一，就是多个平行世界的共存、多种时间并置作为一种现实，在游戏化向度的网络小说中被纳入了关于伦理与情感的考量范畴。于是，当我们提到爱情的时候，我们开始考虑爱情双方在时间上的对等性；当我们提到自由的时候，我们开始考虑在诸平行世界间自主选择的权力。

网络文学中关于爱情与时间的第一个成熟的母题，大概就是"人神恋"，也即长生种（神、鬼、妖、吸血鬼等）与短生种（人类）的爱情。这个母题在女性向玄幻仙侠类网络小说中发展得最为充分。中国自古就有"天上一日，地上一年""鬼言三年，人间三日"的说法。东汉时期的《汉武洞冥记》中有东方朔至紫泥海，朝发中返，但人间已过一年的故事。李白还曾据此写过《古风·朝弄紫泥海》，诗中"一餐历万岁，何用还故乡"一句更是夸张，说的是天上一餐时间，地上已经过了万年。《幽冥录》中则讲到了人间与地府的时间流速差异，说的是琅琊有一个姓王的人因病去世后仍忧心家中幼年独子，于是向地府请愿，获准还阳三年，而地府三年，是为阳间三十年。《酉阳杂俎》中亦有"鬼言三年，盖人间三日也"的说法，虽与《幽冥录》的说法恰好相反，但都是在讲人间与地府时间流速不同这件事。

天上一日、地上一年，仙神永生、凡人短寿，这些说法也随着其他中国传统神鬼元素一道，成为早期女性向玄幻仙侠类网络小说中的常见设定，仙凡虐恋就此拉开帷幕。人生一世，人间百载，天上不过数月，由此便衍生出许多悲剧——凡人倾尽一生的爱对于神仙而言不过弹指一挥间；又或者爱人已逝，放不下执念的神仙便一世世寻找爱人的转世，但转世的灵魂却再也没有前世的记忆。前者如唐七公子的《三生三世十里桃花》，上神白浅下凡历劫时与天帝太子夜华相恋，遭人暗算跳下诛仙台,一段仙凡恋爱不得善终;历劫归来的白浅忘却旧事,与夜华之间又平生许多波折,三世纠缠,才修成正果。后者如溯痕的《遇蛇》,蛇妖伊墨与凡人沈清轩相恋,沈清轩死后,伊墨便一世世寻找沈清轩的转世;沈清轩的每一次转世虽然都前尘尽忘、容貌性情各不相同,但最终都会爱上伊墨,而伊墨爱的却始终是曾经的沈清轩,两人各自执迷不悟,也就有了一世世的爱而不得、因爱生恨。这样的故事还有很多,而酿成悲剧的根源总是时间的错置,被遗忘的岁月、不对等的记忆,由此生出无穷的隔膜、误解与绝望。爱情修成正果的方式则是将时间重新修正对位,或者神仙变成凡人,或者凡人修成长生,或者转世者想起历世因缘。总之,当恋爱双方在时间上成为对等的——面向未来拥有等长的生命,面向过去拥有全部相爱的记忆,他们的爱情才算是苦尽甘来,他们会铭记、理解彼此的过去,也将携手迈向相同的未来。

中国古代也有仙凡成婚的故事,但时间却从未成为其中的关键因素。牛郎织女饱受相思之苦,是因为空间的阻隔,而非凡人寿命有尽时;淳于棼南柯一梦,梦中妻子俱全,醒来后也不过是惊奇喟叹,未见相思。

空间与时间,以及人对时空的感知方式,这当然不仅仅是物理与心理学的话题,也是哲学与社会学的领域。马泰·卡林内斯库、本尼德克特·安迪森、柄谷行人、以赛亚·柏林等学者在回溯现代性(或现代民族国家)的起源时,都将那种"能够把时间视为单一线性的、能够把空间视为均质的"的能力视作现代性的某种基础和特征。而作为现代性神话之一的爱情,也是在这样一条线性时间轴上展开的,相爱的两人共度时光、共赴死亡,而爱情的光芒则超越短暂人生、走入永恒。

但长期以来,人们默认,身处地理上的同一空间,就是在共享时间,所有人都站在同一条时间轴上,按照相同的钟表时间度过相恋的岁岁年年。分离与死亡固然让人黯然神伤,但我们却永远处于相同的时刻,即使分别两地也可以"天涯共此时",即使生死相隔也可以期许"百岁之后,归于其室",这似乎是理所当然、无可置疑的。

一旦这种线性时空观不再理所当然,而是被视作人类文明的阶段性产物,具有后现代特征的哲学思考便产生了。与此相对的,在叙事的领域，时间觉醒了。

21世纪初，唐代铜官窑瓷器题诗中的一句"君生我未生，我生君已老"因为程东武的续写及《镜》(2004)等通俗小说的引用而流行起来。无论这首诗在唐代语境下本该如何解读，到了21世纪的网络之中，这首诗开始被反复引用，则是讲述了爱情中的错过——不是空间上的擦肩而过，而是时间上的先后有别，空间上的错过还有机会弥补，时间上的距离却注定无法消除。这种所有人都被钉死在同一条时间轴上的想象实则意味着：一方面，人们仍理所当然地认为时间是单一线性的；另一方面，时间又开始从沉默透明、无形无质的状态之中浮现出来，变成了一条轴（就如同回合制战斗中的攻击排序轴，或者视频中的进度条），实实在在地在爱情故事中发挥着作用。

有了第一条时间轴，就会有第二条、第三条，乃至无穷，于是才有了前文所论及的大量长生种与短生种的爱情故事。长生种与短生种的生命长度不同，因而时间尺度也是不同的。于是，在对这类故事的写作和阅读中，衍生出了大量对长生种的情感观的讨论：长生种的爱情是永恒的吗？长生种会有结婚生子的欲望吗？长生种如何看待短生种？长生种会因为永生而变得情感淡漠吗？等等。

这些问题看起来似乎是在文学创作内部自行演化而产生的（如果写到长生种角色，为了使角色令人信服就不得不解决这些问题），找不到任何现实对应物，毕竟人类远未摸到永生的门槛，更没有谁有机会在现实中与长生种谈一场跨越时间与物种的恋爱。但长生种这一设定在今天如此盛行，网络文学中数以亿计的读者随着长生种与短生种的爱情故事而欢喜叹息，这绝不可能只是一种偶然。在这些天马行空的虚幻故事中，仍暗含着作者与读者的现实处境。

一方面是关于永恒的焦虑。对于生命有尽时的人类而言，永恒的存在总是一种巨大的慰藉，是人生价值的确定性的重要来源。人类曾经被许诺过永恒的神国、永恒的人性、永恒的进步、永恒的爱情、永恒的真理与正义，以及最基本的人类族群与人类文明代代相续的永恒传承。但在今天，这一切都或多或少地遭到了质疑（既然宇宙都终将毁灭）。那些曾经被认定为永恒的，都被刻上各自的时间尺度，有始有终。关于长生种的故事，就是一种重新寻找永恒的努力——爱情或其他人类情感，究竟是只在人生的时间尺度内才存在，还是真的能够在长生种的漫长时光中永生不灭？那么人性、道德、责任与求知欲呢？当生命无限扩展，这一切是否经得起消磨？无论故事中得出的结论究竟如何，其实也无非是作者与读者自己都未必相信的一厢情愿，但重要的从来都不是那个结论，而是书写与讨论本身，是作者与读者都可以在故事里相信他们想要相信的，找到那些即使终将消逝也仍令人珍视的。

另一方面则是人们确实正开始与身处不同时间中的人相处和相爱。我在对《纸片恋人》与《角色扮演》"天道不仁"副本的分析中都曾经提到"与纸片人谈恋爱"这件事，身处高维世界的玩家对身处低维世界的"纸片人"的爱情就是一种隔着时间轴的爱情。玩家与"纸片人"处在截然不同的时间之中，这就是"天道不仁"篇中单子魏与段修远永远无法相互理解的根本原因。在段修远看来，他每时每刻都与天道（单子魏）纠缠在一起，但实际上单子魏不过是出现在他人生的几个节点中；在单子魏看来，他不过是玩了一盘游戏，花了几天时间，但这却是段修远的全部人生。段修远孤注一掷求得的永恒，对于单子魏而言既是须臾亦是虚妄，他们各自时光中的短与长、轻与重，总也无法放在同一架天平上称量。但我所说的"与身处不同时间中的人相处和相爱"却不止于此。

我曾多次引用郑熙青博士在一次讨论中提到的例子：每年6月1日，当一群人在欢度儿童节时，《银河英雄传说》（以下简称《银英》）的粉丝们却在悼念书中主人公杨威利的忌日。在同一个时间点，世界上的一部分人在欢庆，另一部分人在哀悼，如此强烈的反差构成某种戏剧性的张力。如今，这样的例子不胜枚举——就如我已经提到的，林林总总的网络亚文化圈子各有各的新闻、历史与纪念日，对于每个圈子的"圈里人"而言，共享"圈内时间"都是他们获得群体认同感的重要方式。

实际上，世界上的一部分人与另一部分人有着不同的时间节点与时间感受并不是一件新鲜事，彼此隔绝的古代人曾各自使用着不同的历法，现代民族国家有着各自的民族节日，不同地域有着不同的节气变化，血缘家族有着各自的婚丧嫁娶、喜怒哀乐。

但是，我刚提及的"银英粉"的例子，以及其他相似的网络亚文化圈的状况，与上述情况有两点明显不同。其一，网络亚文化圈中的"共享时间"不是以民族国家或血缘、地缘社群为单位，而是以网络趣缘社群为单位。互联网使得全球"共时"不再是一个神话，无论是北京、东京、纽约还是伦敦，都被这样一张网络联结起来，资本与资讯几乎可以实现无时差流通。原本以地缘、血缘为界限的时间图谱被打散了，以趣缘为纽带的新的区隔被创造出来，一个人可能与他的父母、同学、同事处在不同的时间之中，却与某个未曾谋面、相隔遥远的人有着相同的时间感受。其二，以趣缘为纽带的网络亚文化社群有着极高的人员流动性，横跨若干亚文化圈或者不断在各个亚文化圈间迁徙对于"网生一代"而言是非常普遍的现实，因而他们可以直观地感受到若干种时间的并行存在，而且可以在不同的时间轴间来回切换（比如，在网络上悼念杨威利有时并不耽误"银英粉"与线下好友一起欢度儿童节）。或许恰恰是互联网带来的全球"共时"，让我们更清晰地意识到"非共时性"的存在，意识到"共时性"本身既是一种权力又是一种区隔——我们总能感受到三次元时间的主导性，也能感受到不同时间之间的不可通约性。

有时候，真正重要的事情确实不是既存事实，而是人们如何感知和理解现实。一个唐代农民与同时代的欧洲人显然使用着不同的历法、有着不同的时间观念，但只要这个唐代农民不知道这一事实，并且他一生中需要接触的所有人都和他使用相同的历法，数着二十四节气度过春生夏长、秋收冬藏，那么于他而言，时间便是一个透明的、自然的、无须费心思量的问题。

但是现在，每个人都不得不考虑时间的复杂性。每次进入一个新的亚文化圈，都必须重新去学习这个圈子中的历史叙述和重要纪念日，而一个人在网络亚文化空间中迁徙游牧的时间越久，或许就会与彻底生活在三次元时间中的亲人、朋友相隔越远。"共享时间"在多大程度上能够召唤认同，就在多大程度上负载着无法跨时间轴传播的情感，制造着难以跨越的隔阂。每个人都是跨越"时区"的旅行者，是三次元时间的

"盗猎者",而最终我们又能与谁在时间的轨迹之上一路同行呢?

历来最动人的爱情故事,总是那些"不可能的爱情",罗密欧与朱丽叶被血缘阻隔,杜丽娘与柳梦梅被生死阻隔,牛郎与织女被空间阻隔……而如今,"不可能的爱情"增加了一种——被时间阻隔的爱情。

至此,我主要讨论的仍是2010年之前的情况,在这些故事中,被时间阻隔的爱情要想获得圆满的结局,只有唯一的方法,就是时间同调[①],也即想方设法让两个人跃迁至同一条时间轴上。于是所有大团圆的结局背后都带着一个悲观的论调:时间不同注定无法相爱。

但游戏化向度的网络文学基于设定的叙事本身,总是热衷于去探索那些尽管不现实,但却更乐观、更光明、更动人的可能性。2012年的《镇魂》便给出了这样一个答案。尽管融合了悬疑探案、都市异能等多种元素,但《镇魂》在本质上仍是一个仙凡恋的玄幻故事。亿万年前,上古大神昆仑君偶遇刚出世的小鬼王,昆仑君与鬼王投缘,带在身边,后昆仑君身死,鬼王强留昆仑君元神,令昆仑君转世为人。时至现代,昆仑君转生为镇魂令主赵云澜,再遇化名为沈巍的鬼王,几番生死与共之后倾心相爱。但沈巍的爱是从上古时代开始的,"邓林之阴初见昆仑君,惊鸿一瞥,乱我心曲",沈巍对鬼王的爱便自此绵延至今。而赵云澜不过活了二三十年,他没有身为昆仑君的记忆,不记得曾经的鬼王。沈巍看向赵云澜的时候,看的不仅仅是眼前这个人类,也是曾经的昆仑君,他的爱经历了无比漫长的时间,变得沉重而隐忍。至此为止,《镇魂》中的爱情线与此前的仙凡恋并没有什么区别。但在此之后,赵云澜并没能找回

---

① 同调:以英文单词"synchronize"为词源的日语外来语词"シンクロ"(sinkuro),在日本《游戏王》系列ACG企划(以高桥和希于1996—2004年间在《周刊少年JUMP》上连载的漫画《游戏王》为原作,1999年由KONAMI改编为同名集换式卡牌游戏,也改编过多部剧场版动画和电视动画)中被用来命名一种怪兽召唤方式。这个词的基本含义是同时化,使时间一致。在《游戏王》中,与同调这一召唤方式相关的专有名词还有"调律"(調律,ちょうりつ,tyouritsu),这个词在日语中的本意是调音、调整音准,在《游戏王》中则有"通过调整使……同调"的含义。在此后的日本ACGN作品中(主要是超自然设定的ACGN作品中),常常会使用"同调""调律"及其他类似的概念,用以表示使原本不同属性的物体相互连通,使人与物沟通,或者将不同的平行世界调整到一致的频率上,从而使对话成为可能等能力。简单来说,"同调"是一种越界沟通的能力,使原本隔绝的世界间得以进行物质或信息的交换,而这种越界沟通要想实现,就必须经过调整,使原本隔绝的世界在时间频率上协调一致。

前世的记忆，他所看到的，不过是一段经过伪装改造的、暧昧的记忆画面。和读者一样，直到故事结束，赵云澜也并不能完全知道当年的真相，并不能忆起昆仑君对鬼王的情愫，更不可能理解从昆仑君身死到赵云澜出生的这漫长的时间间隔中沈巍究竟度过了怎样的年年岁岁。但即便如此，赵云澜坦然而勇敢地接受了沈巍的全部，用一贯轻描淡写、嬉皮笑脸的语调接受了他所不了解的沈巍的漫长人生，接受了沈巍爱的不仅仅是眼前的赵云澜，还有他的前世昆仑君。赵云澜能给沈巍的只是一生一世的凡人之爱，但对于沈巍而言，这就是世界上最好的爱情。

网剧版《镇魂》（2018）对原著进行了大幅度的改编，将转世轮回变成了穿越时空，已经认识了沈巍的赵云澜穿越到过去，化身昆仑君，邂逅小鬼王。这样，赵云澜和沈巍的经历就是完全一致的，只是时间先后顺序不同，由此回到了2010年之前的那种时间同调的爱情结局之上，相比于原著，便少了几分孤注一掷和荡气回肠。当然，这并不意味着小说版《镇魂》的选择就是更正确的，只不过其爱情观中呈现的那种接纳与自己不同的存在的勇气（不仅仅是作为一种多元文化接受其存在，而是更深刻的理解、共情、融入）或许是我们这个时代欠缺的气质。

在多重时空想象之下，凄美的爱情故事又多了一种形式，与此同时，"自由"也具有了新的含义。

游戏化向度的网络文学仍具有通俗文学的性质，并不热衷于复杂的哲学探讨，对于"自由""平等"等概念也沿用了最大众化的内涵。在游戏化向度的网络文学中，"自由"就是选择的权力，以及在此之前了解所有选项的能力和权力。也就是说，在游戏化向度的网络文学中，一个自由的人应该彻底了解自身处境（具有足够的认知能力，且不被他人欺骗蒙蔽），知道自己能够做出的所有选择，并在此基础上抉择自己的人生道路。游戏化向度的网络文学中大部分NPC所处的状态是典型的不自由状态，受到系统的控制与监视。他们只能在系统允许的范围内做出有限的选择，他们不清楚自身只是系统中的程序，不清楚自己与玩家的真正关系，不清楚系统之外还存在着更高维度的玩家的世界。玩家可以选择留在现实世界或者进入游戏世界，但NPC却只知道游戏世界这唯一的选项，因此玩家与NPC之间是不对等的。

在游戏化向度的网络文学中广泛存在一种我称为"NPC平权运动"的经典情节，其本质就是给予NPC充分的选择权，不仅仅是选择自己如何生活，更重要的是首先选择自己要在哪一个世界中生活。只有在将多重时空并存视为常规想象的游戏化向度的网络文学中，"自由"才会总是包含这样的面向，即在选择人生的自由之前是选择世界的自由。

大部分游戏化向度的网络文学中的"NPC平权运动"都是以NPC的觉醒为基础的，也即NPC获得意识，理解到自身处境，并开始寻求自身作为智慧种族的生存与选择权。在这些作品中，颜凉雨的《子夜鸮》（2018）显得有些特别。或许在《子夜鸮》中与NPC相关的段落不应该叫作"NPC平权运动"，而是叫作"NPC启蒙运动"更为恰切。《子夜鸮》是一部典型的无限流小说，主角吴笙、徐望等人每晚被强制进入名为"鸮"的神秘空间，通关各异的副本，每个副本中都包含大量NPC。这些NPC大多介于有智识和无智识、受系统控制和有自主选择之间，往往越是关键的NPC，就有越高的智慧水平，越容易意识到自己身处的环境的不协调性。"NPC启蒙运动"便是吴笙、徐望等人向NPC派发小纸片，帮助NPC觉醒的行动。纸片上有吴笙精心设计的问题，比如，"你为什么会在这里""在这里是你的工作还是你的使命""你有想过外面的世界是什么样吗"[1]，等等。

尽管这个"NPC启蒙运动"并没能够在《子夜鸮》的续篇《子夜十》（2019）中延续下去，但无论如何，在这里，游戏化的网络文学对于自由的理解已经被清晰地呈现出来了。也就是，"自由"的核心在于，拥有与最高维度的智慧生物同等的关于世界真相的认知，在此基础上，在已知的诸世界中，自主选择自己生活的世界的权力。

这一法则不仅对NPC适用，对于玩家也同样适用。无限流的核心设定往往是玩家在不知情的情况下被强行拉入异世界副本，被迫接受任务，在危险的副本世界中艰难求生。此时，玩家同样处于一种不自由的状态

---

[1] 颜凉雨:《子夜鸮》，第106章"卷外章－月光森林（上）"。

中，他们无法理解副本世界与现实世界的关系，也无法退出副本世界。大部分无限流作品因而都会包含"破解世界观"这样一条情节主线，玩家破解世界观、战胜系统的旅程同时也是追求自由的旅程——只有理解了副本世界的真相，理解了副本世界与现实世界的关系，理解了整个世界的真实结构，才有能力真正自主地选择自己的生存道路。

从广义上来讲，无限流设定也是穿越设定的一种，但是无限流设定下的主人公的目标却既不是回到故乡，也不是在穿越的异世界找到新家，而是自由——从无知与世界的禁锢中获得真正的解放，让所有的世界、所有的可能性在自己面前敞开。在此基础上，他们可能会选择肩负起拯救世界的责任（如《地球上线》），也可能选择和所爱的人回归日常生活（如《死亡万花筒》）。

如何理解多重世界的真实结构，并选择自己要生活于何处？对于身处现实物理世界与虚拟网络空间之间的当代人而言，这是一个真实存在的问题。

"网生一代"们总在诸多网络亚文化空间中"游牧"，这强化了他们对于"选择"这一行为的感知。他们未必能够理解二次元与三次元世界之间的真实结构，但对于二次元的内部结构却有着自己的认知图式。二次元亚文化社群中的人往往能够清晰地追溯自己在某一个亚文化圈中的"入坑"（成为粉丝）史，那是由一系列仪式性的典型场景共同构成的选择行为，每一次选择都将自身的某一部分暂时固定下来，固定在某一个圈子、某一群人之中——这样说或许会造成歧义，因为我们很难说每一次选择造成的究竟是分割、增生还是整合，唯一可以肯定的是，每一次选择会带来一个新的虚拟人格，就像是软件（灵魂）适配于系统（圈子）所生成的副本。他们还能够根据自己的认知图式，有方向、有目的地筛选自己的下一个"落脚点"，也即下一个值得"入坑"的亚文化圈。这种在圈子间"游牧"的状态被感知为"自由"的。

而在二次元和三次元之间选择一个合适的安居之所，则是一件有点困难的事情，毕竟这两个世界之间的结构过于复杂，且变动不居，那些倾向于简化两个世界间关系的理论（比如认为三次元是真实的、有价值的，二次元是虚假的、无意义的）总显得缺乏解释力。因此，这样的状态难免会被感知为"不自由"的。

　　自由的概念没有发生根本的变化，只是被应用于平行世界的新场景。但由此引发的不自由的感受，似乎并不能单纯地通过反抗专制、压迫与不平等来解决。现在，想要感到自由，人们或许还需要解释世界的能力与权力。

　　在游戏化向度的网络文学中，如此大规模地出现多元宇宙结构的精巧设定，如此热衷于破解世界观的解谜游戏，或许也都与此有关。这些作品以一种机械般精密严整的平行世界结构，代偿性地抚慰着作者与读者无法有效解释其自身所处世界的不自由感。

第十一章
羁绊：重建想象的共同体

自20世纪70年代以来的"空间转向"中，空间首先成了后现代哲学和社会学的研究领域。关于"空间转向"，我们可以提及众多大师的名字：列斐伏尔、福柯、吉登斯、布尔迪厄……空间不再被看作是均质的、纯洁无辜的、透明的存在，而是生产出来的，是社会实践的产物，是权力关系的表征。杰姆逊甚至将空间迷失视为后现代社会中出现的核心灾难性后果，他认为在这种空间迷失中，主体丧失了图绘城市空间的能力——它表明新的非中心化的资本主义传播的共时性网络中，主体丧失了以个人或集体的方式把握自身的能力，因而这种后现代空间也就削弱了人们的行动和斗争能力。

但在游戏化向度的网络文学中，时间反而成为备受关注的明星，平行世界与多重时间设定造就了丰富的叙事可能，并带来了新的叙事主题——被时间隔绝的爱情,在诸世界间选择的自由。如果我们进一步细究游戏化向度的网络文学中的"爱情"叙事,便会发现它与现代社会的经典爱情叙事颇有不同——它不再是启蒙爱情神话的延续,而是一种名为"羁绊"的新的理想情感想象。

羁绊作为一种情感叙事模式,首先在日本 ACGN 作品中发展成熟,并伴随着二次元文化的全球流行进入中国。在充分本土化的基础上,羁绊成为中国游戏化向度的网络文学作品,乃至整个泛二次元青年网络亚文化文艺生产中的主导性情感叙事模式,大规模覆盖、代替了传统的亲情、爱情与友情叙事。与此同时,羁绊还作为一套话语与实践方式,参与了泛二次元亚文化社群共同体想象的建构,进而参与了今日网络社会结构的形塑。借羁绊之名,网络社群中不断进行着同时性社会生产的局部操演,代偿并加剧着共时想象的衰变,同时带来了二次元人对自身后现代处境的自觉体认。那么,"羁绊"这一在今日网络文化中占据重要位置的概念究竟内涵为何,又是在何种社会条件下兴起的?文本内外,当代二次元人究竟在羁绊中寻求什么,又获得了什么呢?

一、契约、忠诚与宿命:对理想情感的新想象

2019 年下半年,《哪吒之魔童降世》(以下简称《哪吒》)与《罗小黑战记》(以下简称《罗小黑》)两部国产动画电影先后上映,均以优秀的票房成绩,让崛起中的国产动画行业进入了主流视野。这两部作品有一个明显的相似点,就是都将两个主要角色间的情感互动当作故事的核心线索。《哪吒》中的哪吒与敖丙,一个是魔丸化身,一个是灵珠转世,他们既是彼此唯一的挚友,也是彼此命中注定的宿敌。《罗小黑》中的小黑与无限,如父子,如师徒,如至交好友。无论是哪吒与敖丙,还是小黑与无限,他们之间的感情都很难用传统的概念去界定——说是亲情却没有血缘关系,说是友谊却有着独一无二、非君不可的排他性,说是爱情却又不包含性冲动。如果用一个词来定义他们之间的关系,那么最为准确的大概非"羁绊"莫属。

"羁绊"这个词，是对日语词"绊"（きずな，kizuna）的翻译，意为人与人之间弥足珍贵的情感联结。在中国泛二次元网络亚文化的用例中，羁绊已经彻底失去了这个中文双音节词表示"缠住不能脱身"的本来含义，而只作为"绊"的译名使用。由此足可见这一概念在"二次元"网络亚文化中具有举足轻重的地位。

　　2011年日本"3·11大地震"后，日本首相菅直人曾经以"绊"为标题发表感谢信，向来自世界各地的援助表达谢意。这一用例多少体现了"绊"所包含的情感模式：它是一种高度抽象的情感想象，它不是亲情、友情、爱情等我们所熟悉的情感分类中的任何一类，但也并不与这之中的任何情感模式互斥（爱情不是友情，亲情不是爱情，但羁绊既可以出现在家人之间，也可以出现在恋人或朋友之间）。这就是羁绊的第一个特征：作为一种高强度的情感联结，羁绊并不依赖于任何现实的、具体的社会联系，如血缘联结、地缘联结等（当然也同样不排斥这些联结），素未谋面的两个人之间也可能拥有宿命般的羁绊。

　　林品在《"二次元""羁绊"与"有爱"》一文中提道：

> "二次元"人物之间的"羁绊"……是人物在"二次元"的冒险过程中逐步建立起来的情感纽带，也是人物在"二次元"的超能战斗中为之而战的最根本动机。在"二次元"的世界观设定下，这种情感联结往往同时还承载着某种为"世界之意志"所"选召"的"使命感"，叠加某种被"因缘的纽带"所牵引的"命运感"；在世界规模的巨大危机持续深化的过程中，人物之间的"羁绊"也不断受到近乎生离死别的威胁和考验，为了在极端情境下维系这份虽然脆弱但必须守护的"羁绊"，人物必须让"因缘的纽带"化作激发潜能的钥匙，从而经受住超乎常人的磨难和历练，释放出"内心小宇宙"的无穷能量，克服重重阻力，战胜种种挑战，在守护"羁绊"的同时拯救"外在的大宇宙"。①

---

① 林品：《"二次元""羁绊"与"有爱"》，《中国图书评论》2014年第10期。

这段描述非常精准地呈现了"羁绊"在ACGN作品中的一种经典形式——宿命的联结。其主要特征在于：任何两个人都可能被命运选召，建立羁绊；羁绊有极高的情感强度，可以让拥有羁绊的人爆发出强烈的能量，彼此守护，并最终守护世界；羁绊不会因任何考验而变质，只会在磨难中变得更加有力。

羁绊还有其他一些经典形式，比如契约与效忠。

所谓契约，不是指法律条文，而是通过某种超自然力量，将两个人（或多个人）强制捆绑在一起的形式。日本《命运》（Fate）系列①企划中的主从契约，是典型的契约羁绊。在《命运》的世界观中，每隔六十年，冬木市就会有七名魔术师作为御主（Master）各自召唤英灵②，并与英灵签订契约，使英灵成为自己的从者（Servant）；从者协助御主互相厮杀，最终只有一对御主与从者能够获得胜利，赢得可以实现任何愿望的圣杯。御主与从者生活于不同的时代，有着不同的生命形式，御主会召唤出哪位从者也充满偶然性，但一旦召唤成功，御主与从者就被联结在一起，并肩战斗。在这一过程中，他们之间的情感就是羁绊。

国内的耽美修仙类网络小说曾一度非常热衷于通过契约建立羁绊的情感模式。如《我有药啊》（2015），拥有炼药系统而没有自保能力的受君顾佐，托庇于修仙界超级世家长子嫡孙攻君公孙天珩，公孙天珩智计超群却天生不能修炼，必须依赖顾佐炼制的药来调养身体，方能修炼。公孙天珩保护顾佐安全，顾佐治疗公孙天珩的身体，二人因而签订了互不伤害的契约，从此开始共同生活。《调教成神系列之昊天纪·御兽师》（2013）则采用了这一设定的变体形式。受君殷玉衡虽有极强的修炼天赋，却为家族所抛弃，阴差阳错间与力量强大的灵兽青龙签订了主仆契约，殷玉衡需要青龙的保护和教导，青龙受限于契约不能伤害殷玉衡，

---

① 《命运》系列企划包括游戏、动画、漫画等众多作品，其中，最早的一部作品是2004年的游戏《命运之夜》（Fate / Stay Night）。

② 英灵：拥有丰功伟绩的传奇人物在死后成为传说，这些作为信仰对象的英雄就会变为英灵，而人类所召唤的英灵就成为从者（Servant）。

二人便在这样的强制同盟之中不断加深羁绊，殷玉衡也终于成长为一代宗师。与《调教成神系列之昊天纪·御兽师》同一系列的《调教成神》（2012），以及 2014 年开始连载的《魔君总是在卖萌》等耽美修仙文，均采取了类似模式。

虽然契约也常常体现为主仆契约的形式，但主仆契约不强调仆人对主人的忠诚，只强调主人在契约中居于主导地位。而效忠式的羁绊关系突出的，是身为仆人的一方对主人的忠诚。这类羁绊常常出现在主人与管家、君主与臣子之间，如《旋风管家！》（2004）中的管家绫崎飒与大小姐三千院凪、《黑执事》（2006）中的恶魔执事塞巴斯蒂安与小少爷谢尔、《妖狐×仆SS》（2009）中的狐妖仆人御狐神双炽与大小姐白鬼院凛凛蝶、《跑女战国行》（2011）中的足轻少女唯与若君羽木八九郎忠清等。由于国情与历史原因，中国的网络文学作品中较少写到管家这种职业，但仍有很多表现君与臣、将与兵之间的效忠关系的作品。与前两种典型的羁绊模式一样，忠诚作为羁绊的一种形式同样许诺了强大的情感联结，身为仆人的一方誓死效忠，永不背叛，一切以主人的利益为先，而主人同样对仆人报以绝对的信任。

无论哪种形式，羁绊都无法等同于亲情、爱情、友情等现代情感类别，命运选召或魔法契约本就超越现实自不必说，个体对个体的忠诚作为一种前现代情感，也已经不具备现实有效性，所以才快速为羁绊叙事所征用，抽空一切原有内涵，变为一种抽象、绝对而强大的情感联结。羁绊总是一种被提纯了的极致情感，是高度抽象的、强制的、宿命般的、无现实理据的、排他的，因而也就是永恒的、绝不会遭到玷污或背叛的。

《哪吒》与《罗小黑》中的羁绊表达，同样是羁绊作为命运之联结的经典形式在中国的本土化再现。在整个中国的二次元网络亚文化文艺创作中，羁绊作为一种情感模式，已经整体性地替代了亲情、爱情、友情等传统的情感模式，几乎成为情感想象与情感表达的唯一模板。[1] 情感叙

---

[1] 中国采用"羁绊"情感模式的较为著名的例子，包括网络小说《琅琊榜》（2006）及其同名电视剧中的梅长苏与萧景琰，网络漫画《快把我哥带走》（2015）及其同名网剧、网络动画、电影中的时分、时秒兄妹，网剧《陈情令》（2019）中的魏无羡与蓝忘机等。

事模式如此大规模地转换，绝不能仅仅用"'90后''00后'是看日本动漫长大的"来敷衍解释，而必须意识到以羁绊为核心的情感叙事之所以能够如此有效地召唤共情，必然是因为它切实触及了二次元人的情感结构，与他们的现实处境形成了有效的互文关系；而这种情感结构的转变也不仅仅是自日本传来，它既是中国本土原发的，也在世界范围内处于整体性的生成过程之中。

具体而言，羁绊在游戏化向度的网络文学与泛二次元网络亚文化社群中的大规模流行，密切关乎整个泛二次元群体面临的共同体想象困境，以及他们在小范围内重构人际关系、恢复共同体想象的网络社群文化实践。继传统社会大家族瓦解后，我们或许又在面临当代社会核心家庭的崩溃：围绕《婚姻法》产生的一系列争论，让越来越多的人更加明确地倾向于将婚姻首先理解为经济契约，而非神圣的爱情结晶；剧烈的技术变革以及由此带来的国际视域的展开，使得父母与子女间正在丧失对话的可能。这当然不是中国独有的现象，而是世界性的问题。只不过，在中国，集体主义信仰的迅速失落伴随着个人主义观念的急剧增长，个人被剥离至"原子化"生存状态的过程未能表现为一个平缓的渐进趋势，而是呈现为断崖式的代际割裂。在这种情形下，以趣缘为纽带的泛二次元网络青年亚文化社群作为传统地缘、血缘社群的代偿，就必须找到自身的情感联结方式和共同体想象方式。作为目前在中国仍被二次元人独占的话语与叙事资源，羁绊成为想象泛二次元亚文化社群共同体的核心途径。

二、"世界系"与"血之哀"

要理解羁绊为何在泛二次元社群内部能够成为一种如此有效的想象情感联结的方式，就必须首先在文艺作品内部观察羁绊的普遍形式和基本特征。

如前所述，羁绊具有区别于亲情、爱情、友情的抽象性、强制性特征。在日本ACGN作品中有一个非常有趣的现象，就是常常用"家族"（かぞく，kazoku）一词来代指"羁绊"。日语中的"家族"含义类似于中文中的"家人"。但在日本ACGN作品中，在那些"家族"被用来描述某种强烈羁绊的情形下，被称为"家族"的两人之间常常并没有血缘关系。典型的例子如《无间双龙》（2009），故事中的两位主人公段野龙哉与龙崎郁夫从小在孤儿院一起长大，有着深厚的羁绊。因年少时目睹孤儿院工作人员结子老师被杀，两位少年走上了寻找凶手、为结子老师复仇的道路。段野龙哉和龙崎郁夫都将彼此视为自己唯一的"家人"，这种深沉的情感是整部作品中最令人动容的部分。但有趣的是，这两个主人公本身都是被血缘家族抛弃的孤儿，其中一个甚至是因为家庭暴力才被送来孤儿院。恰恰是在他们身上，血缘亲情被彻底地否定了。而在此基础上，当他们重新使用"家族"这个词指认彼此时，"家族"实际上已经是一个彻底中空的概念，人们可以把任何最纯洁、最坚定、最深刻的情感填补进去，这样的形式就构成了羁绊。恰恰因为羁绊不依赖于任何社会现实基础，所以它才不会随着社会现实基础的改变而改变，不会被社会现实利益污染，才是永恒的、纯洁的。而在网络社交中，在两个以ID指代的虚拟人格相遇的过程中，这种排除社会现实因素后想象"我们是同类"且"我们在一起"的能力，正是网络社群共同体形成的先决条件。

前文提到的"忠诚"，也是以相似的结构在故事中成为羁绊的代称。从根源上来讲，在羁绊故事语境下使用的"忠诚"，是一种前现代的情感，是以骑士文学中骑士对封建主的效忠为原型来想象的。而现在，当我们将这种前现代的感情重新召唤回文学作品之中时，它实际上已经失去了可依附的现实社会关系，变成了空中楼阁。于是创作者可以把一切最美好的特质赋予"忠诚"，这样，"忠诚"就成为羁绊的一种表现形式。

而当各式各样的羁绊在各式各样的作品中得到了刻骨铭心的演绎，已经具有了成熟稳定的情感特征和完善的表现手段之后，羁绊就不需要再刻意排除既有的社会关系了。羁绊可以发生在两个陌生人之间，也可以发生在家人、朋友、恋人之间，而且它会强有力地覆盖其他所有情感。对于这个时代而言，相比于爱情叙事、友情叙事、亲情叙事，羁绊叙事可以提供一种无可匹敌的安全感，因为被羁绊联结的两个人对彼此而言是独一无二的,因为他们的羁绊是命中注定的,所以没有什么能将他们分开。而安全感在充满不确定性的当代生活中总是具有巨大的诱惑力,这是毋庸赘言的。

以游戏化向度的网络文学为代表的当代中国泛二次元文艺创作,大规模借用了羁绊的情感模式。根据具体作品的不同,这种感情有时会被称为友情,有时会被称为爱情,还有一些时候会发生在兄弟、父子之间,故而被称为亲情,但无论我们怎么称呼这些情感,考虑到它们在结构和表达方式上的高度相似性,我们都应该承认,所有这些感情都被名为羁绊的情感模式覆盖了。

比如,网络作家出身的玄色就很擅长写兄弟(有血缘关系的亲兄弟)羁绊,她的《调教成神》系列(2012)和《血色塔罗》(2013)中都用了大量篇幅写一对兄弟之间互相信任、依赖、扶持的感情(这两部作品虽然都是直接以纸媒形式出版的,但都包含明显的网络文学特征)。乍看起来,这种感情的逻辑应该是"因为我们是血脉相连的兄弟,所以我无条件地对你好",但恰恰相反,实际上却是"因为我们之间有着无与伦比的羁绊,所以我们的兄弟情才能成立"。"兄弟",在这里只是一个设定,就像游戏化向度的网络文学中的各式各样的人物关系设定一样,只是用某种读者更加熟悉的名字(亲情)代替"羁绊"这个多少显得不够中国本土化的语词,但却不再召唤读者对亲情的认同和向往。事实上,如果深谙女性向网络文学语法的读者被《调教成神》或《血色塔罗》中的"兄弟情"所感动,那么她们有更大的可能将这种感情理解为耽美爱情(耽美小说中的同性爱情,本身并不是对现实同性恋情感的再现,而是一种完全由女性想象的同性亲密关系,而这种想象出来的情感与羁绊有很强的亲缘性和相似性,耽美小说中的同性恋人往往同时身兼恋人、挚友、战友、知音等多重身份,这意味着他们对彼此而言是命中注定、独一无二的,同时他们之间的感情也远非爱情一词所能描摹限定的)。甚至我们可以说,正是兄弟相爱所能带来的伦理禁忌感,才使得兄弟设定长盛不衰。

现在,让我们重新思考一下甜宠文中的情感模式。显然,让已经破灭的爱情神话换汤不换药地重获生机是不可能的,问题不仅在于人们还相信不相信爱情的存在（这个问题可以用设定来解决），还在于人们对于爱情的厌倦，或者准确地说是对于爱情神话中呈现的那种情感模式本身的厌倦。爱情神话中的那种爱情，已经失去了作为一种理想的情感模式的吸引力。

21世纪最初的十年，女性向网络文学中产生了大量的虐恋故事，在这类故事中，相爱的两人总会互相误解、互相伤害，但最终他们仍能超越这一切，爱情得以永恒。而到了21世纪第二个十年，"甜宠文"很快占据了主流，没有了相互误解、折磨与伤害，相爱的两人从一开始就仿佛被宿命选中，他们作为命运的共同体完全地相互理解、相互信任，共同面对来自外部的危难，共同承担对世界的责任。

我们当然可以把21世界第一个十年中的虐恋与第二个十年中的甜宠都称作"爱情"，毕竟爱情本身也没有一个明确的定义。但明显可以看出，这两种"爱情"有着不同的情感模式，"虐恋"更直接地体现出对既往通俗文艺作品中塑造的言情模式的继承，更接近于启蒙时代奠定的爱情观念，而"甜宠"则无疑更接近于自ACGN作品中继承而来的羁绊。

当亲情、爱情、友情叙事被如此大规模地转换为羁绊叙事，从而否定了原本作为情感之现实基础的血缘、地缘等实际社会关系在情感构建中的作用与意义，我们就不得不面对这样一个问题：羁绊的基础或者说成立条件是什么？这就引出了羁绊的第二个基本特征：羁绊是一种基于共享时间的情感联结。这一特征在"世界系"作品中得到了最鲜明的体现。

2016年年末在国内上映的日本动画电影《你的名字。》引发了观影热潮。看一看接下来几年中国动画电影市场的变化，就能感受到这部电影的影响有多大。以《你的名字。》的票房成功为契机，日本动画电影的引进渐渐成为常态，国内还出现了《昨日青空》（2018）、《肆式青春》（2018）这两部明显在作画风格上模仿《你的名字。》的动画电影作品（尽管这两部作品无论从艺术水准还是商业价值的角度衡量，都远无法与《你的名字。》比肩）。但即使《你的名字。》在大众视野中一度成为热门话题，它在二次元人群内部所引发的狂欢与大规模讨论或许仍是三次元观众无法想象的。在这个过程之中，不可避免地，《你的名字。》的导演新海诚，以及"世界系"类作品，再度成为二次元人讨论的话题。

"世界系"是日本ACGN作品中的一种特殊的故事类型，其主要特征是男女主之间的情感羁绊直接与事关世界存亡的重大危机紧密联系在一起，这两者之间的其他所有设定（比如，男女主各自的社会关系、国家与社会对待危机的反应等）都被抽空。非常纯粹的"世界系"作品其实并不多，而这其中就包括新海诚的《星之声》（2003）与《云之彼端，约定的地方》（2004），而《你的名字。》虽然故事元素相对丰富，但其主线仍具有明显的"世界系"特征——少年少女之间强大的羁绊足以穿越时空、拯救被流星毁灭的小镇。

一种常见的意见认为，"世界系"是典型的"少年向"作品，青春期少年少女过剩的自我意识促使他们绕过自己并不了解也缺乏兴趣的复杂社会，直接将自身命运与宏大宇宙联系在一起，从而形成了这样的故事结构。这种意见是相当有说服力的。不过我们不该忽视促使"世界系"故事成型的另一种至少同等重要的动因——"世界系"归根结底也是一种设定，和其他所有设定一样，都是在后现代的情境下规避叙事困难的一种手段。通过将主人公个体命运与世界存亡直接勾连在一起，绕过中间复杂的社会现实，作者可以用更加理念化的方式去结构故事，而无须考虑"反映社会现实"这个对很多人而言已然近乎不可能的任务。最终，"世界系"中的世界危机与我此前已经分析过的萌要素"燃"将以同样的方式发挥作用，提供宏大叙事幻象，营造庄严感，引起那种原本只有宏大叙事才能召唤出来的激情。2009年限界小说研究会编著的《社会不存在——世界系文化论》[①]就试图讨论"世界系"作品诞生的这一社会动因。书中提到，符号与信息的过剩淹没了主体经验的社会属性，导致了社会范围内意义共享、经验共通之不可能。多元分裂的价值体系、虚拟与现实交界的复杂结构，最终导致了"社会不存在"的现实。于是，"世界

---

① 限界小说研究会，『社会は存在しない：セカイ系文化論』，南雲堂，2009。

系"作品应运而生,以一个彻底符号化的"世界"代替了无法被表述和分析的"社会"。由此,文本内的世界变成了可控的和有秩序的,变成了可讲述的和可叙事的。

在中国的网络文学界,虽然大多数作者根本不知道"世界系"这个概念,甚至没有看过任何一部典型的"世界系"作品,但实际上很多中国的网络文学作品,特别是游戏化向度的网络文学作品,都或多或少地带有"世界系"的特征:大量的"穿越"故事将主人公从原本的社会体系中剥离出来,超凡脱俗的新能力使他们即使在新世界中也与绝大多数普通人相隔绝,只与同样被宿命选召的伙伴建立起深厚的羁绊,共同面对世界级的巨大灾难。日益流行的"无限流"小说,实际上就是最典型的"世界系"作品,在主角团队与"系统""主神"或"世界任务"的对抗中,社会现实被彻底隐没了。这固然包含着日本 ACGN 作品潜移默化的影响,但也可以被视作不同国家中的创作者面对相似的叙事困境时找到了相似的应急措施。

那么,在"世界系"作品中,羁绊又是如何呈现的呢?

由于"世界系"作品抽空了一切社会关系,而男女主又肩负着拯救世界的责任,所以在"世界系"作品中男女主之间的情感关系无疑就是羁绊的最经典形式——没有任何社会现实依托,但却有着(足以对抗世界级灾难的)无与伦比的情感强度。

《你的名字。》中的重要意象"产灵"就是对于羁绊的直接具象化表达,"产灵"在日语中读作むすび(musubi),与"結び"(绳结)同音,实际上就象征了人与人被看不见的纽带联结在一起的状态。在《你的名字。》中,男女主泷与三叶以交换身体的方式进入了彼此的生活,他们的居住地相隔甚远,两人也并未以肉身的形式面对面相见,但这一段隐秘的互换身份的生活却使他们充分共享了彼此的生命时光。这种仅属于彼此的、第三者无法理解与介入的时间与经验,是泷与三叶之间深厚羁绊的根源。

但随着故事的发展,我们发现,泷与三叶之间的真正阻隔不是空间性的而是时间性的，三年的时间差才是两人不得相逢的根本原因。三叶鼓起勇气前往东京，遇见的却是还不认识她的泷，而泷想要找寻三叶时，三叶已经死于流星撞击地球的灾难。

时间成为《你的名字。》中一个至关重要的因素，而这绝非个例。

在新海诚更早期的"世界系"作品《星之声》中，男女主寺尾升和长峰美加子之间不可逾越的阻隔也是通过一条短信需要传递八年时光这一时间因素来展现的。而在《云之彼端，约定的地方》中，女主佐由理一直在沉睡，只有男主浩纪可以进入她的梦境，共享梦境中的空间和时间。这样的经验与泷和三叶交换身体一样，都是绝对的向彼此敞开，且绝对无法与其他任何人共享。而这份共享的时间，构成了泷与三叶、佐由理与浩纪之间无可比拟的羁绊。

因为共享时间而产生的羁绊，因为时间隔绝而造成的彻底的孤独，这两者叠加在一起就构成了新海诚"世界系"作品中的强烈情感，而实际上如此写就的故事也给彻底剥离了现实社会关系的羁绊添加了一个至关重要的根基——共享时间。

为了更好地理解共享时间、羁绊与"世界系"之间的关联，我们必须在讨论中增添另一条脉络——游戏的脉络。

新海诚在大学毕业后并没有直接进入动画公司工作，而是进入了日本一家名为Falcom的游戏公司，负责程序、美工、动画与宣传影片制作，在职期间曾经为日系RPG名作《永远的伊苏》系列制作过开场动画。2001年新海诚从Falcom辞职后开始制作独立动画，但仍兼职为一些美少女游戏制作片头动画。

游戏从业经历对新海诚的动画创作有着深远的影响。

一方面，新海诚擅长将精美的背景与音乐结合起来，造成强烈的抒情效果，而在人物塑造方面则相对薄弱，这使得他的早期作品有时候看起来像是加长版的音乐MV，抒情性强，叙事性弱。新海诚在《星之声》的宣传中曾经说过，"(《星之声》)采用了和我（指新海诚）至今为止做过的CG动画、Galgame开场动画等完全相同的制作方法，所以要说（《星之声》的）源头的话，我觉得果然还是 CG 和 Galgame"①。可见新海诚自身也意识到了 Galgame 对他的创作的影响。而《你的名字。》之所以获得巨大的成功，一个重要的原因就在于新海诚在这部作品中有效弥补了角色塑造与情节安排上的短板，使《你的名字。》在保留了新海诚一贯的唯美风格和抒情能力的同时，达到了一部院线商业动画电影应有的叙事水准。

另一方面，我们或许还可以从叙事内容的层面考虑游戏对新海诚动画创作的影响。相比于媒介形式单一、创作成本更低的小说，游戏实际上对"世界系"叙事有着更加迫切的需求。无论是 RPG 还是 Galgame，出于制作成本与周期的考虑，都必须在有限的场景（场景地图或背景图）、有限的人物（人物模型或人物立绘）中完成叙事，而这种再现层的叙事还必须适于嵌入娱乐层的游戏机制，具体表现为战斗系统、恋爱养成系统等。这样看来，人物关系极简、社会背景极简，又包含充分的情感互动与应对世界灾难的战斗要素的"世界系"故事，简直是完美地吻合了需求。实际上许多游戏，特别是制作规模相对较小的 Galgame 的叙事，也确实带有"世界系"的特征。归根结底，玩家的行动目标只有两个：与美少女谈恋爱（确证羁绊）和打出一个关乎世界存亡的结局。

Galgame 还有一个重要特征是通过大量的日常情节为玩家营造陪伴感。玩家在游戏中与美少女们共度的日日夜夜，经历的各式各样的分支选项，既在游戏机制的层面上提升了玩家操纵的替身角色与美少女角色之间的好感度数值，也在玩家心理层面上让其真实地感受到了自己与美少女角色之间羁绊的加深。

如此，玩家与美少女角色之间的情感强度，显然无关于浪漫史爱情符码中的伟大时刻，而是共享时间累积的结果。更何况对于每一个具体的玩家而言，他都是独自与游戏中的美少女共享了这一段宝贵的时间，没有任何其他人可以介入如此难忘的经历，因而在游戏进行的过程中，

---

① 转引自渡边大辅：《〈君の名は。〉の大ヒットはなぜ"事件"なのか？セカイ系と美少女ゲームの文脈から読み解く》，Real Sound（https://realsound.jp/movie/2016/09/post-2675.html，2016 年 9 月 8 日），引用日期 2019 年 2 月 10 日。

玩家与美少女之间共享的时间、建立的情感是独一无二的。

虽然很难找到直接的证据，但我们仍可以认为，新海诚的"世界系"动画创作正是受到了电子游戏这种恋爱＋冒险、用陪伴加强羁绊的叙事结构的影响。这也就从文艺创作的内部规律层面解释了为何在《星之声》《云之彼端，约定的地方》等"世界系"作品中，共享时间是一个如此关键的因素，直接构成了羁绊的基础。

当然，如果我们继续追问：为什么日系Galgame如此强调日常情节与陪伴感？为什么基于共享时间的羁绊能够普遍存在于各类"世界系"作品中，并造成强大的情动能力？为什么源于日本的羁绊与"世界系"设定进入中国的泛二次元网络亚文化社群及游戏化向度的网络文学创作后，能引起如此广泛的认同和喜爱？那么，归根结底，这一切仍与当代社会的后现代情景密切相关，与人们对于时间之裂解的自觉意识密切相关。

羁绊的第三个特征是：羁绊作为一种情感模式在文艺作品中得到表达的同时，还建构了它的反面——一种无羁绊的孤独隔绝的状态。我借用江南的小说《龙族》（2009）中的概念，将这种状态称为"血之哀"。

在《龙族》的设定里，人类中存在极少数的人与龙的混血种，由于龙族血统优于人类血统，所以混血种即使不知道自己的血统，也仍会在人群中感受到一种不可名状的孤独。这种孤独感随着血统与生俱来，无法消除，唯有同为混血种的人可以感受并理解，这种孤独状态就是"血之哀"。

尽管少年孤独是江南小说中一以贯之的主题，但《龙族》中的"血之哀"仍有其特殊性——这种孤独与外部社会现实没有任何关系，它没有纵深也没有因果，无法消弭也无法化解。拥有"血之哀"的混血种们可以拥有亲人、朋友，可以被关怀，也可以付出爱，但这一切都丝毫无法动摇他们隐秘而彻骨的孤独。

尽管关于《龙族》的评价历来存在很大争议，但《龙族》绝对可以算是国内对羁绊的呈现最典型、最充分的叙事作品之一。怀抱"血之哀"的少年们之间的感情绝非亲情、友情或爱情所能概括，而是超越这一切之上的更深的关联，是血脉与灵魂的共振。男主路明非与女性角色上杉绘梨衣之间的羁绊总是《龙族》中最令读者印象深刻的部分。少年与少女都深深感受到来自整个世界的排斥，他们都是终将被"奥特曼"消灭的"小怪兽"，他们的末路逃亡势必终结于宿命的天人永隔。他们相互依偎，相拥取暖，但这不是爱情。路明非始终暗恋着自己的师姐诺诺，虽然这绝不意味着在路明非心中诺诺比绘梨衣更重要，但爱情的排他性决定了路明非不会同时对绘梨衣怀有恋爱的情愫。至于绘梨衣，对她而言，路明非大概是她短暂一生中唯一的一束光，捕获了她的一切喜爱与依恋，寄托了她的全部情感，这其中或许有爱情，但远比爱情更丰沛、更深沉、更浓烈、更纯粹。他们之间的感情包含了标准形式的羁绊所能涵盖的一切动人之处。

而"血之哀"恰好就是与羁绊相对的那个概念。羁绊是没有社会基础的情感，"血之哀"则是没有社会基础的孤独；羁绊是无法斩断的联结，"血之哀"则是无法消除的隔绝。

文艺作品中的任何情感模式，之所以能够引起受众的共鸣，必然是因为这种情感模式应和了受众的情感需求，或者说抚慰了受众的某种孤独感。而羁绊作为情感模式所抚慰的孤独就是"血之哀"。当然无所谓人龙混血，也无所谓血脉与宿命，排除这些玄幻设定之后的"血之哀"就是一种站在人群里、被亲人朋友环绕时仍能体验到的孤独感，一种无论何时何地，我的经验与灵魂中总有一个角落无法与周遭共鸣的孤独感，而这种孤独感根本上来源于一个人对于永远无法与另一个人完全共享时间的体认。

我在前文已勾勒出游戏化向度的网络文学作品中呈现出来的当代二次元人对现实世界的认知：世界是不唯一的，不同的世界有不同的规则，因而不存在放之四海而皆准的真理。这样的经验固然最直观地来自电子游戏经验及与此相关的文艺作品，却也同时敏锐地反映着读网文、玩游戏长大的这一代人在现实生活中所面临的真实感受。趣缘社群的爆炸性发展引出了一个循环结构。首先是原本基于地缘、血缘的共同体逐渐瓦解，人被剥离至"原子化"生存的状态。随后趣缘社群作为地缘社群、血缘社群的代偿，依托于网络媒介而大规模发生。紧接着，为了更好地实现这种代偿功能，各个趣缘社群以强大的热情建构着各自的小历史、小叙事，以填补宏大叙事的空缺。而这些彼此并不兼容的小叙事又反过来进一步裂解着整个社会在价值观念、审美意识等方面的基本共识。最终，我们身在一处，却沉浸于不同的历史与时间中，就如同在同一空间位置之上，无数彼此平行的时间轴呼啸而去。

相比于已然蔚为大观的羁绊叙事，类似于"血之哀"的情感叙事是相对晚起的，在近两年似乎有增多趋势，但尚不明显。"血之哀"补完了羁绊叙事的逻辑链条，并承载了羁绊叙事中潜藏的悲情因素，也昭示着创作者对于羁绊叙事之潜能与共情方式的更自觉的体认。

三、ID、弹幕与想象的共同体

羁绊不仅仅是一种文艺作品中的情感叙事，更切实地参与了亚文化社群的共同体建构实践。在这样的情景中，羁绊拥有了一套实操流程。

这套实操流程由两个主要环节构成：按照圈内共识（为一个具体的亚文化社群所共享的知识、话语、历史叙述、价值观念、审美偏好等，共同构成这个亚文化社群的圈内共识，圈内共识承担着圈内公共时间的校准功能）进行时间同调仪式（生产羁绊并将其固定化的仪式）；在时间同调仪式中更新圈内共识。然后，循环反复。

时间同调作为一种将原本隔绝的两个世界在时间频率上协调统一，从而实现越界沟通的仪式，其流行显然与羁绊、"血之哀"的兴起有着相似的社会背景。与羁绊和"血之哀"相同，时间同调也并不仅仅是文艺作品中的一种设定，还在泛二次元网络社群中有着真实的对应物。在林林总总的泛二次元网络亚文化社群中，与时间同调设定原理相同的时间同调仪式行为正在不断操演，而当我们观察弹幕、ID等具体的时间同调工具时，就会看到一种基于"虚拟替身个人主义"的共同体认同方式。

2018年3月在中国大陆上映的美国电影《头号玩家》，引发了具有游戏经验的青少年一代广泛的观影热情，取得了极佳的票房与口碑。虽然在影评中被提及的，常常是《头号玩家》中数目众多的彩蛋，但从真正的观影体验来看，故事最令人感动的情节莫过于接近尾声的地方，全体玩家为守护绿洲、解开绿洲缔造者詹姆斯·哈利迪留下的谜题而奋力一战。无数无名玩家赌上自己在绿洲中的全部财产，自发地战斗着，这些力量帮助主人公们战胜了强大的敌人，也捍卫了包括主人公在内的全体玩家的共同家园。当我看到我的师妹为了这个情节而在电影院里号啕大哭的时候，我就意识到，这绝不仅仅是一场普通的战争或者一个循规蹈矩的好莱坞电影高潮，而是这一代出生于去政治化的网络时代的、具有游戏经验的少年们共有的英雄情结。

这段叙事的特别之处有两个方面：一方面是全体绿洲玩家以"献上ID"①为代价共同战斗；另一方面是观众的代入感主要不在于将自己想象成主人公，而在于将自己视为无数赌上自己的游戏ID和全部绿洲财产去战斗的无名玩家中的一分子。我们素不相识，但我们在一起，我们为了捍卫我们共同热爱的家园而并肩战斗——哪怕我们所捍卫的一切是饱受误解与蔑视、不被他人理解的。这样的情节有效地召唤了银幕前观众的热血与共鸣。

《头号玩家》这种"全体玩家赌上自己的游戏ID，共同战斗"的叙事情节绝不是个例，而是在游戏及与游戏相关的文艺作品中已经相当成熟的一种叙事模式。同样在中国泛二次元受众中广受好评的日本动画电影《夏日大作战》（2009）与日本单机游戏《尼尔：机械纪元》（2017）都因完美呈现了相似的结尾而广受好评。

与《头号玩家》一样，《夏日大作战》也试图将对虚拟世界的认同与对现实社会、血缘家族、民族国家的认同连接起来，而其效果远比《头号玩家》成功得多。

---

① 我使用"献上ID"这一修辞是在有意模仿知名日本漫画作品《进击的巨人》（2009）中"献上心脏"的说法。在《进击的巨人》中，"献上心脏"意味着在巨人环伺的危机中为了人类与自由，不计生死地战斗。肉身限度内的"献上心脏"与虚拟替身限度内的"献上ID"实际上是等价的。

《夏日大作战》的故事发生在近未来社会，庞大的虚拟都市 OZ 为人们的生活提供了无限的便捷与乐趣。一个危险的人工智能忽然入侵了号称绝对安全的 OZ 管理系统，启动了原子弹，地球即将毁灭。于是，生活在气派的日式古宅中的自战国时代存续至今的庞大家族阵内一家行动起来，在现实世界中凭借庞大的人脉与动员力疏散人员、获取情报、调动物资，在虚拟世界中则依靠数学天才健二、游戏高手和马、花牌达人夏希等人的能力对抗人工智能。就在夏希即将落败之时，OZ 中的玩家纷纷将自己的 ID 交付给夏希，最终帮助夏希取得了胜利。

历史悠久、影响力巨大的阵内家显然是某种"日本精神"的象征，动画电影以大量优美的镜头展现了庞大古雅的阵内家宅，以及性格各异，但都正直善良的阵内族人日常相处的场景。阵内大宅的形象甚至一度出现在 OZ 世界中，成为捍卫世界的坚固城墙。血缘家族认同与民族国家想象借由阵内家这个特殊的家族紧紧地联系在一起，而阵内家在虚拟与现实世界中的双重战斗，也将那种热血沸腾的玩家经验成功地引入现实，将电影中那个实际上多少有些右翼倾向与贵族寡头政治立场的核心立意展现得可信而感人。我无意在此评价这部电影主题上的是非对错，我所关注的是，《夏日大作战》清晰地呈现了玩家对 OZ 的认同方式与阵内家对家国的认同方式之间的差异，并在此基础上将两者成功地耦合起来，实际上以前者覆盖、重构了后者。

在这些故事中，被凸显出来的重要元素就是"ID"。所谓"ID"，是一个玩家的一个虚拟人格在虚拟世界中所拥有的一切——他的身份、全部财富，以及凭借 ID 实现的所有虚拟社交关系。在这一意义上，为虚拟共同体"献上 ID"与现实世界中的"献上心脏"有着相同的含义。但同时，"ID"又是去肉身的，是隔离的，是彼此陌生而又绝对平等的，并且标志着"个人"的分裂。

《夏日大作战》与《尼尔：机械纪元》都有相似的场景：无数陌生的 ID 层层叠叠地出现在画面上，占据着相同大小的空间、相同长度的时间，它们随机排列，彼此间没有远近亲疏。而所有被这样的场景感动了的玩家／观众也会将自己代入其中——不是代入那个面目清晰、拯救世界的英雄主人公，而是将自己投入 ID 的海洋，成为其中的一员，无足轻重而又不可或缺，与千千万万的陌生 ID 站在一起，向着同一个目标努力，守护所有人共同的家园与明天。这就是我所说的这一代人的英雄情结，即以极端个人主义的方式向往一种共同奋斗，达成一种共同体认同。这种"虚拟替身个人主义"的共同体认同方式排除了肉身，所以也就排除了血缘社群、科层关系等具身性的社会联系，因而在极端情况下实现了彻底由陌生人构成的共同体——羁绊的共同体。

但与此同时，任何分裂的个人都只能以某一虚拟人格所包含的那一部分自我参与到这种共同奋斗中去，并达成共同体认同，而他的肉身及其他虚拟人格所包含的其他自我则可能同时处于其他共同体中。最终，没有任何一个共同体可以彻彻底底、完完全全地容纳他，没有任何一个人可以彻彻底底、完完全全地与他站在一起。因而依靠羁绊结成的共同体总是在纯粹孤独（血之哀）的驱力下诞生，同时又生产着这种孤独。

《夏日大作战》阵内家成员对于血缘家族、民族国家的认同，与这种以 ID 为单位的共同体认同恰恰相反，是建立在一种肉身与肉身直接的、密切的社会联结之上的。在故事中，阵内家成员之所以从全国各地回到本家，是为了庆祝第 16 代族长阵内荣的 90 岁生日。这位阵内家的老祖母继承了阵内家族的武将精神，以高洁的品性、出众的能力、慈爱的性情赢得了阵内家族所有成员的尊重与喜爱。整个阵内家族的团结、家风的传承都有赖于阵内家成员对这位老祖母的信任和依恋，以及家族成员彼此间的交往。而当危机发生，阵内荣便开始动用自己在政界、商界的广泛人脉，接到阵内荣电话的人再凭借自己的权限和人脉动员更多的人，最终，整个日本都行动起来。阵内荣在与政商要人的通话中，固然也要讲民族大义、为人之道，但真正起决定性作用的，实际上仍是两个人之间、两个家族之间的私交情谊。

最终，《夏日大作战》通过阵内荣的死亡，切断了血缘家族认同与民族国家认同之间的连接，同时将对民族国家，乃至人类共同体的信仰缝合在玩家对 OZ 虚拟世界的认同上，并试图以这样的方式重构、召唤民族主义热情。仅从这个例子，我们就可以看到日本 ACGN 文化对于网络虚拟空间社交结构的敏感性,尤其是当我们考虑到2018年的时候好莱坞还在讲述《头号玩家》这样一个在对虚拟空间的认知上和《黑客帝国》并无本质区别的故事。

《夏日大作战》中试图构建的新型民族国家认同结构,是可以在现实中找到其对应物的。比如,近年来中国网络文化中的民族主义就有类似的特征,不管我们称之为"小粉红"还是"二次元民族主义"[①],它都与传统的民族国家认同存在结构上的差异。

这种共同体结构可以被视为提纯了的本尼迪克特式想象的共同体,因为它更符合本尼迪克特所设想的那种建立在彻底的现代性个人——个人主义的、独立的个体——的基础之上的共同体,也更清晰地展现了那种直接地将绝对的陌生人感知为休戚与共的同胞手足的想象力。但它又与本尼迪克特的设想存在两个明显的区别:其一,"个人"既是独立的又是分裂的,并且没有肉身;其二,在这样的共同体中,永远存在一个明确、具体且绝对的中心——作品,对作品(游戏及游戏中呈现的虚拟世界也是作品)的爱才是这样的共同体存在的第一原动力。恰恰是如此具体的情感对象的存在,才使得原本抽象的陌生个体之间的共同体想象成为可能。这也就是为什么一旦这种共同体认同结构被耦合于真正的民族国家想象之上时,民族国家总要被赋予一个萌要素构成的形象,变成一个角色,比如,《黑塔利亚》(2003)中的王耀、《那年那兔那些事儿》(动画版,2015)中的兔子,或者"爱豆阿中"。让我们再次重复那条关于萌要素的重要规则:萌要素是悬置道德判断的。换言之,"二次元民族主义"的根本逻辑不是关于正义与理想的,而是关于有趣、可爱、萌与燃的。

如果说像《头号玩家》《夏日大作战》这样的作品出于叙事需要,不可避免地要去表现主人公与同为玩家的其他亲人朋友间的社会交往,那么单机游戏《尼尔:机械纪元》(2016)便凭借其媒介特性,以精巧的设计展现了一个最为纯粹的玩家的想象共同体,并反过来证明了在

---

① 林品:《青年亚文化与官方意识形态的"双向破壁"——"二次元民族主义"的兴起》,《探索与争鸣》2016年第2期。

《头号玩家》或《夏日大作战》中不可避免地出现的玩家间的肉身交往，绝非此类想象的共同体之构成的必要条件。在《尼尔：机械纪元》主线剧情真结局的结尾处，故事的主人公们遭受了毁灭性的打击。这时，玩家要进行一个非常困难的弹幕射击游戏，如果玩家反复死亡，便会出现许许多多来自世界各地的玩家的 ID 与留言，这些陌生玩家以失去自己的全部游戏存档为代价，上传自己的 ID，从而帮助此刻正在进行游戏的玩家共同战斗。在此之后，正在进行游戏的这个玩家再被弹幕击中时便不会死亡，但屏幕右侧会出现提示：某一个玩家因为这次攻击失去了全部游戏资料。

在弹幕游戏胜利后，玩家迎来真结局，故事的主人公们重启时间，获得了新的生机。同时，这个玩家也可以选择以失去全部游戏存档为代价上载自己的 ID，帮助其他玩家真正通关游戏，保护那一次游戏中的主人公们不至于被彻底抹杀，而是能重启轮回、逆转未来。所有放弃了自己全部游戏存档（实际上也就等于献上了整个虚拟人格，抹除了自己在这个世界中的全部存在痕迹）的玩家将以这样的形式陪伴、帮助此刻正在游戏的陌生玩家赢得胜利，一起给游戏内的末日废土世界带来新的希望。

由于《尼尔：机械纪元》是一个单机游戏，所以，所有的游戏玩家在游戏过程中自始至终都是独自面对这个游戏，独自应付各种任务与谜题，独自战斗，独自感动，独自悲欢。游戏结尾处突然而至的那些帮助他完成游戏的玩家，在此前的游戏中与他没有任何交集。如果这个玩家在自己顺利通关后也选择了上载自己的 ID，帮助其他玩家，那么这个彻底由陌生人构成的想象的共同体便在这个玩家处得到了认同。这是一个极具仪式感的过程，游戏中的 NPC 会不断地向玩家发问：

这一切都是白费力气吗？
你认为区区游戏实在很愚蠢吗？
你承认这个世界没有意义吗？
要在此放弃吗？

你在最后的游戏中失去无数次生命，你是明白痛苦与苦难的人，你打不打算……拯救弱者？

　　只要选择这个选项，你就能拯救世界上的某人，代价是失去所有的保存资料，即便如此，你仍愿意拯救某个不相识的人吗？

　　拯救的对象将随机选择，所以那个对象……向你求救的对象，可能是你讨厌的人，即使如此，你还是要拯救那个人吗？

　　你拼命才解锁的除错模式和选择章节功能……也无法使用，即使如此，你仍愿意拯救他人吗？

　　即使你拯救他人，或许也不会被感谢，你的行为可能会被视为伪善，即使如此，你仍愿意拯救他人吗？

　　真的……真的要继续吗？

　　我知道了……以所有资料当作代价……我会把你的意思告诉这个世界。

　　玩家要不断地在是与否之间做出选择，一遍遍地确认自己对这个游戏的热爱，以及即使在游戏中失去一切也愿意与全体陌生玩家共同战斗的心意，最终与所有 ID 汇聚在一起。

　　一些玩家曾在游戏实况直播中谈及他们对这段流程的看法，那就是：虽然我要帮助的可能是一个我讨厌的人，但我们在喜欢《尼尔：机械纪元》这件事上是一致的；别人牺牲了他们的游戏资料帮助了我，我也要这样帮助其他人。

　　以《尼尔：机械纪元》这部游戏为中心，这些素不相识的玩家们深深地感受到了他们是站在一起的，他们爱着同样一片虚拟时空，并且有责任在这个共同体内互相帮助、患难与共——即使他们之间唯一的交集不过是出现在电脑屏幕上的一个 ID 和一句留言。《尼尔：机械纪元》中的"献出 ID"不再是一个纯然的故事，而是每个玩家切身经验的现实，是他们在同好的帮助下终于通关时的感动，是在虚拟角色的一再盘问下的一次次痛苦抉择，是献出全部游戏存档后无法挽回的真实损失。这就是一个社群实践中典型的时间同调仪式，它将所有玩家统一调率至故事世界的时间中，并让他们在那一个光辉的瞬间永恒同在。而这一仪式的成立势必基于这样的事实：玩家普遍认同于这样一个规则，即由简单字符构成的一个 ID 能够代表玩家的一个完整的虚拟人格，以及这一人格所拥有的全部社会关系与社会资源。

《夏日大作战》与《尼尔：机械纪元》在屏幕中随机出现并随即消失的 ID 与鼓励语，实际上都是广义上的弹幕，或者说都是对弹幕的模仿。

根据《破壁书——网络文化关键词》的定义：

> 弹幕，是指在提供即时评论功能的视频网站上，那些横向飘过视频画框或悬停在视频画面之上的文字评论。[1]

弹幕本身是一个军事用语，指的是密集射击的炮弹在天空中形成幕布的场景。2006 年，日本视频网站 niconico 首先使用了弹幕功能。到了 2007 年，中国第一家弹幕视频网站 AcFun 成立。目前国内最大的弹幕视频网站是 b 站，它也是国内泛二次元用户最重要的聚集地之一。

目前国内已经有人开始进行弹幕的相关研究，仅硕士学位论文就有数十篇[2]，相信以后还会更多，毕竟顶层弹幕与底层视频画面这两层意义结构之间的张力关系绝对算得上一个充满魅力的论题。但我在此处将不再展开弹幕如何可能彻底改变一个视频的风格和意义、如何可能为二次元虚拟社交提供源源不断的"黑话"和"梗"，以及如何可能驯服各类三次元的视频并将其纳入二次元的叙事之中等话题，而将我的讨论聚焦于弹幕作为时间同调机器的运作方式。

弹幕总是在造就一种想象的共时感：某一视频的观众虽然是在不同

---

[1] 参见邵燕君主编：《破壁书——网络文化关键词》，第 59 页，"弹幕"词条，词条编撰者为高寒凝。

[2] 研究弹幕的相关论文，包括谢梅、何炬、冯宇乐：《大众传播游戏理论视角下的弹幕视频研究》，《新闻界》2014 年第 2 期；邓昕：《互动仪式链视角下的弹幕视频解析——以 Bilibili 网为例》，《新闻界》2015 年第 13 期；郭芙宝：《弹幕文化下的隐喻——从媒介性质角度探讨弹幕的受众影响》，《今传媒》2020 年第 11 期；王佳琪：《基于弹幕视频网站的弹幕文化研究》，山东师范大学 2015 年硕士学位论文；高雪：《抵抗与收编：弹幕亚文化与主流文化的关系研究》，暨南大学 2015 年硕士学位论文；等等。

时间、不同地点观看这一视频、发送弹幕的，但在视频自身时间轴同一位置上发送的弹幕都会同时出现在视频框内，甚至与前后出现的弹幕构成对话，造成一种所有弹幕发送者都在同时、共同观看视频并吐槽、聊天的幻觉。为加强这种共时感，b站还在视频框右侧的弹幕列表上方时时显示有多少人正在观看这一视频。事实上这些正在观看同一视频的人，有人刚看开头，有人已经看到尾声，对于后者而言，除非他拖动进度条重回开头，否则绝不可能看到前者实时发送的弹幕。这些正在观看同一视频的用户实际上并没有"共同"观看，但弹幕的存在使得他们可以顺利地将彼此想象为"共享"观看时间的伙伴。

就像网络提供的其他很多种社交方式一样，弹幕社交是一种"弱社交"，一种延时的、匿名的、无须面对面的、没有明确对象的社交活动。但与评论、转发等同样支持"弱社交"的网络社交功能不同，弹幕排斥"强社交"，排斥一对一的、有来有往的、非匿名的、即时性的社交活动。人类文明有史以来，大概从未有过一种同时性的社会生产工具能够比弹幕更加优秀，它为纯粹的陌生人在时间轴上的相遇提供了场域，彻底排除了亲疏远近的分别。就算父亲与儿子在同一个视频中发送了弹幕，他们也不会感觉到这条弹幕在滚动而去的所有弹幕中与自己更加"亲近"。而弹幕中那些实时刷屏的"黑话"，以及在特定场景中调动特定情绪的训练，都是出色的时间同调仪式，并正在以越来越短的周期飞速更新着圈内共识中的条目。

图7为《哔哩哔哩2020拜年祭》结尾处的弹幕截图[①]，满屏的"哔哩哔哩干杯"是b站最著名的一句官方口号。在弹幕中发送"哔哩哔哩干杯"意味着认同自己是b站的一分子，认同于b站的文化，在b站获得了集体归属感。每年拜年祭结尾处满屏的新年祝福与"哔哩哔哩干杯"，以极富仪式感的方式强有力地召唤着b站用户的共同体想象，他们在此时此刻与发送满屏弹幕的其他b站用户共迎新年。

[①] 视频网址为 https://www.bilibili.com/video/BV1TJ411C7An?p=4，截屏日期为2020年6月29日。

图7

如果说新年仍是一个在三次元民族国家共同体中已经存在的时间节点，那么下面这两个例子或许更能说明弹幕所具备的营造时间同调仪式空间的能力。

图8为b站在纽约上市时的官方视频截屏①，截至2019年2月11日，这个视频共得到102.4万次播放、4.6万条弹幕，位居最高全站日排行第1名。满屏弹幕中的"合影留念"有"让我的弹幕与重要的历史时刻合影"的含义。而b战上市这个"重要历史时刻"注定只会被载入b站的史册，是只对b站及b站用户而言有意义的时间节点。所有在这个视频上留下弹幕的b站用户，都成为这段历史的见证者与参与者。恰恰是这极具震撼力的满屏弹幕，加强了观众对于"我正与其他b站的小伙伴共同见证一个重大的历史时刻"的自我认知。在发送和观看弹幕的仪式中，b站用户社群内部的一个共时性时间节点就被生产出来了。

---

① 哔哩哔哩弹幕网：《bilibili 纳斯达克上市～小电视空降纽约时代广场》，https：//www.bilibili.com/video/av21295743?from=search&seid=16434998514324917967，视频发布日期为2018年3月28日，截屏日期为2019年2月11日。

图 8

图9是日本真人偶像组合岚（ARASHI）的演唱会《ARASHI AROUND ASIA 2008》的视频截屏。①岚的演唱会有一个固定环节是成员樱井翔在舞台上说"Say ARASHI"，台下的观众齐声喊"ARASHI"。而观看视频的观众每当视频播放到这个位置时，也会发送弹幕"ARASHI"，这会造成一种与场内观众、观看视频的其他观众同时看一场演唱会的共时感。尽管实际上所有这些观众并不是真的在同一时间观看这场演唱会的，但共时性一旦被生产出来，就成为一种事实。一系列类似的共时性生产将会赋予岚的粉丝一种特别的生活节律，即以下述规律性事件为时间节点度量时间：岚发行单曲（一般为每年三张）、发行专辑（一般为每年一张）、开演唱会（一般为每年一次）、团结成日、团出道日、团成员生日、团成员入社（加入杰尼斯事务所）日、每周团综（团体综艺）与个人综艺、夏季音番（日本夏季大型音乐节目）出场、冬季音番出场、年末红白歌会出场等。而所有这些时间节点都包含相应的仪式（观看节

---

① 奥田红茶子（上传）:《岚ARASHI－演唱会「ARASHI AROUND ASIA 2008」全场》，https://www.bilibili.com/video/BV1rs411Z7UE，视频发布日期为2013年5月1日，截屏日期为2020年6月29日。

目发送弹幕或者发布庆贺信息等）将时间节点固定下来。毫无疑问，这些时间节点对于非岚的粉丝而言是毫无意义的，他们不会参与这种局部的同时性社会生产，但却可能参与其他社区的同时性生产，拥有另外的时间度量方式。

图 9

岚的每一个粉丝实际上都是在不同的时刻迎来这些时间节点的，比如，有人入场观看演唱会，有人只能等演唱会结束、官方视频 DVD/BD 发售后购买观看演唱会视频，而购买了演唱会 DVD/BD 却不懂日语的粉丝则必须继续等待直到有字幕组制作出字幕才能欣赏这场演唱会，没有购买 DVD/BD 的粉丝则要等待更长的时间，直到 DVD/BD 发售期结束，字幕组或其他购买了 DVD/BD 的人将视频公开发布在网络上之后，才能观看这场演唱会（这是中国大陆的岚的粉丝之间的通例，在其他国家和地区会有差异）。从最先可以看到演唱会的粉丝到最后可以看到演唱会的粉丝之间，有数月的时间差。但这并不妨碍他们将这场演唱会视作一个共通的、一致的时间节点，共同庆祝这次盛会——毕竟，重要的不是实际情况如何，而是人如何感知其所身处的情境。

图 10 是一个 ACG 爱好者社群的例子。这是日本著名电视动画《叛逆的鲁路修》(以下简称《鲁路修》)放送十周年时的一个高人气 b 站纪念视频的截屏。① 初放送于 2006 年的电视动画《鲁路修》直到今天仍有很多忠实粉丝，2016 年十周年纪念的时候，b 站更是出现了大批纪念视频，我截屏的是其中播放量和弹幕数量较高的一个。《鲁路修》初放送十周年，当然不意味着在弹幕中留言的粉丝们都在十年前观看过这部作品。他们中的很多人都是在这部动画完结后的数年间观看了这部作品，并成为粉丝的，甚至很可能有人前一天刚刚看完原作，第二天就开始看十周年纪念视频了。但这都不会影响 2016 年对于《鲁路修》的粉丝而言成为一个重要的时间节点，所有在类似的纪念视频中发送了弹幕的粉丝都认可了在《鲁路修》的陪伴下走过的十年。无论是哪一年"入坑"的粉丝，都在此刻被调整到这个统一的时间轴上，时间差被抹平了，他们共同期盼官方推出的十周年纪念企划，共同眺望《鲁路修》的下一个十年。

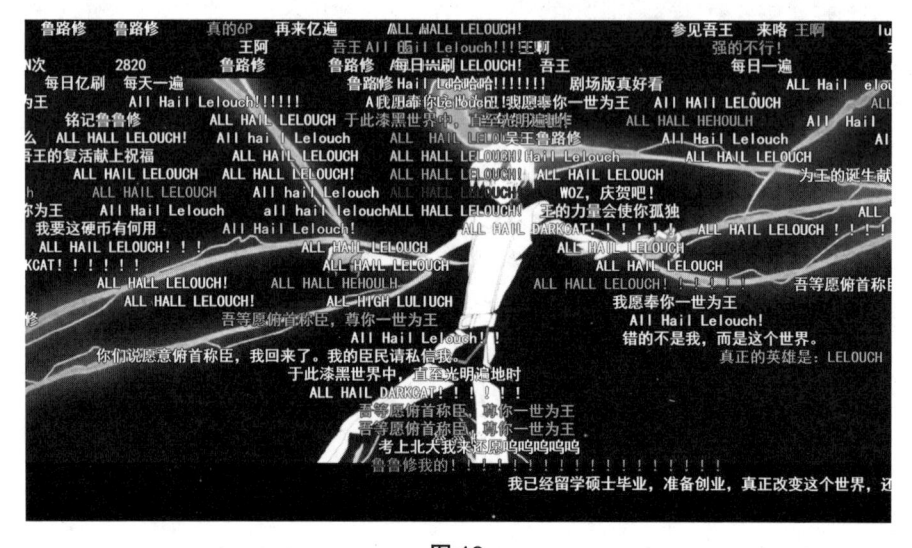

图 10

---

① 暗猫の祝福：《【鲁路修十周年纪念】我愿奉你一世为王》，https://www.bilibili.com/video/av6042017?from=search&seid=11515451597937794555，视频发布日期为 2016 年 8 月 27 日，截屏日期为 2020 年 6 月 29 日。

弹幕是 b 站最重要的社交方式，尽管 b 站的评论区也相当活跃，但弹幕仍是 b 站的标志性功能，是 b 站最不可或缺的组成部分。而弹幕无与伦比的时间同调能力，对于 b 站及依托于 b 站的各个泛二次元网络亚文化社群的共同体建设，起到了至关重要的作用。

b 站弹幕所生产的同时性虽然是"虚拟替身"的网络社群的同时性，但并非不能反馈于肉身——正如羁绊作为一种排除一切现实社会联系的情感模式，最终也可以重新进入甚至代替亲情、爱情等依托于具体的社会联系的情感关系中。

《你的名字。》2016 年在中国大陆上映期间，b 站举办了一场特别的观影活动。b 站包场了 12 月 3 日全国 47 个城市 70 座万达电影院《你的名字。》的全部场次，并将这共计 11 万张电影票免费送给 b 站用户。具体的抢票方法是所有 b 站 Lv.4 以上用户或大会员（付费会员）均可与另一个同样符合要求的 b 站用户连接，两人在抢票时间同时登录 b 站、完成连接，即可抢到两张电影票。特别的是，这两张电影票是由两个用户分别选取影院地点和场次的，且座位随机。这就对在现实中是朋友/情侣，约定一起抢票的用户非常不友好，因为他们很可能抢不到相邻的座位，甚至抢不到相同的场次。但一方面，对于那些本就是在 b 站上结识、生活在不同城市的网友而言，这种抢票方式显得非常可爱。他们可以选择在不同的城市、同样的时间观看同一场电影，虽然相隔遥远，却为着同样的故事而热泪盈眶，再一次体认彼此间深深联结的羁绊；另一方面，许多孤身来到影院的观众走进影厅，眼前虽然全是陌生的面孔，但却深知彼此都是 b 站用户，都是二次元同好，甚至很可能曾经在 b 站上看到过对方发的弹幕、上传的视频，于是顿生亲切之感。

这一活动极具想象力地让肉身参与了虚拟替身间的时间同调仪式，在从抢票到观看电影的这段时间内以虚拟替身间的社群关系覆盖了现实肉身间的社群关系。整个活动中呈现出的同时性，并非物理时间的同时性，而是抢票和观影仪式创造出的时间节点的同时性，是一种与弹幕的时间同调仪式结构一致的同时性。

四、泛二次元亚文化社群中的同时性社会生产

泛二次元亚文化社群的时间同调并非凭空出世的新鲜发明，而是同时性社会生产的局部变体。而同时性社会生产的失效，则是一种已经受到关注的后现代症候。

《时间：现代与后现代经验》一书中讨论了"生产同时性的社会技术"①。书中以宗教仪式作为例子：

> 宗教仪式的社会编制也专注于建立自然和超自然之间的联系，并把现存的社会秩序收纳到它的编码程序之中。在仪式中，各种空间和时间可以说是轻而易举地得到了克服。②

同时，书中还通过引用雪莉·特克尔的研究，证明这些现代及前现代的同时性社会生产技术在年轻的"电脑畸形人"身上的失效：

> 他们通过与技术的相互作用创造了自己的世界，甚至是时间——这在很大程度上把他们同周围的社会事件隔离开来。③

由此导致了个人"在自己极度个体化的世界中与社会解耦"④，陷入心理孤独的危险。

但这一说法即使不是彻底颠倒了因果，至少也是将整件事情简单化了。雪莉·特克尔所说的"群体性孤独"⑤（无论她个人怎样理解），都显然既不是一种后现代症候，也并非网络虚拟空间的伴生物，而是现代

---

① ［奥］赫尔嘉·诺沃特尼：《时间：现代与后现代经验》，金梦兰、张网成译，北京师范大学出版社，2011年，第20页。
② ［奥］赫尔嘉·诺沃特尼：《时间：现代与后现代经验》，金梦兰、张网成译，第21页。
③ Sherry Turkle, "The Subjective Computer: Study in the Psychology of personal Computing," *Social Studies of Science*, Vol.12, 2 (1982), pp.173-205. 转引自赫尔嘉·诺沃特尼：《时间：现代与后现代经验》，金梦兰、张网成译，第27页。
④ ［奥］赫尔嘉·诺沃特尼：《时间：现代与后现代经验》，金梦兰、张网成译，第27页。
⑤ ［美］雪莉·特克尔：《群体性孤独》，周逵、刘菁荆译，浙江人民出版社，2014年。

性的固有基因在作祟。或许在中国这一事实被体现得最为明显，我们只需稍微回想一下巴金的《家》、胡适的《终身大事》，回想一下现代中国的革命先驱们是如何与自己的封建大家庭解耦，回想一下费孝通所说的"乡土中国"是怎么变为现代社会的，就能够理解现代的、独立的、"大写的"人，必然也同时是孤独的、隔绝的个体。

目前为止，针对这种孤独，我们所能采取的所有措施都是代偿性的，临时救急、治标不治本（毕竟如果一个人跟另一个人建立起了真正的而非想象性的绝对联系，那他就不再是一个现代性的独立个人了），而其中最著名的一种就是民族国家，也即本尼迪克特所说的想象的共同体。

按照本尼迪克特的研究，民族国家之为想象的共同体的成立，也包含着一系列同时性的社会生产，比如，那个经典的例子——在早餐时间看同一份报纸。所有这些代偿性措施的共通之处在于：让陌生人相遇（或想象相遇的场景 / 使相遇变得可以想象），并使他们有理有据地感受到他们是同类。

同时性的社会生产的理想结果是一个想象的共同体之内的所有陌生人都是兄弟姐妹，与此同时，必然导致的结果是血亲的兄弟姐妹变得没有什么特别之处。这与羁绊中的常见公式没有非常本质的区别，就像《无间双龙》中被"家族"抛弃了的孤儿们成为彼此的"家族"一样。但是，亲疏有别总是被人们刻在骨子里的东西，它比现代性的信念更古老也更顽强，陌生人始终还是陌生人。不过这也无伤大雅，只要人们在这两极之中找到一个合适的平衡点就可以了。而当个人在这个平衡点的两端滑动的时候，悖论就产生了：他越趋近于群体，就越感到自己是孤独的个人。

当然，这个过程中，网络也并非全然无辜。当我们在民族国家（或者前现代的血缘家族、氏族部落）的限度内讨论人与人（熟人或陌生人）的相遇（或想象性相遇）时，我们讨论的总是肉身的相遇，而网络允许虚拟替身间的相遇。这就使得"个人"变成了一个复杂的概念，一个"个人"将会同时拥有一个肉身和多个虚拟替身：他的某些部分被固定在肉身上，受到地理位置和周遭环境的限制，参与血缘社群、地缘社群、民族国家等共同体中的社交活动；某些部分则附属于虚拟替身，这些从肉身中抽离出来的部分将不得不面对赤裸的孤独，除非他们从网络世界中获得新的共同体认同。于是，这群拥有了复数的身体（肉身与虚拟替身）的人将身处复数的共同体之中，参与复数的同时性生产。

当然，人原本就总是同时处于复数的同时性生产中，比如家庭、公司、学校、民族国家等。但是宏大叙事曾经是一个相当有效的调律工具，保证了最终这些社群生产出相同的时间频率，共用相同的日历与时钟，于是人们不会意识到自己实际上处于复数的时间生产中，以为时间是统合的而非分裂的。

现在，这个调率工具正变得孱弱，造成问题的原因是多种多样的，但其中之一或许就是宏大叙事以肉身为界限运转太久，它还没有做好准备去应对在虚拟替身中分裂的个人。就在这样的间隙里，个人目睹了自己的分裂，以及个体时间的分裂。

2018年下半年前后，微博上开始流行一个叫作"支離滅裂な思考・発言"①的话题。这是一个日语短语，含义是支离破碎、杂乱无章、不合逻辑、前后矛盾的思考与发言。这个话题下出现的往往是那种看起来前后矛盾，但却能够被理解、引起共鸣的发言。比如：

@morishiro：我不信真人百合营业和我喜欢看她们搂搂抱抱有什么矛盾吗！（2018年12月14日）

@喜欢饼王的一个kiyo：渣攻不是褒义词吗？（2018年10月31日）

@潭孝寺枫笙：虽然一般来说还是喜欢色气②大姐姐来着。但放

---

① 这个日语话题最初可能并不是发源于微博，而是发源于推特或其他日本地区常用社交媒体，由于本文主要聚焦于中国网络状况，所以没有具体考证。在微博上参与这个话题的人大多是日本ACGN文化或日本偶像文化的爱好者，往往具有一定的日语基础，当然即使是没有日语基础的人也同样可以根据汉字和语境理解这个短语的基本含义。

② 色气：萌要素的一种，源自日语词"色気"（いろけ，iroke），含义为极具性魅力的、诱惑和挑逗性的。

进 Gal^① 体系里果然青梅竹马最高^②。（2018年8月26日）

尽管"支離滅裂な思考・発言"中包含各种各样的情况，但是我所列举的这三个发言是比较常见的情形，它们都呈现出发言人在某一时刻同时身处两个社群之中，同时调用两种文化经验的分裂状态。例一是真人偶像粉丝圈的常见发言，类似的发言还有"我喜欢嗑他们两个人的CP与我知道他们两个都是直男矛盾吗？"等。由于在真人偶像粉丝圈中，CP是一种常见人设，身处CP配对中的两个人会出于服务粉丝的需要有意识地展现一些亲密的举止或发言，这种行为就叫作"营业"。在今天的偶像行业中，这早已不是秘密。所以真人偶像粉丝常常会一边进入纯粹的粉丝状态享受"营业"服务，一边理智地站在一个外部视角意识到这都不过是"营业"而已。例二的发言人则同时处于萌要素数据库系统与现实社会道德评判系统中。我在前文提到过，萌要素本身是悬置道德评判的，所以"渣攻"作为一种萌要素理所当然可以是富有魅力的人物属性，但在现实道德评判中，"渣"则无疑是一种道德瑕疵。例三则区分了Gal体系中的状态与非Gal体系中的状态。在这两种状态下，发言人喜爱的女性角色萌要素是存在差异的。与前两例的区别在于，这个例证说明了即使是在泛二次元网络趣缘社群内部，不同的小圈子间也存在文化的"支離滅裂"。

正如我之前说过的，重要的不是实际情况如何，而是人们如何认知、理解自身处境。对"支離滅裂な思考・発言"的乐此不疲，揭示出二次元人群普遍意识到了自身的分裂，以及自己同时处于多个文化圈、多种时间轴上的现实。于是理所当然地，就出现了这样的"支離滅裂な思考・発言"：

---

① Gal："Galgame"的简称，意为美少女游戏。
② 最高：源自日语词"最高"（さいこう，saikou），含义为最好的、最棒的，在网络用语中有时也根据读音写作"赛高"。

@桔桔多子：我周围人好多，但是我想周围人多一点，热闹一点。（2018年12月12日）

要让这个句子不前后矛盾，我们就只能将句子中的两个"我"理解为不同的"我"，或者说单一的"个人"分裂出的不同部分。与此同时，我们再次见到了"血之哀"，见到了被人群环绕时的"群体性孤独"。

关于羁绊的循环结构在这里再次出现：因为"个人"变成了复数的，所以肉身所占的权重就变低了，于是维系于肉身之上的亲疏观念与同时性的社会生产之间的平衡被打乱，"群体性孤独"就变成了一个急需被抚慰的社会问题，于是网络社群内部自发的代偿性的同时性局部社会生产随之开始。但宏大叙事的时间调律功能又缺乏渗透网络虚拟社交的能力，于是网络内部的这种同时性的局部社会生产又反过来加剧了社会时间轴的分裂。一切周而复始，人们越是抱团取暖，就越是孤独隔绝；羁绊越深，就越会意识到"血之哀"的存在。但这种循环结构并非单纯地原地踏步，或者一味地趋于崩坏。从"世界系"到"血之哀"，再到"支離滅裂な思考・発言"，在羁绊叙事与"二次元"社群时间同调仪式愈发成熟完善的同时，我们也越来越清晰地看到了二次元人对自身后现代处境的自觉体认，而认知是反思的前提，也是超越循环的第一步。

最后，当我们讨论二次元网络青年亚文化社群中的共同体想象时，一个不应忽略的维度是语言的维度。在二次元网络社群内部，层出不穷的"黑话"既是屏障也是暗号，可以将"圈外人"排除在外，让"圈内人"瞬间辨识彼此的同好身份。但我在本书中已经涉及了太多泛二次元，特别是网络文学与同人领域的"圈内黑话"，无论重新梳理已经提及的"黑话系统"，还是引入一个新的"黑话系统"都显得有些冗余。因此我在此处仅简单罗列要点，不再进行分析和举证。

1. 每一个泛二次元网络亚文化圈（无论其规模多小）都或多或少拥有圈内独享的词汇和句式。

2. 大部分二次元网络亚文化圈都使用 b 站、微博等公共社交平台，圈内"黑话系统"保证了这些小圈子在公共社交平台上仍有其相对的独立性，排斥"圈外人"进入。语言所制造的区隔与时间区隔共同划分了圈子的内部与外部，这种区隔对于想象的共同体的形成是必要的。

3. 越与主流社会贴近、越难以被主流社会接受的圈子中的"黑话系统"就越复杂、更新就越迅速，这是亚文化自我保护的常规举措。

4. 二次元人在各个亚文化圈间的流动会使"黑话"从一个圈子流动到另一个圈子，所以不同圈子间的"黑话"并非完全不同。特征越相近、亲缘性越高的圈子间，"黑话"的重合度越高。

5. 常见的"黑话"构词法包括缩写、换用同音字、用汉字模拟外语词汇的发音、使用日语借词、在词语间插入标点符号等。

6. 圈内"黑话"与一般的语言一样，词汇的更新迭代速度最快，语法和语音的变化相对较慢。

7. 圈内"黑话"不仅包含文字组成的语汇，还包括具有特定含义的图像符号，这是"读图时代"的语言的共有特征。

8. 由于圈内"黑话"最初常常是以文字（或图像）的形式被创造出来，所以一些圈内"黑话"是没有对应读音的，或者在使用一段时间后才被赋予确定的读音。

9. 每一个网络亚文化圈发展到一定程度后都会产生为自己的圈子"写史"的倾向，圈内人自发整理圈内"黑话"是这一倾向的一种表现形式。

第十二章
游戏、文学与二次元存在主义

  我们很难从单一的角度去评价泛二次元网络青年亚文化社群中的共同体建构实践，因为这些实践一方面整合时间，一方面裂解时间；一方面作为现代性孤独的代偿举措有效地发挥了作用，一方面又加剧了现代人的"群体性孤独"；一方面正孕育着重新达成社会共识的可能性，一方面也加剧了人与人之间的隔绝。本章以另一视角聚焦这些网络亚文化社群的组织形式，从二次元人的个人生存模式而非相互关系模式出发讨论问题。

  21世纪以来，一种以选择与承担为核心的人生信条，开始替代对绝对真理的追寻和对公认正义的坚守，日益成为日本ACGN作品及深受其影响的游戏化的网络文学作品中最突出的正面价值，成为中国"90后""00后"二次元人广泛认同的行动原则。这种以选择和承担为核心的人生信条——具体而言便是"我选择，我相信，我行动，我创造自己的价值与信仰，我为由此产生的一切后果负责"——首先在日本 ACGN 作品中发展出一套成熟的叙事模式，并且在中国的青少年受众那里获得广泛共鸣，随后在以游戏化向度的网络文学为代表的泛二次元网络亚文化创作中完成了其中国本土化表述。

不难发现，这种价值观念与以海德格尔、萨特等哲学家为代表的存在主义哲学中的伦理观念有着极强的相似性，故而我将这种二次元人普遍认同的生存方式命名为"二次元存在主义"。

存在主义式的思考路径总是产生于一套曾经在社会中占据主导地位的价值体系遭遇根本性质疑的时刻，人们不得不回归个体灵魂，重新寻找可信价值的依据。这种主导的价值体系，对于克尔凯郭尔而言是遭受启蒙冲击的宗教神学，对于萨特而言是在两次世界大战中显示出自身的无力与虚妄的科学理性。而今天，随着冷战的终结，价值中空再度凸显出来。不仅如此，正如我已反复提及的，在发达的电子媒介与网络技术中介之下，人们质疑的目光不再停留于"真理"层面，而是延伸向了更为基础的"真实"层面。

就是在这样的环境下，"二次元存在主义"应运而生。在游戏化向度的网络文学及日本 ACGN 作品中，它主要表现为强大的"二次元存在主义英雄"人物；在现实生活之中，则会有限度地退化为"选择服从"与"选择相信"这两种实践原则——妥协与抵抗极端暧昧地纠缠在一起的亚文化生存策略。

一、新的时代、新的英雄

在二次元世界中，一种新的英雄形象正在崛起：他们不是以正义手段实现正义目标的纯善正直的英雄，也不是如侠盗义贼一般以非法方式践行正义的"亦正亦邪"的人物。他们不再坚持公认的真理与正义而百死不悔，而是以本真的自我决定自己的信念、创造自己的价值。他们深知自己的每一次选择将造成怎样无可挽回的丧失，但仍会凭借自由的意志做出选择，并且坚定不移地践行，同时拥有足够的觉悟为由此而产生的一切后果负全责。如日本动画作品中的形象鲁路修[①]、中国游戏化向度的网络文学中的人物王陆[②]等,皆是如此。

这类形象的大量出现,绝不仅是审美层面的变迁,也体现了一代人新的英雄观。不难发现,这样的英雄,与尼采心中的超人、海德格尔所谓本真性的此在或者萨特笔下的自由的存在主义英雄,非常相似。故而我将这种新的英雄形象命名为"二次元存在主义英雄",而这种英雄背后承载的生存信念便是"二次元存在主义"。

以三天两觉相继写作的三部网络文学作品《狩魂者之鬼喊抓鬼》(2009)、《贩罪》(2012)、《惊悚乐园》(2013)为例,我们可以清晰地把握这种"二次元存在主义"的主要内涵。

《狩魂者之鬼喊抓鬼》作为三天两觉最早的网络文学作品,在创作手法上尚显稚嫩,但具有存在主义特征的价值观念已经显露出来。在故事的第67章,具有狩鬼能力的医生古尘迎来了他的病人——三个满身是伤的小混混,以及一个尾随而至的鬼魂。鬼魂本也是个小混混,在街头火并中被那三人打死,心怀恨意,于是在医院中展开鬼境实施报复。古尘带着那三个小混混走出鬼境,使他们免于一死。于是,鬼魂质问古尘为何要帮助杀人者。古尘回答:"你和他们一样,选择了自己的生存方式,在你对别人举起刀的时候,自然要背负起相应的觉悟,死的觉悟。"[③]在这里,古尘所选择的"正义",既不是杀人偿命的古理,也不是现实法律的规约,而是杀人者必须有被杀的觉悟,人应该为自己的选择负全责。

在《贩罪》中,主人公天一的一段话,更几乎是存在主义伦理观的通俗翻版:

> 不管你适合成为什么样的人,或者世界想让你成为什么样的人,都不重要,重要的是,你自己的内心想成为什么样的人,没有才能可以努力,没有条件可以创造,纵然最终失败,坦然付出代价便

[①] 鲁路修:日本原创电视动画作品《叛逆的鲁路修》(2006)中的主人公。
[②] 王陆:国王陛下创作的网络小说《从前有座灵剑山》(2013)中的主人公。
[③] 三天两觉:《狩魂者之鬼喊抓鬼》,第67章"鬼境"。

是，人生是自己的游戏，逼迫你妥协的人不会用他们的人生给你买单。……所以我说，强级能力者，是中坚力量，无论出于什么目的，为了满足贪婪的欲望也好，为了维护心中的正义也好，或者单纯是为了体现存在的价值，总之，他们凭借自身的努力和智慧，踏入了高手的行列，他们选择……成为能力者。①

自由、选择与责任，一直是三天两觉作品中的核心主题，而在《贩罪》中（也即在如上所引段落中），一个新的概念出现了，并且融入了这一具有"二次元存在主义"特征的主题之中，那就是"游戏"。"人生是自己的游戏"，人必须自己决定行动方案，接受自己创造的未来与结局，这样的观念在三天两觉的第三部作品《惊悚乐园》中得到了更明确的贯彻。作为 b 站知名游戏 up 主②，三天两觉的游戏经验在他的文学创作中起到了相当重要的作用，这也成为他的"二次元存在主义"人生观的一个重要来源。

如果说前引《狩魂者之鬼喊抓鬼》《贩罪》中的两个例证都停留在强调人有权且应该自由选择自己的人生这一层面，那么《惊悚乐园》中主人公封不觉与假布鲁斯·韦恩的对峙则展现出了更加深入的思考。

这段故事发生于 DC 宇宙③中的哥谭市，一个了解蝙蝠侠布鲁斯·韦恩故事的穿越者进入哥谭市，顶替蝙蝠侠成为哥谭市的实际掌权者，并在所有超级反派尚未"黑化"之前以各种方式将他们提前杀死。封不觉在与假布鲁斯·韦恩的对决中获胜，假布鲁斯·韦恩坚称自己所做的事都是正义的，是保护了哥谭市的和平，不应该遭受毁灭的结局。封不觉说真正的布鲁斯·韦恩即使具有和假布鲁斯·韦恩一样的预知能力，也一定不会做出如假布鲁斯·韦恩一样的选择。因为布鲁斯·韦恩"不杀人"的信条虽然很愚蠢，"但这份'愚蠢'，恰恰是他心中的一条分界

---

① 三天两觉：《贩罪》，第 113 章 "所谓能力者（下）"。
② up 主：在视频网站上上传视频的用户。
③ DC 宇宙：美国 DC 漫画公司旗下漫画所创建并共用的一套世界观，下文提到的哥谭市即是在 DC 旗下漫画《蝙蝠侠》中作为故事发生地点的虚构城市，而蝙蝠侠布鲁斯·韦恩是《蝙蝠侠》的主人公。

线……正是这条线,将他所贯彻的那份正义,和你①那份'卑贱'、'自私'、'虚伪'的正义分开了"。这条正义与虚伪的界限无关于任何人道主义的诉求,而在于不管假布鲁斯·韦恩"说得再怎么冠冕堂皇,到最后,真正做出'牺牲'的都是别人"②。在这里,封不觉质问的是选择的本真性问题。假布鲁斯·韦恩为了获得权力与成就感,牺牲了那些尚未黑化的、仍在度过平凡而幸福人生的超级反派们。为摆脱因此而产生的罪恶感,他逃向了海德格尔所谓的"常人社会",以世俗的伦理和"正义"为借口,逃避了自己理应承担的代价。假布鲁斯·韦恩以自欺的方式从本真自我沉沦为常人自我,放弃了自己的良知。当然,这种"良知"仍是海德格尔所说的"良知",是人听从于本真此在召唤的勇气。封不觉所坚持的"正义"并不是不伤害他人、避免任何牺牲——由于任何选择都必定带来丧失,所以避免一切牺牲必然带来无法选择、无法行动的绝境——而是不以任何借口逃避承担后果的责任。

在这样深入辨析的基础上,三天两觉将本真此在的自由意志,以及凭借这种意志做出自主选择的能力,视作生命体与非生命体的根本差异,视作人之为人的唯一特质③。至此,贯穿于三天两觉所有作品中的"二次元存在主义"主题便被较为完整地勾勒出来了,概言之,即真正的英雄是尼采意义上的超人,人生而自由,应当做出本真性的选择,并为自己的选择负全责,人的价值与意义是由自身的选择所创造的。

三天两觉的创作绝非孤例,表达过类似价值观念或塑造过类似英雄形象的作品还有很多,比如,日本漫画《死亡笔记》(2003),日本轻小说《重启咲良田》(2009)、《末日时在做什么?有没有空?可以来拯救吗?》(2004),日本动画《叛逆的鲁路修》(以下简称《鲁路修》),日本游戏《尼尔:机械纪元》(以下简称《尼尔》,2017),中国网络小说《从前有座灵剑山》、《将夜》(2011),等等。曾经一度沉寂的存在主义式的

---

① 这里指假布鲁斯·韦恩。
② 三天两觉:《惊悚乐园》,第1420章"说出我的名字(完)"。
③ 相关情节,参见三天两觉:《惊悚乐园》第1120章"否定"、第1135章"没有游戏的世界(完)"。

生存哲学，确乎在以"90后""00后"为主的二次元群体中重获认同（不是作为一个哲学流派被探讨，而是真正成为一种指导现实生活的有效信念），让人不禁想起其在"二战"前后风行一时的盛况。

二、相对正义下的主体确证

存在主义的兴起，清晰地与两次世界大战紧密相连。战争的残酷击垮了启蒙时代的天真美梦，理性背弃了它的承诺，杀戮假托正义之名大行其道，科学被用来制造杀人的武器，对于核能的利用随时都可能将人类拖向毁灭的深渊。对于理性、科学、真理，以及无限进步光明前景的质疑，摧毁了建基其上的对于主体的确信。人如何确证自己的存在？人为什么活着？人应该怎样活着？这些再次成为每个人都必须面对的严峻问题。

存在主义便在这样的时代应运而生，它继承了尼采以来对于启蒙主体与普世价值的质疑，却试图在这一片废墟上重建可信的行动主体与行动原则。失去了所有肯定性的共识依据，存在主义只能将一切锚定于个体（此在/自为）的意志，悬置一切外在因素，向自我的内部叩问生存的信条。由此，存在主义虽然无力重建一套公共性的伦理观，但却提供了一套对个人而言颇具有效性的行动方案：我选择，我确信，我承担。

冷战格局下的意识形态竞争，实际上一度压抑了这种个体层面的困境，当体制凸显为一个强大的、压迫性的他者时，反抗体制本身就成为一种肯定性的人生目标。结构主义恰因其对权力与意识形态的有效批判，而在与存在主义的对抗中占据了上风。然而随着冷战格局解体、消费社会来临，宏大叙事的崩解以更加彻底的方式降临到每一个个体的现世生活中，老问题变成了新焦虑：我应该怎样活着？

这一次，被质疑的不仅仅是启蒙价值、理性、永恒进步的社会理想，还有处于更底层的"真实"。鲍德里亚的惊人之语"海湾战争从未发生"，或许最为精准地描述了这种媒介变革下的后现代境况：当代媒体足以预演一场战争，并使之成为"现实"。媒介不再展现或模拟现实，甚至恰恰相反，媒介形象成为某种"超真实"，并反向生成着"现实"。这就是鲍德里亚所谓的"拟像"时代。在这样的情形下，海湾战争的实存不过是萨特所说的无法认知的"自在"，一切意向性都必须建基在媒介的中介基础之上，"海湾战争"的实存对于此在而言确实不曾发生。

但正如《数码人类学》一书的核心观点所展现的一样："随着数码科技的发展，人类被中介的程度丝毫没有增加"①。从语言、文化、礼仪、宗教等方面来看，人类自有文明以来从来都是被中介、被曲折表征的，数码媒介在这一意义上从未使人类更被中介。数码媒介的真正特殊性在于其前所未有的媒介自反性。强大的信息处理能力、逼真的 VR 成像技术、庞大的信息库与瞬息万变的信息流使人们日益清晰地意识到，举凡大千世界都可以化约为 0 与 1 这两个数码，正如我们曾经用铅字表征一切、用货币衡量万物。恰恰是那种关于"我无时无刻不被媒介中介着"的自反意识，使得真实骤然变得遥不可及。想必任何一个在网络上浏览新闻的人都曾有过被"打脸"的经历：关于同一个新闻事件的报道几经反转，你同情的受害者变成罪魁祸首，或者痛骂的负心汉变成好丈夫，直到再没人能说清真相究竟为何。恰恰是这样的经历一而再、再而三地发生，让每个人都切身地感受到一切"真实"都可能是"假相"，没有什么是绝对可信的。

中国的"90 后""00 后"恰恰是在极端去政治化的环境中成长起来的一代，同时也是第一代数码原住民。他们无法分享上一辈人对于 20 世纪 50 年代至 70 年代中国社会主义经验的反思，也无从感知 20 世纪 80 年代的再启蒙浪潮。对他们而言，宏大叙事不是崩解了，而是从出生起就从未存在过；网络世界不是任何虚拟之物，而是他们确实生存于其中，表达观点、结交朋友的真实空间；后现代不是理论概念，不是艺术流派，而是时时刻刻经历着的日常生活。他们最为深切地率先感受到了一切正义的相对性，以及现实世界之真实性与唯一性的根基的动摇。而对这一切，他们的前代人无法给出任何有益的经验指导。

所幸的是，中国的"90 后""00 后"在日本的 ACGN 作品中看到了

---

① ［英］丹尼尔·米勒、［澳］希瑟·霍斯特主编：《数码人类学》，王心远译，人民出版社，2014 年，第 15 页。

相似的困惑，找到了启示与共鸣。日本在20世纪90年代便已成为完备的消费社会并开始进入经济低迷期，其时以青少年为主体的日本ACGN文化受众已经开始面临与今日中国"90后""00后"相似的社会境遇，再加上日本的流行文化产业远比中国成熟，其先于中国在ACGN文化中探索后现代社会的困境与生存方式是一件非常自然的事情。

存在主义之后，无论是结构主义、后结构主义，还是被归于后现代理论的诸多理论流派，都对于当下社会状况进行了深刻而富有远见的分析。但自从福柯与德里达宣告了主体已死之后，再没有任何理论流派有能力重建一个具有行动力的自由主体。理论的发展同样陷入了时代的悖论：批判越深刻，行动越无力。恰如我们每个人都切身感受到的，在这个时代里否定太过容易，而一切建构的努力面前都荆棘遍地。

于是，二次元人将他们探寻的目光投向了存在主义，那是第一个、也是迄今为止最后一个在启蒙理想坍塌之后重建自由主体的行动方案。存在主义不仅仅是一种哲学，它还是一种生存方式。或者说，人类的最后一种生存方式。

但必须注意的是，"二次元存在主义"之兴起，绝非某些精通存在主义哲学的人将存在主义哲学思想引介到二次元而引发的后果，而首先是二次元人为应对自身困境进行思考，从而得出的生存信条。实际上存在主义也不过是对特定时代、特定思潮的一个命名，绝不意味着在此前和此后的世界历史中从未产生过相似的思考路径与生存信念。

如前所述，以海德格尔和萨特为代表的存在主义者在两次世界大战中看到了启蒙价值的失效，因而面临着确证自身主体性的巨大困境，最终从个体此在的本真性出发重建了具有行动力的主体，并以自由、选择、责任等关键概念为核心建构了一套存在主义的伦理观。在日本ACGN及中国的网络文学作品中，正义的相对性、主体确证的焦虑等存在主义者与当代二次元人都必须要面对的问题及各种可能的解决路径，均得到了充分的呈现。我们将这些年代、作者不尽相同的作品连缀起来，便足以形成一条连贯完整的逻辑链条，并最终导向"二次元存在主义"的实践原则。尽管在这一过程中，势必会有二次元人接触到存在主义的理论，并因其与自身信念的契合而加以借鉴，运用到二次元作品的创作中去，但我们仍可以认为，在最核心的层面上，二次元人再度"发明"了存在主义，这也是我将这种思潮命名为"二次元存在主义"而与传统的存在主义哲学加以区别的根本原因。

以下，我将选取一些 ACGN 文本作为例证，讨论这些作品中呈现的对于正义之相对性的思考，以及确证自身主体位置的困惑（之所以不选择游戏化向度的网络文学作品，是因为 ACGN 作品中类似的讨论确实出现得更早，作品更丰富，脉络更完整；中国的网络文学相对晚起，在很多方面直接继承了 ACGN 作品中的探索成果）。当故事中的主人公面对这些问题而寻找行动原则时，"二次元存在主义"的思考路径便会或多或少地出现。

1. 正义的相对性

相互对立的两人或两个阵营，秉持着彼此矛盾的正义而相互战斗，这是 ACGN 作品中极具感染力的一个主题，许多经典之作都在此基础上产生。《鲁路修》中的两个主人公鲁路修与朱雀便是如此，鲁路修要以战争毁灭神圣不列颠帝国，重建世界格局，而朱雀则认为以错误的方法（战争）获得的和平是没有意义的，希望从神圣不列颠帝国内部对其进行改造，创建一个公正民主的优良政体。两位少时挚友因此走向对立，以世界为舞台，展开了信念与力量的对决。谈到"二次元存在主义"，《鲁路修》是一部无论如何不能绕过的作品。作为一个（或许是第一个）典型的"二次元存在主义英雄"，鲁路修以其无可争议的魅力征服了一代观众。

相比于鲁路修，朱雀显然是一个更符合传统标准的"好人"。他坚信正义与公平，身为骑士践行忠诚，温和有礼，绝不滥杀无辜，总会对弱者施以援手，希望以和平的手段建立一个人与人无须互相伤害的美好世界。鲁路修则是一个为达目的不择手段的马基雅维利主义者。他精于算计、步步为营，欺骗过同伴，也杀死过无辜者，但当他背负这一切，不惜众叛亲离也要登上世界的王座，然后以自己的死斩断战争与仇恨的锁链，将世界的明天交还给人民时，他的强大便在他始终不曾动摇的信念中凸显出来——为了创造世界必先毁灭世界，而鲁路修所选择的是肩负毁灭世界的责任，他早早就为自己安排好了结局，那就是作为旧世界的最后象征，被挚友亲手诛杀于王座。

鲁路修与朱雀秉持着对立的正义而战斗，但终究达成了和解，与之相比，《死亡笔记》中的宿命之敌夜神月与L之间的较量就看起来残忍得多。夜神月偶然捡到一本"死亡笔记"，名字被写在笔记上的人就会死。于是，夜神月用这本笔记杀死了那些以各种方式逃脱了法律制裁的罪人。L则是警方的名侦探，将杀人者夜神月绳之以法是他的使命。最终，夜神月当然为他的罪行付出了死亡的代价。但无论在故事内外，夜神月都获得了许多人的同情甚至喜爱。这样的故事必然产生于当代人对于法律有效性的怀疑，唯有当法律不再被认为必然与正义挂钩，夜神月这一形象才有了存在的意义。法律的审判是公正的吗？法律能够成为正义的保障吗？究竟谁的正义才是正义？《死亡笔记》之后，类似的题材在ACGN作品中长盛不衰。

对于正义之相对性的体认，或许最为鲜明地体现在对民族主义的相对性的感受中。《奇诺之旅》和《地球防卫少年》两部作品以不同的方式、不同的风格呈现了这一主题。

2000年起连载的轻小说《奇诺之旅》，构架了一个独特的故事世界，在这个世界中，存在着许许多多个性鲜明的国度，各国的人民因而在彼此迥异的常识与法律下生活。女主人公奇诺骑着会说话的摩托车在各个国家之间旅行，以旁观者的视角展示不同国度的风采。如"能杀人之国"的法律不禁止杀人，居民们用以杀止杀的方式创建了一个平和友善的国度；"船之国"以一艘船为疆域行驶在海上，全体国民自愿将监管国家的权力交给了身为人工智能的"塔之一族"，除此以外不知道任何其他生存方式；"大人之国"中的每个孩子都有权力享受无忧无虑的童年，但到了十二岁就必须接受手术以成为大人，继承双亲的职业，勤勉工作一生。每一个国度中被奉为真理与法则的生活方式，或温柔、或怪诞、或残酷，以世界的尺度来看都是无足轻重的。读者跟随奇诺完成这场世界旅行，同时也意识到以民族、国家等共同体为界限的传统与诉求，绝不可能是普世的正义。

在日本著名漫画家鬼头莫宏创作于2004年的漫画《地球防卫少年》中，十五名少年被意外选中，轮流操纵巨大的机器人与袭击地球的机器人对抗，胜利则地球得以存续，失败则地球灭亡，然而无论胜负，负责操控机器人的那名少年都将死亡。少年们牺牲性命，为了守护地球的未来而战斗。然而他们却逐渐发现，与他们对战的是其他平行宇宙中的地球人，敌方机器人的操控者同样是十五个为了守护自己生存的世界而豁出性命的少年。彼此敌对的少年们，却面临着同样的境遇：一个世界的守护者，同时必然是另一个世界的毁灭者。这场战争里没有荣耀、没有正义，也没有英雄。鬼头莫宏以最黑暗残忍的青春物语呈现了那种信仰崩塌、不知道自己该为什么而战斗的绝望状态，而恰恰是这样的状态深深感染了那些或多或少正面临着同样困境的读者们。

电视动画《记录的地平线》（第二期第10话，2014）中，"银剑"公会会长威廉·麻萨诸塞虽然无力用语言说明自己在游戏世界中与伙伴们并肩奋斗的经历是有意义的，但他百折不挠的行动、他的痛苦和委屈确实引起了观众的共鸣。威廉面对的困境，是许多观众在现实生活中都会真实经历的。而《奇诺之旅》与《地球防卫少年》则以高度设定化的方式提出了同样的疑问：什么是正确的和有意义的？谁有权利定义正义？

威廉·麻萨诸塞所热爱的虚拟游戏世界无法被人认可，即使游戏主播月入百万也是不务正业，喜欢看动漫的人都有社交恐惧症，Cosplay[①]是杀马特，lo裙[②]是奇装异服，饭爱豆的一定都是神经病，不结婚的女人是不完整的，不要孩子有违孝道……这正是新生事物层出不穷的时代，也是既有的意义系统行将就木、无力自我更新的时代。因而既有的意义系统对

[①] Cosplay：是"英语词组 Costume Play（角色扮演）的缩写，指一种模仿 ACG、影视作品中某个角色或其他知名人物形象的衣着、饰物、发型，将自己装扮成这个角色的行为，多见于以 ACG 文化为中心的会展、视觉系乐队的演唱会等场合"。参见邵燕君主编：《破壁书——网络文化关键词》，第101页，"Cosplay"词条，词条编撰者为肖映萱。

[②] lo裙：即 Lolita（洛丽塔）裙的简称，是自日本原宿街头流行起来的一种服装风格，以哥特和古装为基础，常表现为镶蕾丝、带裙撑、装饰繁复的花边裙。

于一切超出控制的爱好、观念、生活方式的攻讦，就因其外强中干而显得尤为简陋粗暴。每一个愿意正视它的人，都可以看出其中的蛮横与不合逻辑，但与威廉·麻萨诸塞一样，他们没有语言，也没有能力去建立一套新的、合用的、具有足够公共性的意义系统来为自己正名。所以他们得承受责难，但也可以同时向自己宣布：那为我所爱的一切，"我说有意义，就有意义！"

2. 自我确证的困境

对正义之相对性的意识，是宏大叙事崩解的典型症状，随之而来的就是人对自身存在与价值的怀疑。确证自身存在的困境，也由此成为诸多ACGN作品中的重要主题。

日本漫画家奥浩哉的两部作品《杀戮都市》（2000）与《犬屋敷》（2014）以相似的结构呈现了这一主题。

《杀戮都市》的主人公玄野计是一名平凡的高中生，意外死亡后被传送到一间神秘房间，接受一个神秘黑球的指挥与怪物作战，由此开始了危机四伏的杀戮生活。一旦穿上战斗服、拿起武器，玄野计就会获得超人的力量，恰恰是这种力量促使他从受黑球的胁迫进行战斗，转变为一个渴望战斗的勇敢战士。《杀戮都市》改编的电影版（2011）中有一个非常精彩的场景，展现了这一转变：战斗间歇，玄野计在自己狭小的出租屋中醒来，在镜子里看到了身穿战斗服的自己——不再是那个平凡、懦弱、一无是处的玄野计，而是强大的、为保护人类而与怪物战斗着的英雄玄野计。镜中的形象展露出玄野计对超人力量的无限渴求，而玄野计就在这镜像中确认了自我的存在。

《犬屋敷》进一步将这个主题明确化了。故事中的两位主人公——老迈贫穷而身患绝症、被家人嫌弃的上班族犬屋敷一郎，以及拥有优渥生活、幸福家庭，却不知道自己存在的意义的高中生狮子神皓——因为同一场事故，被外星人改造成了强大的人形兵器，并从此走上了截然不同的人生道路。犬屋敷一郎利用自己的能力竭尽全力帮助他人、拯救他人，那种挽回他人生命、被人由衷感激的感觉让他重新找回了自己活着的价值。狮子神皓则成了无差别杀人狂，唯有一次次无缘由、无意义地杀人才能让他真切地感受到自己还活着这件事。

平凡到一无是处的人生、因为意外死而复生并获得超凡的力量、借由这力量确证自我的存在与生活的意义——不难发现，玄野计、犬屋敷一郎和狮子神皓人生中的基本要素是完全一致的，唯一的差别只在于他们利用能力的方式。玄野计利用能力的方式是被黑球规定好的，他只能通过与怪物的战斗来维持自身生存，维持自己的超凡力量。犬屋敷一郎和狮子神皓则可以自由地使用能量，犬屋敷一郎选择了行善，狮子神皓选择了作恶。实际上这种大相径庭的选择恰恰是故事中最无足轻重的部分，而重要的是力量给予了他们选择的权力这件事本身，超凡的力量成了他们确证自身存在的依据。

与未开化的野蛮人经由启蒙成为"大写的人"的启蒙神话类似，在《杀戮都市》与《犬屋敷》中，不合格的、行尸走肉一般的普通人在获得力量后成为接近于神明的有价值、有意义的人。然而相似的结构却携带着迥然不同的历史处境：这一次，恰恰是启蒙时代造就的"新人"们遭遇了主体性危机，人类文明、历史与伦理已无法帮助他们找到自己存在的意义，于是，只能寄希望于超自然的力量带来新的进化，把"人"变成"神"。

但这种仰赖于纯粹力量的"进化"终究必然是失败的尝试，因为力量本身并不携带任何价值。《杀戮都市》与《犬屋敷》的结尾都不尽如人意，或许也间接地证明了这一点。

如果说《杀戮都市》与《犬屋敷》所做的，是将无力确证自身存在的人升格为非人（神），那么，《人型电脑天使心》（2000）、《可塑性记忆》（2015）、《尼尔：机械纪元》等作品则相反，是通过非人渴望成为人的故事来探寻人之为人的基本要素。绝大多数以人工智能为主人公的ACGN作品，都以人工智能拥有真爱、理解人类情感作为人工智能获得与人类同等心灵的方式和标志，此类故事广为人知，观念上也并不超出传统人文主义立场的范畴，其基本策略是以具体的场景、可爱的人物来展现已然遭遇信任危机的人文主义神话最美好的面貌，从而唤起观众的怀旧情绪，并有效抚慰对这种神话的质疑所带来的焦虑。相比之下，《尼尔》的故事就显得新颖得多。

单机角色扮演游戏《尼尔》是少数自觉地，乃至系统地借鉴了存在主义哲学元素的ACGN作品。

《尼尔》直接以哲学家的名字命名了大量NPC（如萨特、波伏娃、克尔凯郭尔、黑格尔、马克思、恩格斯、老子、孔子、墨子、帕斯卡），并且让重要NPC帕斯卡阅读了尼采的《查拉图斯特拉如是说》、帕斯卡的《思想录》以及笛卡尔和康德的作品。我们可以从这份哲学家名单中看到鲜明的唯心主义和存在主义倾向。与此同时，《尼尔》还以其故事重走了从尼采到存在主义哲学家们走过的道路。

故事开始于"上帝已死"。

随着人类与入侵地球的外星人均告灭亡，人类制造的人造人尤尔哈部队，以及外星人制造的机械生命，都失去了它们的"造物主"。依然遵从于"造物主"的意志而相互战斗的人造人与机械生命终于逐渐意识到了"上帝已死"的现实，再没有什么"造物主"可以为他们的生命赋予意义了。所有仍坚信"造物主"存在、以执行"造物主"的命令为自身价值的尤尔哈部队成员，全部感染逻辑病毒而遭受毁灭。幸存者们开始凭借自己的意志寻求各自的生存方式与存在价值。他们已经在生与死之间轮回数次，这一次仍遭到了灭亡的结局。但越来越多的人造人与机械生命在觉醒，下一个轮回中，他们仍有希望创造出属于自己的未来。事实上，当机械生命夏娃说出"这个世界根本没有意义"、当人造人9S说出"这无关任何命令，而是我决定这样做"的时候，他们就已经开始向自己的未来迈进了。世界本没有固定的意义，他们的选择将为自己创造意义——无论这将令他们付出何种惨重的代价。

无论是奥浩哉所选择的"超凡力量创造价值"，还是《人型电脑天使心》等机器人故事中的"情感"创造价值，无疑都是人们意识到世界本身并不能天然地提供意义这件事之后，开始尝试寻找、论证自身存在价值的努力。而在所有尝试中，《尼尔》中所体现的那种"二次元存在主义"式的路径显然是最具可行性与合理性、最能够自圆其说的。半个多世纪前流行的存在主义哲学恰好为这种选择提供了有力的理论支持，因而获得了"90后""00后"二次元人的广泛认同。

当然，"二次元存在主义"的流行不仅受到外部社会环境因素的影响，ACGN及中国网络文学作品自身的媒介特性同样提示了一种存在主义式的对于世界的认知方式。这其中，电子游戏所造成的影响是根本性的。

正如我在前文已经说明过的，以"作用空间"和"非作用空间"的界分为核心的游戏世界结构方式，提示了玩家以存在主义的方式理解外部世界，而游戏的独特叙事方式——分支叙事则向玩家清晰地呈现了自由选择的可能，以及选择所必然带来的无可挽回的丧失。

对于具有多结局的分支叙事电子游戏作品而言，玩家可以清晰地感受到游戏中的每一个选项都指向不同的命运岔路。有时选项与其导致的结果是有因果关联的，符合玩家预期，这是奖励；有时选项会带来其他偶然性的事件，将故事引向一个超出玩家预期的结局，这是风险。但无论如何，在一轮游戏中，玩家只能在所有选项中选择一种，并迎来唯一的结局，而且无论选择导致了奖励还是惩罚，这些选择都是由玩家在一个完全自由的游戏状态下自主做出的，都只能由玩家全权承担其后果。这就是海德格尔所说的"负罪"，即此在在多种可能性中选择了其中一种时，就必然忽略了其他所有有价值的选择，同时，任何选择都会造成此在没有预料到或不想要的后果，对于这些后果，此在也同样必须负责。

在借鉴了游戏分支叙事结构的死亡轮回小说中，《杀戮轮回》（2004）最直观地再现了选择本身的残酷性，再现了多结局分支叙事电子游戏呈现给其玩家的现实——任何选择都包含着无可挽回的丧失。

《杀戮轮回》的主人公桐谷启二在与威胁人类生存的谜之生物"拟态"的对战中死去，却奇迹般地回到了出战前的清晨。随后，在上百次的死亡轮回中，桐谷启二刻苦锻炼，寻找战胜"拟态"、拯救队友，并与爱人丽塔·布拉塔斯基一起活下来的方法。但在故事的结尾，桐谷启二战胜了"拟态"，却永远地失去了丽塔·布拉塔斯基。在无数次的轮回中，桐谷启二发现自己无论如何都无法拯救所有人，在打倒"拟态"的过程中总会有人战死，而自己必须终止这种轮回，带着对丽塔·布拉塔斯基以及其他无法拯救的战友的无限怀念迈入新的一天。为了结束战争，这是他必须承受的痛苦。

当萨特将自在解释为圆满、将意识解释为虚无、将意识对自在的阐释解释为意识将欠缺代入自在的圆满时，他或许也感受到了同样的残酷——没有任何阐释可以是完满的，没有任何信念是绝对的真理，没有绝对正确的选项，没有完美的人生，因为"我"的世界本身就诞生于欠缺。

直面选择之残酷的桐谷启二，与坚定信念一往无前的鲁路修，共同构成了"二次元存在主义英雄"的一体两面。这些新的英雄形象承载了"90后""00后"二次元人理想的生活状态，即从自身中寻求自身的信仰与价值，有勇气在人生的无数种可能中做出自己的选择，不以任何借口逃避自己加之于自身的责任。

但理想毕竟只是理想，当这种需要莫大勇气的人生理想进入个体人生的微观实践层面时，就必然会产生种种变化。于是，存在主义与犬儒主义相辅相成，形构了这代人关于人与社会之关系的想象与实践。

三、二次元存在主义的微观实践及其后果

萨特说："人被审判为自由。"

这一认知将存在主义的"自由"与启蒙理想中的"自由"彻底区分开了。存在主义的"自由"既不是受压迫者应该去争取的权力，也不是天赋的荣光，而是人的"原罪"，是人与生俱来的沉重责任。萨特认为，人的真实性在于其偶然性，无论是自在还是自为都是偶然的、无意义的，人因此不由自主地是自由的，这也是人的真实性的一部分。这种自由使人意识到自己是被"抛弃"到这个世界上来的，自为作为一种纯粹虚无和否定的存在总是尚未被确定的，安定的"本质自我"永远不可能存在。这种意识会使人产生巨大的焦虑，会促使人以"自欺"的方式逃离自由，逃离自己的本真性。所谓"自欺"就是寻找种种借口（宗教、出身、传统及其他既存的伦理观）让自己相信自己的存在是被决定了的。

存在主义者们意识到，一方面，维持自我的本真性需要巨大的勇气，大部分人在大部分时候都是"自欺"的，但另一方面，人想要"自欺"，就必须首先意识到本真自我的存在，意识到自己实际上总是绝对自由的。

在一个有着坚定的宗教信仰或者共同理想的社会中，很难说明服膺于这种理想或信仰的个人是否意识到了绝对自由的本真自我的存在——即使存在，这种意识也必然是极端模糊和微弱的。但在今天，当任何一种信仰、理想都无力于解释个人生活的全部方面，想要"沉沦"的个人甚至不得不去选择自己究竟应以何种方式"自欺"的时候，人们便前所未有地感受到了自由与其沉重。

后现代理论对多元与边缘的声援，使得越来越多的生活方式被人们认知和接受，商品社会又以其特有的敏锐将这其中的大多数转化成可消费的无害商品。这是一个整体性的反抗与变革无从谈起、选择却空前多样的时代。一个人可以选择自己要作为一个男性生活还是作为一个女性生活，可以选择自己要不要恋爱、要和谁恋爱（同性或异性）、要不要结婚、要不要生孩子、要不要工作、要做何种工作，甚至更根本的可以选择自己要生活在二次元世界还是三次元世界①。这些选择中的大多数对于许多上辈人而言都是不存在的。而每一个选项，在显现其自身的同时，也显现了它可能带来的严峻后果。以单身还是结婚这一选择为例，选择单身意味着不得不应付各种形式的"催婚"，不得不承受各种形式的社会歧视，不得不早早开始考虑在社会保障体制不健全的情况下自己如何应对终将到来的老年生活，甚至不得不面对那个也许总有一天会因承受不了这些压力而后悔的自己。那么选择结婚就更容易一些吗？这也不尽然，且不说对于在个人主义环境下长大的一代人而言，经营一段婚姻本身就

---

① "生活在二次元"绝不是天方夜谭，因为确实有一群人仅消费二次元文化产品，仅与二次元同好进行社交活动，并仅依靠创作二次元作品获取生活所需。他们当然与三次元共享着同样的物质现实，也能够意识到三次元社会的存在，但他们的社会关系、人生价值可以全部在二次元中得到实现。反过来说也同样成立，"生活在三次元"的人与二次元共享着同样的物质现实，并能够意识到二次元的存在，但二次元对他们而言是没有意义的。大部分"90后""00后"二次元爱好者处于这两种状态之间，他们可以同时从这两个次元中感受到自身的意义，但两方面的意义都是不完整的。

是一种巨大的考验，就算是一个怀抱着巨大的爱与热忱投入婚姻的人也随时可能在婚姻中遭受背叛，而且这种背叛造成的损失很可能不仅仅是情感上的，还有财产上的。

　　前所未有的，选择的自由带来了巨大的不确定和不安全感，这就是"90后"与"00后"们（特别是大中型城市中产、准中产家庭中的青少年）所面临的现实。他们不得不看到自由选择的可能，也不得不感受到做出每种选择都需要巨大的勇气。他们一方面向往"二次元存在主义英雄"们坚定的信念与勇气，另一方面也必须应付自己的现实生活。此时，在个体生活的微观层面上，"二次元存在主义"的信念仍旧生效，但在大多数情况下，这种信念会有限度地退化为两种更稳妥的实践原则："选择服从"与"选择相信"。

　　常有前辈（褒义或贬义地）评价"90后""00后"的年轻人是"特别守秩序"的一代人。这一判断如果是成立的，那或许是因为对于这代人而言，秩序是肯定性的最后留存，也即最后一个可供"自欺"的常人世界。法律比道德伦理更应该被优先遵从，规则比人情好恶更应该被优先执行，这绝不是因为前者比后者更合理、更正义（正如《死亡笔记》所呈现的那样，对于法律正义性的怀疑是一个极为普遍的社会事实），而是因为前者比后者更简单明确，并且其运行多多少少是受到国家权力机器的保护的。当我们遵守秩序的时候，我们为之付出固定的代价（比如花费时间排队），然后便可以假定这段我们已经为之付出代价的人生的其余连带责任可以由规则的制定方代管。

　　于是事情变成了这样：我知道其他的选择的存在，但我没有勇气承担选择的后果，并且我也知道遵从于父母、社会的愿望做出选择并不会让我过得更好，但至少我可以假装这不是我的责任。这就是"选择服从"，它最终呈现为齐泽克所描述的那种"犬儒主义"。

　　在这个时代，任何对于"犬儒主义"的批判都无疑有其合理性与迫切性，但如果不以这一代人对于选择及其代价的清醒认知为前提来理解他们的犬儒，无视他们所面临的困境与痛苦，无视他们在二次元文化作品中为应对自身困境而进行的各式各样的努力（无论是对"二次元存在主义"的探索，还是各种重建可信的公共性道德的尝试），那就是对这个时代的傲慢。

在受到主流社会监管相对较少的各个二次元亚文化空间和相对封闭的网络社群中，个体选择所要承担的后果也相对较轻。在这种情形下，"选择服从"便常常让位于"选择相信"，这是一种更具主动性和行动力的存在状态。

粉丝文化，特别是爱豆粉丝"饭爱豆"的状态，最为典型地呈现了何谓"选择相信"。近年来，国内一批年轻"爱豆"迅速崛起，并收获了大量粉丝，这或许是主流社会最不能理解的流行文化现象之一。

如果仔细比较20世纪八九十年代从港台传入内地的明星文化与近十年来中国效仿日韩机制逐步建立的爱豆文化，便可以发现其中的诸多不同。比如，明星总是被粉丝仰望的神，而爱豆则可以有各种类型；明星往往被认为应有所专长，或会演或会唱，并因其专长而被人喜爱（实际上当然有很多明星没什么专长，但他们会因此遭受批评，而爱豆不会——除非该爱豆的人设里包含唱功好或演技好等方面），爱豆则未必有所专长，但一定涉猎广泛、形象良好（当然有很多爱豆在唱功、演技等方面足以胜过一般的歌手和演员，但这仍不是他们的本职工作）；明星多是直接与演艺公司签约出道的，而爱豆从通过公司选拔到正式出道之间往往还要经历一段"练习生"时期，在这一过程中，他们将从素人成长为爱豆，并经过残酷的选拔才能最终出道。但归根结底，追星与饭爱豆最本质的区别在于：许多饭爱豆的粉丝都清醒地知道，他所爱的是一个人设，而不是一个真实存在的人。

自20世纪七八十年代起，日本率先开始建立以制造爱豆为目标的偶像工业，韩国紧随其后。至今，日韩偶像工业已经发展成熟，以至于充分暴露了自己的工业流程和游戏规则。粉丝往往能获知这一事实：只要自己的爱豆站在镜头前、面向媒体和公众展现自己，他就一定在扮演他的人设——一个在既有经验的基础上，迎合于受众需求的、精细丰富有趣且经过不断调试的媒介形象。一个合格的爱豆，无论是他唱的歌、跳的舞、出演的影视剧、在综艺节目上的表现，还是他自己讲述或别人讲述的有关于他的私生活小故事，乃至小报上的花边新闻，都必须符合他的人设；只要他当一天的爱豆，就要维持一天的人设。

明星当然同样是有人设的，最经典的案例是玛丽莲·梦露永远在人前扮演一个性感女郎，但私下却是个爱看书的知性美人。但"明星拥有人设"这件事本身却是被隐藏的，唯有当粉丝们认为一个明星就是他们所看到的样子，认为他们所爱的对象是一个真实的人而非媒介幻象的时候，粉丝对明星的爱才是成立的。

但爱豆不同，很多粉丝都知道自己喜欢的爱豆只是他扮演的一个人设，这个人设不等同于他真实的人格。甚至日韩偶像机制也会毫不介意地自我暴露这一点，比如，韩国的成功爱豆往往会在演艺生涯的中期更换人设，日本的爱豆也会在采访中被问及对自己人设的看法。因而粉丝与爱豆的关系不仅仅是爱情关系，还是契约关系——粉丝为爱豆花钱投票，爱豆要保持人设不崩。在爱豆恋爱这件事上，这种关系体现得最为明显。一般而言，日韩爱豆是不能恋爱的，这算是一个全体爱豆都适用的"公共人设"。但大多数粉丝从来不是真的要求爱豆在私人生活中不恋爱。偷偷恋爱不被发现，这才是爱豆的基本职业素养。即使被拍到恋情，爱豆也应该否认，而只要爱豆本人不承认，"单身人设"就不崩，那么粉丝对爱豆的爱与支持就可以继续。

饭圈里非常流行的一个说法是饭爱豆有"三忌"：真情实感、倾家荡产、啥事都管。倾家荡产与啥事都管，涉及偶像工业的其他机制，此处不予讨论，与本书密切相关的，是忌真情实感这一普遍看法。所谓忌真情实感，实际上就是别把人设当真人。比如说，爱豆当然会给予粉丝所有关于亲密关系的想象，但绝大多数粉丝不会真把爱豆当成自己的专属恋人。

那么，问题来了：爱豆扮演人设，粉丝也知道自己爱着的只是人设，粉丝对爱豆的爱是不是假的呢？

当然不是。

因为不会有人为一场伪装的爱花费这么多时间和金钱，不会有人对一个自己其实不爱的陌生人写下这么多由衷的赞美。不仅如此，饭爱豆的姑娘们为了自己的爱豆学会了第二外语、写诗、画画、摄影、视频剪辑、动画制作、Photoshop，甚至其他更为复杂的、原本常常由男性掌握的信息技术手段。她们每天都在创作着数量众多、风格各异的摄影、小说、画作、视频，其中不乏艺术性出众的作品，而她们喜爱的爱豆是这些作品唯一的主题。确确实实有很多人因为对爱豆的爱而努力读书，成功出国读研、读博。一个真实的案例就是一个女孩因为自己喜欢的爱豆主持的一档动物类节目而前往非洲草原，成为一名动物保护工作者。虚假的爱绝不足以支撑这一切努力。

饭爱豆的粉丝们所拥有的是一种类似于人格分裂的新能力，他们用一个人格理智冷静，用另一个人格全情投入，并且两个人格都始终感受到彼此的存在。或者也可以说，当爱豆创造了一个人设赢得粉丝的爱的时候，粉丝也为自己创造了一个人设去爱自己的爱豆①。这就是我所说的"选择相信"。当这个世界上有太多事情我知道它是假的，或者至少我无法证明它是真的的时候，为了有意义地活下去、为了能够行动，我必须选择相信某些东西是真的，而一旦我这样做，我便能够分离出一个自我，全身心地去相信、去爱、去投入、去践行，但与此同时，还有另一个冷眼旁观的我存在于安全距离之外，牢记"相信"本身只是我的选择，我依旧幸运而可悲的是绝对自由的，我可以随时抽身而退。

"选择相信"标的了"选择服从"的界限：一旦我"选择服从"的规则过度侵犯了我"选择相信"并且因而深爱着的东西，"服从"的代价就会溢出可承受的范围，拒绝与抵抗就会转而成为主导的行为模式。

"选择服从""选择相信"与"二次元存在主义英雄"，实际上是"二次元存在主义"在不同具体情景中的实践形式。"选择服从"与"选择相信"都处于某种"人格分裂"状态中，后者的分裂程度更高，分裂出的

---

① 当然，我所描述的这种饭爱豆的状态，主要针对由成熟的日韩偶像工业（特别是日本偶像工业）制造出来的爱豆。中国大陆的偶像工业近十年才刚刚开始发展，远未成熟，既没有完备的选拔培养机制，也没有稳定的爱豆转型机制（比如，日本大型女子爱豆团体 AKB48 的成员会在某个年龄段选择宣布从团体中毕业，此后就可以从爱豆转型为歌手、演员、搞笑艺人等其他类型的艺人，或者退出演艺圈）。所以，今天中国大陆的流量明星们往往或多或少介乎爱豆与明星之间，他们一边享受着作为爱豆的成功，一边也在谋求着向正统演员、歌手的转型。

人格（人设）发育也更健全，而"二次元存在主义英雄"则彻底甩脱了那个冷眼旁观、无所作为的自我，是以自身为依据实现的完美整合的统一主体。虽然"选择服从"与"选择相信"都为主体犬儒主义的现世安稳预留了足够的空间，但它们仍具有转化为"二次元存在主义英雄"的可能性，因为一切选择都是真诚的——如果爱是真诚的，那么愤怒就是真诚的，行动也会是真诚的。

因而当代社会的根本症结，或许根本不在于个体的行动力（勇气），而在于缺乏重获共识的能力，归根结底，再伟大的人也只会为自己相信的东西赴汤蹈火。在这一点上，《鲁路修》仍旧可以看作是时代的寓言。鲁路修无疑是伟大的"二次元存在主义英雄"，他选择了将毁灭世界作为自己的使命，为之付出生命并取得了成功。但同时我们也不得不意识到，即使他还活着，他所能够做到的事情也到此为止了——他的爱太过狭隘，他从未站在正义的一方也从不在乎正义，他从未也从不试图获得真正的理解与信任；他的力量全然是否定性的，因而没有能力重建肯定性与共识性基础，没有能力在废墟之上建立一个新世界。因而鲁路修将创造世界的希望托付给了朱雀。朱雀继承了启蒙时代产生的一切美德，他懂得倾听与同情，也能够获得爱与尊重。但是倘若这既有的一切便足够建立新的世界，那么原来那个（虽然出现了偏差）实际上本就建基其上的旧世界又为何必须遭受毁灭呢？又或者朱雀从鲁路修那里继承了何种崭新的能量？这一切我们都无从知晓，因为故事在鲁路修死去的地方落下了帷幕，或许这已经是我们这个时代想象力的极限，我们尚无力想象一个新的、更好的时代。

无从重建共识性，这是存在主义自创生之始，就始终面临的问题。因为存在主义的主体建构、价值选择是纯然以个体自身为尺度的，整个理论的成立首先建构于"世界本身只是意义的虚无"这一前提之上。换言之，存在主义对主体的重建，是以彻底抛弃共识性为代价的。海德格尔和萨特都看到了这一问题，也试图去解决，但给出的答案都或多或少显得牵强。海德格尔强调此在的世界是一个公共的世界，此在的几乎一切行动都需要他人。但由此很难看出此在世界中的他人所扮演的角色，究竟与一个锤子有什么区别。相比于海德格尔，萨特是一位更强调"介入"、强调人与其所处情景的关系的理论家。在其后期著作中，萨特修正了早期"他人即地狱"的看法，认为他者的存在对于自我而言是不可或缺的。因为他者的注视可以将自我客体化，通过他者的注视与认同，可以将自我所选择的价值固定下来，成为他的世界的一部分，这就使自我找到了自己存在的根基，因而他者是自我的"救世主"。但在这段关于自我与他者的论述中，我们能够看到的仍是主体与客体之间的关系（主体在被他者注视的同时成为客体），而不是主体与主体的相遇。

二次元存在主义自然更无力处理这一问题。它不仅无力解决社会共识体系的崩塌，甚至还加剧了这种分裂。因为越是无可确信的人，越是迷恋于那种坚守着什么、捍卫着什么的姿态。即使是以近乎偏狭的固执对反对者群起而攻之，其实也是纾解内心深处那种无可确信的焦虑的有效手段。于是，在网络提供的便利条件下，社群分化与群体极化以前所未有的激烈程度发生了。

杜骏飞在《微博掐架定律：一个关于网络社会心理机制的素描》一文中，便描绘了微博上共识完全为分歧所压抑，以及在彻底的无共识面前，分歧本身也失去意义的极端情况：

1. 分歧倍增定律：如果双方观点有分歧，那么，每一次掐架之后，分歧都将倍增。
……
3. 排斥第三方定律：掐架只会有正、反方；如果出现任何第三方，那么他将会同时被正反方误认为是对方。
4. 题材因果定律：如果掐架的题材是老题材，掐架的结果仍会是老结果。
5. 题材循环定律：如果掐架的题材是新题材，那么，掐架将使它回到老题材。[1]

---

[1] 杜骏飞：《微博掐架定律：一个关于网络社会心理机制的素描》，《新闻与写作》2017年第6期。

杜骏飞所描述的，既是微博掐架的极端情况，也是相当常见的现象。这些掐架常常沦为无意义的消耗的一个最为重要的原因，就是在正反双方阵营内部，实际上常常根本不存在共识。如果我们详细观察掐架中的某一方，便会发现他们往往只是因为与（他们所认为的）反方观点相悖而结成同盟，除此之外，他们在观点上没有任何相通之处。在这种情形下，如果他们想要协同作战，就势必不能表达自己的观点，而只能陈述预设的观点。与之相对的，一个阵营如果想要将其对立阵营视作一个具有统一观点的整体，也就必须无视其内部差异，而专注于对所有已经被预设了的陈旧观点做出批驳。每个人都知道这些被预设了的观点究竟错在何处、对在何处，而争论又被限定在这个范围内进行，如此便会陷入老题材与老结果的无限循环，在一次掐架的热情被消耗殆尽之前，正、反双方绝无和解的可能。

但由于那个冷眼旁观的自我总是存在着，所以对类似问题的反思与对其解决方法的探索也总在进行中。事实上，杜骏飞的这篇文章在微博、知乎等网络空间广为流传并引起大规模认同，便体现了这一点。2017年下半年微博上盛行的"佛系追星"①的说法，多多少少也是试图缓和饭圈掐架不止、腥风血雨现状的一种尝试。

应对这一现实的更为积极的探索态度，仍出现在网络文学领域中。本书前所涉及的诸多带有"二次元存在主义"特征的网络文学作品，如《惊悚乐园》《从前有座灵剑山》等大都是男性向的。在女性向网络文学中，一种寻求共识、重建公共性价值的努力往往压过了"二次元存在主义英雄"的锋芒。当男性向网络小说中的强大男主正将世界裂解为无数以"我"为中心的独立宇宙时，女性向网络文学的作者与读者们却仍未放弃将真理与正义的残存碎片重新黏合为可信可爱的温暖天地。但是，

---

① "佛系追星"一词的最初来源已经很难考证，它的公认定义来自2017年9月微博博主@奶骑本骑发布的一条微博中的截图："【佛系追星】指的是深度介入过饭圈的粉丝，为撕×所累，最后希望远离纷扰，转而追求的一种心如止水，不动怒、不吵架、不控评、不反黑的爱与和平的追星状态。""佛系"一词后来被借用来描述一种所谓的"90后"青年生活态度，已经脱离了它最初的含义。

单纯延续既有故事模式、重温旧时侠客英雄梦显然已经行不通了，因而，设定成为这些故事中的基本元素。那些在现实世界中我们已经不再相信的故事一旦接入设定这一端口，便能重新成立。我们再一次看到了"人格分裂"结构，作者与读者暂时屏蔽掉冷眼旁观的现实人格，全情投入故事世界的喜怒悲欢。这个游走于故事之中的人格，赋予了我们这样的能力：它使我们可以重新去发现那些我们或许已经不再相信的东西对我而言是不是好的，是不是我愿意选择去相信、去践行的；它使我们可以重新去感受在这个故事世界中还有许多灵魂与我同在，我们体验着相同的感动，所以我们相距并不遥远。

日本动画作品《小魔女学园》中有一句话：

  相信的心就是你的魔法。

这或许是属于未来的箴言。

结语
基于（数码）人工环境的网络文学创作趋向

尽管学界已经普遍意识到，自21世纪第二个十年，特别是2015年前后起，网络文学经历了一次明显的转型，高设定化、吐槽与玩梗日益密集、人物设定更明显地萌要素化、女频的甜宠化等都是这一转型中的突出现象，但学界对于这一阶段产生的这一批具有新特色、新风格的网络文学作品的命名却尚未统一，"二次元化"[①]、"游戏化""数据库化"乃至"轻小说化"等说法对于描述网络文学在这一阶段的创作趋向都有一定的合理性。本书着重于从网络文学与电子游戏的关系出发，从网络文学类似于电子游戏与计算机系统的底层逻辑出发，讨论21世纪第二个十年以

[①] 网络文学的"二次元化"及"二次元网文"的相关论述，可参见邵燕君：《网络文学的"断代史"与"传统网文"的经典化》，《中国网络文学二十年·典文集》，漓江出版社，2019年，第1—20页。

来的网络文学创作趋向，考察这一创作趋向是如何自网络文学诞生以来便内嵌于网络文学的基因之中，并逐步发展显现出来的。电子游戏领域的诸概念、结构方式与叙事手段如何直接或（经由日本动画、漫画等非游戏类文艺作品）间接地融入了网络文学的创作程式，如何改变了人们创作文学作品、理解文学作品的方式，都是本书关注的问题。因而我参考了东浩纪提出的"游戏性写实主义"的概念，将这种网络文学创作趋向命名为"游戏化向度的网络文学"。但与此同时，我也在书中使用了"人工环境"这个同样借鉴自东浩纪的重要概念，来描述游戏化向度的网络文学的核心特征，即游戏化向度的网络文学是依托于（数码）人工环境的文学创作。

在本书的结语部分，我将以（数码）人工环境[①]这一概念为核心，进一步归纳、概括游戏化向度的网络文学的基本特征。游戏化向度的网络文学，同时也就是基于（数码）人工环境的网络文学。如果说"游戏化"这一概念便于提供一个网络文学与游戏相互参照的视角，便于提示一种在网络文学发展史中发现电子游戏及游戏经验深刻影响的研究视角，便于凸显一个游戏化的程度与方式不断变化的动态过程，那么（数码）人工环境这一概念的优越性则在于，可以将游戏化向度的网络文学的诸特征联系起来，提供一个更加宏观和系统化的理解角度。

一、两种"世界"：从"自然"到"人工环境"

艾布拉姆斯在《镜与灯——浪漫主义文论及批评传统》中说到，每一件艺术品，都能划分为作品、艺术家、世界和欣赏者四个要素。对于

[①] 我对"（数码）人工环境"这一概念的使用，并不局限于东浩纪所提出的范畴。无论是中国游戏化向度的网络文学，还是日本ACGN作品，都并不必然如东浩纪所说的以萌要素构成的角色为绝对中心，（数码）人工环境数据库也不仅有东浩纪所说的指向角色的萌要素数据库这一种。中国游戏化向度网络文学的（数码）人工环境是一个复杂的系统，游戏化向度的网络文学作品是在角色设定、世界设定等多个维度数据库的互动中被生产出来的。由于世界设定数据库、人物设定数据库中的数据有着极其相似的基础性质，所以实际上原本异常坚固的世界与人物的二元划分也开始受到冲击。

文学而言，这就是在人（作者、读者）与作品之间插入了一个中介性要素——"世界"。

"世界"是什么呢？艾布拉姆斯说：

> 一般认为作品总得有一个直接或间接地导源于现实事物的主题——总会涉及、表现、反映某种客观状态或者与此有关的东西。这第三个要素便可以认为是由人物和行为、思想和情感、物质和事件或者超越感觉的本质所构成，常常用"自然"这个通用词来表示，我们却不妨换用一个含义更广的中性词——世界。①

既然"世界"可以是人物和行为，可以是思想和情感，那么它就不是文学作品中的"环境"；既然"世界"是直接或间接地导源于现实事物的，那么它也就必然不是作为其源头的"现实"。当我们将现实主义的创作原则简单地理解为文学艺术反映世界的时候，常常忽略了这个作为中介的"世界"的存在。

现实主义从未真正超越柏拉图的"模仿说"，在模仿现实的行动中永远包含着追求真理、抵达理念世界的诉求。艾布拉姆斯引用法国批评家查尔斯·巴托的理论来说明这种诉求：

> 这种模仿并不是对粗糙无饰的日常现实的模仿，而是对"美的本质"的模仿，这美的本质也就是"真实的影子"，是把个别事物的特征聚合成一种包含"一切完美"的模式而形成的。②

"美的本质"，就是按照理念对现实进行筛选、组织。现实于是被意义之网捕获，变成可表达的。这种被驯服的"现实"，一旦想要进入文艺

---

① ［美］H.M.艾布拉姆斯：《镜与灯——浪漫主义文论及批评传统》，郦稚牛、童庆生译，北京大学出版社，1989年，第3页。
② ［美］H.M.艾布拉姆斯：《镜与灯——浪漫主义文论及批评传统》，郦稚牛、童庆生译，第13页。

表达（而非哲学与政治）的领域，就要首先成为"世界"——在现实主义作品中，它常常被最终落实为典型环境与典型人物。

"世界"的首要特征是公共性。语言是具有公共性的，使用同一种语言的人可以通过交谈和读写互相理解，一部文学作品总是从这一整个语言"库"中择选一部分"数据"（词汇、语法）编织而成，因而文学作品是可写的、可读的、可解的、可讨论的。"世界"和语言一样，是构成文学的特定材料的集合；"世界"的公共性和语言的公共性一样，最终保证了文学的公共性。对于现实主义文学而言，"世界"的公共性来源于宏大叙事与文学传统。宏大叙事的存在使得所有生活于宏大叙事笼罩之下的人按照相似的方式理解现实，按照相似的方式为万事万物赋予意义，以至于人们相信我们拥有一个共同的"现实"。这种信念构成了"世界"之公共性的基础。文学传统在文学系统内部传承，晚近的文学传统或许来源于尚且有效（或部分有效）的宏大叙事，古老的文学传统则可能包裹着已死的宏大叙事残骸——这些残骸靠着社会或文学的惯性继续操演，像是僵尸或者幽灵。

"世界"的次要特征是文学性。文学的"世界"是语言表达的"世界"，文学的"世界"与文学的"语言"紧密连接在一起，"世界"最终除了表征为叙事外，还会表征为那些我们称为"文学技巧"或"语言风格"的东西。现实主义文学的终极理想是：文学"世界"等同于有意义、有秩序的现实世界。因而现实主义的语言相应地被理解为"透明的语言"，现实主义的技巧相应地被感知为最朴实无华的技巧。似乎只要我们对此深信不疑，现实主义的文学与现实之间就不再有作为中介的"世界"。

艾布拉姆斯说，"世界"通常被称为"自然"，[①]这是因为现实主义的"世界"声称自己是现实（自然）的镜与灯。那么，不"自然"的文学"世界"、不以模仿现实为目的的"世界"是否存在？

在当下的全球流行文化中，我们确实看到了这样一种整体的趋向，

[①] ［美］H. M. 艾布拉姆斯：《镜与灯——浪漫主义文论及批评传统》，郦稚牛、童庆生译，第3页。

就是人们开始生产基于另一种"世界"的文艺作品。为区别于"自然"，我将这种文学"世界"称为"人工环境"。

所谓文学的"环境"，有可能指向如下三重含义：

> 文学作品内部的环境，即人物生活的领域和故事展开的时空；
>
> 文学创作的外部环境，即创作者与阅读者生存的社会（政治、经济、文化状况）及他们对自身生存状况的感知，文学的外部环境会影响文学作品的面貌；
>
> 文学的"世界"。

人工环境是"世界"之一种，它从文学创作的外部环境和文学传统中生长出来，并最终形塑了文学作品的内部环境，形塑了人物与故事，并影响着语言风格与叙事技巧。

日本学者东浩纪首先在文学"世界"的意义上使用了人工环境一词。东浩纪在《动物化的后现代2——游戏性写实主义》一书中以日本的角色小说为例，提出了人工环境的概念：

> 角色小说创作的增多，以最简明易懂的形式显示了如下事实：被置于后现代化环境下的日本小说（至少是其中一部分）在这十余年间，开始依赖于与现代的自然（大叙事）不同的另一种人工环境（大数据库）。
>
> ……
>
> 角色小说的问题，不只是御宅族历史中的一章，必须在宏观的社会、文化视野中把握它。我们称作"漫画、动画写实主义"的东西，很可能是现实主义衰退之后，后现代世界中产生的多种多样的人工环境现实主义中，在日本发展起来的一种。[①]

[①] 東浩紀，『ゲーム的リアリズムの誕生・動物化するポストモダン2』，第72頁。

东浩纪使用萌要素数据库、漫画、动画写实主义、游戏性写实主义等概念，详细描述了日本角色小说中的人工环境，并为文学的人工环境提供了三点洞见。

其一，人工环境的兴起，与后现代状况，与现实主义的衰退密切相关。

其二，当前文学作品人工环境的底层逻辑深植于数码环境、网络空间与计算机程序逻辑，为区别于其他可能的人工环境，我将其称为"（数码）人工环境"。

其三，后现代人工环境是多种多样的，而非如现实主义那样假设只有一种现实、一个"世界"，日本角色小说的人工环境是（数码）人工环境中殊为重要的一种，但并非唯一一种。

对现实主义文学而言，"世界"的公共性主要来源于宏大叙事，而人工环境则诞生于宏大叙事衰退、局部小叙事增生的后现代社会中，作者与读者不再拥有一个共通的现实，现实主义赖以存在的那种"想象力环境"消失了。在这种情况下，（数码）人工环境作为一种代偿性的公共性系统应运而生。（数码）人工环境是以数据库的形式存在的，这来源于数码环境造就的当代想象力。东浩纪所说的萌要素数据库就是一种典型的（数码）人工环境。这个处于不断更新中的庞大数据库，包含着诸如"傲娇""腹黑""呆毛"等数不胜数的角色萌要素。创作者从中筛选出一部分萌要素，组合形成人物，人物行动构成故事。最终，读者阅读故事所消费的不再是宏大叙事，而是故事背后的那个数据库。

在当代全球流行文艺生产中，根深蒂固的现实主义传统、基于（数码）人工环境的创作倾向，以及一些现代主义的创作技巧总是混杂出现，在不同地区、不同体裁的文艺创作中比重各有不同。总体而言，一种文艺生产中包含的数码媒介要素越多、传统媒介要素越少，它基于（数码）人工环境的创作倾向就越明显。中国的网络类型小说（以下简称"网络文学"）以纸媒通俗文学出版的先天不足为契机，于20世纪末诞生于网络空间，相比于依托成熟纸媒出版行业发展起来的日本角色小说或欧美奇幻文学，先天拥有更契合网络媒介的文学形态，更少受到纸媒出版惯性的掣肘，因而在广泛借鉴全球文化资源的基础上形成了异常丰富、成熟而发达的文学（数码）人工环境。

二、"模组化"与"数据库"

基于（数码）人工环境的网络文学创作的核心特征是"模组化叙事"。理解这一特征的最便捷方式，就是将网络文学想象成电子游戏。电子游戏是用计算机语言编写的程序，表面光滑的音画与互动之下，是无数0与1构成的数码洪流按照预先设定的规则演算、生产。但游戏工程师并不是从0与1开始编写代码的，而是将可以实现特定功能的代码被打包封装，成为工具，程序员调用各式各样的工具，将它们连接起来，形成新的模块。小的模块组成大的模块，大的模块再组成更大的模块，如此反复，最终形成整个游戏。所有模块都被妥善保存，形成各式各样的数据库，数据库中的每一个模块都可以被反复调用。基于（数码）人工环境的网络文学也是如此，人物、世界、主线、副本、情感线、事件线等元件都被拆分开来，分别编码，而每一个元件又是由（数码）人工环境数据库中预置的材料接合而成。现在，所有模块都完成了，每一个模块都包含它的初始值和算法，所有模块井然有序地组合在一起，我们在脑海中按下开始按钮，所有模块便运行起来，人物与世界碰撞，男孩与女孩相遇，世界法则乘以人物性格，就运算出了万千悲欢传奇。

理想的现实主义作品是"文学有机体"，而（数码）人工环境下的作品则更像是齿轮与链条交织的精密仪器；现实主义范式要求典型人物从典型环境中生长出来，而基于（数码）人工环境的作品中人物与世界各行其是，两者既不同源也无因果。

网络文学的（数码）人工环境由三个部分组成，分别是：人物设定与人物关系设定；世界设定；梗。

1. 人物设定与人物关系设定

在最典型的基于（数码）人工环境的网络文学作品中，与现实主义文学中的"人物"相对应的构件，可称为"人设"（人物设定）。从主导方面来讲，人设就是东浩纪所说的由萌要素组合构成的角色。

萌要素组合构成的角色具有自律化的特征，也就是说，角色不再如现实主义人物一般被假设为从故事中的社会环境里生长出来的，而是被理解为由萌要素组合成型后投入故事世界的。萌要素所规定的不仅是一束静态的性格或外形特征，更是一套角色的行动模式。角色按照自身萌要素规定的行为模式，可以应对各式各样的情景与状况，可以在任意文本世界中自由行动。

当我们更加具体地将萌要素的合集视作一个数据库时，其中的数据究竟是什么呢？每一个萌要素的名称都不是一个简单的词汇，而是一个索引标签。通过这个标签，我们能够索引到的数据常常包括这样两个组成部分：一方面是在所有既往文艺创作中包含这一萌要素的经典形象、经典场景、经典行为、经典情节，这些内容都会成为萌要素数据库中的数据材料；另一方面是从这些作品素材中提纯出来的一些常见的公共特征。最终，任何一个成熟的萌要素的名称（一般由两个到四个汉字组成）作为标签索引出来的数据都是全媒体的，是一套足以应对一切情景的行为模式，以及一系列形象、画面、质感、情调、气息和声音。

尽管乍看起来，"人设"似乎应该是"人物"的一个组成部分或者"人物"的初始状态，但对于典型的基于（数码）人工环境的网络文学作品而言，萌要素的组合即为人设，人设即为人物本身，人物除人设以外空无一物。萌要素的组合既规定了人设（人物）的声色形质，也规定了人设（人物）的行动模式；既是人设（人物）的身体，也是人设（人物）的机械心灵。

基于（数码）人工环境的人物关系设定则包含两个层面：人设间的萌要素匹配关系；人设间的情感模式。

人设间的萌要素匹配关系，最典型地体现在CP关系之中。特别是在女性向网络文学作品中，CP关系常常构成一部作品最核心的，甚至是唯一的表现主题。将各式各样的人设进行配对，呈现两个人设间的互动模式，校验他们之间的亲密关系适配度，这是女性向网络文学社群中持续进行的大规模创作实践，也是女性向网络文学创作、阅读热情的重要来源。①

人设虽然在具体的行为上仍常常模拟现实中的人，但其根本逻辑却不仅与现实中的人类差异巨大，而且不再试图如现实主义程式一般将自己伪装为活生生的人类的记录或镜像。因此，当两个人设所拥有的机械心灵相互碰撞，他们之间的情感关系也有着不同于肉身人类的基础逻辑。对于人设间情感关系最适宜的命名是"羁绊"。在基于（数码）人工环境的网络文学中，羁绊作为一种情感模式，已经整体性地替代了亲情、爱情、友情等传统的情感模式，几乎成为情感想象与情感表达的唯一模板。也就是说，两个人设之间具体的情感关系的不同，并不取决于他们是亲人、朋友还是恋人（与性欲、性行为相关的部分除外），而取决于这两个人设之间的萌要素匹配关系。更重要的是，这种萌要素匹配关系决定的是两个人设间情感关系的具体的表层形态，所有人设间情感关系的深层结构则是一致的，这种结构就是羁绊。

作为人设间情感关系的羁绊具有四个特征：无理据的强制性；非叙事性；以绝对孤独为其对立面；以共享时间为其核心情节表现。

羁绊作为一种高强度的情感联结，具有无理据的强制性。无论是日本ACGN作品中常见的"命运的选召""不可打破的契约"，还是网络文学中依靠设定实现的"天生一对""命中注定的爱情"，这些典型的羁绊关系都无关于血缘、地缘等现实理据，而是一种无因由的宿命联结。恰恰因为羁绊具有这种无理据的强制性，所以它不会被任何现实困境击败，不会因时光流逝而消磨褪色，不会掺杂任何利益考量，所以它永恒纯粹且有着无可匹敌的强大，能够爆发出足以拯救世界的惊人力量。② 羁绊作为一种理

---

① 有关CP的讨论，可参见高寒凝：《亲密关系的试验场："女性向"网络空间与文化生产》，《文艺理论与批评》2020年第3期。

② 有关羁绊的具体形式，可参见林品：《"二次元""羁绊"与"有爱"》，《中国图书评论》2014年第10期。

想的情感模式，首先满足的是受众对于安全感的渴望。随着技术发展而不断加速的世界，随着价值体系失序而日渐稀缺的对于永恒的信念，核心家庭制的危机，爱情神话的崩溃，变动不居的人际关系，原子化的生存状态……凡此种种都在加剧着人们对波德莱尔所说的那种"过渡、短暂、偶然"①的现代性感受。而羁绊不仅仅是爱的形式，更是永恒的形式。

永恒的羁绊必然表现为一种持存的状态，而非情感从无到有、由浅转深（或者相反）的变化发展过程，因而具有非叙事性的特征。尽管许多基于（数码）人工环境的网络文学作品仍按照惯性，为羁绊故事叠加爱情神话的深度模式，但羁绊故事却注定不包含爱情神话必备的男女主人公冲破艰难险阻、终成眷属的神圣时刻，因为羁绊无始无终，无目的亦无历史。在纯日常向的作品中，极端审美化的日常生活片段堆叠累积，以精致而生动的细节反复印证着相同的羁绊的永不变质的纯粹与美好，这样的作品已经或多或少地超出了传统所谓"叙事"的范畴。当以羁绊为主导情感模式的作品想要实现"拟宏大叙事"的效果时，就必须在情感线之外，增添事件线的维度，世界级的灾难往往能以最惊心动魄的方式验证羁绊的强大力量，羁绊与拯救世界因而成为文艺创作中百试不爽的黄金搭档。但即使是在这样的故事中，用于模仿传统叙事的也不是羁绊本身，而是世界级的灾难、主人公们的历险，以及危机的最终化解。

如果说传统的爱情、亲情、友情等情感模式是以不爱/憎恨为其对立面的，那么羁绊的对立面就是绝对的孤独。这是与共同体解耦的现代个人所特有的孤独，是对于一个人永远不可能与另一个人彻底地彼此理解、彼此拥有、彼此陪伴、共享光阴的清醒认知。而羁绊所提供的，就是现实中不可能存在的足以拯救绝对之孤独的理想人际关系——身处羁绊关系中的人物是绝对的同行者，构成了绝对的命运共同体。

羁绊的共同体必然是彻底地共享时间的共同体。宏大叙事的衰落与局部小叙事的增生必然带来时间的分裂。作为现代性之重要组成部分的来自历史、经由当下、走向未来的均质线性时间之维，一旦被人们普遍

---

① ［法］夏尔·皮埃尔·波德莱尔:《现代生活的画家》,《波德莱尔美学论文选》, 郭宏安译, 人民文学出版社, 1987年, 第485页。

地察觉到其存在，就难以再维持仿若透明的"自然"状态。增生的局部小叙事争夺着标度时间的权力，但谁都没有能力再次将历史与未来统合为一条坚定延伸的直线。在同一空间位置上，无数相异的时间之轴呼啸而去。有幸在同一条时间轴上同行一程已属难得，羁绊所许诺的那种绝对的时间共享，那种即使我们天各一方也依旧被相同的时间紧密相连的感受，则只能在文艺想象中暂时存身。但羁绊叙事中的时间势必不是现实世界中的时间，它并不包含顺序延展的过程，而是在每一个瞬间平等地包含相同的永恒。唯有如此，绝对的时间共享才能够实现，羁绊才能因其遥不可及而引发无限的向往。

2. 世界设定

人设与世界设定共同构成了基于（数码）人工环境的网络文学创作的两大支柱性模块。网络文学中一直存在"低度幻想"与"高度幻想"的划分。"低度幻想"类题材有武侠、历史穿越等，往往是传统纸媒通俗文艺中已然存在的类型元素。对基于现实主义叙事程式的传统纸媒通俗文艺而言，这些"低度幻想"的世界是对现实世界的变形与增补，因而幻想程度越高、与现实的偏差越大，叙事成本越高。但对基于（数码）人工环境的网络文学而言，既有文艺作品中层累生成的世界设定数据库，以及类似于电子游戏的数值化的世界运行法则构架机制，它们共同代替现实世界，成为文本内部世界观的建立基础，"低度幻想"与"高度幻想"间叙事成本的差异被抹平了。基于（数码）人工环境的网络文学作品因而越来越倾向于采用千姿百态的"高度幻想"设定，以体现其在架构世界方面无与伦比的优越性。

武侠、玄幻、修仙、科幻等传统类型元素在进入世界设定数据库时，都首先抹平了世界法则上的差异，并与原有的现实指向、意义指向脱钩，成为纯粹的、格式化的、无深度的风格元素。作为皮肤与外观，这些风格元素附着于数值化的世界运行法则的骨架之上，最终形成条理分明或骨肉俱丰的文内世界。所谓数值化的运行法则，既可以显影为直接暴露于文字表层的数字与度量衡，也可以潜存于设定底层，体现为一套稳定的可归纳、可复制、可衍生的运行逻辑。

基于（数码）人工环境的网络文学中的人物，当然也内植着可以与世界设定兼容的数值化结构。一方面，萌要素本身就包含数值化的底层逻辑；另一方面，人物被投入世界之中时，还要匹配于世界的能量总量与能量形式——角色既不能过于强大，在故事第一章打遍天下无敌手，也不能过于弱小，在强敌环伺中活不过三秒。即使我们把一个开机甲的科幻少女送入剑与魔法的异世界，也要给出激光炮与火球术之间的杀伤力换算方式，否则少女便无法开始她的异世界战斗旅程。

3. 梗

在基于（数码）人工环境的网络文学作品中，玩梗与吐槽日益成为不容忽视的组成部分。尽管玩梗与吐槽一般被认为处于语言风格或修辞的层面，但实际上由玩梗与吐槽构成叙事的主体或叙事的目的的作品也并不罕见。极端丰富又不停迭代的网络流行梗已经成为不容忽视的语言现象，甚至改变着人们使用语言的方式。

传播学往往倾向于以模因论，特别是语言模因来解释梗。但作为达尔文生物进化论的语言文化版，理查德·道金斯1976年在《自私的基因》[①]中提出的模因论体现出对群体性文明进化的强烈渴望，这与梗的结构存在着根本矛盾。模因就是文化的基因，它永恒存在并在社会选择中不断进化，但梗从不具备整体性，也不会在总体上升级换代，更不关心人类文明的前进序列。模因论包含一个典型的由中心和边缘组成的结构，但梗本身就是去中心、反深度的。作为传播学理论的模因论关心的是模因的传播、记忆、复制与扩散，而梗及其数据库则首先包含一个共同生产的问题。

从（数码）人工环境的角度来理解梗，则梗的公共性是（数码）人工环境公共性的重要组成部分。梗的来源各式各样，新闻事件、网络奇闻、文艺作品、历史掌故等。一切能够最终落实为简单的词句或图像的

---

① ［英］理查德·道金斯：《自私的基因》，卢允中译，吉林人民出版社，1998年。

东西都有可能成为梗,而梗一旦成为梗,便斩断尘缘,与它原本的出身来历失去了关联——它失去了语境,失去了历史,失去了深意,于是作为纯粹的形式获得了自由。语词符号间无休止的自我指涉,才是梗的游戏规则。当两个陌生人如对暗号般熟练地用梗交谈,他们无须交换任何信息,无须对彼此有任何了解,无须达成任何共识,就能够将对方接纳为"自己人"。这当然是极端情况,但绝非天方夜谭。梗的公共性来源于意义与深度模式的丧失,这也是(数码)人工环境的一贯特征。作为宏大叙事凋零时代的代偿性公共平台,(数码)人工环境的首要目标就是保证在绕过宏大叙事、绕过深度模式、绕过价值指向的前提下仍然能够完成叙事,因而(数码)人工环境的公共性就必然是规避意义、悬置现实的公共性,是靠梗的纯粹形式、世界设定的数值骨架与人设的机械心灵实现的公共性。

这当然并不意味着基于(数码)人工环境的网络文学中完全不存在深度模式。一方面,各式各样的既有深度模式仍在强大叙事惯性的牵引下进入故事中,只不过这些深度模式既不总是统摄全篇,也不总是创作者真诚的自我表达。一些高度成熟的主题指向,连带其固有叙事要素,共同被压缩为类似萌要素的数据库数据,同样以模块化的方式从人设、世界设定等任一或任意多个模块上方延伸出来,从而将故事伪装为现实主义样式的,以吻合于更加传统的阅读期待,或者借以营造带有热血、悲壮的情动效果的"宏大叙事幻象",满足兼具"宏大叙事稀缺症"与"宏大叙事尴尬症"的后现代读者的阅读期望。另一方面,(数码)人工环境绕过宏大叙事的能力也为各式各样的局部小叙事创造了发言的机会,尽管局部小叙事往往只能通过挪用宏大叙事话语的方式表达自己,但我们仍旧能够在基于(数码)人工环境的网络文学作品中看到零星闪烁着的对于世界的新的感知方式,看到新的观念与欲望悄然移动着既有的价值界限。

三、从"升级"到"系统":网络文学(数码)人工环境的自觉化

尽管直到 2015 年前后,基于(数码)人工环境的网络文学才真正接

近于它的完成形态，但基于（数码）人工环境的创作方式却自网络文学诞生之日起就已经开始在网络文学创作中发挥作用了。网络文学的（数码）人工环境化经历了两个典型阶段。第一阶段发生在21世纪的第一个十年，科幻、武侠等继承自传统纸媒通俗小说的题材类型相对衰落，玄幻、修仙等本土高度幻想设定逐渐形成，以网游文和玄幻、修仙升级文为代表，网络文学借鉴了电子游戏，特别是当时流行的韩国MMORPG中的打怪升级换地图模式，以世界设定代替了环境描写，以任务与副本代替了情节，形成了网络文学中第一套成熟完备的（数码）人工环境设定。无论是典型网游文，还是玄幻、修仙升级文，都首先产生于男频网络文学，女频则要到2010年前后才开始大规模借鉴这样的叙事框架。但这并不意味着女频的（数码）人工环境化晚于男频，事实恰恰相反，女频中的耽美这一类型由于直接源于日本，所以更彻底地继承了日本ACG文化中的（数码）人工环境，从一开始就是基于萌要素数据库和高度设定化的世界来讲述现实中不可能存在的理想化亲密关系的。因为女性叙事本身就处于社会与文学的边缘位置，耽美小说又是在规避男性目光的相对封闭的网络空间中发展起来的，所以耽美小说从一开始就更少承接主流的现实主义文学传统，排斥这种文学传统中天然存在的男性视角与男性欲望模式。这种种原因共同导致了女频在（数码）人工环境化方面始终走在男频的前面。

21世纪第二个十年以来，"85后""90后"为代表的新一批网络文学作者，又一次从日本ACG文化中汲取了丰富的资源，以此为催化剂，更加彻底的基于（数码）人工环境的网络文学作品开始广泛出现于网络文学的各个类型中，基于（数码）人工环境的网络文学创作行为也开始自觉化、系统化，作者与读者越来越明确地意识到这些新的网络文学作品与传统文学作品在叙事范式上的差异。

具体而言，典型的基于（数码）人工环境的网络文学作品包含以下六种基本类型。

1. 升级—系统文

对起点原创风云榜[①] 2010 年至 2019 年每月排名前十的作品进行统计[②]，计算典型升级文及典型系统文在其中的占比情况如下（见图 11）：

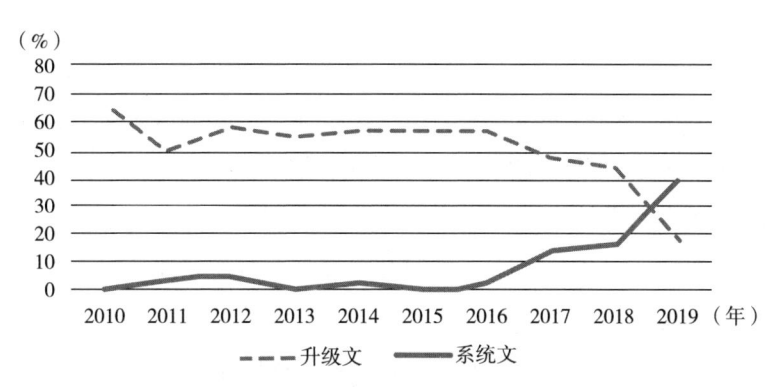

图 11 起点原创风云榜前十作品系统文、升级文占比

可以看到，以 2015 年前后为转折点，无系统的典型升级文数量明显下降，系统文数量明显上升。2010 年升级文占比接近 70%，到了 2019 年则下降至 20%；系统文数量则自 2015 年前后明显上升，至 2019 年占比已接近 40%。从数据的消长也能看出，这两个类型是有前后相继、后者代替前者的关系的。无论是没有明确系统的早期升级文，还是近两年格外流行的系统文，都非常明显地借用了电子游戏中的任务系统与升级模式，将主人公不断接受任务、完成任务、获得奖励、提升实力、接受新的任务的循环过程当作整个故事的主线。但在无系统的升级文中，主人公的行动动力，无论是要得道飞升还是一统天下，终究都还是自己的欲望，他们或求权，或求财，或求心意通达、无往不利，总归是在一整套弱肉强食的丛林法则中，践行着市场经济成功学。等到了系统文中，主

---

① 起点原创风云榜，即起点中文网月度 Vip 作品月票数排行，是起点最重要的商业榜单，可以体现出整个男频网络文学的流行趋向。

② 数据查询时间为 2020 年 2 月，历史上曾经上榜，但 2020 年 2 月已下架的作品未计入。统计人：雷宁、王鑫、王玉玉。

人公的人生便更加彻底妥帖地被系统管理起来，外部系统不仅为主人公提供了财富、秘籍等助力，还为主人公提供了人生目标。不断完成系统发布的任务成为主人公的行动目的，主人公欲望系统之欲望，以达成系统任务之多寡衡量人生价值。至于这一系统究竟是要求主人公救死扶伤（如《大医凌然》）还是当少林方丈（如《八零后少林方丈》），原本那一套社会晋升体系中的价值系统不过是个添头，时时提起既能让读者感受到那份宏大叙事包裹下的热血沸腾，却又不用担心那样老套的故事讲得多了没人信。反正有系统兜底，就算没有这些添头，故事照样成立。①

由升级文到系统文的流行类型变化，是网络文学的（数码）人工环境日趋成熟的一个表征。由于典型升级文与系统文借用的是最为人熟知又最简单粗暴的电子游戏升级系统，加之往往语言简白、爽点密集，相比于更偏精英化的其他一些网络文学作品，始终有着更广泛的读者基础，尤其是年龄或文化程度较低的读者往往最容易接受升级文与系统文。代表网络文学基本盘的升级文与系统文恰恰如此典型而彻底地是基于（数码）人工环境的创作产物，这就意味着基于（数码）人工环境的网络文学作品并不是网络文学中偶发的异类作品，（数码）人工环境就是网络文学赖以存在的文学"世界"。

2. 日常—甜宠向

基于现实主义程式的通俗小说，总要以一个脱胎于现实的戏剧矛盾及矛盾的想象性解决为故事主轴。故事若想好看，还需高潮迭起、波澜壮阔，这便是我们对于故事，或者说叙事的常规认知。

而日常—甜宠向小说则带有一种反叙事的冲动。这类作品不再致力于讲述包含着开端、发展、高潮、结局的复杂故事，而是着眼于高度审美化的日常生活，以碎片化的微叙事连缀勾勒出某种理想的生活状态与情感模式，探寻羁绊式情感联结中的诗意与趣味，同时为读者带来温馨的陪伴感。尽管纯粹日常向的作品在网络文学中仍不常见，但有意识地

---

① 有关系统文的叙事特征，可参见王鑫：《"系统"下的大医与"系统化"的现实——评志鸟村〈大医凌然〉》，《中国文学批评》2020年第1期。

在作品中加入脱离剧情主线的日常情节却是越来越多作者的自觉选择。这意味着新一代的读者对于所谓"叙事"有了新的理解和需求，他们仍需要情节起伏的故事，但也能够在日常向的微叙事中感受乐趣。这种乐趣也不同于传统所谓优美的文字表达或精致细腻的细节描写所带来的审美愉悦，而来源于人设及CP关系本身包蕴的无限叙事可能。人设的自律化特征意味着人设预设了在任何情景之中采取行动的能力，反过来说，人设的任何行动都是全部人设在某一个具体情景中的实现，这一行动因而最终指向了整个人设的全部可能性，乃至人设背后那个丰富而庞大的萌要素数据库。因而日常向作品中的每一个细节都充满着"非叙事的张力"，既是一切可能的故事开始之前的平静，又是这所有可能性最终抵达的地方——作为一个原点，它可以向全部的时间与空间绽放为无限。

2013年前后，甜宠文潮流在女频网络文学中兴起，并很快成为女频小说情感线的唯一主导模式。甜宠文男女主之间的亲密关系从本质上来讲是羁绊而非爱情，两个人作为天造地设的一对佳偶彼此宠爱，彻底地互相理解、互相信任，没有第三者插足，也没有矛盾和误解，这种只"撒糖"不"插刀"的情感叙事，可视为日常向之一种。甜宠文有两种主导类型：一种是以情感线为唯一主线的小说，也即纯粹的日常向甜宠文，多见于古代言情／耽美、现代言情／耽美等世界设定简单的作品中。对人设在CP亲密关系持存状态中的一连串理想化细节的创造性展现，是这类作品的核心趣味所在。另一种则是情感线与事件线两立的作品，也即通常所谓一边谈恋爱，一边拯救世界的作品。在这类作品中，事件线负责提供叙事张力，并验证羁绊所具有的强大力量，而情感线则在持存的羁绊关系中维持"非叙事的张力"；作为历史的事件线在指向永恒的情感线中找到它的归所，羁绊为所有那些靠着设定才能被讲述、被相信的外来之物（比如，现实中那些常常相互对立、彼此矛盾的道德观念与价值体系；比如，英雄与圣贤）加上了一块来自（数码）人工环境内部的砝码。永恒的羁绊是机械心灵自相运算的结果，但永恒本身却在现实世界被赋予了无可匹敌的价值。当事件线的历史归于情感线的永恒，建基于设定的筑砂之塔便借得了羁绊的金身，日常与非日常嵌合为不朽的荣光。

3. 无限—快穿文

无限流与快穿文是典型的高设定题材类型，在多个设定各异的副本世界中不断穿梭是两者的共同特征。尽管着力于世界设定的日常向作品在日本的ACGN作品中并不少见，但在中国的网络文学中却并非主流。世界设定与人设一样，包蕴着"非叙事的张力"，这种世界设定的魅力便在无限流与快穿文中得到了最突出的体现。

与科幻、武侠、奇幻等传统的网络文学题材类型不同，在一部无限流小说或快穿文中可以相继出现科幻、武侠、奇幻等各种世界设定的副本，主人公上一章还在科幻世界开机甲，下一章就可以进入古代社会搞宅斗。恰恰是由于所有的世界设定都被从原本的意义系统中剥离出来，成为纯粹的风格元素与叙事套路，这些乍看起来画风千奇百怪的副本才能够以本质上相同的结构被接入总的无限流/快穿文系统框架中。

对于无限流而言，世界观本身（既包括主世界的世界观，也包括每一个副本世界的世界观），特别是世界观中的解密元素成了故事的一大看点。主人公为什么要在不同的副本中穿越？主世界意志真正的目的是什么？每一个副本的表象背后隐藏着怎样的秘辛或陷阱？所有这些悬念都成为作者与读者、读者与主人公间智力竞赛的题面，由此文学叙事中添加了电子游戏式的乐趣来源。这种以整个世界做谜题的创作方式，只有在（数码）人工环境之下才能高效、大规模地实现，并且反过来弥补了世界设定脱意义化之后可能会产生的单薄感。

快穿文作为女频特有的一种无限流变体，以反类型为其重要的快感来源。典型快穿文中的每一个副本，都是一种已经高度成熟的、拥有了一系列常规桥段和叙事套路的网络文学题材类型。主人公在这些套路化的世界设定中，打破既有套路规定，活出新意，同时吐槽僵化套路中的不合理之处。快穿文中的反类型与网络文学的类型迭代并不完全相同，与其说它是在反对什么、否定什么，倒不如说它只是调用（数码）人工环境数据库材料的一种特定方式。那些过分陈旧的、在正向的调用中已经很难再产生活力的设定恰恰在这种反向调用中重新实现了自身的价值，直到人们再一次对它感到厌倦。

4. 吐槽—玩梗向

自2018年、2019年以来，"因梗出圈"的网络文学作品明显增多，如《AWM［绝地求生］》(2018)、《死亡万花筒》(2018)、《大王饶命》(2017)等。以玩梗闻名的作品大抵有三种类型：第一种是对流行梗极为熟悉，用梗多且快，总能在新梗流行的第一时间把梗写进文里，比如，《大王饶命》；第二种是用梗巧，能把老梗用出新意，配合出其不意、另辟蹊径的吐槽，牢牢捕获读者的心；第三种是善于造原创梗，不满足于做梗的搬运工，而要做梗的生产者，小说总会完结，但小说中产生的梗却从此成为日常交流用语的组成部分，比如，《AWM［绝地求生］》。但凡玩梗必有吐槽，无论是让角色吐槽完所有的梗，还是把槽点留给观众来吐，都是在玩梗中预设了一个吐槽的位置。有了读者的吐槽或者读者对小说中人物吐槽的响应，一次玩梗才算最终完成。

如果我们仍按照传统将一部小说中的世界想象成一个有机统一体，那么吐槽和玩梗便在不断打破这个统一体的连贯性，不断将来自其他世界的杂质带入文内空间，同时将文内空间中的信息带向小说外部的大千世界。因而吐槽与玩梗对于现实主义小说或许有着致命的杀伤力。但基于（数码）人工环境的网络小说本来就不相信有机统一体的神话，它是灵活的机械组装体，可以轻松兼容各种插件。作为同源数据库中的材料的梗，对于这样的世界与故事而言并不具备真正的异质性，甚至我们可以说，当现实世界变成了无穷无尽的梗，现实世界本身便也就（数码）人工环境化了。

吐槽-玩梗向的小说或许很容易令人联想到解构、反讽或者是其他现代主义的文学技巧。但吐槽与玩梗所追求的恰恰不是陌生化，而是与之相反的熟稔感——尽管未必交换了任何有效信息，但却如同老友重逢般的熟稔感。吐槽与玩梗是轻盈的语言游戏，既不指涉现实，也不解构现实；既不拥戴什么，也不反叛什么。当作者与读者用梗对暗号、觅知音、拍案叫绝、开怀大笑，那种无意义的相遇本身，就构成了对现代社会之偶遇的绝妙翻转，并成为后现代人际关系的一个组成部分。[①]

5. 脑洞—大纲文

140字以下的脑洞段子或者几千字至数万字不等的大纲文，是通常存在于微博、乐乎（LOFTER）等社交媒体平台上的网络文学类型。这类作品以一对CP设定、一个关键情节、一个梗或者一个世界设定等原创内容为核心展开叙事，行文极简，极少进行细节描写，与核心内容无关的部分尽皆省略，看起来类似于故事大纲，故常常被称为大纲文。

脑洞—大纲文的关键创作过程是"挖脑洞"，关键阅读接受过程则是"脑补"。对于所有基于（数码）人工环境的网络文学作品而言，脑洞与脑补都是不可或缺的。由于每一个世界设定、每一个人物设定都内置了无数的叙事可能，作者既不可能，也没必要将这无数的叙事可能全部落实为情节。对于作者而言，最重要的便是构筑脑洞，也即设置那些能够最大限度地激发人设与世界设定的叙事活力的情境，为读者的脑补留下足够的线索以及广阔的空间。对于读者而言，作为公共数据库存在于脑海中的叙事材料，便是他进行脑补的依凭，具体作品中的各色设定都能作为标签在数据库中索引到丰富的全媒体材料。读者自行加工这些材料，将脑洞填充为鲜活可感并能够充分调动情绪的叙事完成态。这些脑补产品将会再次进入网络文学亚文化社群的社交环节，在充分的交流与分享中为下一个脑洞的诞生提供新的创意。

脑洞—大纲文便是脑洞-脑补式创作接受模式推演到极致的产物，这类作品将最具原创力和叙事张力的脑洞强化凸显出来，并尽可能压缩其他一切与脑洞无关的叙事信息——世界设定与人物设定都未必要做全，情节也未必要首尾完整，无关紧要的环节一律跳过。除了事关脑洞的核心行动、对话、场景等内容外，所有描写全部被简略的叙述所替代。正是因为（数码）人工环境的成熟，脑洞—大纲文才有了立身之地。与现实主义的文学"世界"不同，（数码）人工环境的数据库材料天然诞生于

[①] 对于吐槽与玩梗的分析，可参见黄馨怡：《〈AWM[绝地求生]〉：我给大家讲讲玩梗和出圈的故事》，《文学报》2020年1月23日。

叙事又彻底服务于叙事。每一个能够长期存在的设定都必然有着强大的故事生产能力，所有曾经被讲述过的故事都融化在其中，随时可以被复现出来。既然如此，那些讲过的故事便可以不必再讲，每一个新的脑洞都是一个新的将这些故事碎片组织起来的结构，读者只需获得这个结构本身，就获得了关于它的一切。

6. 人设—同人向

尽管理论上同人创作可以从原作的任何方面着手，但当代网络同人创作的绝对主流是以人设，特别是人设间 CP 关系为核心的。具体同人作品中的人设及 CP 并不简单等同于原作中的人物与人物关系。无论原作中的人物是现实主义的圆形人物，还是萌要素构成的角色，也无论原作中的人物关系是亲情、爱情、友情还是羁绊，这些人物在进入同人创作之前，总要经历萌要素的解离与重组。这种解离与重组的过程，是在网络同人粉丝社群中完成的。尽管网络同人粉丝社群常常会强调官设（官方设定）的权威性，且部分原作会为粉丝提供官方设定集，但设定集本身并不等同于官设，而不过是版权方对官设进行解离的结果。在官方设定集之外，每个读者还会对原作有不同的理解，因而提取出不同的官设。总而言之，所谓官设，只是一种无限接近于原作的理想状态，它本身并不真的存在。公设（公共设定）而非官设，才是同人创作的真正依据。当然，公设也不是一成不变的东西，而是处在不断增补、变动的过程中。不同粉丝对于公设的理解也不完全相同，但对于一个具有活力的同人粉丝圈而言，公设必然能够发挥基本的数据库作用，也即成为这一粉丝圈独享的小型（数码）人工环境。

在具体的同人创作中，在各个亚文化圈中普遍通行的萌要素、世界设定、公共梗等共同构成的宏观（数码）人工环境，以及仅在这一粉丝圈中通行的局部（数码）人工环境，总是共同发挥作用。我们也可以说，宏观（数码）人工环境就是一个适用范围最广的公设。进言之，每一个以原作为中心的同人粉丝社群又会按照最喜欢的角色等标准划分为多个亚社群，每一个亚社群在共享（或部分共享）整个原作粉丝社群公设的同时，还会有自己独特的内部公设。如此层层嵌套，最终（数码）人工环境便呈现出一种由主干延伸出分支，再不断细分的树状结构。

实际上，即使是在非同人的原创网络文学作品中，每一个具体的类型，以及由一个类型可以延伸出的若干亚类型中，也往往包含着本类型的专属公设，最终与同人社群一样，形成树状分支结构。只不过这些类型往往比同人社群具有更强的开放性，类型公设与宏观（数码）人工环境的联系也更加紧密，更容易成为宏观（数码）人工环境的一部分，因而新的作者/读者进入具体类型的学习成本也更低。

（数码）人工环境之所以具有这种树状结构，就是因为它诞生于亚文化社群林立的当代网络空间中，在这样的空间中不可能真正存在一种完全覆盖网络文学全体作者、读者的公共叙事平台。但（数码）人工环境通过排除宏大叙事的基础结构保证了设定与设定之间总是拥有彼此兼容的能力，因而才成为一棵枝繁叶茂的大树，而非杂草丛生的旷野。

* * *

升级—系统文、日常—甜宠向、无限—快穿文、吐槽—玩梗向、脑洞—大纲文、人设—同人向，这六种基于（数码）人工环境的网络文学典型类型并不互斥。比如，无论是系统文、甜宠文还是快穿文，都可以包含密集的吐槽和玩梗；大纲文可以以人设或CP关系为核心，也可以具有甜宠文的基本特征，等等。但这六种典型类型都只能在（数码）人工环境中产生，而且从不同侧面强调了基于（数码）人工环境的网络文学的特征，共同勾勒了网络文学（数码）人工环节的基本面貌。

面对这样的一种网络文学创作趋向，无论我们从它主要借鉴的文化资源的角度将它称为游戏化向度的网络文学，还是从其主导特征的角度将它描述为基于（数码）人工环境的网络文学，我们都不能将它简单看作一种题材或风格上的新变，而必须把它理解为一种正在快速生成中的新的叙事程式，以及一种理解叙事的新方式，它具有区别于现实主义与现代主义的功能与结构。

我在本书中始终以现实主义作为参照讨论游戏化向度的网络文学，

而基本没有涉及现代主义的话题。这主要是因为游戏化向度的网络文学在资源借鉴方面确实基本上跳过了现代主义传统。但我们仍可以从文学与现实世界的关系的角度理解现实主义、现代主义与游戏化向度的网络文学的主导叙事模式（或者我们也可以沿用东浩纪的说法将它称为游戏性写实主义）之间的差异。粗略而言，这种差异表现为：

现实主义告诉人们"世界是这样的"，小说中展现出来的就是世界的真实面貌。

现代主义告诉人们"世界不是这样的"，各种复杂的现代主义技巧最终造成了陌生化的效果，使我们重新审视现实，发现现实并非理所当然地是我们所以为的那个样子。但是，现代主义无法在此基础上告诉人们世界究竟是什么样子的。现代主义只负责呈现出世界的荒诞——不可理解、没法说明、彻底脱离象征秩序的混乱与荒芜。它撬开了语词对实在界的封装，并且拒绝提供另外一种封装方式。

游戏性写实主义则在说"世界或许也可以是这样的"，以及"我希望世界是那样的"。它拉长了现实主义的句式，在"世界是"和"这样的"之间插入了"可能"与"应该"这两个副词。这样，原本的肯定句就包含了否定的成分——毕竟，如果一个世界"可能是那样的"，那它就一定不"只是这样的"。游戏性写实主义就这样将现实主义的肯定与明朗建基在现代主义式的否定与怀疑上。这种"或然性真实"是通过用设定悬置现实的技巧、通过平行世界／世界线公设、通过"萌即正义"的萌要素、通过排除了固有意义指向的世界设定等叙事素材与叙事程式来共同实现的。

这样，我们就很好理解为何游戏化向度的网络文学一定不会走向现代主义（当然，现代主义的复杂技巧本身过于困难也是原因之一，但不是根本原因）。在一个宏大叙事刚刚自我暴露，开始走向崩坏的时间点上，人们处处能够感受到宏大叙事令人窒息的坚固围墙，这时，用否定句式拆毁围墙、破除谎言本身就是一种壮举，而且会带来巨大的快感，所以，中国20世纪80年代现代主义先锋文学的发展是包含叛逆与抵抗的意味的。但现在这个时代就是一个充满了否定句的时代，在这样的时代，否定就不再是有力的武器，也找不到值得打击的对象。根据物以稀为贵的原理，肯定句反而变成了珍贵的东西。所以无关于文学素养或阅读能力，现代主义的基本诉求本身就很难吸引成长于20世纪90年代以来的中国社会中的"90后"与"00后"。游戏化向度的网络文学作者们远离了现实主义强势而稳定的认知与讲述世界的程式之后，并没有走向现代主义，他们走向了平行宇宙，走向了这个世界无穷无尽的应然与或然。

参考文献

一、学术论文

1. 严军:《游戏赛博空间的文学——从网络文学的发展看其后现代特征》,华中师范大学硕士学位论文,2004年。

2. 爱吃辣的猫:《从网络小说看玩家心目中的网游》,《电脑技术》2004年第11期。

3. 仆竹:《小议游戏的代入感》,《信息产业报》2005年第7期。

4. 陈奇佳:《虚拟时空的传奇》,《江苏行政学院学报》2006年第3期。

5. 王璞:《论网络文学创作的游戏审美特质》,《中国石油大学学报(社会科学版)》2007年第1期。

6. 文彦波:《网络文学:后现代的审美范式》,《井冈山学院学报(哲学社会科学)》2008年第9期。

7. 严军:《网络文学的"游戏性"本质探源》,《咸宁学院学报》2008年第5期。

8. 王馨:《论玄幻小说的游戏性特征》,《文学教育》2010年第12期。

9. 崔宰溶:《中国网络文学研究的困境与突破》,北京大学博士学位论文,2011年。

10. 百里清风:《网络文学心理能量范式研究》,《渤海大学学报(哲学社会学版)》2011年第4期。

11. 黄发有:《消费寂寞:网络文学的游戏化趋向》,《南方文坛》2011年第6期。

12. 王宇景:《对网络小说代入感的叙事分析》,华东师范大学硕士学位论文,2012年。

13. 邵燕君:《在"异托邦"里建构"个人另类选择"幻象空间——网络文学的意识形态功能之一种》,《文艺研究》2012年第4期。

14. 焦琦:《半虚构型网游小说〈蜀山〉浅析》,《大众文艺》2012年第5期。

15. 严军:《后现代媒介下的"祛魅"文学——网络文学的游戏性审美观》,《社科纵横》2012年第5期。

16. 康桥:《网络文学中的愿望-情感共同体——读者接受反应研究之一》,《南方文坛》2013年第4期。

17. 熊选飞:《论网络文学与游戏之间的关系》,《赤峰学院学报(自然科学版)》2013年第7期(下)。

18. 叶蓬、赵怿怡:《电子游戏媒介下的叙事艺术研究——与文学作品的叙事比较》,《美术研究》2014年第1期。

19. 赵玉:《虚拟化浪潮中文学虚构的意义》,《江海学刊》2014年第6期。

20. 沈雨前:《网络类型小说新伦理叙事研究——以耽美小说、穿越小说、网游小说为例》,暨南大学硕士学位论文,2014年。

21. 林品:《"二次元""羁绊"与"有爱"》,《中国图书评论》2014年第10期。

22. 邓雨辰:《"虚拟现实"终究不是现实》,《人民日报》,2015年1月21日。

23. 杜程:《电子游戏影响下的网络文学新现象》,苏州大学硕士学位论文,2015年。

24. 邓剑:《空间与市场:网游小说制造学》,《名作欣赏》2015年第4期。

25. 刘剑:《梦想的延伸与背叛——新媒介时代网络游戏与文学的关系》,《名作欣赏》2015年第4期。

26. 孟德才:《猫腻:"最文青网络作家"的情怀与力量》,《南方文坛》2015年第5期。

27. 王小英:《网络小说叙事认同的一般模式及其问题》,《华北电力大学学报(社会科学版)》2015年第5期。

28. 孙旻:《电子游戏与文本游戏性》,北京大学硕士学位论文,2016年。

29. 林品:《青年亚文化与官方意识形态的"双向破壁"——"二次元民族主义"的兴起》,《探索与争鸣》2016年第2期。

30. 黎杨全、李璐:《网络小说的快感生产:"爽点""代入感"与文学的新变》,《海南大学学报(人文社会科学版)》2016年第3期。

31. 葛娟:《游戏与文学:网游小说文本范型探微》,《江苏师范大学学报(哲学社会科学版)》2016年第4期。

32. 高寒凝:《女性向网络文学与"网络独生女一代"——以祈祷君〈木兰无长兄〉为例》,《中国现代文学研究丛刊》2016年第8期。

33. 肖映萱:《女性向网络文学的性别实验——以耽美小说为例》,《中国现代文学研究丛刊》2016年第8期。

34. 邵燕君:《从乌托邦到异托邦——网络文学"爽文学观"对精英文学观的"他者化"》,《中国现代文学研究丛刊》2016年第8期。

35. 肖映萱:《女性向与"男男爱"——中国网络空间中的耽美性别实验》,北京大学硕士学位论文,2016年。

36. 肖映萱:《数据库时代的网络写作:如何重新定义"抄袭"?》,

《文艺理论与批评》2017 年第 3 期。

37. 杜骏飞:《微博掐架定律：一个关于网络社会心理机制的素描》,《新闻与写作》2017 年第 6 期。

38. 李洋:《中国电影的硬核现实主义及其三种变形》,《文艺研究》2017 年第 10 期。

39. 邵燕君:《网络文学的"断代史"与"传统网文"的经典化》,《中国现代文学研究丛刊》2019 年第 2 期。

40. 韩思琪:《"后人类"时代真实死亡了吗？——科幻电影的三种回答》,《文艺论坛》2019 年第 3 期。

41. 黄馨怡:《〈AWM［绝地求生］〉：我给大家讲讲玩梗和出圈的故事》,《文学报》, 2020 年 1 月 23 日。

42. 王鑫:《"系统"下的大医与"系统化"的现实——评志鸟村〈大医凌然〉》,《中国文学批评》2020 年第 1 期。

43. 高寒凝:《亲密关系的试验场："女性向"网络空间与文化生产》,《文艺理论与批评》2020 年第 3 期。

二、理论著作

1. 東浩紀,『動物化するポストモダン　オタクから見た日本社会』,講談社現代新書, 2001;[日] 东浩纪:《动物化的后现代——御宅族如何影响日本社会》,褚炫初译, 大鸿艺术, 2012 年。

2. 東浩紀,『ゲーム的リアリズムの誕生・動物化するポストモダン 2』,講談社現代新書, 2007。

3. Ken Gelder, *Subcultures: Cultural Histories and Social Practice*, Routledge, 2007。

4. 限界小説研究会,『社会は存在しない：セカイ系文化論』,南雲堂, 2009。

5. [法] 夏尔·皮埃尔·波德莱尔:《现代生活的画家》,《波德莱尔美学论文选》,郭宏安译, 人民文学出版社, 1987 年。

6. [美]H. M. 艾布拉姆斯:《镜与灯——浪漫主义文论及批评传统》,郦稚牛、童庆生译,北京大学出版社,1989年。

7. [英]理查德·道金斯:《自私的基因》,卢允中译,吉林人民出版社,1998年。

8. [日]柄谷行人:《日本现代文学的起源》,赵京华译,生活·读书·新知三联书店,2003年。

9. [美]本尼迪克特·安德森:《想象的共同体:民族主义的起源与散布》,吴叡人译,上海世纪出版集团,2005年。

10. [法]让·鲍德里亚:《象征交换与死亡》,车槿山译,译林出版社,2006年。

11. [美]道格拉斯·凯尔纳、斯蒂文·贝斯特:《后现代理论:批判性的质疑》,张志斌译,中央编译出版社,2006年。

12. 戴锦华:《涉渡之舟:新时期中国女性写作与女性文化》,北京大学出版社,2007年。

13. 翟振明:《有无之间:虚拟实在的哲学探险》,北京大学出版社,2007年。

14. [荷]约翰·赫伊津哈:《游戏的人:文化中游戏成分研究》,何道宽译,花城出版社,2007年。

15. 谭君强:《叙事学导论》,高等教育出版社,2008年。

16. 胡泳:《众声喧哗:网络时代的个人表达与公共讨论》,广西师范大学出版社,2009年。

17. [英]亚当·罗伯茨:《科幻小说史》,马小悟译,北京大学出版社,2010年。

18. 申丹、王丽亚:《西方叙事学:经典与后经典》,北京大学出版社,2010年。

19. [加]马歇尔·麦克卢汉:《理解媒介:论人的延伸》,何道宽译,译林出版社,2011年。

20. [澳]赫尔嘉·诺沃特尼:《时间:现代与后现代经验》,金梦兰、张网成译,北京师范大学出版社,2011年。

21. ［英］安吉拉·麦克卢比:《〈杰姬〉: 一种未成年少女的意识形态》, 陶东风、胡疆锋主编:《亚文化读本》, 北京大学出版社, 2011年。

22. ［美］亨利·詹金斯:《融合文化: 新媒体和旧媒体的冲突地带》, 杜永明译, 商务印书馆, 2012年。

23. ［美］杰拉德·普林斯:《叙事学: 叙事的形式与功能》, 徐强译, 人民大学出版社, 2013年。

24 ［法］让·鲍德里亚:《消费社会》, 刘成富、全志钢译, 南京大学出版社, 2014年。

25. ［德］马丁·海德格尔:《存在与时间》, 陈嘉映、王庆节译, 生活·读书·新知三联书店, 2014年。

26. ［德］弗里德里希·威廉·尼采:《查拉图斯特拉如是说》, 钱春绮译, 生活·读书·新知三联书店, 2014年。

27. ［美］雪莉·特克尔:《群体性孤独》, 周逵、刘菁荆译, 浙江人民出版社, 2014年。

28. ［美］丹尼尔·米勒、［澳］希瑟·霍斯特主编:《数码人类学》, 王心远译, 人民出版社, 2014年。

29. ［英］戴安娜·卡尔、大卫·白金汉、安德鲁·伯恩、加雷思·肖特:《电脑游戏: 文本、叙事与游戏》, 丛治辰译, 北京大学出版社, 2015年。

30. 邵燕君:《网络时代的文学引渡》, 广西师范大学出版社, 2015年。

31. 李大凯、于力:《我国网络游戏产业消费行为与竞争战略研究》, 经济科学出版社, 2015年。

32. ［日］渡边修司、中村彰宪:《游戏性是什么: 如何更好地创作与体验游戏》, 付奇鑫译, 人民邮电出版社, 2015年。

33. ［美］马泰·卡林内斯库:《现代性的五副面孔——现代主义、先锋派、颓废、媚俗艺术、后现代主义》, 顾爱彬、李瑞华译, 译林出版社, 2015年。

34. ［美］亨利·詹金斯:《文本盗猎者: 电视粉丝与参与式文化》, 郑熙青译, 北京大学出版社, 2016年。

35. 邵燕君、庄庸主编:《2015中国年度网络文学》,漓江出版社,2016年。

36. 邵燕君主编:《破壁书——网络文化关键词》,生活·读书·新知三联书店,2018年。

37. 邵燕君、薛静主编:《中国网络文学二十年·典文集》,漓江出版社,2019年。

附录一
英文缩略词表

序号	缩略词	全称	释义
1	ACG	Anime、Comic、Game	（日本）动画、漫画、游戏的合称
2	ACGN	Anime、Comic、Game、（Light）Novel	（日本）动画、漫画、游戏、轻小说的合称
3	A（AFK）	Away From Keyboard	长期或永久离开一款游戏
4	AI	Artificial Intelligence	人工智能
5	*ALO*	*ALfheim Online*	新版《亚尔夫海姆》
6	app	application	手机软件
7	AR	Augmented Reality	增强现实
8	AU	Alternative Universe	平行世界
9	AVG	Adventure Game	冒险游戏
10	BD	Blu-ray Disc	蓝光光盘
11	CD	CoolDown	技能冷却
12	CG	Computer Graphics	计算机动画
13	Cosplay	Costume Play	角色扮演
14	CP	Coupling	角色配对

续表

序号	缩略词	全称	释义
15	DLC	Downloadable Content	扩展包，游戏追加内容下载包
16	*DotA*	*Defense of the Ancients*	《远古遗迹守卫》
17	DPS	Damage Per Second	输出
18	DVD	Digital Video Disc	数字通用光盘
19	FC	Family Computer	任天堂公司发行的第一代家用游戏主机
20	Gal	Galgame（ギャルゲーム）	日式美少女游戏
21	*GGO*	*Gun Gale Online*	《枪与疾风》
22	GM	Game Master	游戏管理员
23	HP	Health Point/Hit point	生命值
24	ID	Identity Document	账号
25	IP	Intellectual Property	知识产权
26	lo	Lolita	洛丽塔（一种服饰风格）
27	Lv	Level	等级
28	MMORPG	Massive Multiplayer Online Role-Playing Game	大型多人在线角色扮演游戏
29	MOBA	Multiplayer Online Battle Arena	多人在线战术竞技游戏
30	MP	Mana Point	魔法值
31	MUD	Multi-User Dungeon	多使用者迷宫
32	NPC	Non-Player Character	非玩家角色
33	OOC	Out Of Character	角色性格走形
34	PC	Personal Computer	个人电脑
35	PK	Player Killing	对决
36	PUA	Pick-Up Artist	搭讪艺术家，指经过系统训练并带有诱骗、情感操控性质的两性交往方式
37	RPG	Roll-Playing Game	角色扮演游戏
38	S/L	Save/Load	存档与读档
39	*SAO*	*Sword Art Online*	《刀剑神域》

续表

序号	缩略词	全称	释义
40	T	Tank	坦克，高血量高防御低输出，站在战斗的最前方为队友抵挡伤害的职业
41	TAVG	Text Adventure Game	文字冒险类游戏
42	TRPG	Table-top Role Playing Game	桌上角色扮演游戏
43	UI	User's Interface	用户界面
44	VIP	Very Important Person	会员，高级用户
45	VR	Virtual Reality	虚拟现实

附录二
本书涉及文艺作品一览

一、网络文学

1.《风姿物语》，罗森，1997 年，台湾交通大学 BBS；

2.《第一次亲密接触》，痞子蔡，1998 年，台湾成功大学 BBS；

3.《悟空传》，今何在，2000 年，金庸客栈；

4.《何以笙箫默》，顾漫，2003 年，晋江文学城；

5.《梦幻魔界王》，X，2003 年，起点中文网；

6.《猛龙过江》，骷髅精灵，2004 年，起点中文网；

7.《从零开始》，雷云风暴，2005 年，起点中文网；

8.《独闯天涯》，蝴蝶蓝，2005 年，起点中文网；

9.《高手寂寞》，兰帝魅晨，2005 年，起点中文网；

10.《步步惊心》，桐华，2005年，晋江文学城；

11.《后宫·甄嬛传》，流潋紫，2006年，晋江文学城、新浪博客；

12.《蜀山》，流浪的蛤蟆，2006年，起点中文网；

13.《无限恐怖》，Zhttty，2007年，起点中文网；

14.《魔兽剑圣异界纵横》，天蚕土豆，2007年，起点中文网；

15.《佣兵天下》，说不得大师，2007年，起点中文网；

16.《星辰变》，我吃西红柿，2007年，起点中文网；

17.《微微一笑很倾城》，顾漫，2008年，晋江文学城；

18.《网游之近战法师》，蝴蝶蓝，2008年，起点中文网；

19.《原住民》，昔川，2008年，起点中文网；

20.《独游》，酒精过敏，2008年，起点中文网；

21.《仙侠情缘之花千骨》，Fresh果果，2008年，晋江文学城；

22.《囧囧圣女修仙记》，杜蓝，2008年，起点女生网；

23.《三生三世十里桃花》，唐七公子，2008年，晋江文学城；

24.《狩魂者之鬼喊抓鬼》，三天两觉，2009年，起点中文网；

25.《斗破苍穹》，天蚕土豆，2009年，起点中文网；

26.《无限道武者路》，饥饿2006，2009年，起点中文网；

27.《喵喵喵》，橘花散里，2009年，起点女生网；

28.《天外非仙》，玄色，2009年，起点女生网；

29.《崩坏世界的传奇大冒险》，国王陛下，2010年，起点中文网；

30.《重紫》，蜀客，2010年，晋江文学城；

31.《以舞入仙》，袁缘，2010年，起点女生网；

32.《极品女仙》，金铃动，2011年，起点女生网；

33.《遇蛇》，溯痕，2011年，晋江文学城；

34.《贩罪》，三天两觉，2011年，起点中文网；

35.《将夜》，猫腻，2011年，起点中文网；

36.《镇魂》，Priest，2012年，晋江文学城；

37.《娥媚》，峨嵋，2012年，起点女生网；

38.《盗梦宗师》，国王陛下，2012年，起点中文网；

39.《彩蛋游戏》，薄暮冰轮，2012年，晋江文学城；

40.《冲斗》，龙虾糖，2012年，晋江文学城；

41.《不胜簪》，龙虾糖，2012年，晋江文学城；

42.《八零后少林方丈》，黑土冒青烟，2012年，起点中文网；

43.《梅花印》，叶君远，2013年，晋江文学城；

44.《晚婚》，叶君远，2013年，晋江文学城；

45.《从前有座灵剑山》，国王陛下，2013年，创世中文网；

46.《网游之倒行逆施》，张扬的五月，2013年，起点中文网；

47.《惊悚乐园》，三天两觉，2013年，起点中文网；

48.《藏剑军火商》，云过是非，2013年，晋江文学城；

49.《邪王追妻：废柴逆天小姐》，苏小暖，2013年，云起书院；

50.《鬼服兵团》，颜凉雨，2013年，晋江文学城；

51.《重生之男人不好当》，汝夫人，2013年，起点女生网；

52.《【这不是818】吓粗翔了，我情缘她……到底是什么？》，金樽对月。，2013年，百度贴吧；

53.《鬼网三实录》，大饼油条，2014年，晋江文学城；

54.《【剑三】【唐毒】如果对象一不小心深井冰了，怎么办！求破！》，2014年，北堂很宅B，晋江文学城；

55.《十六夜红月》，茉寒月，2014年，晋江文学城；

56.《【鬼网三合集】各种鬼网三合集，你确认都看过么？》，森不是三水，2014年，百度贴吧；

57.《丐哥在河边的草丛里》，火之颠顶，2014年，乐乎（LOFTER）；

58.《国家一级注册驱魔师上岗培训通知》，非天夜翔，2014年，晋江文学城；

59.《一世倾城》，苏小暖，2014年，云起书院；

60.《末日乐园》，须尾俱全，2014年，起点女生网；

61.《异常生物见闻录》，远瞳，2014年，起点中文网；

62.《我家徒弟又挂了》，尤前，2014年，起点女生网；

63.《一世之尊》，爱潜水的乌贼，2014年，起点中文网；

64.《晴雪夜》，苟夜羽，2014年，晋江文学城；

65.《魔君总是在卖萌》，青木团子，2014年，晋江文学城；

66.《我有药啊》，衣落成火，2015年，晋江文学城；

67.《角色扮演》，颓，2015年，晋江文学城；

68.《武安天下》，霜色十字，2015年，晋江文学城；

69.《快穿之打脸狂魔》，风流书呆，2015年，晋江文学城；

70.《重生之国民男神》，水千澈，2015年，潇湘书院；

71.《欢迎来到噩梦游戏》，薄暮冰轮，2015年，晋江文学城；

72.《欢迎来到噩梦游戏Ⅱ》，薄暮冰轮，2016年，晋江文学城；

73.《彩蛋游戏Ⅱ》，薄暮冰轮，2016年，晋江文学城；

74.《彩蛋游戏Ⅲ》，薄暮冰轮，2016年，晋江文学城；

75.《家兄又在作死》，尤前，2016年，书旗小说；

76.《女帝直播攻略》，油爆香菇，2016年，起点女生网；

77.《【鬼网三】我做忆红颜任务的时候，遇到一个丐帮》，什围是小揹，2016年，百度剑网3吧；

78.《一银币一磅的恶魔》，星河蛋挞，2016年，公子长佩论坛；

79.《【鬼网三】那天我突然听说死去的情缘上线了》，十宴，2017年，百度鬼网三吧；

80.《大王饶命》，会说话的肘子，2017年，起点中文网。

81.《纸片恋人》，楚寒衣青，2018年，晋江文学城；

82.《地球上线》，莫晨欢，2018年，晋江文学城；

83.《子夜鸮》，颜凉雨，2018年，晋江文学城；

84.《死亡万花筒》，西子绪，2018年，晋江文学城；

85.《AWM[绝地求生]》，漫漫何其多，2018年，晋江文学城；

86.《大医凌然》，志鸟居，2018年，起点中文网。

二、动画漫画

1.《七龙珠》(『ドラゴンボール』)，鸟山明，1984年，《周刊少年

Jump》；

2.《攻壳机动队》(『攻殻機動隊』，漫画)，士郎正宗，1989 年，《周刊 Young Magazine》；

3.《攻壳机动队》(『攻殻機動隊』，动画电影)，押井守，1995 年；

4.《游戏王》(『遊☆戯☆王』)，高桥和希，1996 年，《JUMP COMICS》；

5.《数码宝贝》(『デジモンアドベンチャー』，电视动画)，东映动画，1999 年；

6.《搞笑漫画日和》(『ギャグマンガ日和』)，增田幸助，2000 年，《周刊少年 Jump》；

7.《人型电脑天使心》(『ちょびっツ』)，CLAMP，2000 年，《周刊 Young Magazine》；

8.《杀戮都市》(*GANTZ*)，奥浩哉，2000 年，《周刊少年 Jump》；

9.《名侦探柯南：贝克街的亡灵》(『名探偵コナン ベイカー街の亡霊』)，儿玉兼嗣，2002 年；

10.《死亡笔记》(*Death Note*)，大场鸫原作，小畑健作画，2003 年，《周刊少年 Jump》；

11.《四月一日灵异事件簿》(*xxxHolic*)，CLAMP，2003 年，《周刊 Young Magazine》；

12.《星之声》(『ほしのこえ』)，新海诚，2003 年；

13.《黑塔利亚》(『Axis Powers ヘタリア』)，日丸屋秀和，2003 年，作者博客连载；

14.《死亡笔记》(*DEATH NOTE*)，大场鸫原作，小畑健作画，2003 年，《周刊少年 Jump》；

15.《地球防卫少年》(『ぼくらの』)，鬼头莫宏，2004 年，《月刊 IKKI》；

16.《云之彼端，约定的地方》(『云のむこう、約束の場所』)，新海诚，2004 年；

17.《银魂》(『銀魂』)，空知英秋，2004 年，《周刊少年 Jump》；

18.《旋风管家！》(『ハヤテのごとく！』)，畑健二郎，2004 年，《周刊少年 Sunday》；

19.《未来日记》(『未来日記』)，えすのサカエ，2006 年，《月刊少年 Ace》；

20.《黑执事》，枢梁，2006 年，《月刊 G Fantasy》；

21.《叛逆的鲁路修》(『コードギアス 反逆のルルーシュ』)，SUNRISE，2006 年；

22.《夏日大作战》(『サマーウォーズ』)，细田守，2009 年；

23.《妖狐 × 仆 SS》(『妖狐 × 僕 SS』)，藤原可可亚，2009 年，《月刊 GANGAN JOKER》；

24.《无间双龙》(『ウロボロス - 警察ヲ裁クハ我ニアリ -』)，神崎裕也，2009 年，《周刊 Comic Bunch》

25.《跑女战国行》(『アシガール』)，森本梢子，2011 年，《Cocohana》

26.《罗小黑战记》(连载动画)，MTJJ，2011 年；

27.《橘色奇迹》(*Orange*)，高野苺，2012 年，《别册玛格丽特》；

28.《犬屋敷》(『いぬやしき』)，奥浩哉，2014 年，《Evening》；

29.《可塑性记忆》(『プラスティック・メモリーズ』)，ANIPLEX，2015 年；

30.《那年那兔那些事》(动画版)，翼下之风动漫科技有限公司，2015 年；

31.《大鱼海棠》，梁旋、张春，2016 年；

32.《你的名字。》(『君の名は。』)，新海诚，2016 年；

33.《小魔女学园》(『リトル ウィッチ アカデミア』)，TRIGGER，2017 年；

34.《昨日青空》，奚超，2018 年；

35.《肆式青春》，易小星，2018 年；

36.《罗小黑战记》(动画电影)，MTJJ，2019 年；

37.《哪吒之魔童降世》，饺子，2019 年。

三、游戏

1.《双人网球》（*Tennis for Two*），威利·希金博萨姆，1958 年；

2.《龙与地下城》（*Dungeons & Dragons*），TSR、威世智。1974 年；

3.《超级马里奥兄弟》（*Super Mario Bros.*），任天堂，1985 年；

4.《勇者斗恶龙》（『ドラゴンクエスト』），艾尼克斯公司，1986 年；

5.《太空侵略者》（*Space Invaders*），太东，1987 年；

6.《文明》（*Sid Meiers Civilization*），Microprose，Firaxis Games，1991 年；

7.《仙剑奇侠传》DOS 版，台湾大宇资讯股份有限公司，1995 年；

8.《中关村启示录》，金山软件公司西山居工作室，1996 年；

9.《鬼畜王兰斯》（『鬼畜王ランス』），AliceSoft，1996 年；

10.《网络创世纪》（*Ultima Online*），Origin Systems、美国艺电公司，1996 年；

11.《星际争霸》（*StarCraft*），暴雪娱乐，1998 年；

12.《无尽的任务》（*Ever Quest*），美国索尼在线娱乐，1999 年；

13.《万王之王》，陈光明、黄于真，2000 年；

14.《模拟人生》（*The Sims*），Maxis，2000 年；

15.《传奇》，盛大网络，2001 年；

16.《骇客时空》（*.hack*），CyberConnect2，2002 年；

17.《寒蝉鸣泣之时》（『ひぐらしのなく頃に』），07th Expansion，2002 年；

18.《命运之夜》（*Fate/stay night*），TYPE-MOON，2004 年；

19.《魔兽世界》（*World of Warcraft*），暴雪娱乐，2004 年；

20.《命运石之门》（*Steins;Gate*），5pb.、Nitroplus 公司，2009 年；

21.《剑侠情缘网络版叁》，金山软件公司西山居工作室，2009 年；

22.《植物大战僵尸》（*Plants vs. Zombies*），宝开游戏，2009 年；

23.《九阴真经》，蜗牛公司，2012 年；

24.《饥荒》（*Don't Starve*），科雷娱乐，2013 年；

25.《仙剑奇侠传五前传》，软星科技（北京）有限公司，2013 年；

26.《君与彼女与彼女的恋爱》(『君と彼女と彼女の恋』)，Nitroplus，2013 年；

27.《尼尔：机械纪元》(*NieR:Automata*)，史克威尔艾尼克斯、白金工作室，2017 年；

28.《文明 6》(*Sid Meier's Civilization VI*)，Firaxis Games，2016 年；

29.《恋与制作人》，芜湖叠纸科技有限公司，2017 年。

四、轻小说

1.《奇诺之旅》(『キノの旅 -the Beautiful World-』)，时雨泽惠一，2000，《电击 hp》；

2.《灼眼的夏娜》(『灼眼のシャナ』)，高桥弥七郎，2002，电击文库；

3.《刀剑神域》(『ソードアート・オンライン』)，川原砾，2002，电击文库；

4.《凉宫春日》系列 (『涼宮ハルヒ』シリーズ)，谷川流，2003，角川书店；

5.《杀戮轮回》(*All You Need Is Kill*)，樱坂洋，2004，集英社；

6.《魔法禁书目录》(『とある魔術の禁書目録』)，镰池和马，2004，电击文库；

7.《重启咲良田》(『サクラダリセット』)，河野裕，2009，角川 Sneaker 文库；

8.《记录的地平线》(『ログ・ホライズン』)，橙乃真希，2011，Enterbrain；

9.《约会大作战》(『デート・ア・ライブ』)，橘公司，2011，富士见 Fantasia 文库；

10.《不死者之王》(*OVERLORD*)，丸山黄金，2012，电击文库；

11.《RE：从零开始的异世界生活》(『Re：ゼロから始める異世界生活』)，长月达平，2014，MF 文库 J；

12.《末日时在做什么？有没有空？可以来拯救吗？》(『終末なにし

てますか？忙しいですか？救ってもらっていいですか？』），枯野瑛，2014，角川 Sneaker 文库；

13.《明日的我与昨日的你约会》（『ぼくは明日、昨日のきみとデートする』），七月隆文，2014，宝岛社文库。

五、其他纸媒出版的文学作品

1.《龙枪编年史》（*Dragonlance Chronicle, 1984*），玛格丽特·魏丝、崔西·西克曼著，朱学恒译，译林出版社，2012 年；

2.《神经漫游者》（*Neuromancer, 1984*），威廉·吉布森著，Denove 译，江苏文艺出版社，2013 年；

3.《安德的游戏》（*Enders Game, 1985*），奥森·斯科特·卡德著，李毅译，四川科学技术出版社，2003 年。

4.《决斗在网络》，星河，1996 年，《科幻世界》；

5.《堕天》，salala，1998 年，《南方电脑周报》；

6.《勇往直前》，cOMMANDO，1999 年，《电脑商情报·游戏天地》；

7.《平静的湖》，可爱多，2000 年，《大众软件》；

8.《奇迹》，糊涂，2000 年，《电子游戏攻略》；

9.《网游之江湖任务行》，蝴蝶蓝，2012 年，《公主志》。

六、影视剧及其他视频材料

1.《电子世界争霸战》（*Tron*），史蒂文·利斯伯吉尔，1982 年；

2.《劳拉快跑》（*Lola rennt*），汤姆·泰克维尔，1998 年；

3.《黑客帝国》（*The Matrix*），沃卓斯基兄弟，1999 年；

4.《恐怖游轮》（*Triangle*），克里斯托弗·史密斯，2009 年；

5.《无姓之人》（*Mr. Nobody*），雅克·范·多梅尔，2010 年；

6.《杀戮都市》（*GANTZ*，电影版），佐藤信介，2011 年；

7.《彗星来的那一夜》(*Coherence*)，詹姆斯·沃德·布柯特，2013年；

8.《明日边缘》(*Edge of Tomorrow*)，道格·里曼，2014年；

9.《滚蛋吧！肿瘤君》，韩延，2015年；

10.《哔哩哔哩2017拜年祭》，bilibili，2016年；

11.《狗十三》，曹保平，2018年；

12.《致命之吻》(『トドメの接吻』)，菅原伸太郎、明石广人，2018年；

13.《致命平行》(『トドメのパラレル』)，菅原伸太郎、明石广人，2018年；

14.《头号玩家》(*Ready Player One*)，史蒂文·斯皮尔伯格，2018年；

15.《黑镜：潘达斯奈基》(*Black Mirror: Bandersnatch*)，大卫·斯雷德，2018年；

16.《镇魂》(网剧版)，周远舟，2018年。

后　记

胡泳在《众声喧哗：网络时代的个人表达与公共讨论》的导论中说：

> 在有关网络政治学的探讨中，技术决定论的简单化判断的色彩很浓。在观察新媒体对政治的影响时，这种技术决定论极易转化为媒体决定论。例如：对互联网的很多说法显示了媒体恐慌症；又如，有很多人在虚拟的王国里渴望设计一个理想世界——一个与现世相反的理想世界。从根本上说，任何恐惧或理想都是媒介决定论的产物。[①]

网络、网络文学、青年亚文化、电子游戏、虚拟现实、二次元，我在这本书中反复提到的每一个概念

[①] 胡泳：《众声喧哗：网络时代的个人表达与公共讨论》，广西师范大学出版社，2008年，第23页。

都已经被填充了太多的恐惧与理想。我们曾经相信网络与生俱来就是民主的和开放的，曾经以为网络文学是具有先锋实验性的超现实文学，曾经觉得青年亚文化只有两条路可选——要么抵抗致死，要么听从招安。我们斥责电子游戏等同于电子鸦片，会毁掉祖国的花朵，恐惧虚拟现实会将人类导向技术宰制的幽暗未来。我们还曾把赌注压给二次元，觉得那里一切都是新的，仿佛开启了人类文化的新纪元。

我想把这些恐惧与理想都抛开，站在离这一切最近的地方，把我看到的讲给你听，这就是我写下这本书的初衷。这或许不是一个最客观的立场，但是关于我们的生活，如果我们不去诉说，又该由谁来诉说？

本书的完成得益于许多师友的无私帮助，特此致谢：

感谢我的导师张颐武老师对本书写作的悉心指导，张老师高屋建瓴的学术观点总能令我受益匪浅。

感谢邵燕君老师一直以来的教导与帮助。与邵老师相遇后，我才决定要走上学术研究这条道路，决定要成为一个当代文学的研究者，决定要去研究那些与我自身、与这个时代最密切相关的问题。大四那年我第一次选修了邵老师的网文课，第一次知道了原来网络文学也能成为文学研究的对象，原来研究可以这样做，原来论文应该这样写。读博的几年间，邵老师给了我太多的帮助，那不是简简单单的"感谢"二字便可以回应的，我只能说我会尽我所能，不辜负您的期待。

感谢我的师妹王鑫、韩思琪、陆正韵，我总是喜欢和你们一起聊学术、聊新闻、聊人生，这本书里也数不清有多少灵感是在和你们的交谈中获得的。

感谢北大网络文学论坛的朋友们，和你们在一起的每一天都值得珍藏。创研组和游戏组的彭笑笑、刘心怡、项蕾、李皓颖、李岩昊、周喆、郭文涵、王小海等成员都在组会讨论中给了我很大的启发，本书的很多观点都是在与你们的讨论中萌生的。感谢高寒凝师姐、肖映萱师姐、郑熙青师姐、金恩惠、黄馨怡以及所有女频组的成员们，你们对女性向网络文学、耽美以及网络女性主义的研究给了我在本书中讨论女性向作品的底气。感谢王恺文、傅善超师兄、林品师兄、李强师兄、吉云飞以及所有男频组的成员们，特别是恺文对游戏文简史的梳理弥补了我经验上的不足，善超师兄关于游戏理论的指点令我受益颇多。

感谢郑君仪一直持续不断地向我推荐好看的游戏文，我在论文中提到的很多小说都是君仪推荐给我的。感谢肖映萱师姐、王月、陶诗颖、叶栩乔、杨玉婷、刘心怡、田彤向我推荐了很多精彩的《剑三》同人文，你们的推荐最终催生了本书关于《剑三》同人的研究。

感谢我的母亲、父亲，始终给予我毫无保留、毫无压力的爱，教给我正直、坦诚、乐观与自律，也放任我自由选择自己的人生道路。感谢我亲爱的小乔，谢谢你一直包容我的任性与坏脾气，谢谢你那么认真地帮我校对书稿。遇见你，是我莫大的幸运。

最后，感谢岚。何其有幸，得以作为粉丝见证你们的辉煌，你们是光，是我生命中的奇迹。因为你们的存在，我才真正开始从粉丝文化的角度理解当代网络社群与网络文化的结构；因为你们的存在，我才有了学习日语的动力，也因此接触到更多与本书写作密切相关的日语理论与材料。大概就是在刚写完这本书初稿的时候，我得知了你们到2020年底要停止团活的消息，不伤心是不可能的，但五人成岚没有变，你们对粉丝、对各方利益相关者的温柔体贴没有变，这或许反而会让我更爱你们一点。我会等待你们回来的那一天，等你们重新站在舞台上说出那句久违的"Say ARASHI!"。那么，无论我在哪儿——现场或者屏幕前，我都会喊出你们的名字：ARASHI，ARASHI，For dream!

2019年3月30日初稿
2020年6月18日终稿